培文 PEIWEN

—北大记忆—

北大旧事

（第三版）

陈平原 夏晓虹 编

北京大学出版社
PEKING UNIVERSITY PRESS

图书在版编目(CIP)数据

北大旧事 / 陈平原，夏晓虹编 . —3 版 . —北京：北京大学出版社，2018.5

（北大记忆）

ISBN 978-7-301-29006-4

Ⅰ. ①北… Ⅱ. ①陈… ②夏… Ⅲ. ①北京大学—校史—文集
Ⅳ. ① G649.281-53

中国版本图书馆 CIP 数据核字（2017）第 305194 号

书　　名	北大旧事（第三版） BEIDA JIUSHI
著作责任者	陈平原　夏晓虹 编
责 任 编 辑	于铁红　周彬
标 准 书 号	ISBN 978-7-301-29006-4
出 版 发 行	北京大学出版社
地　　址	北京市海淀区成府路 205 号　100871
网　　址	http://www.pup.cn　新浪微博：@ 北京大学出版社 @ 培文图书
电 子 信 箱	pkupw@ qq. com
电　　话	邮购部 62752015　发行部 62750672　编辑部 62750112
印 刷 者	三河市国新印装有限公司
经 销 者	新华书店
	660 毫米 ×960 毫米　16 开本　33.75 印张　540 千字
	1998 年 1 月第 1 版　2009 年 5 月第 2 版
	2018 年 5 月第 3 版　2018 年 5 月第 1 次印刷
定　　价	78.00 元

目　录

263 红楼掌故

461 外景素描

⊙ 陈平原

老北大的故事（代序）

一、永恒的风景

大凡历史稍长一点的学校，都有属于自己的“永恒的风景”。构成这道“风景”的，除了眼见为实、可以言之凿凿的校园建筑、图书设备、科研成果、名师高徒外，还有必须心领神会的历史传统与文化精神。介于两者之间，兼及自然与人文、历史与现实的，是众多精彩的传说。

比如，当老同学绘声绘色地讲述某位名人在这棵树下悟道、某回学潮在这个角落起步、某项发明在这间实验室诞生、某对情侣在这条小路上第一次携手时，你感觉如何？是不是觉得太生动、太戏剧化了？没关系，“无巧不成书”嘛。再说，姑妄言之，姑妄听之——信不信由你。只要不对这所学校失去信心，慢慢地，你也会加入传播并重建“校园风景线”的行列。

比起校史上极具说服力的统计数字，这些蕴涵着温情与想象的“传说”，未免显得虚无缥缈；因而，也就不大可能进入史家的视野。可是，在这个世界上，没有比“大学”更为充满灵性的场所。漫步静谧的校园，埋首灯火通明的图书馆，倾听学生宿舍里不着边际的高谈阔论，或者“远眺”湖边小路上恋人在窃窃私语，只要有“心”，你总能感知到这所大学的脉搏与灵魂。

如此带有强烈主观色彩的叙述，实在难以实证。但对于曾经生活或向往生活于其间的人来说，这些半真半假的故事，却极有魅力。世人之对“红楼内外”感兴趣，有各种各样的机缘。我的最初动因，竟是闲聊时的“争强斗胜”。

比起“全北大”（在北京大学完成本科、硕士、博士的全部课程）来，我只能算是“半路出家”。正因为有在别的大学就读的经验，我对北大人过于良好的自我感觉——开口闭口“我们北大”，不只表明身份，更希望提供评判标准——既充满敬意，又有点不以为然。试着虚心请教：让你们如此心迷神醉的“我们北大”，到底该如何描述？有眉飞色舞，抛出无数隽语逸事，令人既惊且喜的；也有引经据典，从戊戌变法到五四运动、从蔡元培到毛泽东，让我重新回到现代史课堂的。后者可以帮助确定北大在百年中国政治史上的位置，只是叙述姿态过于僵硬；前者补阙拾遗，而且引人遐想，可惜传说多有失实。

希望能够兼及“宏伟叙事”与“小品笔调”，我选择了“回到现场”的研究策略。比如，同样谈论北大人喜欢挂在嘴边的“五四”，我会对游行路线怎样设计、集会演讲为什么选择天安门、火烧赵家楼又是如何被叙述等等感兴趣。至于史学家不大关注的北河沿的垂柳、东斋西斋学风的区别、红楼的建筑费用、牌匾与校徽的象征意味、北大周围的小饭馆味道怎样、洗得泛白的蓝布长褂魅力何在等，也都让我入迷。

于是，我进入了“历史”与“文学”的中间地带，广泛搜集并认真鉴赏起“老北大的故事”来。杂感、素描、随笔、小品、回忆录，以及新闻报道、档案材料等，有带露折花的，也有朝花夕拾的，将其参照阅读，十分有趣。令我惊讶不已的是，当年的“素描”与几十年后的“追忆”，竟无多大出入。考虑到关于老北大的旧文散落各报刊，寻找不易，不可能是众多八旬老人转相抄袭。唯一的解释是，老北大确有其鲜明的性格与独特的魅力，因而追忆者“英雄所见略同”。借用钱穆《师友杂忆》中的妙语：“能追忆者，此始是吾生命之真。其在记忆之外者，足证其非吾生命之真。”一个人如此，一所大学也不例外：能被无数学子追忆不已的，方才是此大学“生命之真”。此等“生命之真”，不因时间流逝而磨灭，也不因政见不同而扭曲。

其实，“老北大”之成为众口传诵的“故事”，很大程度得益于时光的流逝。绝大部分关于北大的回忆文章，都是作者离开母校之后才写的。而抗战爆发北大南迁，更是个绝好的机缘。正因远离红楼，方才意识到其巨大的感召力，也才有心思仔细勾勒其日益清晰的面孔。40 年代出现一批相当优秀的回忆文章，大多有此心理背景。柳存仁的系列文章《北大和北大人》中，有这么一段话：

> 卢沟桥事变后，北大南迁，旧游星散，否则如果我在今天还有机会住在东斋西斋矮小卑〈庳〉湿的宿舍里，我决不会，也不能写出这样一篇一定会被我的师友同学讥笑作低能的文章。……我不愿意忘记，也猜想其他的师友同学们也永远没有忘记那霉湿满墙，青苔铺阶的北大二院宴会厅，更决不会忘记那光线黑暗的宴会厅里，东边墙上悬挂的一幅蔡孑民先生全身的油画，和他在画中的道貌盎然和蔼可亲的笑容。这幅像，这个古老的厅堂，也许就足以代表北大和北大人而有余。

不是每个人都有机会踏进那青苔铺阶的古老厅堂，更何况那厅堂已经失落在敌人手中，难怪远游的学子频频回首，并将其相思之情诉诸笔墨。

抗战胜利了，北大人终于重返红楼。可几年后，又因院校调整而迁至西郊燕大旧址，从此永远告别了令人神往的沙滩马神庙。对一所大学来说，校址的迁移，并非无关紧要，往往成了撰写校史时划分阶段的依据。抗战南迁，对于北大日后的演变与发展，实在太重要了。因而，将“老北大”封闭在 1898－1937 年的设想，也就显得顺理成章。对于习惯新旧对举、时时准备破旧立新的人来说，只要与“今日北大”不符者，皆可称为“老北大”。这种漫无边际的概念，为本文所不取。为了叙说方便，本文将“老字号”献给南迁前的北京大学——包括其前身京师大学堂。

从 1918 年出版《国立北京大学廿周年纪念册》起，“老北大”的形象逐渐浮现。有趣的是，历年北大出版的纪念册中，多有批评与质疑；而发表在其他报刊的回忆文章，则大都是褒奖与怀念。对于母校之思念，使得无数昔日才情横溢尖酸刻薄的学子，如今也都变得“柔情似水”。曾经沧海的长者，提及充满朝气与幻想的大学生涯，之所以回味无穷，赞不绝口，大半为了青春，小半属于母校。明白这一点，对于老学生怀旧文章之偏于理想化，也就不难理解了。

本文所引述的“老北大的故事”，似乎也未能免俗，这是需要事先说明的——尽管我已经剔除了若干过于离奇的传说。至于或记忆失误，或角度偏差，或立意不同，而使得同一事件的叙述出现众多版本，这不但不可惜，反而正是老北大之精魄所在：每个人都用自己的眼睛观察，都用自己的头脑思考，因而也就不会有完全统一的形象。

前面提及“英雄所见略同”，这里又说是形象塑造无法统一，二者岂不互相矛盾？不妨套用“求同存异”的治世格言：对“老北大”精神的理解，各家没有根本的区别，差距在于具体事件的叙述与评判。

二、“北大老”与“老北大”

“北大老，师大穷，惟有清华可通融。”此乃二三十年代流传在北平学界的口头禅。就从这句“读法不一”的口头禅说起吧。

首先是叙事人无法确定，有说是择校的先生，也有说是择婿的小姐。择校与择婿，相差何止千里！与叙事人的不确定相适应，北大之“老”也难以界说。有说是北大人老气横秋，办事慢条斯理的；也有说是校园里多老房子、老工友，连蔡元培校长的汽车也老得走不动的；还有说是历史悠久，胜迹甚多的。第三说最有诗意，容易得到北大人的认可。朱海涛撰写于40年代的《北大与北大人·“北大老”》，正是在这一点上大做文章：

> 摩挲着刻了“译学馆”三个大字的石碑，我们缅怀当年住在这里面的人，每月领四两学银的日子。在三院大礼堂前散

步，我们追念着轰轰烈烈的五四运动时，多少青年人被拘禁在这里面。徘徊于三一八殉难同学纪念碑前，我们想起这国家的大难就有待于青年的献身。这一串古老的历史的累积，处处给后来者以无形的陶冶。

说“陶冶”没错，说“古老”则有点言过其实。比起巴黎、牛津、剑桥等有七八百年历史的名校，北大无论如何是“小弟弟”。在《北京大学卅五周年纪念刊》上，有两则在校生写的短文，也叫《北大老》，极力论证刚过“而立”之年的北大，不该“倚老卖老”，更不该“老气横秋”——因为有牛津大学等在前头。

到了1948年，校长胡适为“纪念特刊”撰写《北京大学五十周年》，仍是强调“在世界的大学之中，这个五十岁的大学只能算一个小孩子”。可笔锋一转，擅长考据的适之先生，谈论起另一种计算年龄的办法：

我曾说过，北京大学是历代的“太学”的正式继承者，如北大真想用年岁来压倒人，他可以追溯“太学”起于汉武帝元朔五年（西历纪元前124年）公孙弘奏请为博士设弟子员五十人。那是历史上可信的“太学”的起源，到今年是两千零七十二年了。这就比世界上任何大学都年高了！

有趣的是，北大校方向来不希望卖弄高寿，更不自承太学传统，就连有直接渊源的同文馆（创立于1862年，1902年并入京师大学堂），也都无法使其拉长历史。每当重要的周年纪念，校方都要强调，戊戌年“大学堂”的创立，方才是北大历史的开端。胡适称此举证明北大“年纪虽不大，着实有点志气”。

事情恐怕没那么简单。这与当事人对大学体制以及西方文化的体认有关，更牵涉其自我形象塑造与历史地位建构。说白了，北大的“谦虚”，蕴涵着一种相当成熟的“野心”：成为中国现代化进程的原动力。如此说来，比起北大校史若不从汉朝算起，便同文明古国“很不相称”

的说法（参见冯友兰《我在北京大学当学生的时候》），历任校长之自我约束，不希望北大往前溯源，其实是大有深意在。从北大的立场考虑，与其成为历代太学的正宗传人，不如扮演引进西学的开路先锋。当然，校史的建构，不取决于一时的政治需求或个人的良好愿望。我想说的是，相对于千方百计拉长大学历史的“常规”，历来激进的北大，之所以“谨守上谕”，不敢越雷池半步，并不完全是因为“学风严谨”。

翻翻光绪二十四年（1898）的《总理衙门奏拟京师大学堂章程》和光绪二十八年（1902）的《钦定京师大学堂章程》，这两种重要文献所体现出来的教育思想——包括办学宗旨、课程设置、教员聘请、学生守则等，都与传统书院大相径庭。至于随处可见的“欧美日本”字样，更是提醒读者，此章程与“白鹿洞书院教条”了无干系。当然，有章可以不依，有规可以不循，制定了新的章程，不等于建立了新的大学。幸亏有了第一届毕业生邹树文、王画初、俞同奎等人的回忆文章，我们才敢断言，京师大学堂确是一所名副其实的“大学”。

自从五四新文化运动的功绩得到普遍承认，蔡元培长校以前的北大历史，便逐渐被世人所遗忘。选择若干关于京师大学堂的回忆，有助于了解大学草创期的艰难与曲折，比如孙家鼐的规划、许景澄的殉难、张百熙的实干、严复的苦撑等等。至于进入新式学堂后，学生如何习得“文明生活”，也是我所深感兴趣的。光绪二十五年（1899）颁布的《京师大学堂禁约》，有些条款现在看来“纯属多余”，比如用相当长的篇幅强调课堂上必须依次问答、不可抢前乱说、声音高下须有节制等。最有趣的，还是以下这条禁令：

> 戒咳唾便溺不择地而施。屋宇地面皆宜洁净，痰唾任意，最足生厌。厅堂斋舍多备痰盂。便溺污秽，尤非所宜。是宜切记，违者记过。

想象当年的大少爷们，如何“忍气吞声”，逐渐改变旧的生活习惯，实在是很好玩的事情。今日中国任何一所大学，都不会将此等琐事写进规章。

可在“西学东渐”史上，“不随地吐痰”，也算是颇有光彩的一页。

戊戌年的京师大学堂没有毕业生，学校因战乱停办两年。壬寅（1902）入学的，方是第一批得到“举人学位”的大学生（时在1907年）。邹树文《北京大学最早期的回忆》中，述及管学大臣张百熙之礼贤下士，为学校网罗人才，在遭时忌、多掣肘的环境下恢复京师大学堂，功不可没：“我们现在人知道景仰蔡孑民先生，而忘记了张冶秋先生任管学大臣时代创办之艰苦，实在比蔡先生的处境难得许多呢！”此说不无道理。1905年，大学堂的管理人由“管学大臣”降为“监督”。出任第一任监督的张亨嘉，以其精彩的就职演说，被学生不断追忆。这里选择邹树文颇为戏剧化的描述：

> 监督与学生均朝衣朝冠，先向至圣先师孔子的神位三跪九叩首礼，然后学生向监督三个大揖，行谒见礼。礼毕，张监督说：“诸生听训：诸生为国求学，努力自爱。”于是乎全部仪式完了。这总共十四个字，可说是一篇最短的演说。读者诸君，还听见过再短于他的校长演说没有？

此种逸闻，很合北大人的口味，因而谁都乐于传诵。至于当初张监督为何如此“言简意赅”，是否别有苦衷，也就无暇计较了。

大学初创阶段，弊病甚多，此在意料之中。大部分学生承袭科举陋习，以读书为做官的阶梯，仕学馆录取的又是在京官吏，大学于是乎与官场没有多大差别。学生可能地位显赫，因迎銮接驾而挂牌请假；运动场上教官小心翼翼地喊口令：“大人向左转！”“老爷开步走！”这些逸闻，全都查有实据。可笑谈终归是笑谈，实际上，大部分毕业生并没得到朝廷的恩惠，所谓“奖励举人”，与“升官发财”根本不是一回事（参见王道元《京师大学堂师范馆》）。

另一个更加严重的指责，便是学生无心向学，沉湎于花街柳巷。陶希圣撰《蔡先生任北大校长对近代中国发生的巨大影响》，其中有一节题为“二院一堂是八大胡同重要的顾客”，写尽民初国会参众两院及京师大学堂的丑态。可据千家驹回忆，30年代的北大学生，也颇有经常逛窑子的（《我在北大》）。学风之好坏，只能相对而言。想象蔡元培长校以前的北大师生，都是“官迷心窍”，或者整天在八大胡同冶游，起码不太符合实际。

不说京师大学堂的教员，以及培养出来的学生，颇多正人君子；就说新文化的输入与大学的改革，也并非始于1917年蔡氏之莅校。不妨先读读蔡元培《我在教育界的经验》，其中述及北大的整顿与革新：

> 旧教员中如沈尹默、沈兼士、钱玄同诸君，本已启革新的端绪；自陈独秀君来任学长，胡适之、刘半农、周豫才、周启明诸君来任教员，而文学革命、思想自由的风气，遂大流行。

民初北大“启革新的端绪”者，多为章门弟子。从学术思想到具体人事，太炎先生都与五四新文化运动有密切的关系。除上述沈兼士、钱玄同、周氏兄弟外，进入北大的章门弟子还有朱希祖、马裕藻、黄侃等。据误被作为太炎门徒引进的沈尹默称，章门弟子虽分三派，“大批涌进北大以后，对严复手下的旧人则采取一致立场，认为那些老朽应当让位，大学堂的阵地应当由我们来占领”（《我和北大》）。这种纠合着人事与思想的新旧之争，在蔡氏长校以前便已展开，只不过不像以后那样旗帜鲜明目标明确而已。读读林纾、陈衍、马其昶、姚永朴等人有关文章，可以明白北大校园里的改朝换代，如何牵涉政治潮流、学术思想、教育体制，以及同门同乡等具体的人事关系，远非“新旧”二字所能涵盖。

京师大学堂尚有独立的面貌，蔡元培长校以前的北大（1912—1916），则基本上隐入历史深处。除了以上所说的“革新的端绪”外，还有几件小事不能不提。一是民国初建，教育部以经费短缺管理不善为由，准备停办北大，校长严复上《论北京大学不可停办说帖》；一是袁世凯称帝，北大教授马叙伦挂冠而去，学界传为美谈；再就是1916年9月，校方向比利时仪品公司贷款20万，筹建后来成为北大象征的“红楼”。

三、紧挨着皇宫的大学

北大之所以名扬四海，很大程度得益于1919年的五四运动。西学的引进与新文化的产生，既有密切的联系，也有不小的区别。谈“西学东渐”，上海更适合于作为题目；至于“新文化运动”，则是发生在古都北京，而且由当年的最高学府北京大学挑头。就因为，后者包含着关于民族国家的想象，涉及士大夫政治的转型，以及知识分子的独立与自尊。不满足于寻求新知，更愿意关心天下兴亡，这一自我定位，使得“闹学潮”成为北大的一大景观。很难想象，没有学潮的北大，能否在中国现代史上占据如此重要的位置。作为一所大学，北大固然以培养了大批成就卓著的专家学者而骄傲，可北大影响之所以超越教育界，则在于其高举“民主”与“科学”的大旗。而在某个特定时期，“闹学潮”几乎成为“争民主”的同义词。

北大之闹学潮，可谓渊源有自。1935年12月30日，刚刚结束一二·九运动的北大学生，出版了《北大周刊》第一期（一二·一六示威特刊）。其中有赵九成所撰题为《我国历史上的学生运动》的文章，意在正本清源：

> 我们的学生运动，不是从现在起的，也不是从五四时代起的，推溯其源，当导源于东汉。……在中国，最先发生的便是东汉末年的党锢之祸。

三万太学生讥议时政，裁量公卿，成为强大的舆论力量，制约着朝廷的决策。于是，天子震怒，大捕党人，死徙废禁者六七百人。对于“党锢之祸”，史家评价不一，但将其作为统治者镇压学生运动的开端，则不会有异议。此等“清议”之风，为自视甚高的太学、国子学、国子监生徒所继承，因而成为皇上的心腹之患。不过，历代虽有严禁学生干政的禁令，太学生的政治激情却从来没有熄灭，这与其一身系天下兴亡的自我定位有关。京师大学堂创建之初，取代国子监而成为全国最高学府和教育行政机关；即便改为“国立大学”，学生们仍自认作历代太学的正宗传人。这就出现了一个有趣的反差：校方溯源时，不愿从东汉太学讲起；学生闹学潮，反而攀上了“党锢之祸”。

北大学生强烈的社会责任感和政治参与意识，与古老的“太学”传统确实不无联系。所谓“京师大学堂”，在晚清，往往省略“京师”二字，径呼“大学堂”（有“大学堂”牌匾为证）。近年出版的《北京大学史料》，将京师大学堂直译为Capital College，远不及以前的Peking Imperial University准确传神。“皇家大学”，这才是当年创办者的真正意图。将一所大学建在皇宫旁边，不会是偶然的巧合。《国立北京大学廿周年纪念册》上有一张北大全景照片，显然是在景山上俯拍的。当年的摄影师，只要稍微调整一下镜头，紫禁城便进入视野。只不过大学堂开办不久，帝制便已覆灭，民国子民不再仰慕皇宫。

与近年各种真真假假的皇家服饰、皇家菜系、皇家建筑大行其时截然相反，二三十年代的读书人，更愿意强调其平民意识。诸多关于北大周围环境的描述，偏偏不提近在咫尺的皇宫。张孟休的《北京大学素描》，已经讲到了景山公园的“高岗眺望”，皇宫依然不入高人眼。刘半农欣赏三院前面的无名小河，理由是“带有民间色彩”和“江南风趣”，远非“围绕皇城的那条河”可比（《“北大河”》）。40年代中期，朱海涛撰写《北大与北大人》系列文章，其中《沙滩》一则，终于从汉花园、大红楼、松公府、四公主府转到了远眺“玲珑剔透的紫禁城角楼”：

> 向西望去，护城河的荷花顺着紫禁城根直开入望不清的金黄红碧丛中，那是神武门的石桥，牌坊，那是景山前的朝房，宫殿。我尤爱在烟雨迷蒙中在这里徘徊，我亲眼看到了古人所描写的“云里帝城双凤阙，雨中烟树万人家”。

文章对日本侵略军将北大人引以为荣的红楼作为兵营大发感慨，可想而知，谈论紫禁城，也是个相当沉重的话题。不管是故国相思，还是观光游览，紫禁城的帝王之气，并不为浮尘所完全掩盖。因而，朱文的最后一句，“北大人是在这种环境中陶冶出来的”，值得仔细琢磨。

在望得见皇城的地方念书，形成何种心理期待，似乎不言而喻。即便帝制已经取消，高高耸立的皇宫，依然是某种文化符号。每天阅读此符号，不可能完全熟视无睹。或者欣赏，或者厌恶，但有一点，皇宫所包含的“政治”“权力”“中心”等意味，很容易感染阅读者。北大师生之故意不提紫禁城，不等于毫无这种心理积淀。每回学生示威游行，都要在天安门前演讲，当然不只是因那里地方宽敞。进入民国以后，“天安门”作为政治符号，取代了“紫禁城”的地位；更因其具有某种开放性，兼有“公共空间”与“权力象征”的双重意义，成为政府与民间共同注目的焦点。从北大民主广场到天安门城楼，这距离未免太近了。当初清政府筹建京师大学堂时，若把校址设在山清水秀、远离权力中心的郊区，学生们的政治意识是否会有所减弱，这是个很有趣的话题。

北大学生自认继承太学传统，以天下兴亡为己任，这种信念之确立，早在五四运动以前。1903 年的拒俄运动中，北大学生集会抗议，慷慨激昂，表示“要学古代太学生一样，‘伏阙上书’”。在这“北大学生争取自由的第一幕”中（俞同奎《四十六年前我考进母校的经验》），虽有“伏阙上书”的动议，但其读禁书，喜演讲，发通电，以及事后有人走向社会，组织武装等，均非汉宋太学生所能想象。而五四以后的学生运动，往往有政党的直接领导，成为改朝换代的重要工具。也就是说，所谓太学传统，主要取其政治意识；至于实际运作，早已斗转星移。

将学校作为党争的基地，其间利弊得失，黄宗羲、章太炎的意见截然相反，值得三思。这里不想详细讨论学潮的功过，而是借政府对待学潮的态度，窥探现代中国政治的演进。借用谢兴尧的话来说，便是“红楼一角，实有关中国之政治与文化”（《红楼一角》）。

在“第一幕”中，京师大学堂的学生争到了马上选派出国留学的权利。此后，读书人地位急剧下降，政府态度也日益强硬。1919 年的五四运动，只是以火烧赵家楼的罪名，把若干学生抓起来，可见政府对舆论尚有忌讳。到了 1926 年的三一八惨案，那可就是公开的屠杀了。周作人将后两个事件，作为现代中国政治的象征：五四代表知识阶级的崛起，三一八象征政府的反攻。“在三一八那年之前，学生与教授在社会上似乎保有一种权威和地位，虽然政府讨厌他们，但不敢轻易动手”；此后可就大不一样了，以北大教授李守常、高仁山惨遭杀害为标志，政府决定采取强硬立场，以极端手段解决学潮（《红楼内外》）。

对于本世纪上半叶由北大及其他高校发起的学潮，我赞同目前大陆学界的主流意见，即大多数参与者是出于追求自由与民主的崇高目标。唯一需要补充的是，学校当局的苦衷，同样值得理解与同情。除了校园内部的风波，校长必须承当主要责任，绝大部分针对政府的示威游行，学校当局是无能为力的。学潮一旦发生，教授可以参与，也可以不参与；校长则夹在政府与学生中间，处境相当尴尬。历任北大校长，从张百熙到胡适之，大都采取保护学生、化解矛盾的策略。可几十年间，党派在学潮中所起作用越来越大，政府态度也日益强硬，北大校长实在不好当。办教育者的心情不难理解：在“理”与“势”间保持某种平衡，以求得大学的生存与发展。蔡元培以其地位与个人魅力，可以用不断的辞职作为武器，这一点，并非每个校长都能够并愿意做到的。

在每所大学中，作为主体的校长、教授、学生，三者各有其位置及利益，奋斗的目标自然不会一致。而在北大这样极为敏感的地方，如何处理源源不断的学潮，对校长来说，无疑是个非常棘手的难题。众多回忆录中，蔡元培成了唯一支持学潮的大学校长。这种描述，与蔡氏本人的《我在北京大学的经历》有较大的出入。作为北大校长，蔡元培支持新文化运动，但反对学生示威游行。可以将蔡氏自述，与蒋梦麟的回忆相参照。《西潮》第十五章述及五四后蔡元培的辞职南下：

> 他说，他从来无意鼓励学生闹学潮，但是学生们示威游行，反对接受凡尔赛和约有关山东问题的条款，那是出乎爱国热情，实在无可厚非。至于北京大学，他认为今后将不易维持纪律，因为学生们很可能为胜利而陶醉。他们既然尝到权力的滋味，以后他们的欲望恐怕难以满足了。这就是他对学生运动的态度。

有人说他随时准备鼓励学生闹风潮，那是太歪曲事实了。

指责北大学生沉醉于权力、不断的学潮扰乱了正常教学秩序，此乃校长的立场。至于大学生眼中的校长，则成了镇压学生运动的“罪魁祸首”。读读当年学潮积极分子的回忆文章，其中多有校长、院长的“漫画像”。

蔡元培长校十年，一半时间在外，与学生直接冲突较少，可也仍有金刚怒目的时候。据说，曾有学生几百人集合示威，拒交讲义费，请看蔡校长如何处理：“先生在红楼门口挥拳作势，怒目大声道：‘我给你们决斗！’包围先生的学生们纷纷后退。”（蒋梦麟《试为蔡先生写一笔简照》）为国家大事而抗议，与争取个人福利，二者不好相提并论。可是，“校园政治”的微妙之处正在这里：你很难分辨主事及参与者到底是出于公心，还是谋求私利。学潮一旦爆发，必然鱼龙混杂，而且很容易“转化”。有感于此前之谈论学潮，多从学生角度立论，方才强调引进校长的视角，以供参照阅读。

四、不可救药的“自由散漫”

开口闭口“我们北大”，而且擅长“闹学潮”，人们往往因此而推断，北大人有很强烈的“集体意识”。此说大谬不然。除了重大历史关头，可能有过“万众一心”的绝佳表现，平日里，北大人恰好以“不合群”为主要特征。

1925年，鲁迅应北大学生会的紧急征召，撰《我观北大》，对于被指认为“北大派”不以为然，可也不以为忤：“北大派么？就是北大派！怎么样呢？”可惜北大本无派，有的只是“常与黑暗势力抗争”的“校格”与“精神”。

自从新文化运动名扬四海，世人多以“民主”与“科学”嘉许北大。可在我看来，在日常生活中，绝大部分的北大人，更看重的是“独立”与“自由”。因此，可以这么说，这个世界上，只有“北大精神”，没有

"北大派"。前者作为公共的思想资源，为每一个北大人所选择或拥有；后者的排斥异己、拉帮结派，与老校长蔡元培所标榜的"兼容并包"原则相违背，故"不得人心"。

北大虽无派，却并非一盘散沙，要不怎么闹得起学潮；不强调"集体"与"统一"，只是为了突出自我思考与选择的权利。这么一种"校格"，并非有人提倡，而是自然而然地形成，而且代代相传，几乎牢不可破。在许多人眼中，校方管理混乱，教授我行我素，学生自由散漫——作为一所现代大学，北大实在缺乏必要的规章与纪律。时人多以北大与清华作比较，后者的整齐划一、井井有条，恰好与前者的长短随意、不衫不履，形成了鲜明的对照。

有趣的是，每到这个时候，北大人总要竭力为其不可救药的自由散漫辩护。从40年代谢兴尧攻击蒋梦麟校长之以"整齐划一"的清华精神改造北大（《红楼一角之二》），到80年代张中行盛赞北大"来者不拒、去者不追"的课堂教学惯例（《红楼点滴》），都是强调学生有独立判断及自我设计的能力。用张氏的话来说，别看北大人表面上吊儿郎当，"并没有很多混混过去的自由，因为有无形又不成文的大法管辖着，这就是学术空气"。"空气"的感染，是否真的比"制度"的约束更有效，实在不好说，关键在于你想培养什么样的人才。

1944年，朱海涛在《东方杂志》上发表了一则谈论北大人的妙文，题为《"凶""松""空"三部曲》。单看题目，你就能大概猜到其立意。考进北大很难，在北大混文凭则很容易。这似乎是相当严厉的批评，没想到作者笔锋一转，大谈"北大之'松'却成为了一种预防疾病的抗毒素，甚至对于许多人更是一种发挥天才的好机会"。"抗毒素"云云，实在有点勉强；至于"发挥天才"，则不无道理，尤其是当世人习惯于把清华与北大作为两种教育思想的代表时，更是如此：

北大和清华是正相反的。清华门门功课都要不错，个个学生都在水平线上，你不行的非拉上来不可，你太好的也得扯你下来。北大则山高水低，听凭发展。每年的留学生考试，五花

> 八门的十来样科目，北大向例考不过清华。但北大出的特殊人物，其多而且怪，也常是任何其他学校所赶不上的。

朱文此说大致公允。北大提倡自主、自立，故能出特殊人才。清华着眼于教学的标准化，平均水准自然较高。这两种教育风格的区别，早在30年代便多有评说，可见并非50年代院校调整的结果。

清华原先是作为留美预备学校而设立的，其教育思想明显打上美国的烙印。京师大学堂创办之初，模仿的是日本学制；蔡元培长校，带进来了德国的大学理念。可我依稀感觉到，更适合于作为比较的，是英国的牛津大学。北大人喜欢谈牛津，不见得真的对英国大学制度有多少了解，而是不喜欢正行时的美国式标准化教学。有两位曾在北大任教的作家——徐志摩和林语堂，对宣传牛津精神起了很大作用。前者译出了幽默大家李格（Stephen Leacock）的《我所见的牛津》，后者则撰有《谈牛津》一文，进一步发挥其注重“熏陶”的教育思想：

> 学生们愿意躲懒的，尽管躲懒，也可毕业；愿意用功的人，也可以用功，有书可看，有学者可与朝夕磋磨，有他们所私淑的导师每星期一次向他吸烟谈学——这便是牛津的大学教育。

除了点起烟斗熏陶天才一说，有些故作幽默外，林氏笔下的牛津，活脱脱一个“老北大”。北大人何以对这种自由闲散的大学教育情有独钟，林语堂的解释颇为在理：除了不满“水木清华”为代表的美式教育，更因其很容易令人联想到古代中国“书院中师生态度之闲雅，看书之自由”。清末民初，不少有识之士（如章太炎、蔡元培、梁启超、胡适之等）在积极引进西学的同时，希望借传统书院精神来补救新式教育的某些弊病。无论从历史渊源、办学方向，还是教授的知识背景、学生的来源出路，老北大都最有资格谈论此话题。

强调自学，注重独立思考，以培养谈吐风雅德学兼优的读书人为主要目标，此种教育观念，必然与统一教学、统一考试的管理模式格格不入。倘若真的追求“不拘一格降人才”，那么老北大的“管理不严”与学生的“各行其是”，自有其合理性。这一点，不妨以偷听生的理直气壮和宿舍里的纵横分割为例。

1921年出版的《北大生活》，录有校方关于学籍的规定：旁听生必须交费，不得改为正科生，对内对外均应称“北京大学旁听生”。此规定几乎不起任何作用，因北大教授普遍不愿意、也不屑于在课堂上点名。对于有心人来说，与其“旁听”，不如“偷听”。偷听生的大量存在，而且昂首阔步，乃北大校园一大奇观。校方睁一只眼闭一只眼，教授则希望多得人才。教室里，因正科生偷懒或自学空出来的位子，恰好由求知欲极强的偷听生来填补，岂不皆大欢喜？几乎所有回忆老北大教学特征的文章，都会提及声名显赫的“偷听生”，而且都取正面肯定的态度。

偷听生的不可轻视，或者说，默许偷听这一决策之英明，可举以下二例作证。金克木1933年到沙滩北大法文组“无票乘车”，那时班上只有一个学生，“教课的很欢迎外来‘加塞儿’的”。金氏从此和外国文打交道，“可说是一辈子吃洋文饭”（《末班车》）。

小说家许钦文资格更老，20年代初就在北大偷听。几十年后，许氏写下这么一段饱含深情的回忆：

> 我在困惫中颠颠倒倒地离开家乡，东漂西泊地到了北京，在沙滩，可受到了无限的温暖。北京冬季，吹来的风是寒冷的，衣服不够的我在沙滩大楼，却只觉得是暖烘烘的。（《忆沙滩》）

偷听生对于老北大的感激之情，很可能远在正科生之上。尽管历年北大纪念册上，没有他们的名字，但他们在传播北大精神、扩展红楼声誉方面，起了很大作用。

提及北大人的独立性，最为形象的说明，莫过于学生宿舍的布置。田炯锦称北大“同一宿舍同一排房间住的人，终年少有往来，且相遇时亦少彼此招呼”（《北大六年琐忆》）。如此叙述，还不够生动。千家驹的描写稍为详细些："西斋有些房间，开前后门，用书架和帐子把一间房隔而为二，各人走各人的门。同房之间，说话之声相闻，老死不相往来者有之。"（《我在北大》）但最具戏剧性的，还属朱海涛的《北大与北大人·住》。小房间里，"白被单中悬，隔成两个转不过身来的狭窄长间"；大屋子呢，"常常纵横交错像演话剧似的挂了许多长长短短高高低低的白布幔，将屋子隔成一小块一小块的单位"。作者于是下了个大胆判断："这表示北大人一入校就染上了个别发展的气味了。"确实，从日常起居到课堂教学，北大人的"散漫"，与其说是出于对规章制度的蔑视，不如说是出于追求"自由"与"独立"的天性。

正因为尊重个性，强调独立，沙滩或者马神庙，多的是怪人与逸事。"狂妄""怪诞"与"不羁"，在其他大学或许会受到制裁，而在北大，则很可能得到无声的鼓励。在北大人眼中，有个性、有趣味、有教养，似乎远比有成就更值得羡慕。这种价值取向，使得校园里代代相传的"老北大的故事"，与校方所修"正史"拉开了距离。比如，写校史不会给辜鸿铭多大篇幅，可要说北大人物，辜氏绝对不可缺少；钱玄同当然是大名鼎鼎，可校史上不会提及其只管传道授业解惑，而拒绝为学生阅卷。至于陈汉章不当教授当学生、朱谦之不要文凭要学问，诸如此类的奇人逸事，几乎每个北大人脱口都能说出一大串。

五、"逸事"之不同于"正史"

作为一所著名的综合大学，北大文、理、法三院各具特色，也各有千秋。如果撰写中国教育史，谈论北大对于传统学术及书院教学的突破，后两者或许更有代表性。可要说"老北大的故事"，则基本上属于前者。

就学校总体实力而言，理工医农的发展极为重要，故每回校方组织的纪念册上，都会强调实验室的建设，以及教学质量、科研成果等。比如，1948年出版的《北京大学五十周年纪念特刊》，在"学术讲演概要"及"论文集目录"部分，排列顺序都是理、文、法、医、农、工。可到了校史陈列及名教授遗著展览，理科教授榜上有名的唯有兼及政治文化的丁文江，余者全是人文学者：蔡元培、陈独秀、王国维、鲁迅、黄侃、吴梅、钱玄同、刘半农、沈兼士、孟森、马廉、徐志摩。至于学生会主持的纪念册，更几乎是文学院的一统天下。

据曾任教物理系的李书华回忆，由于一批学成归来的教授们殚精竭虑，20年代“北大本科物理系毕业水准，比美国大学本科毕业（得B. Sc. 学位，以物理为主科）水准为高，比美国得硕士（M. Sc. ）学位的水准为低”。这对于创办不到30年的北大来说，无疑是值得骄傲的。北大理科、法科的教授对中国现代化进程的贡献，完全值得文化史家大笔书写。可即便如此，李书华依然称：“北大的人才，以文科方面为最多。”（《北大七年》）这只能说是一种误会：科学家与文学家的贡献，其实无法比较；所谓人才云云，也就很难说文科为多。

有好几个因素，使得北大文学院的教授们尽领风骚。首先，北大之影响中国现代化进程，主要在思想文化，而不是具体的科学成就；其次，人文学者的成果容易为大众所了解，即便在科学技术如日中天的当下，要讲知名度，依然文胜于理。再次，文学院学生擅长舞文弄墨，文章中多有关于任课教授的描述，使得其更加声名远扬。最后一点并非无关紧要：能够得到公众关注并且广泛传播的，不可能是学术史，而只能是“老北大的故事”。

讲“故事”，注重的不是权势，也不是成就，而是北大人独特的精神气质。陈诒先追忆后来归并入北大的译学馆同学时，有句妙语：“无一伟人”，但“皆能以气节自励”。这可不是故作谦虚，而是别有怀抱：与功业相比，人格更值得夸耀。以鉴赏的眼光，而不是史家的尺度，来品鉴人物，人文学者因其性格鲜明、才情外显，比较容易获得好评。柳存仁述及校园中常见的“话题”，多选择文科教授，除了北大人特有的傲气，更包含某种价值判断：

> 在这个俯拾即是“要人”，同学多半不“贱”的古城老学府里面，很少——我甚至于想说没有——人会引以为荣的提起

上述的任何一班人的“光荣”的或“伟人”的史迹。……也许偶然会有人谈到黄季刚，刘师培，辜鸿铭，林损，陈独秀，林琴南，蔡元培，然而，通常喜欢讲他们的逸闻轶事的，似乎总是出之于白头宫女话天宝沧桑似的老校工友之口的时候为多。（《记北京大学的教授》）

不向当红的胡适之、顾颉刚点头鞠躬，只谈论已经病逝或退出学界者，这种不成文的规矩，目的是维护校园里的平等与自尊。拒绝当面捧场，而将过去时代的教授，作为传说人物，在不断的“再创作”中，寄予自家的趣味与理想。至于校友的追忆文章，则又另当别论，因其不在现场，没有献媚之嫌。

当北大作为一个整体被追忆时，不可能局限在某个专业领域。因而，跨科系的课余活动，反而成了回忆文章的重要主题。比如，少年中国学会在来今雨轩的聚会（张申府《回想北大当年》），世界语宣传运动在北大的展开（傅振伦《五四以后之北大世界语宣传运动》），还有学生军之组织及作用（程厚之《回忆我在北大的一段学生生活》）等。常被北大人挂在嘴边的“我们北大”，所认同的，更只能是一种精神气质，而非具体的专业知识。作为象征，则是各种各样略带夸张变形的奇人与逸事。

“逸事”不同于“正史”，除了叙述不一定真确外，更因其选材有严格的限制。不管是宫女话天宝，还是名士说风流，都不可能毫无选择地复制“过去的好时光”。并非所有的事件都能成为追忆的目标；没被追忆，不等于不重要，更不等于不曾存在过。比如，紧张的读书生活，严格的科学实验，还有令人胆战心惊的期末考试，都很难成为“老北大的故事”。就连众多谈及图书馆的，也都避开必须正襟危坐的经史，而选择“雅俗共赏”的《金瓶梅》（参见张孟休《北京大学素描》、柳存仁《记北京大学的图书馆》、朱海涛《北大与北大人·课程与图书》）。可你要是想象北大人整天泡茶馆、捧戏子、读禁书、传逸事，或者北大人都是独立不羁、率性而行，那可就大错特错了——这只是北大生活中“有趣”的一面。就像晋人未必都如《世说新语》所呈现的，那样永远地“风神潇洒”。

说的是逸事，又是几十年后的追忆，自说自话，心态闲适，笔调从容，还有点倚老卖老，意思是信不信由你。此类文章，在美化母校的同时，往往转而追求笔墨情趣：将“神情”与“韵味”，置于“事实”之上。这种倾向，与30年代周作人、林语堂等人结合明清小品与西洋随笔（Essay）的努力，不无联系。实际上，从三四十年代的徐讦、柳存仁、朱海涛、谢兴尧，到80年代的张中行、邓云乡，周作人的影响依稀可辨——尽管在“漫说红楼”方面，周氏并非始作俑者。

六、“回到现场”之艰难

与史家之注重“关键时刻”不同，随笔作家更喜欢“日常生活”。在我看来，不曾进入历史叙述的“红楼”，同样值得后人追怀。当年教授的薪水、寄宿舍的伙食费、讲义如何分发、试卷怎样评阅、课余活动及自我娱乐、教授眼中的学生与学生眼中的教授、红楼的晨光、汉花园的月色、沙滩周围的小饭铺、众名流的电话及住址，诸如此类琐碎的生活场景，不为史家所重视，却是进入“老北大”的必要门径。将众多素描、随笔、回忆录，与当年北大刊行的各种指南、影集、纪念册参照阅读，方才可能“回到现场”。

借助于各种历史资料，我似乎逐渐回到了那个已经变得相当遥远的年代，亲眼目睹了众多日后传说纷纭的人物与事件。正当我得意扬扬的时候，两三件小事的考订，使得“幻梦”永远无法成真。

对北大历史有兴趣的人，大概都会欣赏连梦青《邻女语》中的“许景澄之死”。许氏多次充任出使大臣，主持外交谈判，后在总理各国事务衙门行走，庚子事变时，正以吏部右侍郎暂管京师大学堂事务。因六月二十七日上奏吁请保护使馆并严惩祸首毓贤等，许与袁昶同时被西太后处死。此事史书多有记载。《邻女语》之特异处，在临刑前许氏拿出大学堂四十万银子存折，吩咐不可便宜了外人。因银子存在华俄道胜银行，一旦存折去向不明，洋人很可能翻脸不认账。其时大学堂刚刚创办，每年经费才二十万，不难想象这张存折的分量。要不是许大臣高瞻远瞩，日后京师大学堂能否顺利恢复，将是个大问题。每念及此，我辈焉能无动于衷？

作为京师大学堂的教员，林纾也曾用小说形式描写管学大臣之慷慨就义。可惜对这张关系大学堂生死存亡的存折，《剑腥录》中只字未提。照林纾的说法，许公临刑前有所交代的，不是大学堂存折，而是外交文书。小说如此模拟许公声口：

> 伏法诚甘，唯吾在外部中尚有交涉未了之案，一旦身首异处，恐后此洋人不承前诺。今请笔墨书某某藏案，及外人文件，可备后人检核者，然后就刑，亦罪臣所以报国也。

于国家危急之际，置个人生死于度外，管学大臣之伏阙上书，殉了千百年来士大夫拯世济难的理想，博得广泛的同情与敬意。借助其时众多附会与传说，小说家得以驰骋想象。

大学堂确有道胜银行的存折，并在庚子事变中失落。日后之所以没被洋人占了便宜，不是因了许公的交代，而是由朝廷出面要求发还。《清代档案史料丛编》所录光绪二十八年（1902）正月三十日管学大臣张百熙为华俄银行存款结算事致外务部咨呈，述及存折如何失而复得，并无任何传奇色彩。许景澄临刑前对大学堂事务有所交代，此说查无实据，却事出有因。北大综合档案里保存有许氏光绪二十六年（1900）六月二十九日为移交大学堂房屋等上内务府文二种，此前两天许公上奏，此后三天许公就刑。可见，连、林二君之叙述，并非空穴来风。

比起“小说家言”来，回忆录该可靠些吧？可照样会有令人尴尬的局面出现。谈论蔡元培主持北大校务时之宽容大度，常有以礼聘梁漱溟为例者。最有趣的说法是，梁氏投考北大未见录取，转而被聘为教授。蔡元培“慧眼识英雄”是实，至于“考生变教授”的戏剧化场面，却纯属虚构。此逸事流传甚广，且被引入专业著述，虽经梁氏一再辩解，仍无法“以正视听”。在为纪念北大诞辰九十周年而写的《值得感念的岁月》

中，梁氏再次提及此“失实的传闻”：

> 事实是我因中学毕业后投身同盟会活动，无法顾及升学事，及至在北大任教，昔日中学同窗汤用彤（在文科）、张申府（在理科）、雷国能（在法科）诸兄尚求学于北大，况且蔡先生以讲师聘我，又何曾有投考不被录取，反被聘为教授之事。

仔细分析，“传闻”虽则“失实”，却也颇有几分“神似”。没念过大学的梁漱溟因蔡元培不拘一格选拔人才，而得以在北大讲课，这点并非误传。可就是这篇纠谬之作，同样必须正误。梁漱溟 1917 年始到北大任教，同年汤用彤毕业于清华学堂并考取官费留美（因眼疾推迟一年赴美），所谓二人同在北大分任师生的故事，当系误记。

与此相类似的，还有辜鸿铭任教北大的故事。几乎所有追忆老校长蔡元培的文章，都会提及其“循‘思想自由’原则，取兼容并包主义”。而最合适的例子，莫过于接纳辜鸿铭。此“最佳例证”，其实是蔡氏本人提供的。1919 年 3 月 18 日，蔡元培撰《致〈公言报〉函并答林琴南函》，逐条批驳林氏对北大提倡新思潮的攻击，最后方才亮出其兼容并包的办学主张，并举例加以说明：

> 例如复辟主义，民国所排斥也，本校教员中，有拖长辫而持复辟论者，以其所授为英国文学，与政治无涉，则听之。

毫无疑问，这里说的是辜鸿铭。这例子实在太精彩了，可转相传诵的结果，却产生了一种相当普遍的错觉：辜氏任教北大，乃直接得益于蔡氏之“兼容并包”。其实，辜氏进入北大，在蔡氏长校之前。冯友兰《我在北京大学当学生的时候》一文，述及 1915 年 9 月的开学典礼上，辜鸿铭坐在主席台上，并即席发言。而蔡元培被正式任命为北大校长，是在 1916 年 12 月 26 日。也就是说，蔡元培改造北大的策略，是稳住阵脚，同时加聘新派人物（如陈独秀等）。蔡氏作为战略家的眼光，就体现在这不大起眼的“加聘”上。

作为大学校长，主张“兼容并包”，并非放弃选择的权利，也不等于没有倾向性。学界普遍认定，正是蔡氏主校后的所作所为，直接促成了新文化运动的诞生。乐于传诵蔡氏容纳异己之雅量者，必须同时考虑其坚持原则时的倔强与不肯通融。一个极少被史家提及的“细节”，引起我的兴趣：就在蔡氏致林纾信发表的第二年，辜鸿铭终于还是被解聘，理由是教学极不认真。蔡氏不曾因政见相左而排斥异己，这点没有说错；至于作为蔡氏“大家风范”注脚的“辜鸿铭的故事”，却不该如此截头去尾。

或许，这正是“逸事”的魅力所在：既不是凭空杜撰，也并非确凿无疑。对于史家来说，此类逸事，不能过分依赖，可也不该完全撇开。夸张一点说，正是在这些广泛流传而又无法实证的逸事中，蕴涵着老北大的“真精神”。很可能经不起考据学家的再三推敲，但既然活在一代代北大人口中，又何必追求进入“正史”？即便说者无心，传者也会有意——能在校园里扎根并生长的逸事，必定体现了北大人的价值倾向与精神追求。正是基于此立场，不想强分“真伪”与“虚实”，更不敢蔑视那些半真半假的传说。在找到更合适的解读方式之前，我宁肯“多闻阙疑”，用理解与同情的眼光，面对五彩纷纭的“老北大的故事”。

七、余音

1929年，刘半农为《北京大学卅一周年纪念刊》撰写《“北大河”》一文，建议在小河畔植树立碑，并预想百年校庆时，后人会感谢此“垂杨飘柳的北大河”，“无形中使北大的文学、美术，以及全校同人的精神修养上，得到不少的帮助”。“北大河”早已湮灭，百年校庆倒是即将来临。将刘君此文作为“北大旧事”的余音，但愿也能绕梁三日。

本书既不收纯粹的议论，也不重个人的经历，目的是借助于平民的眼光与片段的追忆，呈现老北大的或一侧面。以“我在北大”和“红楼掌故”为主体，以“校史拾零”及“外景素描”为两翼，网罗众多与正史不太协调的资料，供有心人参照阅读。

所收各文，文章、史料并重，虚实、真伪杂陈。同一人物同一事件，竟然可以有如此不同的叙述，仔细比勘，岂不令人大开眼界？不过，仍须说明的是，明显的笔误已径行更正，拟改之字以〈 〉标示，拟增之字以（ ）标示，衍字以［ ］标出，目的是提供较完善的文本。

1996年10月8日于京西蔚秀园

校史拾零

⊙ 邹树文

北京大学最早期的回忆

北京大学将于本年校庆之日，举行五十周年纪念。我是本校第一班得有学位的毕业生之一。而况十二月十七日，大概即是壬寅年我入学开学的一天。所以我觉得这是我的权利，亦同时是我的义务，应该将我所记得及经过的事实，写些出来，以资纪念。

北京大学校庆十二月十七日，决不是戊戌北大的任何纪念日，而是壬寅京师大学堂的开学纪念日。何以说不是戊戌年呢？那年到了十二月十七日，早已经过了政变风潮，康有为、梁启超已逃走了，戊戌六君子已经杀身成仁了，那还在反动潮流初发展的时候，由此反动潮流而形成最高潮的庚子之变，何以能那样的开这个“二毛子”的洋学堂呢？何以说是壬寅呢？（一）北平师范大学导源于京师大学堂师范馆，这个师范馆是壬寅才创始的，这个校庆日期，据说是我的同馆同班同学王桐龄先生所考订出来的，师范大学即用此同一个日期为校庆而纪年，则推始于壬寅而不溯及戊戌。（二）我在壬寅年入学开学的时候，还记得每日天还未亮，每桌点了蜡烛吃早饭，学生与教职员同桌进餐，如此开学不久，约有一个月光景，亦就放学了。那时用的是阴历，放学总在封印将近的日期。前清以十二月下旬封印，那时候各衙门将官印封起，以便过年后再择日开印，所以封印与开印的时间以内，便成规定的假期了。胡适之校长对于我这个推断，亦颇为首肯。但是全凭记忆与推想，还不足成为定论。我愿胡校长本他的考订《水经注》精神，将这个校庆日期的来源，确实考订一下。

壬寅京师大学堂开办的时候，只有仕学、师范两馆，其地马神庙，是从前的四公主府，亦即是戊戌京师大学堂旧地址，即是现在北京大学的校本部。仕学、师范两馆之创办，乃取古语“作之君作之师”的意思，创办的人当然有他一种伟大的抱负。仕学馆当时学生取的是在京官吏，我还记得同学中有一个达寿，他在入学时已是翰林，初开学时学生少，学生请假亦挂牌（用现在名词说是布告），达寿因“迎銮”请假，让我脑海中留下一个印象，达寿在我毕业时做学部侍郎，所以在入学时他是我的同学，毕业时名义上为师了，亦让我更记得他这个名字。仕学馆当时在马神庙住的是十二帘，师范馆宿舍是南北楼，这两个地名，都成历史，不知还有旧迹可寻否？仕学馆后来迁出，又添了一个进士馆与仕学馆合并，进士馆是为新进士读书之所，仿佛叶恭绰是当时的第一名。仕学馆只招过两班学生，迁出马神庙以后，我还记得，有一天他们曾来马神庙，与师范馆学生作友谊的拔河运动，以表示好感。

师范馆在仕学馆迁出以后，曾有一个短时期独做了马神庙的主人翁，那时教职员学生，甚至仆役，绝对没有一个女性，所以可当此“翁”字而无愧。师范馆在马神庙毕业了几班，我没有考究过，我是第一班的最早一批，亦比较是最倒霉，因为四年的学制，硬教我们最早一批的人读了五年。我们最早一批入学后，各省陆续考试，并入第一批同班受课。所以最早者读了将近五年，最迟者勉强四年。因为学制屡改，我们第一批的入学时，属望最高，入学后逐年降低了。这大概是张之洞及其他人等，与吾师长沙张百熙（冶秋）先生政见之争，让我们学生吃了苦。我还记得遇着总教习张小浦（鹤龄）先生，屠敬山（寄）先生，对我暗示若有不能尽言之隐，依稀尚在目前呢。

有一天有人问我那时候读的是什么课程，即有人插嘴说，大概多部分是经典。我们所读的书，并不如此，现代科学是占最大成分的。全部课程，在所谓“奏定学堂章程”及“钦定学堂章程”两书内，均有记载。我们最早一批开学时，章程还没有颁布，我们课程随不同时期章程之颁布，而有所更改，这亦是我们最早一批吃亏之一端。我记起上心理学课的一件故事，有一天服部宇之吉教习讲心理学，恰巧张之洞来查学，服部正在讲人的记忆力，说是中年的时候记不起少年或幼年的事情，因中年事多，把少年所经过的事遮盖了，等到老年的时候，往往把中年的事忘了，于是少年及幼年的事，反而浮现出来，所以人到老年，往往可以想得幼年的事了。这一小段对于记忆力的讨论，触怒了张之洞，以为是讥笑他老了。后来商定学堂章程时，曾有一度要想取消心理学课程。服部是外国人，张之洞无法施威，可是要在师范课程里取消心理学，这个迁怒的办法，当然亦不能实行的。

京师大学堂壬寅开办的初期，教职员对待学生是很客气的。吃饭时候，教职员与学生同桌，学生居上，教员坐在客位。总教习张小浦先生初到接吴挚甫（汝纶）先生的原任时候，着了那时的大礼服，朝珠补褂，拿了大红片子，到学生斋舍，见了面行交拜礼。（那时我们每人一间，是要附带说明的。）这些礼貌，把那时的学生拘束住了，学生因此亦自动的人人自爱了。后来制度渐渐改变，饭厅上教职员与学生分桌，教职员另桌，高坐堂皇了。到那时候的学校管理人，已不是“管学大臣”，而降级为“京师大学堂监督”了，我还记得第一任监督张亨嘉就职的时候，监督与学生均朝衣朝冠，先向至圣先师孔子的神位三跪九叩首礼，然后学生向监督三个大揖，行谒见礼。礼毕，张监督说：“诸生听训：诸生为国求学，努力自爱。”于是乎全部仪式完了。这总共十四个字，可说是一篇最短的演说。读者诸君，还听见过再短于他的校长演说没有？这位新监督，因为少数几个学生，着了学校所颁军操制服，在校外与他校学生集体拍了一次照，将每个学生各记大过二次，小过一次，并出布告说：“军服振振履声橐……所谓大愚不灵大惑不解者也。”这都是最早一班里的最早一批学生所身历的沧桑，常令人回想初开学的早期时代。在管学大臣制度将要废止的时候，曾就在校师范馆第一班学生（大概那时第二班尚未入学）选派了一二十个，分赴英美法德日俄各国留学，我那时是派赴日本而未去，及制度改变为大学堂监督以后，更不胜“不随仙去落人间”之感矣。

创办壬寅京师大学堂的管学大臣张百熙先生，确尽了礼贤下士的责任。我听说张先生聘请吴挚甫汝纶先生任大学堂总教习，吴先生最初不肯担任，张先生屡次敦聘，最后竟至于长跪不起，方始得了吴先生的首肯。吴先生应了聘以后，立刻说要到日本去，仔细考察一番，然后再到学校。吴先生于是即往日本去了，吴先生是文章经济（现在说是政治）极负时名的一位老先生，以高龄前往考察，接见日本朝野，参观各地各学校，自己与日人作笔谈，随即作详细的笔记。因为那时候的大学堂，等于一个初开办的教育部，所以吴先生的考察范围，亦就非常广泛。高龄作事，一丝不苟，亦就辛苦备至。考察回国后，即病了，一病即不幸长逝。我们学生只有在追悼会上瞻拜遗容，徒存景仰而已。我还听见吴先生的一件故事，吴先生在做冀州知州的时候，为永久水利的关系，开一条河，老百姓看不清楚，以跳水觅死相威胁，吴先生不为所动，河开成了，后世至今利赖。吴先生的果断真不可及，吴先生之中道逝世，不但是我们早期学生的不幸，亦是中国早期新教育的大损失。

张管学大臣于吴先生故后，改聘张小浦先生担任为总教习。吴先生是桐城古文家，张先生是阳湖派古文家，同是学者，而各为一派的代表，亦是一种巧合。当时的京师大学堂，网罗了一时知名之士，如于式枚（晦若）先生，李希圣（亦园）先生，屠敬山（寄）先生，王舟瑶先生，或是高级职员，（当时的提调总办之列）或是教习，我们如果能得到当时教职的名单，一定还能发现很多为后人景仰的人呢。张管学大臣与张总教习，对于青年爱护备至。我记得有一位教英文的助教，不很称职，我们几个学生反对他，那位助教是有大来头的，自恃无恐，可是张小浦先生明辨是非以后，去见管学大臣，把那位助教辞去了。虽然张总教习为了这件事，在管学大臣未到之前，候在办公室以免那位助教先入为主，但于此可见两位张先生对于青年之爱护了。这件事幸在早期，倘迟至大学堂监督时代，这个学生早就被开除了。长沙张文达公即管学大臣张百熙先生处于西太后时代，欲谋急进的办学，固不容易，而况张先生所网罗的知名而不得志之士甚多，例如参庆王贪污的蒋式瑆，亦是我们学堂高级职员之一。张管学大臣为这些用人方面，亦颇遭时忌，所以冶秋先生不能行其志而时遭掣肘了。我们现在人知道景仰蔡孑民先生，而忘记了张冶秋先生任管学大臣时代创办之艰苦，实在比蔡先生的处境难得许多呢！

对于戊戌京师大学堂的事，我不是身历其境，不能知道。我只记得我有一个长亲，他是戊戌京师大学堂学生，那时候他是一个候补京官，可见那时学生或者亦是有类于壬寅京师大学堂的仕学馆了。还有一位会元刘可毅在庚子年遇难的。听说亦是戊戌京师大学堂有关的人，但我不知道刘可毅是学生还是教职员，到（现在）已不能考了，李家驹（柳溪）先生，后来继张亨嘉做过大学堂监督的，亦是戊戌京师大学堂教职员之一，据传说庚子年拳匪到大学堂去找他，李先生扮作了自己的赶车夫，而脱险的。我们知道戊戌年的京师大学堂没有毕业学生，并且自庚子年至壬寅年阳历十二月十七日开学止中断了两年有余的时间。所以不论北京大学纪年以戊戌开始与否，壬寅入学的第一班，总是最早的毕了业的班次。

马神庙的校址，原来是前清一位四公主府。据说前清驸马，如欲与公主行夫妇之礼，必定要公主宣召，种种君臣分际相隔的手续，非常之繁琐，所以公主与驸马，往往不能和睦。唯独这位四公主一反向例，与驸马甚相爱好，生了好些子女。这位四公主亦可说是那个时代的改革分子。

那时候我们第一班处在学制时常改变的环境，对于自身地位亦不能不向当局有所要求，我还记得请求时的文字中，有“勋贵之苗，卿贰之胄，研经讲肆，注籍精庐”，这几句话。至于所要求是怎样的条件，这篇文字是何人所拟稿，写给何人，我都不记得了。我还记得有一位同学挽一位早死的同学说：“未博得五年义务，七品虚衔。”满纸牢骚。可见我们第一个毕业班在学后期的时候一般情绪了。

我们第一班里的第一批学生，自从壬寅年阳历的十二月十七日入学，读了四年半，至丙午年的旧历年底结束了读书的课程。我们同班外省保送陆续来的，当然比我们的修学期间短一些，可是与我们第一批在京考取的同班上课，同时结束，寒假休息的时候，正是我们毕业考的时候，次年开印以后，开始毕业考试，次年即是丁未年旧历正月，把将近五个年头的功课，几乎样样都要考，都是从开宗明义第一章考起，到那门功课的结束为止。这比较现在学校所谓毕业考即是学期考试，其苦乐难易不可以道里计了。考的第一堂是国文，其中有一篇作文题，我还记得是“淡泊以明志论”。那天学部尚书荣庆到场监试，看了题目，无话可说，但是他听到我们上午除本场外，还有一场，下午还有两场，则为之称奇，在他的意思，还以为每天只有一场呢！考了一共七天，每天如此，等到考完，我们每个都瘦了不少。

考毕以后，学生聚餐，我记得是在什刹海某处。服部先生说，你们毕业了，这个学堂就是你们的母校，还把母校两个字，讲了半天，因为这两个字在当时是从前没有听到的新名词，不像现在已是家喻户晓，当时如不加解释，亦许还要有“公校”的名词与母校二字相对待呢！

第一班师范馆应届毕业学生，共有一百零八人，恰合《水浒传》上的一百零八之数，但可惜其中有少数未能及格，我记不清确数，大约不过四五名落第的而已。毕业分数，是将毕业考试分数与历年积分，每门平均计分，毕业考试分数，占到二分之一，亦可见其为重要矣。我们每一课程的平均分数，即毕业分数，都写在毕业文凭之上，这亦是现在学校文凭所没有的事。毕业成绩分最优等及优等两种，最优等十八人，第一名廖道传，我是第一七名，其余除未毕业的几位以外都是优等了。

凡列入最优等及优等的学生，由大学堂奏请清廷，给予师范科举人学位，并各分等授以官职，最优等者五品衔以内阁中书尽先即补，优等者只给以中书科中书即补，统名之曰奖励。这种奖励，如果拿现在办法作一比喻，则举人是学位，官职则是高考后的分发，是毕业考试与文官考试同时举行，比较现行制度简捷多了，我们得了这种奖励以后，并不许去做候补官员，因为我们师范毕业生，每人都应尽满五年的教书义务，以后才能去候补。候补要轮班次，是何时可以补着，那就似李慈铭大门对子下联所说“户部主事补缺一千年”，真要天晓得了。那时候没有学士硕士博士学位只有举人进士等学位，外国留学归来的学生，亦都要考试，及格后分别给予举人或进士。本国学校毕业生得举人学位的，大约亦是我们师范馆第一班为最早。

以上拉杂写来，全凭记忆，一切关于事迹的考证，有可考的，有不易考的，恕我不暇去做，我仅可保证这是从记忆中极忠实写出的几句话而已。

三十七年十月三日于南京

（《北京大学五十周年纪念特刊》，国立北京大学出版部，1948 年 12 月版）

⊙ 王画初[1]

记优级师范馆

在胜清光绪二十八年岁次壬寅秋间，京师大学堂成立。原当时大学堂奏定章程，同时在京师分设四馆：曰师范馆，曰仕学馆，曰译学馆，曰医学馆。后又添设进士馆，共为五馆。此外尚有一实业学堂，而皆统属于管学大臣。我是考入师范馆的一人，即追忆当年在师范馆五年的经过情况，分述如下。

当时师范馆的学员，有由各行省考选保送来的，有在京师自行投考的。在那时代，科举虽近尾声，但尚未停废。而人情积重，亦未尝尽忘科举，故虽身列学堂，仍赴乡会试中式的，实大有其人。直到甲辰年，即光绪三十年，始废止科举。所以在当时如师范、译学诸馆，规定毕业出身，为奖给举人，最优等为内阁中书，优等为中书科中书，中等为七品小京官，分部试用。此亦当时迎合一般士子心理，及制度蜕嬗之迹象也。

师范馆成立最早，嗣后袁世凯督直隶，在保定设立高等师范学堂。为预储中学师资起见，其修业年限为短，而奖叙亦较师范馆为低。每肄业二年，即可出任中学教习，但服务后，仍可回校继续修了未竟之业，此所以与师范馆有别也。

师范馆，在第一年所定课程，为补习普通学科，大致如现在中学的课程。外国语分英、法、德、俄、日，任学员选习一科目，但日语则须

---

① 本名王道元。

人人皆学。国学方面，有经学大义，有中外历史地理和国文。此等科目，担任教习的每延揽国内名流，但学员不感多大兴趣。在办学的当局，足见仍未脱中学为体，西学为用的老调。

到第二年，普通学学完了，即分设四类，第一类国文外国语，（英、法、德）任学员自择一种，分班授课。第二类，中外史地。第三类理化数学。第四类博物动植矿生理农学等。我是第四类的学生。分类肄业之后，至光绪三十二年年终期满，翌年正月考试毕业。以上为旧班师范馆学员的历程。又在三十三年招考新班师范，同时设了大学预科，不详述。

大学堂即在大马神庙，今北大故址。设备情况，有各种讲堂，有理化器械药品室，有博物标本室，有自修室，有宿室，每二人占一间，有公共饭厅，有浴室，膏火饭食，皆官费。有藏书楼，在北院，中文书籍为多，彼时报纸杂志，尚未发达。大约学员自携书籍，及应时的读物，如《饮冰室文集》，几于人手一编。此外关于新学的，以《富强丛书》，《瀛寰志略》，为最通行。

生活方面：早晨起床，鸣铁钟为号，上堂以摇铜铃为号，就寝亦然。开馆则敲锣为号，仅饭食一项，早粥，午晚皆四碟八碗，米面食皆备，可谓国以大烹养士罢！而学员中的贵公子哥们，也往往闹饭厅。但究竟来自乡间的人多，而附合起哄的殊少。在管理的提调们，还能善处，从未酿成过风潮。

现在的大红楼那块地方，是师范馆的大操场。除每年春秋二季，开开运动会，余时皆任学生们作踢球场。

管理员：

张百熙冶秋　管学大臣

吴汝纶挚甫　总教习，未到任

张鹤龄筱浦　总教习

蒋式瑆性甫　教务

李希圣亦园

曹广权

曾广钧重伯　斋务

三多柳桥

金梁息侯　其他职员不及备载

继张百熙后为张之洞香涛，继张鹤龄之后为李家驹柳溪，继蒋式理之后为戴展成〈诚〉。

中文教习：

史地　屠寄敬山

经学大义　王舟瑶

外国教习，及中国助教：

心理、伦理、教育　日本服部宇之吉

教育　日本法贵，图画　高桥，日语　铃木

物理化学　释加

数学　太田达人

动物学　桑野

植物学矿学　矢部　以上皆日人

助教习：分任日语翻译

范源濂　吕慎哉　程家柽

胡宗瀛　刘翼周

旧班师范馆学员，是在光绪三十三年正月考试毕业的。四类即四班，共毕业生一百零五名。在毕业后，各省有调回本省服务教育界的，也有自由选择愿分发某省服务的。我是学博物科的，由大学留在北京，当时有三旗小学，即附设在大学堂外院，我便是那小学教习之一。后由学部派充八旗高等学堂任博物教员，凡五年。同时各省旅京中学堂的博物课，多半由我担任。现在旧班师范馆毕业的同学们，已是寥若晨星了。以我所知现存的人，有山西刘盥训芙若，山东于洪起范庭，江苏邹应莵淑文。另有未及毕业而赴日本留学的，如河北谷钟秀九峰、王桐龄峄山仍健在。外此则不闻消息。犹记我入学的时候是二十二岁，在同学中比较年青，今且七十一岁，同学少年多不在，那就无怪其然了。

（《北京大学五十周年纪念特刊》，国立北京大学出版部，1948 年 12 月版）

⊙ 王道元

京师大学堂师范馆[①]

清季戊戌年（1898 年），北京曾出现了大学堂。清政府以寿州孙家鼐为管学大臣。其学制科目不得而知，大约是以培养通译人才为要。至庚子拳变（1900 年），这个大学随之夭折了。庚子第二年，光绪帝载湉，那拉太后由西安回京，为装饰门面起见，同年十二月，任命张百熙为京师大学堂管学大臣，筹备招生开学。当然，它与前一大学性质不同，与其说是旧大学的继续，毋宁视为创办。京师大学堂校舍，在景山以东马神庙（旧称四公主府）。首先招考师范馆优级师范生。其学生来源，是由各行省选送和自愿投考的。资格是附生、廪生、荫生、监生、八旗官学学员，并无举人，更没有白丁，均不限年龄。入学考试题目，有中外史地、浅近理化、数学等。我是自愿投考第一次录取的。这次录取总共不到百人。第二年开学时，外省选送的学生陆续报到，已达一百三十余人了。对学生待遇、奖励、义务分述如下。

① 原题为《早期的北京师范大学》，现以副题名篇。

待　遇

满清政治，腐败已达极点，但对于初期的大学生，待遇却十分优异。一概公费，供给宿舍，每个一间楼房，自修室每二人共一间。早餐是粥和面食。午晚两餐，每桌八人，六菜一汤。冬季四菜一火锅，荤腥俱全。如提调舍监、事务科长，诸高级职员和学生一道吃饭，需坐在主座。这颇合古语所说的国以“大烹养士”了。又如每月有月考，考列在前的若干名，给以数元或十数元的奖金。常用服装，基本自备。但每人冬夏二季，各有官发的一套操衣，随便穿着。

奖　励

在初入学堂时期，据传毕业后分别等级，给以进士和举人出身，并予以六、七品的官阶。在政府方面，自来以顽固派占优势，对学生毕业奖励规程大有争执。张百熙是爱护新进的，主张从优。但此项章程迟未公布。比及张之洞继任管学大臣，乃确定毕业生一律奖给举人，其考列最优等，以内阁中书尽先补用，并加五品衔；优等以中书科中书郎补用；优等以降，不叙官阶，仍给以举人出身而已。但毕业各生必须在教育界服五年义务（当然受酬），方能回原衙门候缺。自宣布上项奖励规程后，谁都知道内阁是冷衙门，即使义务期满，回到原衙门（内阁），既无事可做，而补缺则更是俟河之清。由是大为失望。原规程一项规定：学生毕业后，成绩优良而又有志深造的，可以选派分遣东西洋留学，自然是官费。那时在毕业前二年，部分同学要求提前施行的运动生效了。如俞同奎、华南圭、朱深、王桐龄、张耀曾就是第一次派遣的。在接近毕业时，有少数同学看穿了奖励是一场空幻，预谋出路，报捐主事。我原系癸卯末科中过举人的，遂签分到吏部，孙昌恒分入外交部，实际等于放弃了奖励。

义 务

按照学部定章，毕业生必须回本省或自择他省进行办学、教学，或到教育行政机关服务，期限五年，虽然酬以相当薪给，但不以俸论。优级师范第一期，是光绪三三年（1907 年），毕业生一百人。第二期，宣统元年（1909 年），毕业生二〇三人。第一期义务期满，应计至 1912 年终，而 1911 年辛亥革命爆发。若第二期毕业的，需计至民国二年才义务期满。对那些什么奖励花样，尚复从何说起呢？总之是一场空幻而已。

关于当初行政上的负责人，及重要的教习和重要科目，分述如下：

张百熙（冶秋），第一任管学大臣，后加荣庆为会办，其职责在总揽大纲。

张之洞（香涛），为管学大臣兼学部尚书。后为军机大臣。附简单的说明：张百熙后转为邮传部尚书，殁后谥文达。张之洞殁后谥文襄。前者思想新，极爱护学生，因而甚受学生爱戴。其会葬日有很多学生参加典礼。他们逝世皆在辛亥以前。在大学前期，屡次改制，事不终始，是常见的过程。继管学大臣之后，乃降级改为京师大学监督制了。

张亨嘉，为第一任监督。他在就职典礼时，命诸生各着官服，首向先师孔子行三跪九叩礼，礼毕训话：“诸生听训：诸生为国求学，努力自爱。”就此完了。同学们在散归各斋后，引以为笑柄。有的说：“所演说，恐怕这是最简短的吧。”又有人用嘲讽的话加以解释：“孔门弟子，不是说‘有一言而可以终身行之’的话题吗？张老夫子正是言短心长。我们诸生之流，正当书为座右铭啊！”一场哄堂大笑。

吴汝纶（挚父），桐城派古文大师，经张冶秋先生礼聘为大学总教习。吴先生拟先去日本考察学制，回国后再就任，不幸的是，未及到任竟一病长逝了。继任总教习为张鹤龄。

张鹤龄（筱浦），阳湖派古文家，亦名士。对学生极和蔼恳挚。

此外如：于式枚（晦若）、李希圣（亦园）、屠寄（敬山，史地教员）、杨仁山（经学大义）、王舟瑶、饶檑龄（经学）、林纾（文学）皆一时名彦。李家驹（柳溪）继张亨嘉之后任监督。蒋式瑆（性甫）任教务提调。曾广钧（重伯），袁励准（珏生）任斋务提调。三多（柳桥）、金梁（息侯）等职员中低级不关重要的尚多，不及备载。

班　级

我是第一期学生，肄业共五年。第一年，学普通课，第二年即分科别为四类。那时风气锢蔽，科举还未废止。壬寅、癸卯两试秋闱，甲辰一试春闱，然后停止。我们入大学后，外间蜚语，还认为不过是读经书，作策论，学学算术而已。其实大不然。在第一年已分习英、德、法、俄、日等文及普通科学了。

第一类，文学、中文、外文；

第二类，中外历史、地理；

第三类，物理、化学、数学；

第四类，动物、植物、矿物、生理、卫生、农学园艺，总名为博物科。

以上除分类肄习外，通习科目则有教育学、心理学、辩学、哲学大纲。

教　员

日籍教员：服部宇之吉教心理学、辩学、伦理学，法贵教教育学，太田达人教化学，释加教物理学、数学、代数、几何。铃木教日语，高桥教图画，矢部教植物学、解剖学、矿物学。桑野教动物学、生理卫生。

翻译助教（中国人）：范源濂（静生）、吕慎哉、胡宗瀛（宇宣，兼农学）、程家柽（兼肥料学）、江亢虎、吴荣鬯、刘翼周。

学生政治思想在政府方面如何控制？

清季戊戌政变、庚子拳变，虽皆以失败而告终。然在青壮年学生知识分子中，则自由、民主、革命及向往西方文化的思想正在萌发。只要是属于进步的，哪怕是一个幼芽，它总是从曲折患难过程中，不断成长发展和向前迈进的，不是任何外界压力所能控制或消灭得掉的，这就是真理。京师大学堂优级师范生也不例外。毋庸讳言，学生都是从各处来的资产阶级知识分子，他们在社会上都已崭然露了头角的，考入大学，是新人新事，但是入学第二年即癸卯，因暑假之暇，有不少人又参加了乡试，结果有十余人中式举人，我亦是其中之一。转年甲辰，有杨景乔一人中了进士，把他分入进士馆了。可见科举思想尚未忘怀，这就表现出资产阶级知识分子是具有摇摆不定的两面性了。但学校当局亦未加以干涉，且有对得中式的学生说一声恭喜的呢。政治思想的转变都是因外界条件刺激引起。梁启超著的《饮冰室文集》及《新民丛报》，几乎人手一编，成为普遍的读物。清廷为要粉饰立宪，设立资政院，钦派议员占多数，又有由各省谘议局选派的议员占少数，而谘议局亦不尽由民选，参以府厅州县的官僚。对于本省谘议局，同学们亦常常向他们建议，促使他们向官僚政治作斗争。有一次，直隶省同学们还公推我去天津谘议局开会，我做了五天的观察，议长是阎凤阁老进士，受到恳切接待。当日俄战役前夕，日本自甲午战胜了中国，近又面对着帝俄占据广大土地，乃至全部铁路，久已处心积虑夺取这个权力，终将爆发争夺战。彼时清廷外交，反而宣布对此表示中立。在学生们心目中，清廷真是懦弱已极，遂激起了极大的愤怒，要对清廷发表抗议宣言，先推定数人起草。宣言大意，我记得有一段是：例如我们的家园，被一方强盗所窃据，久已失去了主权；另一方强盗又要争夺这个产业，并不为原业主打抱不平，而是攫为己有；而作为主人翁的当事者，漠然无动于衷，公然坐在高山看虎斗，并宣示中外严守中立，任他们为所欲为，这还像一个主权国吗？草案文字，经同学们一致同意，就预备仿行古来太学学生伏阙上书的故事。而这个消息，已被内廷那拉太后知道了，传语张百熙管学大臣。据说，太后赫然大怒，斥责说，你们的学生要造反，不加管束是不行的。要他负起这个责任。犹忆当时管学大臣亲临大学，并没有召集全体学生公开训话，仅各班长到监督室汇集，讲话大意是：“诸君发于爱国热忱，形诸呼吁，对外交有所献替，本不为过。但不要因一朝之愤，使这个缔造艰难的大学根本动摇，切不要发表宣言为是。”同学们对他老先生素来崇敬，经这次剀切说明利害，闻之无不感泣，使这一运动无形消散了。结果加派了荣庆为管学大臣会办，这就是为控制学生思想而设的。不久，张百熙先生调任邮传部尚书，张之洞由湖广总督入为军机大臣，并接任管学大臣，时常到大学来训话，大致仍持以中学为体、西学为用的老调，作为教育方针，教学生只应埋头读书，不得干预外事，以束身自爱为本等等。对毕业奖励等规章多所制订，总之不过降低而已。时势推移，头班学生迫近毕业，孙中山先生革命影响，几乎普及全国，尤其是学生对清室已不复存幻想，倾向革命的思潮油然而生。头班学生中属于第二类的丁作霖，丰润县人，亲同盟会分子，他在毕业后即实际奔走革命，组织了铁血团，其规模颇大。迨武昌起义时，黎元洪曾派专使来北方和他密切联系，但共和宣布后，他遂认为达到目的，竟把铁血团的庞大组织自动解散了，其功成不居盖如此。师范馆前后有两期毕业生，在清季与民初，有不少风云人物，自然功过亦不相掩。其余作终身教育职务的，亦所在多有。不及备载其详，即止于此。

一九六二年一月二十六日

（《文化史料》第4辑，文史资料出版社，1983年1月版）

⊙ 俞同奎

四十六年前我考进母校的经验

我是京师大学堂师范馆头班生。虽在校只短短的一年，但是却由校方派去国外，继续求学。民前二年回国，又由校邀我担任教授，直到民国九年，教育部要我担任北京工业专门学校校长时为止。以后还继续任讲师。到民国十二年，工专筹备改大，实在无法再兼教书，方完全脱离关系。我和母校历史联系，可说是万分密切。这一次五十周年纪念，胡校长要我写点东西，我的幼年日记及可供参考的资料，都在二十七年南京沦陷时遗失，实在没有东西可写。只好就记忆所及，略述当年作学生时一切琐碎经验，勉强交卷。

庚子第二年年底，光绪帝及慈禧太后由西安回来，因被黄头发蓝眼睛的人吓怕了，所以赶紧恢复戊戌旧京师大学堂，替维新面目，擦点脂粉。十一月回銮，十二月就任命张百熙作京师大学堂管学大臣，筹备开学。我那时在苏州，听到这个消息，第二年春天海河开冻后，马上由海道赶来北平。哪里知道内部虽在筹备，外面却没有招考消息。只好在东城某旗人家，暂作猢狲王，苦守好几个月，直到十月底，方有机会打进天宫，搬住那时所叫的公主府。

当年风气闭塞，学校程度幼稚，固无可讳言。不过张百熙先生思想甚新，他又能延揽许多头脑较新的人物，参合中外成规，编定学制，虽号称大学，是希望将来成为最高学府，当时倒不是勉强凑成班底，马上就唱似是而非的大学戏。他的宗旨，先造就一班师范人材，以储师资。青年有志的官吏，亦容许他们接受新教育，预备青黄不接时代的任使。当时国学教师，都是海内知名之士，教科学的教员，亦慎重选聘，借用客卿，倒不是流氓商人混饭吃的一流人物。招选学生，以国学和东西文有根底者为取录标准，以便容易研究科学。校中所援学科，虽不太深，但却是择要急速深进。我虽在校短短一年，但后来到英国考进大学，亦受母校预备的益处不少。

马神庙的公主府，现在变动很多。当年形状，不妨一述。现在化学实验室，从前是两层过厅，为职员办事处。大礼堂和后面一层大殿的东西屋，都作教室。后面大殿，旧称公主寝宫。寝宫的中厅，祀至圣先师孔子神位。因为我们这班学生，在那时代的眼光，都是外来的邪魔恶道，必须请孔老夫子出来镇压镇压，所以只好请他老人家暂时屈尊，替公主把守寝室。朔望并在这一间厅里面，宣传“圣论广训”。寝宫的后边有两层平房，作仕学馆学生的宿舍。再后面的楼房，相传为公主梳妆楼，大约因为是公主，必须有这样的设备，一半出于想象的。当时图书馆就设在梳妆楼里面。现在东院大楼房，那时候是南北两座宿舍，称为南楼北楼。师范馆学生都住在这两座楼里面。两排楼房中间空地为运动场，亦略有盘杆，天桥，秋千，种种设备。南楼的南面就是大饭厅。这一类的房子都不是公主府本来面目，是后来添盖的。

五四运动系抗日运动，京师大学的时代，亦有一幕轰轰烈烈抗俄的运动。事实是这样：光绪二十六年拳匪变起，俄人以兵占据东三省及山海关，营口，新民，各铁路。二十八年和议成，奕劻、王文韶与俄使雷萨尔签订中俄东三省铁路交还条款，有很多损失权利的地方。在我们学生眼光中，自然大不满意。于是我们联合两馆同学，开会提出抗议，激昂慷慨，要学古代太学生一样，“伏阙上书”。学校里面自然有许多钦派的特务工作人员，赶紧去报告慈禧皇太后，说，“一班学生都要造反”。那拉氏大怒，以张百熙先生压制不力，加派一满人荣庆为会同管学大臣。风潮仍没有平息，刚好两湖总督张之洞来京，又派他来学校视察，希冀他整顿一番，能压服我们这班革命分子。那时候一部分激烈的同学，主张一致退学，不愿作奴隶学生；又有一班人，以为我们退出，更没有主持正义之人，不如利用此为根据地，更利用他们聚敛所得的民脂民膏，资送我们一部分学生出国留学。一则可以呼吸自由空气；二则亦可培养革命基础。校章中本有“毕业后选派出国造就师资”条文，同学遂据此要求，以为毕业后选派，“远水救不得近火”，不如目前即送出国，则真正大学开锣时，这班人回国已可担任教师。张百熙先生本为维护我们最力的人，竭力促成这一件事，在那拉氏这一方面，亦以为这班捣乱分子，应该让他们快快滚出国门去，乐得耳根清净，因亦照准。于是校中乃考选英法德俄日语言文字略有根底的学生三十余人，分送出国。这是北大第一次派学生留学东西洋的历史，亦即是北大学生争取自由的第一幕。

当年我们的政治常识，都是偷偷摸摸，由片纸只字禁书中得来，自然不甚充足。但是对于朝政得失，外交是非，和社会上一班风俗习惯的好坏，都喜欢研究讨论。有几位特别能演说的同学尤喜作讲演式的谈话。每天功课完毕，南北楼常开辩论会，热闹非常。高谈阔论，博引旁征，有时候甚至于争辩到面红耳赤，大有诸葛亮在隆中，抵掌谈天下事的风度。果然，“蛟龙终非池中物”，后来所谓交通系，研究系，安福系，以及云南起义，广东护宪，都有我们同学参加，且都是重要角色。极右倾和极左倾人物，无所不有。至于在司法界，教育界，财政界以及某界某界有所建树者，亦有多人。这班人是非功罪，可以不谈，不过他们各有主义，各有政见，不是庸庸碌碌的一辈人，却也值得称道。蔡孑民先生长北大时，人材称盛。学者之外，有提倡小脚的辜鸿铭，有专谈性学的张竞生，就是讲社会革命的人物，亦无不兼收并容。京师大学堂人材，却亦五花八门，无所不具。北大称为伟大，大约就在这一点。

满清政治虽然腐败，但对于初期的大学生，却也十分优待。我们不但不缴学费，并且由校供应伙食。每餐八人一桌，六菜一汤，冬天则改为四菜一火锅，鸡鸭鱼肉都有。有所谓堂提调者，就是现在舍监或庶务科长这类职员，跟我们在一处吃饭。如果饭菜不好，堂提调马上发起威风，惩罚厨子，倒用不着我们学生操心。有一次我记得因为某样菜偷工减料，堂提调大怒，叫来厨子，罚他长跪在饭厅阶前，后来反是学生替他求情，方才饶恕。我们每月有月考，名列前若干名者，都有奖金。数目虽只数元或十数元，但我们大半都是外省来的穷学生，有这笔进款，月间零用，始有着落，有时还可以约二三同学到前门外听听平剧，吃吃小馆。衣服自然是自备，但每人冬夏各给一套操衣。着操衣时脱去长袍马褂，作军队装束，自然感觉新奇。所以那时候对于兵式体操，很感兴趣。虽然每人仍拖一条猪尾巴，不过短衣窄袖，自愿亦以为有"赳赳武夫"气概，大可自豪。每天破晓，操场上就听见"向左转""向右看齐"各种口号。虽朔风凛冽，大部分学生倒也并不偷懒。记得有一次体操后接着就要祭拜孔老夫子，职员们都衣冠齐整，翎顶辉煌，领导我们行礼。我们本该换衣服，但大家懒于这样作，就短衣一拥进去，参与典礼。孔老夫子那天如果在家，一定要气破肚皮，叫他的徒弟"鸣鼓而攻"我们了。又有一次集体到东城照像，约定排成队伍前往。那时候学生游行，尚不多见，这一列学生军经过东华门大街时，两旁铺户，都觉称奇，男妇老幼，一齐拥出来，观看热闹，一班顽固的满汉朝臣，亦即因此"谈虎色变"。

那时候的学生对于科学，自不敢说有精深研究。不过国学有桐城派大师吴挚甫先生主持，讲学之风，盛极一时。吴先生不久病故，由其弟子张鹤龄先生代替。其他杨仁山，屠敬山，王舟瑶诸先生，都是当时颇颇有名的人物。职员中如于式枚，如蒋惺甫，如李家驹，如王仪通，如袁励准亦都是积学之士。编译局人材更多，严几道，林琴南，罗掞东，魏聪叔都是近人所知道的名士，统在网罗之列。同学中国学有根底者本来很多，再在各名教授熏陶底下，后来成名者亦有不少人。在当时更有一样好现象，无论中外教师，无论大小职员，都看待学生像子弟一样，研讨学说，质析疑难，没有一样不亲切诚恳指导。所以学生非常敬爱教职员，教职员亦非常亲爱学生。回想当年在校读书乐趣，真使我至今神往。

京师大学堂壬寅年开学时，只有仕学师范两馆。第二年方有译学馆，设在北河沿现今北大第三院。医学馆并未招生，大约成立在我出国之后。校址设在后孙公园。北大医学院是不是就是医学馆传下来的，我因离平过久，内中变迁太多，不十分清楚。师范馆后来改设分科，正式大学由是产生。仕学馆迁至李阁老胡同，即北平大学法学院的前身。编译局亦系在我们开学的第二年成立。局址在虎坊桥。后来改为学部，就是拿这个作班底。学部长官，亦就是我们的两位管学大臣。所以现在的教育部，亦就是这一系统演变出来的。现在北大像一朵鲜花，正在灿烂开放，而这一朵花发芽时期，谁都不能否认是在四十六年前。这块园地，是戊戌京师大学堂孙家鼐开垦的，播佳良种子，却是张百熙先生。我写到这里，不能不追念他老人家，当时计划远到和宏大，排除百般困难，培养这个娇嫩的幼苗，实在不是一件容易的事。京师大学堂对于中国教育史，占有重要的一页。我们这位张百熙先生，在这一页教育史上，亦实在占有重要的位置。

（《北京大学五十周年纪念特刊》，国立北京大学出版部，1948年8月版）

⊙ 陈诒先

记译学馆

《宇宙风》编者周黎庵兄要我写一篇《记译学馆》，这可把我难住了。我对译学馆虽说印象颇深；然而毕竟已离开了三十年。兹就记忆所及，叙述如下：

京师译学馆继同文馆开办，校址在东华门内，当时仅办甲、乙、丙、丁、戊五级，即于宣统三年（1911）结束，归并北京大学，改为法律院。一向来，译学馆与北大学生均称同学。在甲、乙、丙、丁、戊五级中，每级分为四系，即英文系、法文系、德文系、俄文系，盖以外国语言为主，其余学程为人伦道德、中国文学、历史、舆地、教育、交涉、理财、博物、物理及化学、算学、图画、体操十二科。学校监督前后四人，为黄绍基、章梫、王季烈、邵恒濬。教员有蔡孑民、汪荣宝、韩朴存诸人。韩朴存先生为地理专家，其所著讲义东邻人士极重视之。译学馆停办多年，予在教育部编审处时，曾在东安市场一书摊，见有韩先生所编地理讲义多部，隔数日再到市场，则一部无存，询之摊主，则云为东邻人士捆载以去云。予前在学校时读书，讲义书籍本留存杭州西湖自己庄子内，此次战事，湖庐所存书籍字画，被劫一空。韩先生之地理讲义，亦在其内，将来尚拟觅致之。

译学馆授课情形，为每晨六点兵式体操。一小时操毕。吃粥以后，为外国语言三点钟，午前授毕。十二点午饭，下午为普通课程，五点钟完毕。晚饭后自修二小时，九时后入寝。寝室分为仁义礼智信五斋。甲、乙两级学生住校，丙级半住校半走读，丁、戊两级全为走读生，甲、乙两级为免费生，予属丙级，入学时交费一学期，第二学期经同学谢冰、易克臬诸人力争，结果丙级同学一百人，学期考试在前二十五名者免费。

予为英文系，最初教员为胡复先生，后为美国人，所读为 Gold smith 之 The Vicar of Wikerfield 及 Addison 之 Spectator，Scotts 之 Ivanhoe，此为低班；高班之教员为一英国人，所读为 T. R. Green's A Short History of the English People 等书，译学馆五年毕业，同学谢冰，中西文均好，自入学至毕业，包办第一名，毕业后在教育部任事多年。光华大学成立后，教部所派观察员即谢冰同学也。统计译学馆五级同学，几无一伟人；但均能自食其力，多数皆能以气节自励。如徐世章同学为徐世昌之弟，当徐世昌为总统时，世章为津浦路局长兼交通部次长炙手可热，同学以并肩一字王称之；但均不求其谋事。最近译学馆某教员在南京粉墨登场，罗致同学去者也寥寥无几，这是译学馆同学所引为足以自傲的。

学校学期考试可说极为严格：考试仅公布日期，不注明课程，所以第一日考试如须预备，必非同时看十余门功课不可！予在校的经验，即凡考前抱佛脚的同学，其成绩必多半不好；凡考在前二十五名得免费者，考试前三日多不看书，睡眠必充足，加以平时用心听讲，不放松阅读，非有特别事及生病，从不请假旷课，则即使考前不抱佛脚，成绩也不见得会坏。

毕业考试，在学部举行，所发文凭上端，有光绪三十三年所下之上谕。在清季最后三年，凡学校毕业学生均有机会诵读此上谕一遍，此乃我国学校特殊的掌故。现在把它录在下面：

> 国家兴贤育才，采取前代学制及东西各国成法，创设各等学堂。节经谕令学务大臣等详拟章程，奏经核定，降旨颁行，奖励之途甚优，惩戒之法亦甚备。如不准干预国家政治及离经叛道，联盟纠众，立会演说等事，均经悬为厉禁。原期海内人

士束身规矩，造就成材，所以勋望之者甚厚。乃比年以来，士习颇见浇漓，每每不能专心力学，勉造通儒，动思逾越范围，干预外事。或侮辱官所，或抗违教令，悖弃圣教，擅改课程，变易衣冠，武断乡里。甚至本省大吏，拒而不纳；国家要政，任意要求。动辄捏写学堂全体空名，电达枢部，不考事理，肆口诋諆。以致无知愚民，随声附和，奸徒游匪，藉端煽惑，大为世道人心之害。不独中国前史、本朝法制无此学风，即各国学堂亦无此等恶习。士为四民之首，士风如此，则民俗之敝随之，治理将不可问。欲挽颓风，非大加整饬不可。着学部通行京外有关学务各衙门，将学堂管理禁令定章广为刊布，严切申明，并将考核劝戒办法前章有未备者，补行增订，责令实力奉行。顺天府尹、各省督抚及提学使，皆有教士之责，乃往往任其偭越，违道干誉，貌似姑息见好，实系戕贼人才。即如近来京外各学堂，纠众生事，发电妄言者，纷纷皆是，然亦有数省学堂，从不出位妄为者，是教法之善否，即为士习之优劣所由判，确有明征。嗣后该府尹、督抚、提学使，务须于各学堂监督、提调、堂长、监学、教员等慎选器使，督饬妥办。总之，以圣教为宗，以艺能为辅，以理法为范围，以明伦爱国为实效。若其始敢为离经叛道之论，其究必终为犯上作乱之人。盖艺能不优，可以补习；智识不广，可以观摩。惟此根本一差，则无从挽救。故不率教，必予屏除，以免败群之累；违法律，必加惩儆，以防履霜之渐。并着学部随时选派视学官，分往各处，认真考察。如有废弃读经讲经功课，荒弃国文不习，而教员不问者，品行不端，不安本分，而管理员不加惩革者，不惟学生立即屏斥惩罚，其教员、管理员一并重处，决不姑宽。倘该府尹、督抚、提学使等仍敢漫不经心，视学务士习为缓图，一味徇情畏事，以致育才之举转为酿乱之阶，除查明该学堂教员、管理员严惩外，恐该府尹、督抚、提学使及管学之将军、都统等，均不能当此重咎也。其各懔遵奉行，俾令各学堂敦品励学，化行俗美，贤才众多，以副朝廷造士安民之至意。此旨即着管学各衙门暨大小各学堂一体恭录一通，悬挂堂上。凡各学堂毕业生文凭，均将此旨刊录于前，俾昭法守。

学校伙食颇为丰盛，而味不佳，每桌坐七人，四盘四碗，有鸡有鸭，也有鱼肉。饭厅之中间，置数方桌，上为酱萝卜一大盆，红大椒一大盆，小磨香油一大盆，多数同学宁愿自取酱菜大椒食之。北京油炸烩称为麻花，东华门一铺最佳，其制与南方不同，非长条乃小圆形。早粥时以麻花伴食，其味无穷。

北京为皮黄戏出产地，当予在译学馆读书五年中，尤为全盛时代。前门外粮食店之中和园，有谭鑫培、杨小楼、王瑶卿诸名角，戏资一千六百文，仅南方一百六十文，怀二百文，即可听最好之戏，以四十文赏看座（即上海之案目），即为大出手了。同学每于星期六下课看戏，戏完三数人吃小馆子，也仅仅两元够了。其他之娱乐地点为陶然亭、南河泡、天宁寺，学校假期如在三日以上，同学亦有约伴游西山者，在西直门外雇驴游览八大处等地。

总之，译学馆的事述值得记的殊多，以上，仅一点雪泥中的鸿爪而已。

（《宇宙风乙刊》27期，1940年8月）

⊙ 徐崇钦

八年回想

鄙人于宣统三年春辞却邮传部上海高等实业学堂教授一席，改就京师大学堂之聘，至民国七年秋，前后首尾共八载有半，目睹北大自马神庙一院扩充至三院，而学生由本、预两科三百五十余人，渐渐达到一千三百余人，可云盛矣。惟鄙人对于该大学八年之关系，约略分为两个时期：民元至民三初所谓改组时期，民三初至民七所谓发展时期。在改组时期，发生更换校长计有五次之多。二年春，为校长问题，全校学生宿于教部者二日。鄙人不忍坐视学生之学业荒废，以师生之感情竭力劝导，几至舌敝唇焦，历八小时之久，而学生等于是相率回校。无何，马相伯先生辞职。二年冬，何燏时先生坚辞校长职务，部中改派胡仁源先生署理，并派鄙人充预科学长。维时政治方面力图振新，几有蒸蒸日上之势，而学生等亦得安心求学，别无他愿，政治与学校宛然成为风马牛矣。其时北大为全国唯一独立最高学府，其余各学院乃系专门学校，而现在新立各校尚未产生。查北大之预科，即前清时代京师大学堂时名曰高等学堂，虽与本科同一地点，实则内部之组织完全独立。元年间，始变名预科，而事实上与独立之精神依然存在。二年夏，由西斋北部移至译学馆旧址，为预科地点。内设二部，称一类、二类。一类即文科，复分英、法、德三系，二类即理科，均三年毕业，俱有文官考试资格。学生初时仅有二百余人，迨至六年夏间，竟达九百余人。四年，谋德、智、体三学起见，建设乐群会、新剧团，以冀学生得正当之娱乐而利操行；又修改两操场为演讲厅，谋智学之发展及表扬学业之成绩；至出版《欢学季刊》，以中、英、德、法四国文字为标准；并扫除考试积弊，而以奖罚兼施。鄙人亦自出资斧，制金牌以奖励学生之品学兼优者。是年，傅斯年生得奖，诸生群以为荣。体育一门，各校素不重视。惟体育之发展，与国家之强弱殊有密切关系。鄙人倡议预科建设运动场，练习柔软体操以及运动各技，每年春季，开运动会一次，众皆赞成举行。复提倡运动联合会。四年秋，开第一次各学校联合会于端王府旧址，即工大之两空地，诸生爱国情殷，不乏有志之士。适值五年夏间，日本有廿一条之逼迫，愤时事日非，特创设学生军军事训练会，全校学生悉数加入。每晨课前，莅场训练，敦请美国陆军大学毕业陈鱼赉君为训练官。综以上种种，如新剧团也，出刊物也，运动场也，学生军也，北大具先着祖鞭，为各校前驱。若以校址扩充一方面言之，二年夏间，得译学馆旧址为预科地点。三年间，教部将德胜门外京师大学堂新校址约计二百余亩，所有讲堂、宿舍业已建筑过半，售于陆军部为讲武堂，事后仅以二万元拨给北大，改造目下第二院东北洋楼一所。五年夏间，预科学生五倍于前，原有东西斋舍、八旗先贤祠等宿舍不敷学生寄宿之用，因之校外公寓有如林立。查学生侨寓在外，漫无约束。鄙人有鉴于此，为学风计，为学校发达计，不辞劳瘁，奔走四月，先向英美银行疏通借款，以冀建造大规模之宿舍；后幸得法友与法使康德商妥，得其援助，向义品公司借到大洋二十二万元，建筑第一院大楼为学生寄宿舍，再改造第二院及第三院西北一字楼。六年春，蔡孑民先生长校。秋间，预科制度改为二年制，各班附设于相属之各系。而鄙人是年秋间适就唐山交通大学教务长之职，惟因第一院大楼工程尚未竣毕，有所接洽，以三日留平，仍服务北大。七年秋间，为时所限，只得辞去。惟念鄙人既与北大有八年之关系，而于发展一切，不敢掠为己美，似不无稍竭绵薄耳。兹值北大卅一周年纪念之期，特此略述梗概，为北大光荣历史四分之一，以志庆祝，并盼北大物质上教育上发展，将来成为英国之牛津、剑桥，美之哈佛、耶鲁也。

（《北京大学卅一周年纪念刊》，国立北京大学卅一周年纪念会宣传股，1929年12月版）

⊙ 蔡元培

我在北京大学的经历

北京大学的名称，是从民国元年起的；民元以前，名为京师大学堂；包有师范馆仕学馆等，而译学馆亦为其一部；我在民元前六年，曾任译学馆教员讲授国文及西洋史，是为我北大服务之第一次。

民国元年，我长教育部，对于大学有特别注意的几点：一、大学设法商等科的，必设文科；设医农工等科的，必设理科。二、大学应设大学院（即今研究院）为教授、留校的毕业生与高级学生研究的机关。三、暂定国立大学五所，于北京大学外，再筹办大学各一所于南京、汉口、四川、广州等处。（尔时想不到后来各省均有办大学的能力。）四、因各省的高等学堂，本仿日本制，为大学预备科，但程度不齐，于入大学时发生困难，乃废止高等学堂，于大学中设预科。（此点后来为胡适之先生等所非难，因各省既不设高等学堂，就没有一个荟萃较高学者的机关，文化不免落后；但自各省竞设大学后，就不必顾虑了。）

是年，政府任严幼陵君为北京大学校长；两年后，严君辞职。改任马相伯君，不久，马君又辞。改任何锡侯君，不久又辞。乃以工科学长胡次珊君代理。民国五年冬，我在法国，接教育部电，促回国，任北大校长。我回来，初到上海，友人中劝不必就职的颇多，说北大太腐败，进去了，若不能整顿，反于自己的声名有碍，这当然是出于爱我的意思。但也有少数的说，既然知道他腐败，更应进去整顿，就是失败，也算尽了心；这也是爱人以德的说法。我到底服从后说，进北京。

我到京后，先访医专校长汤尔和君，问北大情形。他说：“文科预科的情形，可问沈尹默君；理工科的情形，可问夏浮筠君。”汤君又说：“文科学长如未定，可请陈仲甫君；陈君现改名独秀，主编《新青年》杂志，确可为青年的指导者。”因取《新青年》十余本示我。我对于陈君，本来有一种不忘的印象，就是我与刘申叔君同在《警钟日报》服务时，刘君语我：“有一种在芜湖发行之白话报，发起的若干人，都因困苦及危险而散去了，陈仲甫一个人又支持了好几个月。”现在听汤君的话，又翻阅了《新青年》，决意聘他。从汤君处探知陈君寓在前门外一旅馆，我即往访，与之订定；于是陈君来北大任文科学长，而夏君原任理科学长，沈君亦原任教授，一仍旧贯；乃相与商定整顿北大的办法，次第执行。

我们第一要改革的，是学生的观念。我在译学馆的时候，就知道北京学生的习惯。他们平日对于学问上并没有什么兴会，只要年限满后，可以得到一张毕业文凭。教员是自己不用功的，把第一次的讲义，照样印出来，按期分散给学生，在讲坛上读一遍，学生觉得没有趣味，或瞌睡，或看看杂书。下课时，把讲义带回去，堆在书架上。等到学期，学年或毕业的考试，教员认真的，学生就拼命的连夜阅读讲义，只要把考试对付过去，就永远不再去翻一翻了。要是教员通融一点，学生就先期要求教员告知他要出的题目，至少要求表示一个出题目的范围；教员为避免学生的怀恨与顾全自身的体面起见，往往把题目或范围告知他们了，于是他们不用功的习惯，得了一种保障了。尤其北京大学的学生，是从京师大学堂“老爷”式学生嬗继下来（初办时所收学生，都是京官，所以学生都被称为老爷，而监督及教员都被称为中堂或大人），他们的目的，不但在毕业，而尤注重在毕业以后的出路。所以专门研究学术的教员，他们不见得欢迎；要是点名时认真一点，考试时严格一点，他们就借个话头反对他，虽罢课也在所不惜。若是一位在政府有地位的人，来兼课，虽时时请假，他们还是欢迎得很；因为毕业后可以有阔老师做靠山。这种科举时代遗留下来劣根性，是于求学上很有妨碍的。所以我到校后第一次演说，就说明“大学学生，当以研究学术为天职，不当以大学为升官发财之阶梯”。然而要打破这些习惯，只有从聘请积学而热心的教员着手。

那时候因《新青年》上文学革命的鼓吹，而我们认识留美的胡适之君，他回国后，即请到北大任教授。胡君真是"旧学邃密"而且"新知深沉"的一个人，所以一方面与沈君默，兼士兄弟，钱玄同，马幼渔，刘半农诸君以新方法整理国故，一方面整理英文系；因胡君之介绍而请到的好教员，颇不少。

我素信学术上的派别，是相对的，不是绝对的；所以每一种学科的教员，即使主张不同，若都是"言之成理持之有故"的，就让他们并存，令学生有自由选择的余地。最明白的，是胡适之君与钱玄同君等绝对的提倡白话文学，而刘申叔、黄季刚诸君仍极端维护文言的文学；那时候就让他们并存。我信为应用起见，白话文必要盛行，我也常常作白话文，也替白话文鼓吹；然而我也声明：作美术文，用白话也好，用文言也好。例如我们写字，为应用起见，自然要写行楷，若如江艮庭君的用篆隶写药方，当然不可；若是为人写斗方或屏联，作联饰品，即写篆隶章草，有何不可？

那时候各科都有几个外国教员，都是托中国驻外使馆或外国驻华使馆介绍的，学问未必都好，而来校既久，看了中国教员的阑珊，也跟了阑珊起来。我们斟酌了一番，辞退几人，都按着合同上的条件办的。有一法国教员要控告我；有一英国教习竟要求英国驻华公使朱尔典来同我谈判，我不答应。朱尔典出去后，说："蔡元培是不要再做校长的了。"我也一笑置之。

我从前在教育部时，为了各省高等学堂程度不齐，故改为各大学直接的预科；不意北大的预科，因历年校长的放任与预科学长的误会，竟演成独立的状态。那时候预科中受了教会学校的影响，完全偏重英语及体育两方面；其他学科比较的落后，毕业后若直升本科，发生困难。预科中竟自设了一个预科大学的名义，信笺上亦写此等字样。于是不能不加以改革，使预科直接受本科学长的管理，不再设预科学长。预科中主要的教课，均由本科教员兼任。

我没有本校与他校的界限，常为之通盘打算，求其合理化。是时北大设文理工法商五科，而北洋大学亦有工法两科；北京又有一工业专门学校，都是国立的。我以为无此重复的必要，主张以北大的工科并入北洋，而北洋之法科，刻期停办。得北洋大学校长同意及教育部核准，把土木工与矿冶工并到北洋去了。把工科省下来的经费，用在理科上。我本来想把法科与法专并成一科，专授法律，但是没有成功。我觉得那时候的商科，毫无设备，仅有一种普通商业学教课，于是并入法科，使已有的学生毕业后停止。

我那时候有一个理想，以为文理两科，是农工医药法商等应用科学的基础，而这些应用科学的研究时期，仍然要归到文理两科来。所以文理两科，必须设各种的研究所；而此两科的教员与毕业生必有若干人是终身在研究所工作，兼任教员，而不愿往别种机关去的。所以完全的大学，当然各科并设，有互相关联的便利。若无此能力，则不妨有一大学专办文理两科，名为本科，而其他应用各科，可办专科的高等学校，如德法等国的成例。以表示学与术的区别。因为北大的校舍与经费，决没有兼办各种应用科学的可能，所以想把法律分出去，而编为本科大学；然没有达到目的。

那时候我又有一个理想，以为文理是不能分科的。例如文科的哲学，必植基于自然科学；而理科学者最后的假定，亦往往牵涉哲学。从前心理学附入哲学，而现在用实验法，应列入理科；教育学与美学，也渐用实验法，有同一趋势。地理学的人文方面，应属文科，而地质地文等方面属理科。历史学自有史以来，属文科，而推原于地质学的冰期与宇宙生成论，则属于理科。所以把北大的三科界限撤去而列为十四系，废学长，设系主任。

我素来不赞成董仲舒罢黜百家独尊孔氏的主张。清代教育宗旨有“尊孔”一款，已于民元在教育部宣布教育方针时说他不合用了。到北大后，凡是主张文学革命的人，没有不同时主张思想自由的；因而为外间守旧者所反对。适有赵体孟君以编印明遗老刘应秋先生遗集，贻我一函，属约梁任公、章太炎、林琴南诸君品题；我为分别发函后，林君复函，列举彼对于北大怀疑诸点，我复一函，与他辩；这两函颇可窥见那时候两种不同的见解，所以抄在下面：（略）

这两函虽仅为文化一方面之攻击与辩护。然北大已成为众矢之的，是无可疑了。越四十余日，而有五四运动。我对于学生运动，素有一种成见：以为学生在学校里面，应以求学为最大目的，不应有何等政治的组织。其有年在二十岁以上，对于政治有特殊兴趣者，可以个人资格，参加政治团体，不必牵涉学校。所以民国七年夏间，北京各校学生，曾为外交问题，结队游行，向总统府请愿；当北大学生出发时，我曾力阻他们，他们一定要参与；我因此引咎辞职。经慰留而罢。到八年五月四日，学生又有不签字于巴黎和约与罢免亲日派曹、陆、章的主张，仍以结队游行为表示，我也就不去阻止他们了。他们因愤激的缘故，遂有焚曹汝霖住宅及攒殴章宗祥的事，学生被警厅逮捕者数十人。各校皆有，而北大学生居多数；我与各专门学校的校长向警厅力保，始释放。但被拘的虽已保释，而学生尚抱再接再厉的决心，政府亦且持不做不休的态度，都中喧传政府将明令免我职而以马其昶君任北大校长，我恐若因此增加学生对于政府的纠纷，我个人且将有运动学生保持地位的嫌疑，不可以不速去。乃一面呈政府，引咎辞职，一面秘密出京，时为五月九日。

那时候学生仍每日分队出去演讲，政府逐队逮捕，因人数太多，就把学生都监禁在北大第三院。北京学生受了这样大的压迫，于是引起全国学生的罢课，而且引起各大都会工商界的同情与公愤，将以罢工罢市为同样之要求。政府知势不可侮，乃释放被逮诸生，决定不签和约，罢免曹、陆、章，于是五四运动之目的完全达到了。

五四运动之目的既达，北京各校的秩序均恢复，独北大因校长辞职问题，又起了多少纠纷。政府曾一度任命胡次珊君继任，而为学生所反对，不能到校；各方面都要我复职。我离校时本预定决不回去；不但为校务的困难，实因校务以外，常常有许多不相干的缠绕，度一种劳而无功的生活，所以启事上有“杀君马者道旁儿；民亦劳止，汔可小休；我欲小休矣”等语。但是隔了几个月，校中的纠纷，仍在非我回校，不能解决的状态中，我不得已，乃允回校。回校以前，先发表一文，告北京大学学生及全国学生联合会，告以学生救国，重在专研学术，不可常为救国运动而牺牲。（全文见《蔡孑民先生言行录》下册 337 至 341 叶。）

到校后，在全体学生欢迎会演说，说明德国大学学长校长均每年一换，由教授会公举；校长且由神学医学法学哲学四科之教授轮值；从未生过纠纷；完全是教授治校的成绩。北大此后亦当组成健全的教授会，使学校决不因校长一人的去留而起恐慌。（全文见《言行录》341至344叶。）

那时候蒋梦麟君已允来北大共事，请他通盘计划，设立教务总务两处；及聘任财务等委员会，均以教授为委员。请蒋君任总务长，而顾孟余君任教务长。

北大关于文学哲学等学系，本来有若干基本教员，自从胡适之君到校后，声应气求，又引进了多数的同志，所以兴会较高一点。预定的自然科学，社会科学，文学，国学四种研究所，止有国学研究所先办起来了。在自然科学与社会科学方面，比较的困难一点。自民国九年起，自然科学诸系，请到了丁巽甫，颜任光，李润章诸君主持物理系，李仲揆君主持地质系；在化学系本有王抚五，陈聘丞，丁庶为诸君，而这时候又增聘程寰西，石蘅青诸君。在生物学系本已有钟宪鬯君在东南西南各省搜罗动植物标本，有李石曾君讲授学理，而这时候又增聘谭仲逵君。于是整理各系的实验室与图书室，使学生在教员指导之下，切实用功；改造第二院礼堂与庭园，使合于讲演之用。在社会科学方面，请到王雪艇，周鲠生，皮皓白诸君；一面诚意指导提起学生好学的精神，一面广购图书杂志，给学生以自由考索的工具。丁巽甫君以物理学教授兼预科主任，提高预科程度。于是北大始达到各系平均发展的境界。

我是素来主张男女平等的，九年，有女学生要求进校，以考期已过，姑录为旁听生。及暑假招考，就正式招收女生。有人问我："兼收女生是新法，为什么不先请教育部核准？"我说"教育部的大学令，并没有专收男生的规定；从前女生不来要求，所以没有女生；现在女生来要求，而程度又够得上，大学就没有拒绝的理"。这是男女同校的开始，后来各大学都兼收女生了。

我是佩服章实斋先生的，那时候国史馆附设在北大，我定了一个计划，分征集纂辑两股；纂辑股又分通史，民国史两类；均从长编入手。并编历史辞典。聘屠敬山、张蔚西、薛阆仙、童亦韩，徐贻孙诸君分任征集编纂等务。后来政府忽又有国史馆独立一案，别行组织。于是张君所编的民国史，薛、童、徐诸君所编的辞典，均因篇帙无多，视同废纸；止有屠君在馆中仍编他的蒙兀儿史，躬自保存，没有散失。

我本来很注意于美育的，北大有美学及美术史教课，除中国美术史由叶浩吾君讲授外，没有人肯讲美学，十年，我讲了十余次，因足疾进医院停止。至于美育的设备，曾设书法研究会，请沈尹默，马叔平诸君主持。设画书〈法〉研究会，请贺履之、汤定之诸君教授国画；比国楷次君教授油画。设音乐研究会，请萧友梅君主持。均听学生自由选习。

我在爱国学社时，曾断发而习兵操，对于北大学生之愿受军事训练的，常特别助成；曾集这些学生，编成学生军，聘白雄远君任教练之责，亦请蒋百里，黄膺伯诸君到场演讲。白君勤恳而有恒，历十年如一日，实为难得的军人。

我在九年的冬季，曾往欧美考察高等教育状况，历一年回来。这期间的校长任务，是由总务长蒋君代理的。回国以后，看北京政府的情形，日坏一日，我处在与政府常有接触的地位，日想脱离。十一年冬，财政总长罗钧任君忽以金佛郎问题被逮。释放后，又因教育总长彭允彝君提议，重复收禁。我对于彭君此举，在公议上，认为是蹂躏人权献媚军阀的勾当；在私情上，罗君是我在北大的同事，而且于考察教育时为最密切的同伴，他的操守，为我所深信，我不免大抱不平。与汤尔和，邵飘萍，蒋梦麟诸君会商，均认有表示的必要。我于是一面递辞呈，一面离京。隔了几个月，贿选总统的布置，渐渐的实现；而要求我回校的代表，还是不绝，我遂于十二年七月间重往欧洲，表示决心；至十五年，始回国。那时候，京津间适有战争，不能回校一看。十六年，国民政府成立，我在大学院，试行大学区制，以北大划入北平大学区范围，于是我的北京大学校长的名义，始得取消。

综计我居北京大学校长的名义，十年有半；而实际在校办事，不过五年有半，一经回忆，不胜惭悚。

（《东方杂志》31 卷 1 号，1934 年 1 月）

⊙ 陶希圣

蔡先生任北大校长对近代中国发生的巨大影响

蔡先生来校以前的预科

我在民国四年考上北京大学预科。那时北大预科的学长是徐崇清先生。他办理预科一切从严，学风很好。预科三年，分文科和实科。实科需修英文和德文；文科则是英文、法文，也有日文。一般说起来，外国语以及科学水准都相当高。预科设在译学馆，有一个独立的局面；而预科的学生甚至对本科的学生看不起。当时有这么一种情形。

改制后的法律系

民国六年蔡先生来了之后，他就把制度改了。他认为北京大学应该注重理论的科学，设文、理、法三科（学院）就好了，把北大的工科移交北洋大学，而把北洋大学的法科挪到北京大学。中国大学的法科也归并起来。这是民国七年的事。我那时由预科升法科法律系一年级。经过这一归并，我这一班就成了很大的一班，有一百多人，包括三个学校法律系学生，即北大预科升入本科的，以及北洋大学和中国大学法科一年级的学生。这三校校风不同，学生的态度也就不一样。下课休息时一眼就看得出来。北大预科升上来的，大家同学多年，都很熟了，下课时大家在一起有说有笑；北洋大学的学生读书用功，下课十分钟他们仍然留在课堂上；中国大学的学生则吊儿郎当，自成一格。这一个课堂三种作风留给我的印象，到今天还是很深。

法科原来三年，这时改为四年。预科则改为二年。预科一改为二年，它的独立性就取消了，附到本科里面来。这是北大学制的一次大改革。

教授阵容也有改变

就法律系来说，教我们书的原来都是留日的学生，现任大理院庭长、推事、总检察厅的检察官以及高等法院的庭长、推事等来教我们的课，最出名的就是满清末年起草中国的刑法民法的日本学者的助手和译人，例如冈田朝太郎起草刑法，由张孝蕤〈移〉先生翻译；民法是松冈义正起草的，由一位屠先生翻译；张屠诸位教我们的刑法与民法。商法由周先生教，发讲义，他用的底本是松本蒸治的商法，诸如此类。蔡校长来了之后，有一批留欧的学者来了，王雪艇先生就是一个，他在法科教我们“比较宪法”。那时教我们的都是留日的或是用日本的课本来教，对于留欧回来的人觉得他们的方法不一样，有点怪怪的。我在法律系四年级的时候，到图书馆去看书，见雪艇先生也坐在那里看书，却从来不招呼，不交谈。当时的一般同学不大跟师长接触，就是在五四运动的时候，参加运动乃至被推任学生联合会职务的同学们也不到校长那里去。

后来北京大学收女生，不过我们法律系没有女生，整个法学院只有一个女生，不知是在政治系还是经济系。

两院一堂是八大胡同重要的顾客

那时北京的生活很便宜，一个北大学生一年的生活开支包括学杂费在内，平均有一百八十块钱就足够了，节省一点的有一百二十块钱也可以过了。但当时北大学生之中，有继承清末以来的流风余韵。在清末的时候，京师大学堂的学生有些贵族达官的子弟。到了民国初年，贵族子弟仍然不少，文科那边有一个学生坐自用人力车（洋车）来上课，他的洋车有六个电灯，两个铃，一路铛铛铛的响着来，而他的头发更是梳得油光发亮。在民国初年，两院一堂是八大胡同受欢迎的重要的顾客。两院是国会的参众两院，一堂就是北京大学——京师大学堂。学生之中这种贵族子弟还是不少。北京是都门，政治社会风气仍有满清末年留下来的。在那种氛围之下，蔡校长来了之后，他把学风改变下来，所发生的影响和意义何等的重大。

进德会的八戒

学风的改变第一是学术自由，这有很大的影响。因为学术自由，各种学说都可以讲，学生的眼界宽，胸襟也开了，不是从前那种样子。第二是进德会。进德会有三种等第，甲种会员：不嫖、不赌、不娶妾；乙种会员：于前三戒外，加不作官吏、不作议员二戒；丙种会员：于前五戒外，加不吸烟、不喝酒、不食肉三戒。所谓不作官吏、不作议员二戒是针对当时的政客，针对民六、民八的国会。民六、民八的北京政风实在不成样子。而不嫖、不娶妾是针对此而发。学风在这种潜移默化之下无形的改变，主要的还是学生眼界宽、胸襟大，从古老的传统里解脱出来，增广见闻，这是很重要的一件事。

收女生是打破传统的大事

北大收女生，在当时北京的社会里头是一件打破传统的大事。当时北京的社会风气是很保守的，如前门外的广和楼，富连成社在那里演戏，不卖堂客票，女人不能进去看戏。东安市场的吉祥茶园，有一个门写着“堂客由此进”，女人要进去必须走那个门，男人则由另一门，男女之分，其严如此。在这种风气下，而一间国立大学竟然招收女生，这是一件很特别的大事。不过北京大学的学风，男生跟男生也没有什么社交。女生来了之后，跟男生也没有什么来往，即使是同班有女生，男生也不跟她们有什么来往，北大的风气一直如此。

蔡先生任北大校长对近代中国发生巨大影响

“不作官”的戒条有很大影响。蔡先生来了之后，所谓“不作官”，把作学问的学术和从政的作官分开，而所谓作官，就是当时北京的政客和官僚的那种官。当时北大学生与政客和军阀，在蔡先生的教导下分家了。也可以说北京大学这一风气的改变，把当时北洋军阀和政客的社会基础给打坏了。这是很重要的一件事。蔡先生虽然做校长的时间并不长，却对近代中国发生巨大的影响。

（台湾《传记文学》31 卷 2 期，1977 年 8 月）

⊙ 杨　晦

五四运动与北京大学

1919年的5月4日，在北京发生了一次震动全国，也影响到国外的青年学生爱国运动：这就是新的革命风暴和中国革命进入新阶段的标志，这就是我们所常说的五四运动，到今年已经是四十周年了。

五四运动的杰出的历史意义，是彻底的不妥协的反帝国主义与彻底的不妥协的反封建。五四运动的文化革命则是彻底反封建文化的运动。这次运动虽然爆发在1919年，若是追溯它的发生和发展，有一段相当长的历史。就北京大学的范围内来讲，也要追溯到1917年，才能明了这一运动是怎么发展起来的。

北京大学到今年已经成立了六十一周年。在五四运动的那一年也已经有了二十一年的历史。在清代末年，这个“京师大学堂”，虽然是在变法维新的要求下创办的，却只能是一种半封建半殖民地性质的大学，是涂上一层买办色彩作为“进步”的妆点，实际上是保持着陈腐的封建文化的传统。就是经过了1911年的辛亥革命，这所大学在基本上仍然没有多大的改变，只是校名改为一直沿用到现在的北京大学。

1917年，在俄国发生了十月革命。这个十月革命，在中国起了深刻的影响，启示了中国解放的道路。这一年，北京大学也有了新的变动。在十月革命的影响下，走上了一个新的方向。这样，才在一个半封建半殖民地性质的大学内，孕育而且爆发了一次反帝反封建的爱国主义运动。

1917年初，“北大”换了蔡元培来做校长。蔡元培是前清的翰林出身，却是一个有开明思想的教育家、学者。他曾经两次留学欧洲，在国内很有声望，有很高的学术地位。辛亥革命后，他是南京临时政府的教育总长。他当时认为大学教育是个根本问题。他到北大后，就聘请了一些当时的有名人物来做教授，像李大钊同志当时就任经济学教授兼图书馆主任。蔡元培是主张兼容并包的，请的各方面的人物都有，但是，其中主要的还是一些当时认为有进步思想的学者，这就不但在北大形成了一种学术空气，名符其实地成为当时的最高学府，而且把一些进步的思想家、学者集中在一个大学里，成为一种文化上的新的力量，这个影响是很大的。在1917年的暑假里，北京大学连续地招生三次，及格的就录取，不受名额的限制，这样，也集中了一批优秀的学生，也使有些学生意外地得到了投考的机会。我就是因为有第三次的招考，才赶上了报名，考入了哲学系。

当时的北京大学，只有马神庙（现在的景山东街）和译学馆两处校址。文理两科都在马神庙上课，法科是在译学馆。图书馆就在马神庙的公主楼。1918年才盖起了红楼，文科移到红楼去上课，哲学系在四层楼上。图书馆就搬到红楼的第一层去了。

自1917年起，改革得最大的是文科各系，像哲学系、历史系和中国文学系，这三个系的性质已经有了明确的区别，各有自己的基本课程，不相混淆，这是一个很大的进步。这三系新聘请来的进步教授也最多，当然这里所说的进步，都是就当时说的。在今天看来，有不少是名望很高，却并不进步，无论在政治上，在学术思想上都有这种情形。

1917年开学很晚，我已经记不清是哪一天了，大概是在十月革命，11月7日前不远的日子。一开学，学校的各方面马上都活跃起来。在11月16日出了创刊号的《北京大学日刊》。接着，陆续成立了各种社团，像书法研究会、画法研究会、音乐讲习所、学生储蓄银行和消费公社等，都在日刊上登广告，并且报导各社团的活动。蔡元培先生曾经提倡过美育代宗教，当时课外的艺术活动那么多，跟这不无关系，而且请到的导师多是第一流的人物，画法研究会的导师是陈师曾，音乐讲习所所长是萧友梅。当时也请来了王心葵，这位全国闻名的古琴家。

另外，还成立了新闻研究会，由校长秘书徐宝璜来主持，《京报》主笔邵飘萍，在五四前的一段时间内，每星期日的上午来校一次，讲演他的新闻采访经验等题目。这个会的活动特别多，影响也比较大。

当时校内的学术思想活动和社会活动是很活跃的，特别是到了1918、1919年，随着政治上的变动和外交的吃紧，随着新旧思想的斗争的展开，就一天比一天开展，一天比一天活跃。平常，除了《北京大学日刊》每天出版外，还有在宿舍的影壁上、墙上，随时出现的海报、布告等，有人发出什么号召，就有人响应；说开会，就有人去。开会的地点，大些的会，在饭厅开的时候多，要说话的，站在板凳上就说起来。甚至在厕所里开辟“厕刊”，互相辩难。

北大当时还有一个特点，就是有什么活动，或有什么社团组织，一般都是放一个签名簿在号房，谁愿意参加就可以自由签名。

学术思想斗争跟社会活动同时在北大活跃。

《北京大学日刊》，虽然每天出版，却因为它是公报的性质，比较呆板，不便于传播思想或展开思想斗争。在1918年12月创刊的《北京大学月刊》，却又是属于学术性的刊物，主要刊载学术研究的论文，并非开辟一个学术思想论争的园地。在“月刊”出版的前后，在北大创刊了好几份刊物。1919年的1月，出版了一种也是月刊的《新潮》，是由主张新思想的学生在教授们的支持和合作下创办的，当时在思想战线上，是一支很有力的队伍。在第一期上登的一篇短文，反对封建道德的“万恶孝为首”，就在学校内引起了不少的争论，在社会上的影响也很大。

《国民杂志》，也是北大学生办的，不过，不以北大学生为限，而且这个杂志是一般的综合性刊物，在当时的思想斗争上没有什么作用。

至于《国故》月刊，却是跟《新潮》对立的主张旧思想拥护旧道德；提倡旧文学，反对新文学；保护文言文，反对白话文的旧派刊物。

但是，历史最久、传播民主主义文化最有影响的刊物是《新青年》。这个刊物提倡新思想新道德，反对旧思想旧道德，反对旧礼教，提出“打倒孔家店”的口号；反对旧文学、文言文，大胆地倡议文学革命，主张白话文，《新青年》是五四时期新文化运动的先锋和旗帜。在中国，最早接受马克思主义的是李大钊同志，他所写的《庶民的胜利》和《布尔什维主义的胜利》就都发表在《新青年》这个刊物上面。李大钊同志正是毛主席在《论人民民主专政》里所说的那种先进分子，“用无产阶级的宇宙观作为观察国家命运的工具，重新考虑自己的问题”的先进分子。这个中国的先进分子庄严地向中国人民宣告了社会主义的胜利，布尔什维主义的胜利。这是一个庄严的宣告。这就是说，指导无产阶级社会主义革命胜利的理论，不是别的，正是布尔什维主义——马克思列宁主义。《新青年》这个刊物，主要是李大钊，在这个刊物上介绍了马克思主义，并且运用马克思主义分析了中国的社会问题和文化问题。在五四运动后不久，也是李大钊首先用马克思主义跟胡适的改良主义展开了斗争，这就是问题与主义的讨论。

1918 年 11 月 11 日，第一次世界大战停止了。在 1919 年的 1 月 18 日，在法国巴黎召开了和平会议，这就是所谓巴黎和会。这是一个在美帝国主义操纵下的为宰割战败国和重新分割殖民地的分赃会议。停战的消息传来以后，我们在北京东单牌楼推倒了那座国耻的克林德碑，在中山公园一进门的地方，原来是个格言亭的，这时候却建立了一座公理战胜强权的纪念牌坊，那是一座既不美观也不壮观的纪念牌坊。

巴黎和会召开了，特别是美国总统威尔逊临到巴黎去参加会议时曾宣布他的和平条件十四点，政治独立、领土完整……更引起了我们的幻想。但是，到后来，半点也没有做到，所以，有人说，威尔逊发明了一个数学公式：十四等于零。

五四运动的直接原因，就是巴黎和会上的山东问题。

当时的北京政府是亲日的。日本帝国主义通过他们，进行掠夺和压制中国人民的反抗。人民中反日情绪一直没有消退。五四前一年，留日学生曾罢学回国，震动一时，后来就有不少人参加了五四运动。中国人民常常发动抵制日货，不过，常常都是在卖国媚外的政府强制下解除了抵制，或用其他方法加以破坏。抵制运动在当时是很有力量的斗争武器。就像日本帝国主义在北京办的《顺天时报》，专门造谣，终于被我们抵制掉了，谁也不看，报贩也不给发卖，最后，只好在日本侨民的范围内流通了。

当时北京政府的曹汝霖、章宗祥和陆宗舆，都是安福系有名的卖国贼。曹汝霖是交通总长，章宗祥是驻日公使，陆宗舆是币制局总裁，也是中华汇业银行的老板。

五四前不久，在驻日公使章宗祥带着日本小老婆回来商量如何卖国时，留日学生跟送丧似地送他，白旗丢了一车厢，他的小老婆都被吓哭了。

中国在巴黎和会上交涉失败的消息，不断传来。北京大学和北京各专门以上学校的学生，预计要在5月7日，就是袁世凯跟日本签订二十一条卖国条约的国耻纪念日，举行游行示威，表示抗议。但是，这几天的消息太紧张了，已经等不到5月7日了。5月3日，各校代表和北大学生在北大的三院礼堂开大会，当时情绪激昂，发言踊跃，有一位同学咬破了手指，血书“还我青岛”四个字，表示决心。

在会上，有人提议：留日学生可以那么对付章宗祥，我们为什么不可以对他们三个（曹章陆）来一下？就是说，要把旗子送到他们的家里去。大家一致同意，准备行动。决定提前于明天5月4日，举行游行示威，并给卖国贼送白旗。当夜，住西斋的同学一夜没睡，用竹竿做旗子：长竹竿上大旗子，短竹竿上小旗子。第二天，北大学生每个人手里都有旗子了。找到卖国贼怎么样呢？也有人想到那里跟卖国贼干一场的；但是大多数人，都没有斗争经验，想的很单纯，只打算把旗送去，像留日学生对章宗祥那样，搞他们一下就算完事。

1919年的5月4日，是个星期天。

那时候，北大的红楼后面还没有灰楼，是一片空场，大家就在那里集合排队。临出发时，蔡先生在出口那里挡了一下，说有什么问题，他可以代表同学们向政府提出要求。不过，同学们不肯，他也就让开。同学们的队伍走出了学校，沿北池子大街向天安门行进。队伍前面，举着一副白布对联，跟挽联一样：

“卖国求荣，早知曹瞒遗种碑无字；

倾心媚外，不期章惇余孽死有头。”

到达天安门前，在那里停了好久，有人演说，喊口号。事前，还准备了一份英文说帖，派代表到英美的公使馆去投递，请他们支持我们的正义要求。当时对于英美，特别是对美国还存有一种幻想。谁知道，那天是星期天，他们不办公，也找不到人，只好把说帖丢在那里，就回来了。

这时候，队伍排在路的西边，眼睁睁看着东交民巷的口上，有一个手持木棒的巡捕，来回走着，就是不准我们的队伍通过。青年们的热血沸腾，但是摆在眼前的，却是一个铁一般的冷酷事实：使馆界，不准队伍通过！气炸了肺，也是无济于事的呀！为什么我们自己的国土，不准我们的队伍通过？使馆界！什么是使馆界？是我们的耻辱！

停了许久，后来说是可以通过了，可是一进东交民巷就往北拐，从利通饭店的后面，悄悄地穿行过去，到了东长安街，停了一下。大家都十分气愤，也十分泄气，说：难道就这样回学校吗？警察宪兵来回跟着我们跑，但不敢动手。

停了一会之后，又走动了。大家知道还去赵家楼，情绪就又振奋了一下，不过也还是默默地穿过了东单、东四，到了赵家楼。曹汝霖的住宅在路北，临街的窗口都是铁丝网。门是紧紧地关上了，怎么交涉曹汝霖也不肯出来。其实，他当时出来了，也许大家就骂他一顿卖国贼之类，丢下旗子走开，也难说。门却始终紧紧地关着。大家有气无处发泄，就用旗杆把沿街一排房屋上前坡的瓦，都给揭了下来，摔了一地，却没留下一片碎瓦，全被我们隔着临街房屋抛进院里去了。

后来，有人从窗口爬进去了，从里面打开大门，大家一哄而入。找不到人，就砸东西，抡起一支椅子腿到处砸，有的砸破了自己的手指，流着血。有的人在撕床上的绸被子，大家的情绪是十分激愤的。

打了一会，有许多人都从一个月洞门，拥到东边的院子，是一个花园的样子，正面有一座厅房，前面是个花池。这边的临街墙很低，要早发现，早都进来了。章宗祥从里面出来，大家以为是曹汝霖，都上去打。没有别的东西，就捡砖头瓦片砸，把他砸得头脸出血，倒在地上。有的记载，说他装死，不过那一顿乱砸也够他半死了。有细心的同学，先切断了曹家的电话线。这时也有人取下客厅里挂的曹汝霖的放大像一对：

原来不是曹汝霖！人就散开了。

不久，起了火。火怎么起的，始终没有弄清楚。有人说是北大学生黄坚点的火。据匡互生的《五四运动纪实》说是他放的火。也还有人认为是曹家自己放的，这些无耻政客，国都可以卖，还有什么事做不出来？一放火，造成学生的刑事犯罪，岂不就可以逮捕法办了吗？

果然，在起火之后，警察总监就下命令捕人！但这时，学生已经一批一批地走了，留下的已经不多，结果捕走了三十二人。

当天晚上，学生在北大三院礼堂开大会。三院礼堂并不大，在当时却觉得大得很。这天晚上礼堂里外都挤满了人，蔡校长也到了会。他当场说：发生这种事，他当校长的要引咎辞职，不过一定负责把三十二个学生保释出来。

这次大会表现了青年学生们的爱国主义的情绪，已经集中在对卖国政府的痛恨上。议决：各校同盟罢课。

蔡校长联合各专门学校校长去保释被捕的学生。但北洋军阀政府找寻借口不肯释放。这时，外界议论纷纷，空气十分紧张。三天后，5月7日的那一天，北京政府害怕再闹别的事，就把学生释放出来。

同学们被释放出来，各校就都复课了。第三天，蔡校长离开了北京。这以后，就在爱国运动里加上一个挽留蔡校长的问题。

这中间，显得有些涣散的样子，但是，这时候，“北京中等以上学校学生联合会”已经组织起来。教职员会也为挽留蔡校长曾赴教育部请愿，参加了斗争。

大概在15号以后的一天，因为一位姓郭的同学，在参加五四运动以后，不幸死了，在为他开的追悼会上，议决长期罢课，提出抵制日货，要求罢免曹、章、陆三个卖国贼，拒绝在巴黎和会上签字，并挽留蔡校长回校等项。我还记得：在提出抵制日货时，大家戴的日本货的台湾草帽满天飞，都撕烂了。

这样，从19日起，北京中等以上的二十六个学校的学生全体总罢课：表示政府不罢免卖国贼，决不上课。

6月初，传说巴黎和约就要签字了，外交上已经惨败，北京政府又不肯罢免卖国贼曹汝霖等，蔡先生也在南方不回北京来，事情全没有结果。这时候，大家分组出动向群众讲演。一组十个人，有一个人留在组外，这一组被捕时，他好回校报信。北京市民对国事向来不很关心，这时也不同了，学生出街讲演，有鼓掌的，有当场丢掉台湾草帽（日本货）的，表示不用日货。

6月2日那天捕了很多人，没处放了，把北大三院作了临时监狱。大家更加愤慨，到了6月3日，就全体出动，大家先到前门那一带，在那里讲演，喊口号。下午，就拥到北河沿北大三院的对面，去慰问被拘在三院里的同学。北河沿那时有一条小河，在三院门口，河上有桥，水并不深。我们都在河的对岸，军警端起刺刀拦在桥上，我们几次要冲都没能冲过去。北大附近以及三院门前都搭上临时帐篷，驻了兵，被捕的同学们爬在墙上和我们这边搭话。

以后，兵忽然撤了。传来消息说：上海、汉口……都罢市了。这表示“五四运动”已成为全国范围内工商学联合的革命运动。这就是“六三”运动。

兵是撤了，三院里的同学们不肯出来，质问反动当局为什么随意捕人。“警察总监”派人道了歉，这才由各校派人接同学回校。

这以后，南方、北方，各地罢工、罢市、罢课的消息不断传来，反动政府对这种漫延全国的政治抗争，不能不在人民的愤怒面前低头。6月10日的报纸登载出罢免曹汝霖、章宗祥、陆宗舆三个卖国贼的新闻。

另外，在巴黎的留学生和工人代表包围了出席和会的中国代表，结果：中国没有在和约上签字。

五四运动到这里算是告了一个段落。这次运动就成了中国民主革命由旧民主主义革命转变为新民主主义革命的转折点，在中国革命斗争史上写下了光辉的一页。

（《光辉的五四》，中国青年出版社，1959年4月版）

⊙ 杨振声

回忆“五四”

一

一条东西的长街上站满了男男女女，老老少少，嚷嚷着要看“娶贤良女”。

“什么叫娶贤良女？”我正放午学回家，仰面问一个有山羊胡子的人。

“等会你就看见了，小孩子急什么！”他那山羊胡子随话掀动。

不久，耳边飘来一阵凄凄凉凉的喇叭声。迎面来了全副执事，吹鼓手，引着一乘蓝轿，轿内抬的是一个牌位，牌位上披着一幅青纱。接着又是一乘蓝轿，轿内却坐了个十七八岁的少女，惨凄的面容中只见她一双茫然失神的大眼睛，视而不见地呆呆向前望着。头上也披了一幅青纱。这整个的情景像出殡，连那当午的太阳都显得白惨惨的了。

跑回家问我的祖母。

“贤良女就是贤良女呗。”祖母一点也不感稀奇，不紧不慢地说，“你问娶媳妇，新郎在哪里？他死了，牌位就是新郎，嫁给牌位，就是贤良女。……你张着嘴尽看我做什么？瞧你那个傻样子！”

“也难怪！”她停一会叹口气说，“年轻轻的姑娘，嫁了个牌位！说不定从来没见面呢。嗐！她得同那个牌位拜天地，还得一块入洞房，还得晚上陪着那个牌位……坐着……”

我感到脑后阴风习习了。从此就有一个面容惨淡的少女，深夜里坐在一个牌位旁边，闪着一双茫然失神的大眼睛，常常在我心里出现。

又一次，黄昏时候我出城，刚走近城门楼，耳边嘣的一声爆响，吓了我一跳。定神一看，一个撅着八字小胡，穿水手衣服的日本人正在打城楼上的鸽子。一枪不中，他又要放第二枪，那群鸽子已扑愣愣地飞开了。他叽哩呱啦骂些我不懂的话，把枪往肩上一横，大踏步闯进城去，如入无人之境！我喘了一口粗气走出城来。“哦！那不是一只日本兵船？”它正耀武扬威地逼临着我们的海岸，像一个无赖骑在你脖子上，他还在你头上得意地呲着牙狞笑！

以上是“五四”以前我在家乡山东蓬莱小学、中学念书时碰到的事。当然，怪事还多得很，不过这两件我总忘不了。

二

旧日的北京大学，确是个古气沉沉的老大学。只是在1916年后，蔡元培先生来做校长，才带进了清新的空气。来自全国各地旧家庭的青年们，多少是受过老封建的压迫的，特别是在婚姻问题上。在学校接触到欧洲资产阶级的文化和思想，在蔡先生所倡导的自由学风下，对旧道德、旧文学嗅到了那股陈腐的气味！更重要的是：像春雷初动一般，《新青年》杂志惊醒了整个时代的青年。他们首先发现了自己是青年，又粗略地认识了自己的时代，再来看旧道德、旧文学，心中就生出了叛逆的种子。逐渐地以至于突然地，一些青年打碎了身上的枷锁，歌唱着冲出了封建的堡垒，确实感到自己是那时代的新青年了。当时在北大学生中曾出版了《新潮》《国民》两个杂志，作为青年进军的旗帜，来与《新青年》相呼应。

新事物的生长是必然要经过与旧事物的斗争而后壮大起来的。五四运动前夕的北大，一面是新思想、新文学的苗圃，一面也是旧思想、旧文学的荒园。当时不独校内与校外有斗争，校内自身也有斗争；不独先生之间有斗争，学生之间也有斗争，先生与学生之间也还是有斗争。比较表示的最幼稚而露骨的倒是学生之间的斗争。有人在灯窗下把鼻子贴在《文选》上看李善的小字注，同时就有人在窗外高歌拜伦的诗。在屋子的一角上，有人在摇头晃脑、抑扬顿挫地念着桐城派古文，在另一角上是几个人在讨论着娜拉走出“傀儡之家”以后，她的生活怎么办？念古文的人对讨论者表示憎恶的神色，讨论者对念古文的人投以鄙视的眼光。前面说过学生中曾出版《新潮》与《国民》，但同时也出版了与之相对立的《国故》。这三种杂志的重要编辑人都出在我们“五四”那年毕业班的中文系。大家除了唇舌相讥，笔锋相对外，上班时冤家相见，分外眼明，大有不能两立之势。甚至有的怀里还揣着小刀子。

当时大多数的先生是站在旧的一面，尤其在中文系。在新文学运动前，黄侃先生教骈文，上班就骂散文；姚永朴老先生教散文，上班就骂骈文。新文学运动时，他们彼此不骂了，上班都骂白话文。俞平伯先生同我参加《新潮》杂志社，先生骂我们是叛徒。可是我们不怕作叛徒了，旧道德变成那个骗娶少女的死鬼牌位了！时代给我们一股新的劲儿，什么都不怕。辜鸿铭拖着辫子给我们上欧洲文学史。可是他哪里是讲文学史，上班就宣传他那保皇党的一套！他在上面讲，我们就在下面咬耳朵：

“他的皇帝同他的辫子一样，早就该斩草除根了！”

“把他的辫子同他的皇帝一块儿给送进古物陈列所去！”

在新旧的相激相荡中，一部分搞新文学的人们无批判地接受欧洲资产阶级的思想与文化，更无分别地排斥自家的旧的一切，这偏向产生了不良的后果，但在当时，这种矫枉过正，也使他们敢于自信，更有力地打击了敌人。新文学终于在斗争中成长起来，为五四运动奠定了基础，同时五四运动更充实了新文学的内容，给它以真正的生命。

三

在“五四”时，我们还认识不到帝国主义与封建统治的内在联系性。但我们粗略地从历史看出：没有内奸是引不进外寇的。袁世凯想做皇帝，才签了卖国的二十一条，北洋军阀又都是亲日派，事实教导我们，把内奸与敌国联系起来了。当时的心情，恨内奸更甚于恨敌国，因为他们是中国人！

日本的二十一条像压在人民心上的一块大石头，总想掀掉它，青年们比谁都难忍受。1919 年 1 月召开巴黎和会，中国提出取消二十一条及从战败国德国收回山东权利，这是中国人民的呼声也是正义的要求。4 月底传来了巴黎和会拒绝我们的要求的消息，在青年心中烧起了怒火。5 月 3 日晚间在北大第三院大礼堂召开各校代表大会，决定 5 月 4 日上午在天安门开大会。

5 月 4 日是个无风的晴天，却总觉得头上是一天风云。各校的队伍向天安门汇成五千多人的示威洪流，在青年们还是生平第一次参加这样声势浩荡的群众运动。这洪流首先卷向东交民巷，向帝国主义者示威。队伍中响起愤怒的口号，飘扬着各种的标语：“中国是中国人的中国！”“废除二十一条”“惩办卖国贼”“拒绝签字和约”“收回山东权利”……这口号，这标语，都像从火山口里喷出的烈火，燃烧着每个青年的心。

大队进入东交民巷西口，帝国主义者在我们自己的土地上拒绝我们通过。洪流的怒潮就转向赵家楼卷进，卷向在二十一条上面签字的卖国贼曹汝霖的住宅。进了巷子，队伍挤了个水泄不透。

从我们的队伍自天安门出发，警察是始终跟在我们周围的。到了赵家楼，一些警察就集合起来，保护着曹家紧闭的大门。而重要的卖国贼曹汝霖、陆宗舆、章宗祥又恰好都在里面。群众的怒火是挡不住的，我们终于冲破了警察的包围，打进了大门。失算在于忘记堵住他的后门，学生前门进去，曹、陆二贼后门溜掉了。章宗祥逃跑不及，群众打了他个半死。搜索到下房，有人发现半桶煤油，就起了“烧这些杂种”的念头。

火发后大队就渐渐散去了。留在后面的被他们捕去了三十二人。当时还是无经验，若大家整队而入，整队而出，警察是捕不了人的。

四

5月7日被捕学生出狱，北京学生联合会，为便于继续奋斗起见，出了个《五七周刊》（五七也是日本在1915年为二十一条要求提出最后通牒的那一天）。它是一种小报形式，学生们在街头讲演时，可以随时分送给人的。记不清出到第二期还是第三期，就被警察扣留了。学生联合会派了四个人去警察总署办交涉，要求他们还我们的报。

警察总监吴炳湘又长又臭，夹软带硬地训了我们一顿，我们还是要他还我们的报。

“你们煽动军警造反！”我们知道这是因为学生在街头讲演时，也有军警站在人群中听，而且在最近周刊上有一篇《告军警书》。他们有些惴惴不安起来。我们还是要他还我们的报。

“怎么？”他的脸红涨得像灌肠。大叫：“给我扣下！”我们就被押送到一间阴湿发霉的小屋子里去了。

苦闷的是与外面隔绝。要报看，他们不给；要谈话，他们不准。我们盼望能有同学来通个消息也好。后来知道同学确曾来过，他们不让见。我们放心不下的是外面的运动，要知道的是外面的消息。但我们被隔绝了！成天躺着，两眼望着那小小的纸窗，它透进了外面的光明，可是遮住了外面的一切！

望倦了，我闭上眼，“五四”前夜各校代表大会上发言的热烈，天安门前胜利的会师，大队卷向赵家楼的壮举……一幕幕在我眼前出现了。我翻了个身，放枪的日本水手，娶少女为妻的死鬼牌位，隐约中还有那警察总监涨怒的肿眼泡子，在我将入睡的朦胧中，都迷迷离离，成为模糊一片了。

一个星期以后，我们被释放出来。运动在发展着，扩大着，街头上讲演的学生更多，听讲演的人群也更大了。我们当时，还不知道反帝反封建这个正确口号。可是“外争国权，内除国贼”的目标，实质上是反帝反封建的，也就表现了全国人民的要求。所以到“六三”运动时，上海各厂工人罢工，唐山、长辛店、沪宁路的铁路工人罢工，与学生运动汇成了洪流。上海及其他商埠商人也举行罢市。运动的队伍壮大了，已发展成为全国范围的革命运动了。

（《人民文学》1954 年 5 期，1954 年 5 月）

⊙ 蒋梦麟

北京大学和学生运动[①]

如果你丢一块石子在一池止水的漫中央，一圈又一圈的微波就会从中荡漾开来，而且愈漾愈远，愈漾愈大。北京曾为五朝京城，历时一千余年，因此成为保守势力的中心，慈禧太后就在这里的龙座上统治着全中国。光绪皇帝在1898年变法维新，结果有如昙花一现，所留下的唯一痕迹只是国立北京大学，当时称为京师大学堂或直呼为大学堂，维新运动短暂的潮水已经消退而成为历史陈迹，只留下一些贝壳，星散在这恬静的古都里，供人凭吊。但是在北京大学里，却结集着好些蕴蓄珍珠的活贝；由于命运之神的摆布，北京大学终于在短短三十年历史之内对中国文化与思想提供了重大的贡献。

在静水中投下知识革命之石的是蔡孑民先生（元培）。蔡先生在1916年（民国五年）出任北京大学校长，他是中国文化所孕育出来的著名学者，但是充满了西洋学人的精神，尤其是古希腊文化的自由研究精神。他的“为学问而学问”的信仰，植根于对古希腊文化的透彻了解，这种信仰与中国“学以致用”的思想适成强烈的对照。蔡先生对学问的看法，基本上是与中山先生的看法一致的，不过孙先生的见解来自自然科学，蔡先生的见解则导源于希腊哲学。

---

① 此为《西潮》一书第十五章，略有删节。

这位著名的学者认为美的欣赏比宗教信仰更重要。这是希腊文化与中国文化交融的一个耐人寻味的实例。蔡先生的思想中融合着中国学者对自然的传统爱好和希腊人对美的敏感，结果产生对西洋雕塑和中国雕刻的爱好；他喜爱中国的山水画，也喜爱西洋油画；对中西建筑和中西音乐都一样喜欢。他对宗教的看法基本上是中国人的传统见解：认为宗教不过是道德的一部分。他希望以爱美的习惯来提高青年的道德观念。这也就是古语所谓“移风易俗莫大于乐”的传统信念。高尚的道德基于七情调和，要做到七情调和则必须透过艺术和音乐或与音乐有密切关系的诗歌。

蔡先生崇信自然科学。他不但相信科学可以产生发明、机器，以及其他实益，他并且相信科学可以培养有系统的思想和研究的心理习惯，有了系统的思想和研究，才有定理定则的发现，定理定则则是一切真知灼见的基础。

蔡先生年青锋芒很露。他在绍兴中西学堂当校长时，有一天晚上参加一个宴会，酒过三巡之后，他推杯而起，高声批评康有为、梁启超维新运动的不彻底，因为他们主张保存满清皇室来领导维新。说到激烈时，他高举右臂大喊道：“我蔡元培可不这样。除非你推翻满清，任何改革都不可能！”

蔡先生在早年写过许多才华横溢、见解精辟的文章，与当时四平八稳、言之无物的科举八股适成强烈的对照。有一位浙江省老举人曾经告诉我，蔡元培写过一篇怪文，一开头就引用《礼记》里的“饮食男女，人之大欲存焉”一句。缴卷时间到时，他就把这篇文章缴给考官。蔡先生就在这场乡试里中了举人。后来他又考取进士，当时他不过三十岁左右。以后就成为翰林。

蔡先生晚年表现了中国文人的一切优点，同时虚怀若谷，乐于接受西洋观念。他那从眼镜上面望出来的两只眼睛，机警而沉着；他的语调虽然平板，但是从容、清晰、流利而恳挚。他从来不疾言厉色对人，但是在气愤时，他的话也会变得非常快捷、严厉、扼要——像法官宣判一样的简单明了，也像绒布下面冒出来的匕首那样的尖锐。

他的身材矮小，但是行动沉稳。他读书时，伸出纤细的手指迅速地翻着书页，似乎是一目十行的读，而且有过目不忘之称。他对自然和艺术的爱好使他的心境平静，思想崇高，趣味雅洁，态度恳切而平和，生活朴素而谦抑。他虚怀若谷，对于任何意见、批评，或建议都欣然接纳。

当时的总统黎元洪选派了这位杰出的学者出任北大校长。北大在蔡校长主持之下，开始一连串重大的改革。自古以来，中国的知识领域一直是由文学独霸的，现在，北京大学却使科学与文学分庭抗礼了。历史、哲学和四书五经也要根据现代的科学方法来研究。为学问而学问的精神蓬勃一时。保守派、维新派和激进派都同样有机会争一日之短长。背后拖着长辫，心理眷恋帝制的老先生与思想激进的新人物并坐讨论，同席笑谑。教室里，座谈会上，社交场合里，到处讨论着知识、文化、家庭、社会关系和政治制度等等问题。

这情形很像中国先秦时代，或者古希腊苏格拉底和阿里斯多德时代的重演。蔡先生就是中国的老哲人苏格拉底，同时，如果不是全国到处有同情他的人，蔡先生也很可能遭遇苏格拉底同样的命运。在南方建有坚强根据地的国民党党员中，同情蔡先生的人尤其多。但是中国的和外国的保守人士却一致指责北京大学鼓吹“三无主义”——无宗教、无政府、无家庭——与苏格拉底被古希腊人指责戕害青年心灵的情形如出一辙。争辩不足以消除这些毫无根据的猜疑，只有历史才能证明它们的虚妄。历史不是已经证明了苏格拉底的清白无罪吗？

我已经提到蔡先生提倡美学以替代宗教，提倡自由研究以追求真理。北大文学院院长陈仲甫（独秀）则提倡赛先生和德先生，认为那是使中国现代化的两种武器。自由研究导致思想自由；科学破坏了旧信仰，民主则确立了民权的主张。同时，哲学教授胡适之（适）那时正在进行文学革命，主张以白话代替文言作表情达意的工具。白话比较接近中国的口语，因此比较易学，易懂。它是表达思想的比较良好也比较容易的工具。在过去知识原是士大夫阶级的专利品，推行白话的目的就是普及知识。白话运动推行结果，全国各地产生了无数的青年作家。几年之后，教育部并下令全国小学校一律采用白话为教学工具。

北大是北京知识沙漠上的绿洲。知识革命的种籽在这块小小的绿洲上很快地就发育滋长。三年之中，知识革命的风气已经遍布整个北京大学。

这里让我们追述一些往事。一个运动的发生，决不是偶然的，必有其前因与后果。在知识活动的蓬勃气氛下，一种思想上和道德上的不安迅即在学生之中发展开来。我曾经谈过学生如何因细故而闹学潮的情形，那主要是受了十八世纪以自由、平等、博爱为口号的法国政治思想的影响，同时青年们认为中国的迟迟没有进步，并且因而招致外国侵略应由清廷负其咎，因此掀起学潮表示反抗。

第一次学潮于 1902 年发生于上海南洋公学，即所谓罢学风潮。我在前篇已经讲过[①]。几年之后，这种学生反抗运动终至变质而流为对付学校厨子的“饭厅风潮”。最后学校当局想出“请君入瓮”的办法，把伙食交由学生自己办理。不过零星的风潮仍旧持续了十五六年之久。有一次“饭厅风潮”甚至导致惨剧。杭州的一所中学，学生与厨子发生纠纷，厨子愤而在饭里下了毒药，结果十多位学生中毒而死。我在惨案发生后去过这所中学，发现许多学生正在卧床呻吟，另有十多具棺木停放在操场上，等待死者家属前来认领葬殓。

表现于学潮的反抗情绪固然渐成过去，反抗力量却转移到革命思想上的发展，而且在学校之外获得广大的支持，终至发为政治革命而于 1911 年推翻满清。

第二度的学生反抗运动突然在 1919 年（民国八年）5 月 4 日在北京爆发。此即所谓五四运动。事情经过是这样的：消息从巴黎和会传到中国，说欧战中的战胜国已经决定把山东半岛上的青岛送给日本。青岛原是由中国租给德国的海港，欧战期间，日本从德国手中夺取青岛。中国已经对德宣战，战后这块租地自然毫无疑问地应该归还中国。消息传来，举国骚然。北京学生在一群北大学生领导下举行示威，反对签订凡尔赛和约。三千学生举行群众大会，并在街头游行示威，反对接受丧权辱国的条件，高喊“还我青岛！”“抵制日货！”“打倒卖国贼！”写着同样的

① 《西潮》第六章《继续就学》对此有记述。

标语的旗帜满街飘扬。

当时的北京政府仍旧在军人的掌握之下，仅有民主政体和议会政治的外表，在广州的中山先生的国民党以及其余各地的拥护者，虽然努力设法维护辛亥革命所艰辛缔造的民主政制，却未著实效。北京政府的要员中有三位敢犯众怒的亲日分子。他们的政治立场是尽人皆知的。这三位亲日分子——交通总长曹汝霖，驻日公使陆宗舆，和另一位要员章宗祥——结果就成为学生愤恨的对象，群众蜂拥到曹宅，因为传说那里正在举行秘密会议。学生破门而入，满屋子搜索这三位"卖国贼"。曹汝霖和陆宗舆从后门溜走了；章宗祥则被群众抓到打伤。学生们以为已经把他打死了，于是一哄而散，离去前把所有的东西砸得稀烂，并且在屋子里放了一把火。

这时武装警察和宪兵已经赶到，把屋子围得水泄不通。他们逮捕了六十位学生带往司令部，其余的一千多名学生跟在后面不肯散，各人自承应对这次事件负责，要求入狱。结果全体被关到北京大学第三院（法学院），外面由宪警严密驻守。

有关这次游行示威的消息，遭到严密的检查与封锁。但是有几个学生终于蒙过政府的耳目，透过天津租界的一个外国机构发出一通电报。这电报就是5号上海各报新闻的唯一来源。

5号早晨报纸到达我手里时，我正在吃早餐。各报的首页都用大字标题刊登这条新闻，内容大致如下：

北京学生游行示威反对签订凡尔赛和约。三亲日要员曹汝霖、陆宗舆、章宗祥遭学生围殴。曹汝霖住宅被焚，数千人于大队宪警监视下拘留于北京大学第三院。群众领袖被捕，下落不明。

除此简短新闻外，别无其他报导。

这消息震动了整个上海市。当天下午，公共团体如教育会、商会、职业工会等纷纷致电北京政府，要求把那三位大员撤职，同时释放被捕或被扣的学生。第二天一整天，全上海都焦急地等待着政府的答复，但是杳无消息。于是全市学生开始罢课，提出与各团体相同的要求，同时开始进行街头演说。

第二天早晨，各校男女学生成群结队沿着南京路挨户访问，劝告店家罢市。各商店有的出于同情、有的出于惧怕，就把店门关起来了。许多人则仿照左邻右舍的榜样，也纷纷关门歇市。不到一个钟头，南京路上的所有店户都关上大门了，警察干涉无效。

罢市风声迅即蔓延开来，到了中午时，全上海的店都关了。成千成万的人在街头聚谈观望，交通几乎阻塞。租界巡捕束手无策。男女童子军代替巡捕在街头维持秩序，指挥交通。由剪了短发的女童子军来维持人潮汹涌的大街的秩序，在上海公共租界倒真是一件新鲜的事。中国人和外国人同样觉得奇怪，为什么群众这么乐意接受这些小孩子的指挥，而对巡捕们却大发脾气。

几天之内，罢课成为全国性的风潮。上海附近各城市的商店和商业机构全都关了门。上海是长江流域下游的商业中心。这个大都市的心脏停止跳动以后，附近各城市也就随着瘫痪，停止活动，倒不一定对学生表同情。

租界当局听说自来水厂和电灯厂的雇员要参加罢工，大起惊慌。后来经过商会和学生代表的调停，这些人才算被劝住没有罢工。各方压力继续了一个多星期，北京政府终于屈服，亲日三官员辞职，全体学生释放。

各地学生既然得到全国人士的同情与支持，不免因这次胜利而骄矜自喜。各学府与政府也从此无有宁日。北京学生获得这次胜利以后，继续煽动群众，攻击政府的腐败以及他们认为束缚青年思想的旧传统。学生们因为得到全国舆情的支持，已经战胜了政府。参加游行示威，反对签订凡尔赛条约，是每一个中国人都愿意做的事。学生们因为有较好的组织，比较敢言，比较冲动，顾虑比较少，所以打了头阵，并且因此拨动了全国人民的心弦。

亲日官员辞职，被捕学生释放，上海和其他各地的全面罢课罢市风潮歇止以后，大家以为“五四”事件就此结束，至少暂时如此。但是北京大学本身却成了问题。蔡校长显然因为事情闹大而感到意外，这时已经辞职而悄然离开北京。临行在报上登了一个广告引《白虎通》里的几句话说：“杀君马者道旁儿，民亦劳止，汔可小休。”他先到天津，然后到上海，最后悄然到了杭州，住在一个朋友的家里。住处就在著名的西湖旁边，临湖依山，环境非常优美，他希望能像传统的文人雅士，就此息影山林。虽然大家一再敦劝，他仍旧不肯回到北大。他说，他从来无意鼓励学生闹学潮，但是学生们示威游行，反对接受凡尔赛和约有关山东问题的条款，那是出乎爱国热情，实在无可厚非。至于北京大学，他认为今后将不易维持纪律，因为学生们很可能为胜利而陶醉。他们既然尝到权力的滋味，以后他们的欲望恐怕难以满足了。这就是他对学生运动的态度。有人说他随时准备鼓励学生闹风潮，那是太歪曲事实了。

他最后同意由我前往北京大学代理他的职务。我因情势所迫，只好勉强同意担负起这付重担。我于是在7月间偕学生会代表张国焘乘了火车，前赴北京。到了北京大学，初次遇见了当时北大学生，以后任台大校长的傅孟真（斯年），现在台湾任国史馆长的罗志希（家伦）。两位是北大“五四”的健将，不但善于谋略，而且各自舞着犀利的一支笔，好比公孙大娘舞剑似的，光芒四照。他们约好了好多同学，组织了一个新潮社，出版了一种杂志，叫做“新潮”，向旧思想进攻。我现在写《西潮》，实在自从“五四”以后，中国本土，已卷起了汹涌澎湃的新潮，而影响了中国将来的命运。然而“五四”之起因，实为第一次世界大战后，欧洲帝国主义之崩溃，以及日本帝国主义的猖狂。所以毕竟还是与西潮有关。

我到校以后，学生团体开了一个欢迎大会。当时的演说中，有如下一段：

> ……故诸君当以学问为莫大的任务。西洋文化先进国家到今日之地位，系累世文化积聚而成，非旦夕可成。千百年来，经多少学问家累世不断的劳苦工作而始成今日之文化。故救国之要道，在从事增进文化之基础工作，而以自己的学问功夫为立脚点，此岂摇旗呐喊之运动所可几？当法国之围困德国时，有德国学者费希德在围城中之大学讲演，而作致国民书曰：“增进德国之文化，以救德国。”国人行之，遂树普鲁士败法之基础。故救国当谋文化之增进，而负此增进文化之责者，惟有

青年学生。……

暴风雨过去以后，乌云渐散，霁日重现，蔡先生也于九月间重回北大复职视事。

北大再度改组，基础益臻健全。新设总务处，由总务长处理校中庶务。原有处室也有所调整，使成为一个系统化的有机体，教务长负责教务。校中最高立法机构是评议会，会员由教授互选：教务长、总务长，以及各院院长为当然会员。评议会有权制订各项规程，授予学位，并维持学生风纪。各行政委员会则负责行政工作。北大于是走上教授治校的路。学术自由、教授治校，以及无畏地追求真理，成为治校的准则。学生自治会受到鼓励，以实现民主精神。

此后七年中，虽然政治上狂风暴雨迭起，北大却在有勇气、有远见的人士主持下，引满帆篷，安稳前进。图书馆的藏书大量增加，实验设备也大见改善。国际知名学者如杜威和罗素，相继应邀来校担任客座教授。

这两位西方的哲学家，对中国的文化运动各有贡献。杜威引导中国青年，根据个人和社会的需要，来研究教育和社会问题。无庸讳言的，以这样的方式来考虑问题，自然要引起许多其他的问题。在当时变化比较迟钝的中国实际社会中自然会产生许多纠纷。国民党的一位领袖胡汉民先生有一次对我说，各校风潮迭起，就是受了杜威学说的影响。此可以代表一部分人士，对于杜威影响的估计。他的学说使学生对社会问题发生兴趣也是事实。这种情绪对后来的反军阀运动却有很大的贡献。

罗素则使青年人开始对社会进化的原理发生兴趣。研究这些进化的原理的结果，使青年人同时反对宗教和帝国主义。传教士和英国使馆都不欢迎罗素。他住在一个中国旅馆里，拒绝接见他本国使馆的官员。我曾经听到一位英国使馆的官员表示，他们很后悔让罗素先生来华访问。罗素教授曾在北京染患严重的肺炎，医生们一度认为已经无可救药。他病愈后，我听到一位女传教士说："他好了么？那是很可惜的。"我转告罗素先生，他听了哈哈大笑。

第一次世界大战后，中国的思想界，自由风气非常浓厚，无论是研究社会问题或社会原理，总使惯于思索的人们难于安枕，使感情奔放的人们趋向行动。战后欧洲的西洋思想就是在这种气氛下介绍进来的。各式各样的“主义”都在中国活跃一时。大体而论，知识分子大都循着西方民主途径前进，但是其中也有一部分人受到1917年俄国革命的鼓励而向往马克思主义。《新青年》的主编陈独秀辞去北大文学院院长的职务，成为中国共产运动的领袖。反对日本帝国主义的运动也促使知识分子普遍同情俄国革命。第三国际于1923年派越飞到北京与中国知识分子接触。某晚，北京撷英饭店有一次欢迎越飞的宴会。蔡校长于席中致欢迎词时说：“俄国革命已经予中国的革命运动极大的鼓励。”

俄国曾经一再宣布，准备把北满的中东铁路归还中国，并且希望中国能够顺利扫除军阀，驱逐侵略中国的帝国主义。苏俄对中国的这番好意，受到所有知识分子以及一般老百姓的欢迎。这种表面上友好表示的后果之一，就是为苏俄式的共产主义在中国铺了一条路。

在这同时，许多留学欧美大学的杰出科学家也纷纷回国领导学生，从事科学研究。教员与学生都出了许多刊物。音乐协会、艺术协会、体育协会、图书馆学会等等纷纷成立，多如雨后春笋。教授李守常（大钊）并领导组织了一个马克斯〈思〉主义研究会。当时北京报纸附栏，称这研究会为“马神庙某大学之牛克斯研究会”，不过作为嘲笑之对象而已。马神庙者北京大学所在地也。此时北大已经敞开大门招收女生。北大是中国教育史上第一所给男女学生同等待遇的高等学府。教员和学生在学术自由和自由研究的空气里，工作得非常和谐而愉快。

北大所发生的影响非常深远。北京古都静水中所投下的每一颗知识之石，余波都会到达全国的每一角落。甚至各地的中学也沿袭了北大的组织制度，提倡思想自由，开始招收女生。北大发起任何运动，进步的报纸、杂志，和政党无不纷起响应。国民革命的势力，就在这种氛围中日渐扩展，同时中国共产党也在这环境中渐具雏形。

（下略）

（《西潮》，世界书局，香港1971年11月版）

⊙ 蒋梦麟

扰攘不安的岁月[①]

蔡校长和胡适之他们料得不错，学生们在“五四”胜利之后，果然为成功之酒陶醉了。这不是蔡校长等的力量，或者国内的任何力量所能阻止的，因为不满的情绪已经在中国的政治、社会和知识的土壤上长得根深蒂固。学校里的学生竟然取代了学校当局聘请或解聘教员的权力。如果所求不遂，他们就罢课闹事。教员如果考试严格或者赞成严格一点的纪律，学生就马上罢课反对他们。他们要求学校津贴春假中的旅行费用，要求津贴学生活动的经费，要求免费发给讲义。总之，他们向学校予取予求，但是从来不考虑对学校的义务。他们沉醉于权力，自私到极点。有人一提到“校规”他们就会瞪起眼睛，噘起嘴巴，咬牙切齿，随时预备揍人。

有一次，北大的评议会通过一项办法，规定学生必须缴讲义费。这可威胁到他们的荷包了。数百学生马上集合示威，反对此项规定。蔡校长赶到现场，告诉他们，必须服从学校规则。学生们却把他的话当耳边风。群众涌进教室和办公室，要找主张这条“可恶的”规定的人算账。蔡校长告诉他们，讲义费的规定应由他单独负责。

---

① 此为《西潮》一书第十六章。

“你们这班懦夫！”他很气愤地喊道，袖子高高地卷到肘子以上，两只拳头不断在空中摇晃，“有胆的就请站出来与我决斗。如果你们哪一个敢碰一碰教员，我就揍他。”

群众在他面前围了个半圆形。蔡校长向他们逼近几步，他们就往后退几步，始终保持着相当的距离。这位平常驯如绵羊、静如处子的学者，忽然之间变为正义之狮了。

群众渐渐散去，他也回到了办公室。门外仍旧聚着五十名左右的学生，要求取消讲义费的规定。走廊上挤满了好奇的围观者。事情成了僵局。后来教务长顾孟余先生答应考虑延期收费，才算把事情解决。所谓延期，自然是无限期延搁。这就是当时全国所知的北大讲义风潮。

闹得最凶的人往往躲在人们背后高声叫骂，我注意到这些捣乱分子之中有一位高个子青年，因为他个子太高，所以无法逃出别人的视线。我不认识他，后来被学校开除的一批人之中，也没有他的名字。若干年之后，我发现他已经成为神气十足的官儿，我一眼就认出他来。他的相貌决不会让人认错，他的叫骂声仍旧萦回在我的耳畔。他已经成为手腕圆滑的政客，而且是位手辣心黑的贪官，抗战胜利后不久故世，留下一大堆造孽钱。

几年之后，发生了一次反对我自己的风潮，因为我拒绝考虑他们的要求。一群学生关起学校大门，把我关在办公室。胡适之先生打电话给我，问我愿不愿意找警察来解围，但是我谢绝了。大门关闭了近两小时。那些下课后要回家的人在里面吵着要出去，在门外准备来上课的人则吵着要进来。群众领袖无法应付他们自己同学的抗议，最后只好打开大门。我走出办公室时，后面跟着一二十人，随跟随骂着。我回过头来时，发现有几个学生紧钉在我背后。北大评议会决定开除我所能记得的以及后来查出的闹事学生。

好几年以后，我偶然经过昆明中央航空学校的校园。航空学校原来在杭州，战时迁到昆明。忽然一位漂亮的青年军官走到我面前，他向我行过军礼告诉我，他就是被北京大学开除的一位学生。我马上认出他那诚实的面孔和那健美的体格。闹学潮时紧迫在我背后所表现的那付丑恶的样子已经完全转变了，他的眼睛闪耀着快乐的光辉，唇边荡漾着笑意。这次邂逅使我们彼此都很高兴。航空学校的校长来告诉我，这位青年军官是他们最优秀的飞行员和教官之一。

这些例子足以说明学生运动中包含各式各样的分子。那些能对奋斗的目标深信不疑，不论这些目标事实上是否正确，而且愿意对他们的行为负责的人，结果总证明是好公民，而那些鬼头鬼脑的家伙，却多半成为社会的不良分子。

学生们所选择的攻击目标，常常是政府无法解决或者未能圆满解决的国际问题。因此，他们常能获得国人的同情；他们的力量也就在此。中日之间的“事件”日渐增多以后，学生的示威游行常常被日本人解释为反日运动。纠纷的根源在于廿一条要求和凡尔赛条约所引起的山东问题。自从远东均势破坏以后，日本几乎享有控制中国的特权。门户开放政策已经取代瓜分中国的政策。但是门户开放政策必须以均势为基础，均势一旦破坏，中国只有两条路可走——一条路是任由日本宰割，另一条路就是自我振作，随时随地与日本打个分明。

学生们决定奋起作战，起先是游行、示威、罢课和抵制日货，接着就转而攻击北京政府，因为他们认为一切毛病都出在北京政府身上。他们发现没有重要的国际问题或国内问题足资攻击时，他们就与学校当局作对。原因在于青年心理上的不稳。一旦他们受到刺激而采取行动时，这种不稳的情绪就爆发了。想压制这种澎湃的情绪是很困难的。

若干学生团体，包括青年共产党员，开始把他们的注意力转移到劳工运动以及工人的不稳情绪。沿海商埠的工人正蠢蠢欲动。铁路工人和工厂工人已开始骚动，而且蔓延各地。他们不久就与学生携手，参加群众大会和游行。劳工运动是不可轻侮的武器。在广州的国民党政府，曾以总罢工瘫痪香港，使这个英国殖民地（割占）在工商业上成为荒漠，历时十八月之久。

全国性的反英情绪是民国十四年的上海“五卅惨案”激起的。五月卅日那一天，一群同情劳工运动的人在上海大马路（南京路）游行示威，公共租界当局竟然下令向群众开枪，好几个人中弹身死，伤者更不计其数。工人、商人和学生在国民党及共产党领导之下，随即发动全面罢工、罢市、罢课，上海再度变为死城。6月23日，广州的学生、工人、商人和军人继起响应，发动反英示威游行。群众行近沙面租界时，驻防英军又向群众开枪。于是香港各界亦开始罢工、罢市、罢课，使香港也变为死城。北京英国使馆的华籍雇员，在学生煽动之下，也进行同情罢工，致使这批英国外交官员很久都没有厨子和听差侍候。

自从工人运动与学生运动彼此呼应以后，游行示威者人数动以万计，北京不时有各色人等参加的群众大会出现，街头游行行列常常长达数里，群众手摇旗帜，高呼口号，无不慷慨激昂。一位白俄看到这种情形时，不觉蹴然心惊。他曾经在俄国看到不少这样的集会，他说这是革命即将来临的征兆，因此他担心是否能继续在中国平安住下去。

学生们找不到游行示威的机会时，曾经拿学校当局作为斗争的对象，工人的情形亦复如此。他们找不到示威的对象时，就把一般怨气发泄在雇主的身上。不过，中央政府或地方政府对付罢工工人，可比对付学生简单多了。他们有时用武力来弹压罢工工人，有时就干脆拿机关枪来扫射。

段祺瑞执政的政府显然认为机关枪是对付一切群众行动的不二法门，因此，在一群学生包围执政府时，段执政就老实不客气下令用机关枪扫射。我在事前曾经得到消息，说政府已经下令，学生如果包围执政府，军队就开枪。因此我警告学生不可冒险，并设法阻止。他们已经在校内列队集合，准备出发，结果不肯听我的劝告。他们一到了执政府，子弹就像雨点一样落到他们头上了。

我在下午四点钟左右得到发生惨剧的消息后马上赶到出事地点。段执政官邸门前的广场上，男女学生伤亡枕藉，连伤者与死者都难辨别。救护车来了以后，把所有留着一口气的全部运走，最后留下二十多具死尸，仍旧躺在地上。许多重伤的在送往医院的途中死去，更有许多人则在手术台上断了气。我们向各医院调查之后，发现死伤人数当在一百以上。这个数目还不包括经包扎后即行回家的人在内。

段祺瑞政府的这种行动，引起全国普遍的抗议，段政府后来终于垮台，此为远因之一。

学生势力这样强大而且这样嚣张跋扈，除了我前面所谈到的原因之外，另一原因是这些学生多半是当时统治阶级的子女。学生的反抗运动，也可以说等于子女对父母的反抗。做父母的最感棘手的问题就是对付桀骜不驯的子女，尤其是这些子女的行为偏偏又受到邻居们的支持。工人们的情形可就不同了；他们的父母或亲戚，既不是政府大员，也不是社会闻人，因此他们命中注定要挨警察的皮鞭或军队的刺刀。只有在学生领导之下，或者与学生合作时，工人才能表现较大的力量。

学生的运动在校内享有教师的同情，在校外又有国民党员和共产党员的支持，因此势力更见强大。此外还牵涉到其他的政治势力。故而情形愈来愈复杂，声势也愈来愈浩大。学生运动自从民国八年开始以来，背后一直有教员在支持。就是满清时代的首次学潮，也是教员支持的。

后来教员也发生罢教事件，要求北京政府发放欠薪，情势更趋复杂。北大以及其他七个国立大专学校的教员，一直不能按时领到薪水。他们常常两三个月才能领到半个月的薪俸。他们一罢课，通常可以从教育部挤出半个月至一个月的薪水。

有一次，好几百位教员在大群学生簇拥之下，占据了整个教育部的办公厅，要求发放欠薪。八个国立学校的校长也到了教育部，担任居间调停的工作。教员与学生联合起来，强迫马邻翼教育次长和八位校长一齐前往总统府，要求发薪水。这位次长走到教育部门口时，藉口天在下雨，不肯继续往外走。一位走在他旁边的学生汪瀚，马上把自己的雨伞打开递给他，并且很直率地说：“喏，这把雨伞你拿去！”于是这位次长只好无可奈何地继续前进，后面跟着八位心里同样不怎么乐意的校长。群众走近总统府时，宪兵、警察赶紧关起大门。教员与学生在门外吵着要进去。忽然大门打开了，大群武装宪警蜂拥而出，刺刀乱刺，枪把乱劈。上了年纪的教员和年轻的女学生纷纷跌到沟里，有的满身泥泞，有的一脸血迹，叫的叫，哭的哭，乱成一片。法政大学校长王家驹像死人一样躺在地上。北大政治学教授李大钊挺身与士兵理论，责备他们毫无同情心，不该欺侮饿肚皮的穷教员。北大国文系教授马叙伦额头被打肿一大块，鼻孔流血，对着宪兵大喊：“你们只会打自己中国人，你们为什么不去打日本人？”

这位马教授后来被送到法国医院诊治，政府派了一位曾任省长的要员前往慰问并致歉意。坐在病榻旁的马教授的老母说：

“这孩子是我的独子，政府几乎要他的命，请问这是什么道理？”

曾任省长的那位要员回答道：“老伯母请放心，小侄略知相法，我看这位老弟的相貌，红光焕发，前途必有一步大运。老伯母福寿无疆，只管放心就是。至于这些无知士兵无法无天，政府至感抱歉。老伯母，小侄向您道歉。”

老太太居然被哄得安静下来，病房里其余的人却几乎笑出声来了。躺在医院病床上的其他教员，也都因为这位要员的风趣而面露笑容。

这项事情总算这样过去了。另有一次，教员们拥到财政部要求发放欠薪，部里的人一个个从后门溜走，结果留下一所空房子。有一次学生们因为不满政府应付某一强国的外交政策，冲进外交部打烂一面大镜和好些精致的座椅。学生、教员和工人联合起来罢工罢课，反对北京政府和侵略中国权益的列强。多事的那几年里，差不多没有一个月不发生一两次风潮，不是罢课就是罢工。

在那时候当大学校长真伤透脑筋。政府只有偶然发点经费，往往一欠就是一两年。学生要求更多的行动自由，政府则要求维持秩序，严守纪律。出了事时，不论在校内校外，校长都得负责。发生游行、示威或暴动时，大家马上找到校长，不是要他阻止这一边，就是要他帮助那一边。每次电话铃声一响，他就吓一跳。他日夜奔忙的唯一报酬，就是两鬓迅速增加的白发。

我讲这些话，决不是开玩笑。我记下这些往事以后，又做了场恶梦，有时看到青年男女横尸北京街头，有时又看到宪兵包围北京大学要求交出群众领袖。梦中惊醒之后，辗转反侧无法安枕，一闭上眼睛，一幕幕的悲剧就重新出现。

有一天，我和一位老教授在北京中央公园的柏树下喝茶。这位老教授曾经说过一段话，颇足代表当时扰攘不安的情形。

“这里闹风潮，那里闹风潮，到处闹风潮——昨天罢课，今天罢工，明天罢市，天天罢、罢、罢。校长先生，你预备怎么办？这情形究竟到哪一天才结束。有人说，新的精神已经诞生，但是我说，旧日安宁的精神倒真是死了！”

（《西潮》，世界书局，香港 1971 年 11 月版）

⊙ 傅振伦

五四以后之北大世界语宣传运动

北大为吾国最高学府，久为世人所公认。溯自1898年5月成立以来，在社会上，文化上，政治上，亦无一日而不居领导地位。五四运动之后，新文化潮流，澎湃全国，推其端倪，亦无不自吾北大发之。“文化策源地”，北大实足以当之而无愧色！今年12月17日，为北大成立三十五周年之期，同学等编辑专刊，以垂纪念。余维世界语宣传运动，五四以还，以北大为中心，实新文化运动史上重要之一页；因就记忆所及，草成斯篇，以充篇幅。值此世界语运动中兴之会，想亦同志之所乐闻也！惜文献无征，不免漏略耳。

世界语Esperanto为国际公用之语言文字，故亦名国际辅助语Internacia Lingvo Helpa。案“Esperanto”一字，在世界语中为“希望者”之意，初为斯语原始家柴孟霍甫Lazaro Ludoviko Za-menhof之假名；日本以其语推行全球，译为今称。国人性好因袭，遂以为定名焉。原夫制定国际公用话之理想，远在希腊时代，即已有之，惟无正式方案提出。去今二百六十年前，始有人设计缔造，继起新创之共用语，不下百六十种。（说见柴孟霍甫所著世界语读物Krestomatio de Esperanto）诸种人造语言之中，其最占势力于全球者，厥为1881年公布之“Volapün”及1887年公布之“Esperanto”。世界语因为晚出，故能就Volapün之规模而改善之，简当易学，致取Volapün之地位而代之。斯语今已风行寰球，各国已公认为唯一无二之国际语言文字矣。近人有撰《万国通语论》者，系依据 E. S. Pankhurst 及 O. Jespersen 之著述而作，全为“Novial”语作宣传，对于世界语有所指摘，戴有色眼镜而观察事物，当然不能辨其真色，其谬误之处，何〈可〉不值一辩也。

吾国人士之倡导世界语运动，始于清宣统元年。是时华南圭、秦玉麒、华荷裳诸先生游学外国，五月于法国都巴黎，创办《科文文学中国语世界语杂志》（*Hina Esperanto Scienca Litesatura Revuo*），月出二期。顾名思义，可知其内容之一斑矣。而闽侯某君，亦编辑小读本一册，流通国内。民元之际，盛国成、孙国璋（字芾仲）、胡愈之诸先生，又创立中华世界语研究会于上海，附设函授部。世界语之宣传，甚为顺利。及二次革命失败之后，一切新闻事业，横遭反动势力之摧残，而方在萌芽时期之世界语运动，竟亦偃旗会〈息〉鼓，一蹶不起，苟无北大之世界语宣传运动，恐世界语早成过去历史上之名词，列入死的语言 Lingvo mortita 之林矣！

民国五年十二月，蔡孑民先生受任北大校长。对于校务教务，锐意革新。次年，即聘孙芾仲先生来校，主讲世界语。更于文科设立补习班，文科教授陈独秀、钱玄同、周作人及吴康诸先生亦极力提倡。当时世界语学者 Esperantisto，在五百人以上，分为甲乙丙丁戊五班讲习之。是时，蔡校长拟提高校役智识，成立校役夜班，授以常识；世界语亦列入正班（普通校役为正班，用课本教授；四十岁以上程度稍低之校役，则归入别班，用讲演教授之。犹今之工友，由校警补充，而校警则须先施以讲演式训练者也。）外国语学科之一，与国语，算术，理科并重。世界语之宣传，于斯最盛。孙先生更编辑《世界语简易文读》，又刊印《世界语概说》及会话指南，以便初学。此风一开，各地响应，远如云贵，亦发生世界语运动。上海世界语运动，亦应运而兴，蔡校长为利于世界语学者作高深之研究起见，创北京大学世界语研究会 Fa Institnto por Esperanto，自兼会长，孙先生副之，并向各国采购读物，字典，报章。国际世界语大会 Univerala Esperanto-Asocio 更委孙先生为中国驻京（今北平也）专员。于是北京之世界语宣传运动，乃以北大为中心，即华北之世界语运动，亦莫（不）受北大之提携指导。时民国九年也！

十年夏，世界盲诗哲俄人爱罗先柯 U. Erosenuo 受北大之聘，来讲授世界语会话。孙先生则专授文法及读本，因编成《世界语读本》及《高等文典》（*Krestomatieto Kaj Plena Gramatino de Esperanto*）二书。此时，世界语班学生，倍增于前，以吾校第一院第五十教室之大，尚不能尽容。讲台左右，亦加设桌凳，坐满听众。叫座能力，实不亚于四大名旦。盲诗人时以清脆之声调，发为英语世界语合璧“Ne. Ne. Ne！ Yon are Wscng！”之词句，至今思之，犹觉震动余之耳膜焉。是年全国教育联合会，将北大所提“以世界语首先加入师范学校课程”之议案，一致通过。清华大学之世界语学会，亦于科〈斯〉时成立。

十一年，北京世界语学者，与日俱增，然各自研究，少有联络。春季，北大发起，北京世界语学会本合作之义，为播世界语运动之求〈火〉，6 月 11 日，开盛大之讲演会于法政专门学校（即今平大法学院第三院），完全以世界语宣讲。爱罗先柯之世界语独唱，尤引起观众之兴趣。世界语之扩大宣传运动，自此始！是年国际世界语大会，开会于日内瓦，并通过吾国教育部代表所提“拟请组织大规模之国际世界语编译会”议案，又议决：“请各国采用世界语为国际辅助语，并加入小学课程。”北大世界语研究会，为督催进行上项决议计，乃发起全国世界语联合大会于首都，分电吾国各教育机关，各男女师范学校，及各世界语团体，请其于柴孟霍甫生辰——12 月 15 日——各推代表参加。北大乃先事筹备会场，布置会议室，印刷刊物。世界语班学生，更学唱“希望”Espero 词谱。各地代表，皆先期到京，遂依期开会于北大。上午开讨论会于第一院，并议决创办世界语专门学校于北京，使各地派员学习；公推北大世界语研究会拟具草案，该校基金，则请由真光电影院演义务电影数日，募集之，不足之数，另筹办法。同时通过其他重要议案多起。是日下午，于第三院大礼堂举行讲演会。斯会也，到中西学者三千余人。总统黎元洪派刘春霖参加，顾维钧代表外部与会。刘状元恭诵总统祝辞，读至末句“本大总统有厚望焉”之句，哄堂大笑。顾部长则高谈其出列华会之感想，并极言国际公用语之需要，某西人及爱罗先柯均以世界语演说，听者掌声雷动，“叫好”不已。在世界语运动中，此实最精彩，最光荣之一幕；而一般学士对于世界语有极深之印象，殆始于此。

十二年，全国世界语联合大会，公推北大筹办之世界语专门学校成立于本市西城孟端胡同。各省教育厅及男女师范，多遣人来学，今日之世界语学者，多出其间。是时，北京各校纷纷成立世界语研究会，或敦请北大世会讲演，或函请指导。日报多辟世界语专栏，公开讨论，《改造》杂志，且以世界语译名，世界语之通行于社会也，如此！

十三年，北京远东世界语研究社成立，亦以北大同学为中坚。十四年，余编成《英汉双解世界语基本字典》（*Fundamenta Vostaro de Esperanto trilingva*），正式世界语字，均汇为一书，（其各国人士以本国语言字根任意创造者，归入附录。）故曰基本字典。并附载读音法，文规，及世界语会社规章，学者便之。今之初学斯语者，仍多手此一编也。余又编《简明读本》（*Lernolilreto*），《文规》（*Regularo*），《会话用语汇编》（*Frazaro de Interpasolado*）诸书，方竣工而东北军来京，北大改组为京师大学。北大世界语会中公私书报，及余手稿，均为当局封存第一院地窖。惟《会话用语汇编》，以成书最后，不及查封，仍自存箱箧中。然会中同志星散，世运受挫折。时从余研究世界语者，惟中法大学及女师大之三五同学而已。

国内世界语运动，既不能进行，余乃与日人真保桼一君，创办中日世界语联合会。十七年六月一日发行《录界界》（*Verda Mondo*）月刊，继续作世界语之宣传。吾国经典，诗文，童话，名言，亦译为世界语，刊载之。时余方草创《简明汉语世界语字典》，亦印成草样，随月刊分发。然经费支绌，勉强维持年余而停刊。自是之后，华北世界语运动，复行沉寂；甚有不识世界语为何物者。是后年余，世人复有习之者，至二十一年，世界语运动，又盛极一时。北大之外，若师大，若朝大，若法大，中大，又若翊教女中，均有世语学会之组织。闲游公园之间，竟有以斯语会话者。观于各校世界语学会联合创办之《世界语之光》周刊，则知斯语之风行，实有不减于十年前者！此种风气，说者谓亦开始于北大。去年余编成《汉语世界语辞典》，刘半农先生介绍于各书局印刷，惟内容颇丰，需款甚多，一时不克出版耳。

概观吾国世界语运动史，则知北大实居领导地位。世语运动如此，其他新文化运动，亦莫不如此。今日纪念北大，在贵于明了北大过去光荣之历史，尤贵于能继续以往精神，努力奋斗！灿烂之花，庶可历久而不替。我全体同学，愿勉旃焉！！

一九三二年十二月十日

（《北京大学卅五周年纪念刊》，北京大学 1933 年 12 月版）

⊙ 李书华

七年北大

一

我是民国十一年暑假后开学前到北大，直到民国十八年暑假前离开北大，专任国立北平研究院的职务，在北大恰满七年。本文是回忆此七年的经过情形，故名曰“七年北大”。

北大的前身，原为清末的京师大学堂，民国元年始改名国立北京大学。京师大学堂成立于清光绪二十四年戊戌（西元 1898）。经庚子拳匪之乱停办两年后，光绪二十八年壬寅（1902）重行开学，设预备科与速成科；速成科分为仕学馆与师范馆。光绪二十九年设译学馆、医学馆及实业馆。光绪三十年增设进士馆，并将仕学馆并入。清宣统元年（1909）筹设分科大学，设经（民元归并文科）、文、法政、医、格致（民元改称理科）、农、工、商等八科。我初到北大时，北京有国立八校，即：北大、高师（后改为师大）、女高师（后改为女师大）、法专（后改为法政大学）、农专（后改为农大）、工专（后改为工大）、医专（后改为医大）、艺专（艺术专科学校）。后又增设女子大学（女大），于是国立八校变为国立九校。这九校有由京师大学堂分出独立者，有另行增设者。如高师导源于师范馆，法专导源于进士馆，医专的前身为医学馆，农专的前身为农科，全是由京师大学堂分出而独立者。我到北大时，北大的范围，则只有文、理、法三部分，分设第一院、第二院与第三院。

民国十一年十二月十七日，我参加北大成立二十四周年纪念会，是我第一次参加北大校庆，北大校庆纪年开始，是用戊戌年京师大学堂成立的那一年。但那一年京师大学堂开学，则是阴历十月二十日，即阳历十二月三日，并非阳历十二月十七日。京师大学堂由庚子年起停办两年后，壬寅年阳历十二月十七日重行开学。北大向来采用为校庆的日期，乃是壬寅年京师大学堂重行开学的日期。北平师范大学的校庆日，也采用十二月十七日，其纪年则推始于壬寅。这个问题最近才由邹树文、胡适（字适之，1891—1962）两先生考订清楚（见民四九年胡适《京师大学堂开办的日期》小册子，原文载《民主潮》十一卷一期；又《传记文学》三卷六期所载邹树文《北京大学最早期的回忆》）。但适之并不主张改变北大沿用多年的校庆日。

因为参加北大成立二十四周年纪念会，我便连〈联〉想到京师大学堂应该是导源于汉代的太学。汉武帝建元五年（西元前 136 年）置五经博士，元朔五年（西元前 124 年）置博士弟子五十人，西汉末增弟子员至三千人。东汉光武帝建武五年（西元 29 年）秋在洛阳［初］建太学，顺帝以后太学生达三万余人，匈奴也遣子弟入学。按"太学"即国立大学，"博士"即大学教授，"博士弟子"或"太学生"即大学学生。汉代大学学生既有三万余人之多，且有外国学生在内，亦可想见当时盛况。中国的大学设立，已有两千年的历史。我很希望治汉史的专家考订出汉太学成立的年月日。我也不主张改变北大校庆的年月日，我却认为似乎可以把汉太学成立的纪念日作为全国各大学的"大学节"。

二

民国十一年九月中旬我到了北京，寓后门内东吉祥胡同。同住的有周览（鲠生）、李麟玉（圣章）、李四光（仲揆）、丁燮林（巽甫）四人，全是在欧洲时期的老朋友，前一两年回国的。鲠生任北大政治系教授，圣章任北大化学系教授，仲揆任北大地质系教授，巽甫任北大物理系教授兼理预科主任。王世杰（雪艇）亦系前两年回国，任北大法律系教授，原来也住在东吉祥胡同，结婚后便另觅住所，移居西城惜薪司。

此外前一两年到北大的新教授，还有谭熙鸿（仲逵）、徐炳昶（旭生）、颜任光等。仲逵任生物教授兼校长室秘书，旭生任哲学系教授，任光任物理系教授兼主任。任光原是在美国芝加哥（Chicago）大学习物理，由美经欧回国时，在巴黎与我相识，当时曾将他已发表的论文油印本一本赠给我，内容好像是几种气体粘滞系数（Coefficient of Viscosity）的测定，但已记忆不清。

我到北京那一天下午便去背阴胡同蔡校长（名元培字孑民，1866—1940）寓所看蔡先生，适当时教育总长汤尔和亦在座。蔡先生从饭馆叫了一桌酒席，留我同吃晚饭。

三天以后，我回昌黎县新房子庄老家省亲，在老家仅住几天，便匆匆赶回北京开始授课。

我到北大不久，北大新教授李宗侗（玄伯）、皮宗石（皓白）、陈源（通伯）、石瑛（衡青）陆续到校。玄伯在法文系，皓白在经济系，通伯在英文系任教；衡青则在化学系担任冶金功课。皓白、通伯、衡青三人亦全住在东吉祥胡同。

民国十二年暑假前，二弟书田（耕砚）在天津北洋大学土木工程系毕业后，考取清华留美专科生，派赴美国留学，入康南尔大学（Cornell University）深造。

我在东吉祥胡同住了一年多。民国十二年冬妻万贞元携长女继贞到了北京，我们便在北河沿井儿胡同另租房屋居住。后来民国十四年迁居马神庙大学夹道，恰在北京大学第二院隔壁，一直住到民国十七年秋复迁至东城演乐胡同四十四号。民国十八年又移至八面槽椿树胡同二十三号居住，一直住到民国二十六年日军占据北平为止。

民国十三年一月，儿小润生于北平。

我到北大物理系的第一年，讲授本科一年级的“普通物理”，包括物性、热学、热力学及音学，每周四小时；同时担任实验室实验功课两班，每班每周三小时。第二年除继续讲授一年级的“普通物理”外，并讲授本科二年级的“普通物理”，包括光学及电磁学，每周亦四小时；实验室功课仍担任两班。此外我令学生作不少的“普通物理”习题：我按时以习题发给学生，令其自修时作解答，按时交卷，我改正后再予发还。第三年仍讲授一年级“普通物理”并加授本科三、四年级的“近代物理”，包括游子、电子、阳电射、X 光与放射学（Radio activity）。这一门功课的内容，我大部分选取居礼夫人（Madame Curie）在巴黎大学所讲授的材料，也是彼时最新的材料。那年我又被巽甫拉去兼授预科一年级的物理功课一年。所以我在北大预科及本科一、二、三、四年级的功课，我都讲授过。

民国九年暑假北大招考新生时，开始收女生。我初到北大时，本科已经有正式女生。在我授课的班上最初的两个正式女生，一个是物理系的何肇华（后来成为童冠贤夫人），一个是数学系的蒋圭贞（后来成为江泽涵夫人）。

那几年我全部的精力，都给予北大物理系。同系的几位教授也都很合作。除授课外我终日在办公室或实验室工作。一方面充实功课内容，一方面为学生准备实验室的各种实验，同时准备在讲室讲授时的指示实验。目标在提高学生程度，使学生毕业时有充分的基本知识。然后我们希望进一步能进行科学研究。

三

北大物理系的实验室，原有许多旧仪器，颜任光又购买了不少的新设备：他设置机器房，安装直流电等等。他创设物理系物理阅览室，把北大图书馆中关于物理的书籍全搬到物理阅览室中，又订购若干物理杂志以供阅览。他改造讲室与实验室内部，将旧窗换成新式玻璃窗。就在此时李仲揆负责改造第二院大讲堂，并在大讲堂前修建一个小花园。从此第二院便焕然一新了。

彼时北大物理系教授，有：颜任光（兼主任）、何育杰（吟侣〈苢〉）、丁燮林、李书华、温毓庆、杨肇廉（季璠）。颜、丁系在我以前到北大，温、杨是在我以后到校。我们五个人可以说都是新教授。只有何育杰一人是老教授，他是与夏元瑮、张大椿同时的教授，夏、张则早已离开北大。丁燮林兼北大理预科主任，他只教预科的物理，不担任本科功课。其余五人则分担本科各种课程。何育杰讲授理论物理，温毓庆和杨季璠则偏重电学与无线电。其余本科课程，则由我与颜任兆担任。温毓庆是留美毕业较早的，他是哈佛大学（Harvard University）1920 年的博士。又彼时物理系助教龙际云、张佩瑚等均系本校毕业者，对于帮忙实验功课，极为得力。

我们不但对于讲室授课认真，对于学生在实验室作实验认真，而且对于考试亦认真。学生考试不及格的不少，不能毕业的亦颇多。所以结果学生的程度确已提高。物理系有不少的学生受到上述的训练，在北大毕业后复有机会到国外深造，大部分得到欧美各大学博士学位。后来有作研究员的，有任教授的，成绩均极优良。就记忆所及，我想起下列各人作为举例：钟盛标曾任北平研究院物理研究所专任研究员，中山大学物理系教授兼主任，台湾大学物理系教授兼理学院院长，东海大学物理系教授，南洋大学理学院院长；现任南洋大学物理系教授。王普曾任北平辅仁大学物理系教授。岳劼恒曾任北平中法大学物理系教授，西北大学物理系教授。赵广增曾任北京大学物理系教授。王成椿现任台湾师范大学物理系教授兼主任。林树棠现任职美国 Brook-haven National Laboratory for Nuclear Research。又薛北旺与郭贻诚系加州理工大学 1944 年博士，但不知其曾做何事及现做何事？

北大理科其他各系学生选习我所授的物理功课，也有不少的好学生。现在我还可想起几个名字。例如化学系的冯式权（后留学巴黎，1938 年博士，回国后任中法大学教授），生物系的郝景盛（后留学柏林，1938 年博士，回国后任北平研究院植物研究所专任研究员），地质系的裴文中（后留学巴黎，1936 年博士）等，都是当时的好学生。

彼时北大理预科的物理课程约与美国大学本科一年级（以物理为主科）的课程相当。北大本科物理系毕业水准，比美国大学本科毕业（得 B. Sc. 学位，以物理为主科）水准为高，比美国得硕士（M. Sc.）学位的水准为低。北大物理系学生在本科一、二年级须选习若干数学及化学功课。

一个大学对于科学方面的任务有三：一为科学教育，二为科学研究，三为科学应用。我们在北大对于物理学的教育，总算是尽力了。当时国内其他各大学的物理教授，如胡刚复之于东南（原为南高师，后改为东南大学，最后改为中央大学），饶育泰（树人）之于南开，叶企孙之于清华，似乎也同我们一样，尽力作了“科学教育”的工作。胡刚复是美国哈佛大学 1919 年博士，回国比我早两三年。饶树人是美国普林斯顿（Princeton）大学 1922 年博士，回国约与我前后同时。叶企孙是哈佛大学 1923 年博士，回国在我以后。他们均教出若干很好的学生。

中国人在国外研究物理，据我们所知道，以李赋基（Li Foki）最早；西元 1907 年他在柏林大学获得博士学位（据 Tung-liYuan 袁同礼 A Guide to Doctoral Dissertations by Chinese Students in Continental Europe，1907－1962（II），Part IV：Germany）。次早的是李耀邦（John Yiu-Bong Lee 或 John Y. Lee），他是 1915 年在芝加哥（Chicago）大学获得博士学位，他是名物理家米利根（R. A. Millikan，1868－1953）的学生。米氏得到 1923 年诺贝尔奖金。米氏 1917 年所著《电子学》（*The Electron*）一书中，曾提到李耀邦的工作。李耀邦回国后在上海青年会做事。饶树人离开南开以后（后来树人到北平研究院物理研究所任专任研究员），张伯苓先生拟约李耀邦到南开任物理教授未果（据何淬廉先生面告）。李耀邦以后在国外习物理的，便是我们这一群人了。

四

蔡先生长北大（民五年十二月二十六日蔡先生就任北大校长），主张学术自由，引导学生求学问，用人则兼容并包。教授中曾有旧文化保存的顽固派，如复辟派的辜鸿铭（1857－1928）任英文教授，新帝制派的刘师培（1884－1919）任经学教授。同时有提倡白话、主张新文化运动的急先锋如胡适、陈独秀等。李煜瀛（石曾）则是最早介绍互助论者，他与吴稚晖是中国最早介绍无政府主义的。蔡先生本人也是提倡克鲁泡特金（Kropotkin）互助论的。又如李大钊（守常，1888－1927）则是最早介绍共产主义者，后来他成了中国共产党第一个创始人。

蔡先生随时延揽人才，增聘许多新教授。蔡先生又提出教授治校。大学评议会为全校最高审议机关，审议大学重大问题，由教授互选评议员组织之。评议员数目，以教授五人应有评议员一人。我曾被选做过评议员，目睹开会时对于各种议案的争辩有时极为激烈。

民八年以前，北大分为文、理、法三科：文科学长陈独秀，理科学长夏元瑮，法科学长王建祖。民八年三月废除各科学长。设教务处，置教务长一人。各学系直接属学校，各设主任一人，由各该系教授互选之。各系课程采用选科制。设置教务会议，以教务长及各学系主任组织之。民八年九月设总务处置总务长一人。总务处之下分设各部，各置主任一人，分由教授兼任。当时蒋梦麟（孟邻，1886－1964）任总务长，顾孟余（原名兆熊字孟余，后以字行）任教务长。

北大教员当时仅分为教授、讲师、助教三种。教授与讲师均授课。助教不授课，只在系中任指定之助理工作。教授与助教按月给薪，系专任性质。讲师按授课钟点给薪，系兼任性质。讲师并非比教授低一级，不过非专任而已。有些讲师其资格地位本甚高，但因在其他机关有专任职务，仅请其每周来校担任几点钟的功课，亦称讲师，如法科方面各系有若干政界或司法界高级官吏充任讲师者是也。教授如至其他机关改任专职，则改为讲师。例如秦汾（景阳）原为数学系教授，后到教育部任参事，便改为讲师。教授出门全是乘人力车，独马寅初则乘中国银行的马车到校上课。因马寅初约于民十至十二年兼任该行总司券，至民十四年仍继续任职（此系根据卞白眉先生日记，由姚崧龄先生于民五十三年十二月间函询白眉后见告。白眉原籍江苏仪征，清光绪间闽浙总督卞宝第之孙，任天津中国银行经理多年，现年八十余岁，旅居美国。崧龄贵州人，曾任中国银行总稽核，现亦旅居美国），故得乘该行马车。

北大教授待遇最高薪每月大洋二百八十元，也有每月二百六十元或二百四十元者。讲师待遇按每小时五元计算。助教薪水大约每月五六十元至一百多元之间。我初到北大时，即领教授最高薪。彼时一年可领到八九个月的薪水。北京生活便宜，一个小家庭的用费，每月大洋几十元即可维持。如每月用一百元，便是很好的生活，可以租一所四合院的房子，约有房屋二十余间，租金每月不过二三十元，每间房平均每月租金约大洋一元。可以雇用一个厨子，一个男仆或女仆，一个人力车的车夫；每日饭菜钱在一元以内，便可吃得很好。有的教授省吃俭用，节省出钱来购置几千元一所的房屋居住；甚至有能自购几所房子以备出租者。

我初到北京时已经有国立八校教职员联席会议，主席马叙伦（夷初），副主席谭熙鸿。此时教育经费常有积欠，因而欠薪，该会议的重要任务便是向政府索薪。后来积欠愈来愈多，到了民国十四五年的时候，一年不过领到五个月的经费，因之教授离校改就他事者，日益增多。是时正是我担任北大物理系主任的时期，不但不能进一步进行科学研究，即维持各门功课照常上课，及实验室的实验照常进行，已感困难万分。

北大的人才，以文科方面为最多。我到北大以前，他们已经有很多的贡献。他们的贡献是新文化运动，同时是国故整理与考证。我到北大的前一年，即民国十年冬北大研究所国学门成立，以沈兼士为主任。招收研究生作专题研究。研究所国学门中设编辑室、考古研究室、歌谣研究室、风俗调查会、明清档案整理会、方言调查会，分别搜集研究材料，同时创办《国学季刊》，发表研究所得。这是近代式最早的一个国学研究所。

民国十一年前后，我们一批新教授前后到校，确是北大一支生力军，特别对于理科与法科方面的充实及提高课程水准，贡献颇多。

北大校舍分为第一院、第二院与第三院。此外尚有学生宿舍数处。第一院为沙滩红楼，文科各系及大学图书馆均设于第一院。第二院为马神庙旧公主府，乃理科方面各系所在地。旧公主府最后一进的梳妆楼原为大学藏书楼，后来迁到第一院。梳妆楼上改为理预科物理实验室，楼下则改为本科物理实验室之一部分。第三院为北河沿旧译学馆地址，法科方面各系及研究所国学门设于该处。

五

民国十二年一月间蔡先生以教长彭允彝干涉司法，主张罗文干案再议，蹂躏人权，羞与为伍，辞北大校长职出京。旋北京各界进行驱彭留蔡。蔡先生不久请假游欧。校长一职由蒋孟邻代理。

民国十三年一月中国国民党第一次全国代表大会在广州开会，北大教授谭熙鸿、李守常、石瑛三人均为北京特别区代表，前往出席。第一届中央执行委员二十四人中有石瑛、李守常；中央监察委员五人中有李石曾；候补中央监察委员五人中有蔡元培。

民国十三年十月二十三日，正当二次直奉战争紧急时，冯玉祥（焕章）、胡景翼（笠僧）两军由古北口秘密退回北京，联合京畿警备副司令孙岳（禹行）军，发动北京政变，通电主和。曹锟被幽，旋辞总统职。十月二十五日冯玉祥等改所部为国民军，各将领在北苑举行会议，决定组织摄政内阁，并公推李石曾为教育总长，托黄郛（膺白）转达。嗣因李石曾坚辞不就，黄膺白请石曾先生推荐入选；石曾先生想到顾孟余，孟余也不肯作，孟余乃推荐易培基（寅村）。时易寅村方到北京，作中山先生代表，携汪精卫介绍信，来见北方教育界人士，因此顾孟余想到易寅村。但易与北方教育界素无关系，所以蒋孟邻提出赞成的交换条件，以马夷初为次长。此即当时易任教长，马任次长之由来（据李宗侗《故宫博物院回忆录（三）》，《中国一周》737 号，民五三年六月出版）。

民国十三年十一月四日，冯焕章决定溥仪应迁出皇宫，令警察总监张璧（玉衡）及警备司令鹿钟麟（瑞伯）执行。张玉衡以为此事重大，应由内阁下命令，冯同意。于是当晚黄膺白召集摄阁会议，修正清室优待条件五条。翌日鹿瑞伯、张玉衡并约同李石曾持阁令入神武门，即遇绍英等。绍英约鹿瑞伯等一行至内务府休息。鹿等拿出阁令给他们看，请溥仪废除尊号，迁出宫禁。绍英等前后三次入内与溥仪措〈磋〉商，最后溥仪同意，即携眷与鹿、张同出宫移居醇王府。

民国十三年十一月六日国务院函聘李石曾为清室善后委员会委员长。嗣公布该委员会条例及委员十五人人选。该委员会于十二月二十日举行第一次会议，定二十四日开始点查故宫古物、文献与图书，并定每周开放一次，任人参观。北大文史方面教授马衡（叔平）、沈兼士、李宗侗（玄伯）等与北平图书馆馆长袁同礼（守和），均被约参加工作。民国十四年双十节故宫博物院成立，院中古物馆、文献馆、图书馆与秘书处，即分别由马衡、沈兼士、袁同礼与李宗侗主持。

六

民国十三年十一月十三日中山先生为谋中国和平统一，并应国民军将领及一般国民之请，抱病离粤北上，由上海转道日本经天津于十二月三十一日到达北京。民国十四年一月下旬，中山先生病势加重，终于三月十二日病逝于北京铁狮子胡同行馆（顾维钧宅）。三月二十四日治丧委员会在北京中央公园为之发丧致祭，一周之间，每日民众及青年前往致祭者数万人。四月二日中山先生灵榇由中央公园暂行奉安于西郊碧云寺石塔内；该寺为北京中法大学校舍之一部分；送殡者有十余万人。是日我亦参加送殡。

民国十五年三月十八日北京学生及民众因请拒绝八国要求（关于封锁天津海口事）在天安门开大会后，游行至国务院，并转赴执政段祺瑞（1864—1936）吉兆胡同官邸请愿。段之卫队与学生民众冲突，向群众开枪，学生民众死伤一百余人，称为“三一八惨案”。惨案发生后，段祺瑞指徐谦（季龙）、李大钊、李煜瀛、易培基、顾兆熊（孟余）五人“假借共产主义，啸聚群众，率暴徒闯袭国务院”下令通缉。徐谦潜往内地。李大钊避居东交民巷苏联大使馆旁院旧兵营内（当时已无兵驻守）。李石曾移居东交民巷法国医院，后来广州方面秘密派人迎接南下。易培基迁居东交民巷瑞金大楼内，后亦潜赴上海。顾孟余亦避居苏联大使馆旧兵营内，后来潜离北京，取道库伦经海参崴转赴广州。李大钊则继续居住苏联大使馆未他往。

顾孟余离校后，北大教务长一职，由哲学系教授徐炳昶（旭生）继任。

北京中法大学校长原为蔡孑民。蔡先生离京后，李石曾以董事长代理校长。石曾先生移居法国医院后，我被推为该校代理校长，至民国十七年北伐成功南北统一后为止。

民国十五年四月段祺瑞下野，奉军及直鲁联军张学良、张宗昌、李景林、褚玉璞等入北京。张宗昌枪毙《京报》社长邵飘萍；嗣后逮捕《世界日报》社长成舍我，以孙宝琦营救得释放。北京陷入恐怖状态，大学教授多离京。蒋孟邻与朱家骅（骝先）分别避入东交民巷六国饭店。孟邻居该饭店三个月始由北京乘火车赴天津搭英国商船到上海。骝先亦同船到沪转往广州。孟邻离校后，以总务长余文灿代理校务。

民国十五年十月间瑞典考古家斯文赫丁（Sven Hedin，1865－1952）到北京，拟往中国西北考查，与当时北京学术界多次磋商，于民国十六年四月组成中瑞合组西北科学考查团。中国团长徐旭生，团员黄文弼（仲良，时任职北大研究所国学门，后任北平研究院史学研究所专任研究员），袁复礼（希渊，清华地质教授）等；瑞典团长斯文赫丁，团员贝格曼（F. Bergman）等。该团成绩甚佳，于民国二十四年春始完全结束。当该团组织时，中瑞人士常在东兴楼晚饭，藉以交换意见，我亦常被约参加。

民国十六年四月六日北京警察及奉军宪兵，得使团允许，包围苏联大使馆，搜查共产党文件，拘捕李大钊等六十余人。同月二十八日北京特别法庭认李大钊、路友于等二十人为共产党，判定死罪，执行绞刑。

此二十人中有北大物理系二年级学生四川人邓文辉，亦同时被绞死。邓文辉原是一个用功的学生，成绩很好，我们初不知其与政治有关。后来闻其为国民党党员，且为实践社三个发起人之一。

民国十六年六月张作霖在北京就大元帅职，组织军政府，以潘复为国务总理，刘哲为教育总长。刘哲归并北京国立九校为京师大学校，自兼校长；以北大的文理两科改为京师大学校的文科和理科；以北大的法科与法政大学合并成为京师大学校的法科；每科设学长一人。刘哲原有意撤销研究所国学门，经叶恭绰（玉虎）之劝阻，遂将研究所国学门改为研究馆，以叶玉虎为馆长。刘哲用高压手段压迫教职员与学生，约有一年之久，教育界敢怒而不敢言。抗战时期刘哲任监察院副院长，我在重庆一友人宴会席上遇见他，他表示从前很对不起北平教育界，言下颇有悔过之意。

七

民国十七年六月初国民革命军进迫北京，张作霖军政府解体。六月三日张作霖离京返奉，四日回奉专车在皇姑屯被炸，张作霖受重伤旋毙命。二十日中央政治会议决议直隶省改为河北省，北京改为北平。六月下旬大学院蔡院长特派高鲁（曙青）接收北京原有国立学校，我被邀为襄助接收之一人。

十七年七月三日蒋总司令抵北平，吴稚晖、戴季陶等同来。约在七月二十日左右（日期记不清）蒋总司令在北大第三院大礼堂向北平教职员与学生讲话，当时我被推为临时主席，首先致欢迎词。因我为襄助接收国立各校之一人，而各校尚无校长，故临时推我为主席。

十七年九月二十一日国民政府会议通过“北平大学区组织大纲”。先是政府命改京师大学校为中华大学。广州设立中山大学，南京设立中央大学，北平则设立中华大学；各大学名称之前，均冠以“中”字。至是改中华大学为北平大学，实行大学区制，合并前北京国立九校及天津国立北洋大学为国立北平大学，分设各学院；裁撤河北省教育厅，而以河北省教育行政划归北平大学管理。任命李煜瀛为国立北平大学校长，我为副校长。嗣政府又以我兼代校长，并出席河北省政府会议。设大学委员会北平分会为北平大学最高评议机关。先是民国十六年六、七月间，国民政府已决定开始试办大学区制，中央大学区与浙江大学区均于彼时设立；国立中央大学与国立浙江大学分别兼管江苏浙江两省教育行政。北洋大学成立于清光绪二十一年乙未（西元 1895）阳历十月二日，定名为北洋大学堂，英文名称为 Tientsin University，内分设头等学堂（大学本科）与二等学堂（大学预科），乃中国最早的大学，其成立比京师大学堂早三年。

国立北平大学以北京大学原有之第一、二、三三院，改为北平大学之文学院、理学院及社会科学院；研究所国学门改为国学研究所。北京大学学生欲保留北大历史上之特性，反对分北大为三个学院，派李辛之（广东人，教育系二年级学生）、赵子懋（河北人，政治系四年级学生）为学生代表，到南京向政府请愿，并向吴稚晖、蔡孑民两先生陈诉。稚晖先生挺身而出，愿作调人，解决此事。他与蔡先生对于北大在历史上之独立精神，特为委曲成就，期于大学区方面与北大方面皆能顾到。议定改北京大学为北大学院，经石曾先生与李、赵两代表首肯，且蔡先生与蒋孟邻先生对于法律系毕业学生有充任律师之资格一层，均愿担保（民国十七年十月初蔡先生辞去大学院院长；十月中旬大学院改为教育部，蒋孟邻任教育部长）。稚晖先生于十七年十二月三十一日亲笔写信给我告知一切。我随即依照稚晖先生所开办法，由国立北平大学聘陈大齐（百年）为北大学院院长，于是北大学院得以开学上课。稚晖先生亲笔信七页照片，特附于此。此信在我手中保存了三十六年，此为首次公开，并附此信释文于下：

润章先生执事：自石曾先生抵宁，弟昨日又与北大学生代表李赵两君在蔡先生处续谈。两君坚言彼等止欲保留北大历史上之特性，决不夹杂政治意味，受何种党派之怂恿。蔡先生与弟皆深领两君之诚恳，故于保留北大历史上特性之点，特为委曲成就，期于学区方面与北大方面，皆能顾到。其谈判结果，与前次由魏先生寄交先生等之办法，大体相同。特现在又经石曾先生及李、赵两君皆已首肯，故再将议定之点，列举及说明如左：

（一）将北大旧有三院，加一“北大学院”名义，及由副校长兼任北大学院院长，以示保留北大独立性质。

（二）于北大三院门外，双悬两牌：

其左方曰“北大学院第一院”、“北大学院第二院”、“北大学院第三院”；

前次止允悬有“北大学院”牌子，今又加第一院等名目者，李、赵两君以为北大自改为第一第二等院名目后，全校不分畛域，颇得和同效果。虽实际自隐有文学、理学、法学之分，而形式上不分，感情较易接近。且宿舍互居，亦彼此不生歧视。蔡先生亦赞同其说。弟请于石曾先生，亦以为可。

其右方曰“文学院”、“理学院”、“社会科学院”。

此李、赵两君表示同意，以便学区亦有一明显系统。法学院前次拟改为经济学院。现在李、赵两君及子、石两先生皆赞同社会科学院，包含尤广。（倘法系学生有怀疑毕业后于律师资格有问题者，请告明彼等在社会科学院法系毕业，于律师资格，还是十分满足，此蔡、蒋两先生所担保。）

（三）北大最近所定三院有十四系之办法，应予保留，其组织不必大改动。

李、赵两君以为从前三院共通，每人于十四系中各选数系，甚为自由。蔡先生亦首肯。弟请于石曾先生，石曾先生说，这个自然可以照办。不但十四系可让自由选择，即三院学生于所选定之功课外，有可贾之余勇，欲向北平区内任何医大农大等再习数系，亦何尝不可。

此三条既协，北大方面，在历史上之独立精神，已完全保留。故李、赵已作快函报告其朋友，希望即日移交，以期早日开课，于校于个人学业，皆有相当利益。故石曾先生亦嘱弟报告先生，亦转告校方诸位，皆表赞同，即往接收，使全校皆不至继续辍课，于学业上有莫大之损失。敬请台察，并叩道安。

弟 吴敬恒顿首

十二月三十一日子民先生并嘱致意，同此希望。

后来李辛之赴美，前后任职西雅图（Seattle）华侨学校，《民气报》编辑部，与纽约稚晖学院。多年以来，辛之与友人刘先纬在纽约组织华兴公司，为华侨服务。赵子懋在北大毕业后，由中国国民党中央党部派赴美国留学，仍习政治学，回国后在考试院服务。

北平大学区时代，我忙碌异常，然仍每周到北大学院物理系授物理课两小时。一直到民国十八年夏大学区制撤销，筹备成立国立北平研究院时，我始离开北大。

民国十八年夏大学区制撤销后，北平大学区时代的国立北平大学又分为北京大学、北平师范大学（包括从前男女师大）、北平大学（除北大与师大外，北平其他各学院合成）及天津北洋工学院（同时筹备恢复大学，抗战胜利后北洋大学始恢复），均仍分别冠以“国立”二字。同时恢复河北省教育厅，接管河北省教育行政。

八

历年与北大有关的刊物，可分为三种：一、学校刊物；二、教授私人组织的刊物；三、学生私人组织的刊物。

学校刊物有：（1）《北京大学日刊》，以发布学校文告为主。（2）《北京大学月刊》，第一卷第一号民八年一月出版。（3）《国学季刊》，第一卷第一号民十二年一月出版。（4）《社会科学季刊》，第一卷第一号民十一年十一月出版。以上（2）（3）（4）三种都是学术性的刊物。

教授私人组织的刊物，有《新青年》《每周评论》《努力周报》《读书杂志》《语丝周刊》《现代评论》《猛进》周刊等。

《新青年》原名《青年杂志》，乃陈独秀（原名由己，字仲甫，1879—1942）于民国四年十月在上海所创办，提倡社会改革，从第二卷第一号起改名《新青年》（La Jeunesse）。蔡孑民长北大，聘陈独秀为文科学长。独秀遂将《新青年》编辑部迁到北京。民国七年一月《新青年》改组，从第六卷起由陈独秀、钱玄同（1887—1939）、高一涵、胡适、李大钊、沈尹默六位北大教授轮流编辑，每期由一人担任主编。《新青年》偏重学术性，不谈政治，提倡白话文，主张文学革命，拥护民主（德先生）与科学（赛先生），反对尊孔，反对旧伦理。民国八年三月陈独秀因受攻击辞去文科学长。民国八年六月间陈独秀因散发“北京市民宣言”传单，被警察捕去；九月半由安徽同乡向警厅保出。当保出时警厅约定陈独秀如离北京，须先报告警察。嗣武昌邀陈独秀讲演，《公言报》登载了这个消息，警察于某夜到陈寓调查陈是否在家，并面告陈如外出须先报告警区方可。陈独秀因即避往李守常宅内。是夜警察果到陈独秀寓所搜查。嗣陈化装到乐亭李守常的家乡暂避，复由乐亭到天津转往上海。时为民国九年春。陈独秀到上海以后，才倾向共产主义。《新青年》又由北京移回上海。民国十年一月上海法租界取缔《新青年》，陈独秀遂将《新青年》迁至广州，乃成为共产党的宣传刊物。适之遂与该刊脱离关系（根据胡适之在纽约面告）。

《每周评论》为陈独秀于民国七年底在北京所创办，乃谈政治的刊物。民八年六月间陈独秀被捕后，适之替他主编，至八月底被封闭。

《努力周报》（*Endeaver*）为胡适之和丁文江（在君，1887—1936）等于民国十一年五月在北京所创办，也是个谈政治的报。每期前边有评论时事一则，名为“这一周”，大都是适之所作。民国十二年丁文江与张君劢“玄学与科学论争”的文章，是在《努力周报》上刊登的，《努力》共出七十五号，民国十二年十月停刊。

《读书杂志》（月刊）是《努力周报》的增刊，每月第一周出版，第一期民国十一年九月初出版。《努力周报》停刊后，《读书杂志》还继续出版，至民国十四年十月停刊，共出十四期。

《语丝》周刊为周作人（岂明）等在北京所创办，以周作人的“小品文”及周树人（豫才，笔名鲁迅）的杂文为其代表。著作除周氏弟兄外，有钱玄同、江绍原、张定璜、刘复、林语堂、柳无忌、俞平伯、徐祖正、章川岛等。《语丝》第一期于民国十三年十一月十七日出版。从第八十一期起，改归北京北新书局发行。民国十五年北新由北京迁往上海，《语丝》自一百五十六期起亦迁沪由北新继续发行，但不久宣告停刊。

《现代评论》周刊，乃是民国十三年十二月北大一部分同事王世杰（雪艇）、周览（鲠生）等在北京所创办，系讨论时事的刊物，态度较为温和。大约民国十六年七月间编辑通信处及发行所迁至上海。丁巽甫以西林笔名写的第一篇独幕剧《一只马蜂》，系在《现代评论》和《太平洋》杂志发表，传诵一时。后来西林又写过其他独幕剧《亲爱的丈夫》和《酒后》等。《现代评论》大约前后共出版二百多期。

《猛进》周刊，系民国十四年二月北大另一部分同事徐旭生、李玄伯等在北京所创办，也是批评时事的刊物，态度颇为激烈。《猛进》大约共出版六七十期便停刊了。

北大学生私人所组织之刊物，以《新潮》月刊为代表。《新潮》乃是民国七年冬所创办，组织者为北大学生傅斯年（孟真）、罗家伦（志希）、徐彦之、顾颉刚、毛准（子水）、汪敬熙（缉斋）、杨振声（今甫）、康白情等，系响应新青年鼓吹新文化运动的刊物。《新潮》第一期出版于民国八年一月，至民九年年底停刊，共出十二期。

上述《新潮》组织人毕业后大都赴欧美留学。穆藕初曾捐款资送北大毕业生六人赴美留学，由蔡孑民、蒋孟邻、胡适之、陶孟和（原名履恭，字孟和，后以字行）四人组成选送委员会。所选送者为罗家伦、汪敬熙、康白情和段锡朋（书诒）、周炳琳（枚荪）、孟寿椿六人。汪、段是民八年毕业，罗、康、周是民九年毕业，孟则是民十年毕业。此外由六人旅费中各均出美金一百元补助江绍原作赴美旅费。以上七人除孟外，余均于民九年十月搭乘“China”号船赴美。过横滨时康白情因往看田汉而误船，改乘下一班船到旧金山，即留居其地。康氏在旧金山改名“洪章”。孟寿椿于民十年秋亦到旧金山，康白情便留孟办党和办报。至于傅孟真、杨今甫和徐彦之三人，则是山东省官费留学，傅、徐赴英，杨则赴美，（根据汪缉斋1963年1月17日来信所述。按缉斋乃约翰霍浦金—Johns Hopkins—大学1923年博士，后任“中央研究院”心理研究所所长，现在美国威斯康辛—Wisconsin—大学从事研究工作）。毛子水后来亦赴德国留学。

我在北大的时期，写过若干篇与科学有关的文字，也写过若干篇批评时事的文字。

民国十一年冬写了一篇《相对论及其产生前后之科学状况》，在《东方杂志》一九卷二四号发表。

民国十二年二月间应武昌湖北教职员联合会寒期讲演会的邀请，前往讲演。讲演的一部分是原子论。适商务印书馆请我为《百科小丛书》作一小册原子论。于是我把讲演的一部分材料写成《原子论浅说》一小册，交该馆出版，时为民国十二年十二月。四十多年以来，原子物理与核子物理的进步，实属惊人。以现在的眼光，回看四十年以前那本小册的内容，实觉简单得可笑！

我为大学本科一、二年级学生所编的《普通物理实验讲义》第一册，也是民十二年由北大出版部铅印出版（非卖品）。

民国十三年一月《东方杂志》发刊二十周年纪念号，约我作一篇文章，我便写了《二十年来物理学之进步》一文以应之。同年一月底我应中国天文学会之约，讲演“太阳热之起源”，讲演稿发表于《学艺》五卷九号（民一三年二月）及民十三年《中国天文学会年报》。

民国十三、四年时，我写过许多短篇批评时事的文字，在《现代评论》发表者不过一二篇，在《猛进》发表者则颇多。

民国十四年冬我写了一篇《各国科学家对于物理学的贡献》，由牛顿的物理学说到电子学的物理学与相对论的物理学，在《东方杂志》二三卷一号（民一五年一月）发表。

九

我初到北大时那几年，北大教授约共有八十多人。我本想在美国找到一份“北大教职员录”看看，但多方设法，未能找到。国会图书馆和几个大学图书馆，均未藏有此书。凭我的记忆力，还能想起六十多位教授的姓名；老同事张凤举先生现亦在美，替我想出约十位教授姓名，汪缉斋写信也想出几位；北大同学林昌恒（政治系毕业，曾任职外交部，现旅居纽约）也有所指出，合计起来已有八十人。现在把这八十位北大教授与北大高级职员名单列下：

校长：蔡元培（孑民）

代理校长：蒋梦麟（孟邻）

总务长：蒋梦麟

教务长：顾孟余

国文系教授：马裕藻（幼渔，兼主任）、沈尹默、沈兼士、钱玄同、林损（公铎）、黄节（晦闻）、单丕（不厂）、吴虞（幼陵）、刘文典（叔雅）、吴梅（臞庵）、刘复（半农）、张定璜（凤举）、周作人（岂明）、沈士远。

史学系教授：朱希祖（逖先，兼主任）、马衡（叔平）、陈汉章（伯弢）、崔述、张尔田。

哲学系教授：陈大齐（百年，兼主任）、胡适（适之）、马叙伦（夷初）、徐炳昶（旭生）、樊际昌（逵羽）、张竞生。

英文系教授：胡适（兼主任）、陈源（通伯）、温源宁、林语堂、张欣海、关应麟、徐志摩。

法文系教授：李景忠（兼主任）、宋春舫、贺之才、李宗侗（玄伯）、铎尔孟（d'Hormon）。

德文系教授：杨震文（丙辰，兼主任），Hundhouse。

俄文系教授：教务长顾孟余兼系主任、伊凤阁（Ivanov）。

东方语文系教授：周作人（兼主任）、张定璜（凤举）、徐祖正。

教育系教授：高仁山（兼主任）、樊际昌、蒋梦麟。

数学系教授：冯祖荀（汉叔，兼主任）、王仁辅、胡濬济、王尚济（海帆）、秦汾（景阳，后因任教育部参事，改为讲师）。

物理系教授：颜任光（兼主任）、何育杰（吟苢）、丁燮林（巽甫）、李书华（润章）、温毓庆、杨肇廉（季璠）。

化学系教授：王星拱（抚五，兼主任）、丁绪贤（庶为）、胡壮猷、李麟玉（圣章）、程瀛章、石瑛（蘅青）。

生物系教授：谭熙鸿（仲逵，兼主任）、李煜瀛（石曾）、钟观光（宪鬯）、经利彬（燧初）。

地质系教授：何杰（兼主任）、王烈（霖之）、李四光（仲揆）、朱家骅（骝先）、葛利普（Amadeus William Grabau）。

法律系教授：黄右昌（兼主任）、何基鸿（海秋）、王世杰（雪艇）、燕树棠（召亭）、徐佩璜。

政治系教授：陈启修（惺农，后改名豹隐，兼主任）、陶履恭（孟和，后以字行）、李大钊（守常）、高一涵、周览（鲠生）、张慰慈。

经济系教授：顾兆熊（孟余，后以字行，兼主任）、王建祖、马寅初、罗惠侨、皮宗石（皓白）、余文灿。

文预科主任：关应麟（兼）。

理预科主任：丁燮林（兼）。

以上名单中有少数人兼两系教授者。此单当然有遗漏与错误之处，尚希北大旧同事及本文读者予以指正。至于总务处各部主任，均系由教授兼任，亦就记忆所及，姑列名单如下：

庶务部主任：沈士远（兼），注册部主任：罗惠侨（兼），图书部主任：李大钊（兼），仪器部主任：李麟玉（兼），出版部主任：忘记系何人？

民国十二年一月间蔡校长离校，由蒋孟邻代理校长。后以余文灿兼任总务长；民国十五年夏蒋孟邻离校，由余文灿代理校务。又图书部主任一职，李守常之后，由皮皓白兼任。

顾孟余于民国十五年三一八惨案后离校，由徐旭生继任教务长。各系主任亦有若干变动，如周鲠生继任政治系主任，王雪艇继任法律系主任，李润章继任物理系主任，然均忘记由何时开始？又高仁山被杀后，教育系由何人主持，亦记忆不清。

当我初到北大时，东方语文系、教育系和生物系还没有。此三系都是后来设立的。其中生物系的设立，与我颇有关系。在生物系设立以前，北大已有三位生物教授，都是蔡先生聘请的。李石曾是蔡先生初长北大时便入北大讲授生物进化论；钟观光是中国一位老植物学家，民七被聘到北大担任采集植物标本；谭仲逵是以生物教授兼校长室秘书。大约民国十三、四年之间的一天，李圣章及仲逵和我三个人谈天，偶尔涉及北大第二院。我说："北大应该有生物系，而且早已有三位生物学教授。但是李、钟两先生均不能为此事多所奔走，你应该把校长室秘书的事情减少或辞去，设法促成此系的成立。"仲逵很以我的话为然，他就开始进行，终于民国十五年生物系正式成立。

总务处各部之下，分设各课，课中负责人仅称为事务员。例如庶务部庶务课负责人为事务员段宗林（子均，民十七任河北省政府委员），会计课负责人为事务员黄幼轩（蔡夫人黄仲玉女士之弟，为人刚直负责，民十七年我约其任国立北平大学会计组组长，民十八年三月间在职中风去世）。

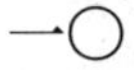

北大教授及高级职员自蔡先生以下都应该介绍其生平与贡献。本文限于篇幅，仅就已故教授选若干位略述于下：

蔡先生的生平及其贡献，已有许多专文，无需重述。蒋孟邻先生逝世不久，《传记文学》第五卷第一、二期载有"纪念专辑"，亦无需重述。朱骝先先生逝世后，《大陆杂志》社亦编辑《逝世纪念册》（民五二年六月印行），本文亦不多赘。

关于文史方面，胡适之先生贡献特多，影响也最大。适之逝世后，我写过《胡适之先生生平及其贡献》长文一篇，载《大陆杂志》二十四卷十期（民五十一年五月三十一日出版）。现在把那篇文字的最后一段录下，作为适之贡献的撮要：

> 总之适之一生，除了四年驻美大使外，全是从事教育学术文化方面的工作。他是一个实验主义的哲学家，承认一点一滴不断的改进，是真实可靠的进化。他是一个考据家；他的考证是用科学方法，拿证据作基础。对于中西文化比较，他称赞西洋文化，特别颂扬西洋科学。他倡导文学改良，主张白话文学，不数年白话风行全国，替代了文言；在这一方面，他的影响之大，简直是空前。他是一个自由主义者，主张思想自由与言论自由。对于政治，他一向主张要宪法，并且要遵守宪法，确定法治基础以保障人权。他的著作丰富，贡献特多，对于青年的思想影响甚大。他的著作有：中文书约二十种，英文书三种，中文论文约四百四十篇，英文论文约八十篇。

北大国学教授沈尹默、沈兼士兄弟（长兄为士远，尹默行二，兼士行三，人称三沈。）及马幼渔（与弟叔平及马夷初三人，被称为三马，然夷初并非幼渔之弟兄），朱逖先、钱玄同，都是章太炎（名炳麟，1868—1936）在东京时的门弟子，专攻文字、声韵、训诂之学。他们都是浙江人，在民国初年已到北大。蔡先生长北大以后，聘陈独秀为文科学长，胡适之亦到北大任教授。适之、独秀提倡白话文学，尹默、兼士、幼渔、玄同等均赞成之，玄同主张尤力。幼渔和逖先分别主持国文系与史学系有年。

沈尹默为诗人，书法尤佳。北京大学第一院，第二院和第三院大门前所悬挂的长牌，都是尹默所书。他主持中法大学孔德学院和孔德学校（该院内部负责人为张凤举，该校内部负责人为马隅卿，系幼渔之弟）。从民十五年至二十五年他任中法教育基金委员会中国代表团主席。因此我与他接触很多，所以就很熟了。有一次我向他说："你写的字恐怕是中国第一了。”他说：“我是世界第一。因为欧美非等洲的人全不会写中国字；如果是中国第一，当然就是世界第一。”民国十七年南北统一后，尹默任河北省政府委员。十八年北平大学区撤销后，他兼任河北省教育厅长，接管河北省教育行政。民国二十年他被任为北平大学校长。抗战时期，他在重庆就任监察院监察委员，胜利后他回到上海居住。

钱玄同（1887—1939）教授文字学有独到之处。他的书法亦很特别。他主张以拼音字代汉文。他是疑古的，所以自号疑古玄同。每日除授课外，大部分时间他在孔德学校马隅卿处渡〈度〉过。他和刘半农与师大教授黎锦熙（邵〈劭〉西）等曾组织中国大辞典编纂处。

沈兼士也是文字训诂专家，也写一笔好字。他主持北大研究所国学门有年，极有成绩。抗战前期，他留居北平任辅仁大学文学院院长，从事地下工作。嗣以在平不能继续居住，乃秘密离平赴渝。胜利后任教育部北平特派员，接收各学校及文化机关。民国三十六年某月日（记不清）我眼见他突患脑充血病因而逝世。彼时他住在东厂胡同黎元洪的故宅（日本人所办之北京人文科学研究所设于该宅，抗战胜利后为中央研究院所接收，适之与兼士两家各住在该宅中之一部分）。适杭立武（当时任教育部次长）到北平，兼士在其寓所堂屋宴立武，并约我及适之与马叔平等多人作陪。入座以前兼士招呼客人甚殷勤，对客人谈话亦甚多。及甫入座吃饭，兼士忽称头痛，即以手置头部，步入堂屋旁卧室中，闻其大呼数声；不意不久即遽归道山。

北大文史方面的已故教授，我还要谈一谈刘半农（1891—1934）。半农，江苏江阴人，民六以后任北大预科国文教授。他也是赞成文学革命的。民国九年他由北大派往法国进修，他入巴黎大学文学院专研究语音学，民国十四年获得博士学位。是年八月间他回到北大任国文系教授，在北大创设语音实验室。他是北大以科学方法研究语言学的第一个人。他计划用该实验室的设备，研究全国的方言。民国十五年他兼任中法大学中国文学系主任。不意后来民国二十三年七月间，他因在内蒙古调查方言而得回归热病，卒于北京。

一一

关于自然科学方面已故的教授，我举出钟观光与葛利普二人。

钟观光（1867—1940），字宪鬯，浙江镇海人。清季游日本，回国后创办科学仪器馆、实学通艺馆；复立理科传习所。壬寅（1902）蔡孑民、蒋观云、叶浩吾、黄中央、王小徐等在上海发起中国教育会。时宪鬯在江阴南菁高等学堂为理化教员，课外密谈革命意义。蔡、蒋等电宪鬯约其赴会。开会时举蔡孑民为会长。教育会拟改编教科书，实一革命集团。嗣教育会募款组织爱国学社以收容南洋公学退学学生百余人。蔡孑民任爱国学社总理，吴稚晖任学监。壬寅冬教育会与学社利用《苏报》为机关报，以对抗当时之顽固派。癸卯（1903）四月南京陆师学堂退学学生四十余人，亦加入爱国学社为社员。是年闰五月《苏报》案发，该报被封，爱国学社亦解散。章太炎、邹容入狱，吴稚晖走英伦，蔡孑民则于《苏报》案发生前已赴青岛。中国教育会在风雨飘摇中，由宪鬯等支持。公议辛丑（1901）年蔡孑民、蒋观云、陈梦坡等所发起之爱国女学校仍继续办理，推宪鬯为义务经理（经理即校长，当时尚无校长名称）。日俄战起，蔡孑民已自青岛回沪。乙巳（1905）中国教育会重行选举，蔡孑民当选为正会长，钟宪鬯当选为副会长。

民国成立，蔡孑民长教育部，钟宪鬯被任为参事。及蔡先生去职，宪鬯遂脱离政界，专心研究植物学。民国五年任湖南高师博物学教授。民国七年被聘为北大教授，担任采集植物标本。因遍游浙、闽、皖、赣、川、鄂、粤、桂、鲁、豫诸省。民八入云南，由昆明而西，步行十三日至大理，登点苍、鸡足诸山，转入漾濞。宪鬯在各省采集四年不辍。全世界高等植物两百八十余科，中国约占两百二十余科。中国植物书中所用科名，百分之九十以上为宪鬯第一次之译名。民国十五年北大生物系正式成立，宪鬯留校整理标本。民国十七年宪鬯被聘为浙江大学教授。民国二十二年宪鬯被聘为北平研究院植物研究所专任研究员，致力于重订《本草纲目》。凡古书中草木之名赖其订正者甚多。西元 1923 年菲律宾大学植物教授麦尔瑞（Elmer Drew Merrill，1876—1956，后为哈佛大学植物系主任）根据宪鬯所采之标本定一新属名为“Tsoongia”，为马鞭草科植物，亦即纪念钟先生者。宪鬯于新旧学问，均有研究；其对于植物界的贡献，乃继往开来之人。刘慎谔（士林，北平研究院植物研究所专任研究员兼所长）、郝景盛均称其为“旧时代最后一人，新时代最初一人”，殊非虚语。民国二十六年北平沦陷，北平研究院迁昆明，宪鬯以年老未能赴滇，乃间关返宁波，于民国二十九年九月三十日逝世。国民政府曾明令褒扬。

葛利普（A. W. Grabau，1870—1946）系美国古生物学家。西元1905年至1919年任纽约哥伦比亚大学（Columbia University）教授。从1920年起任北大地质系教授，讲授古生物学，居中国二十余年。对于中国古生物学的发展，影响很大。葛氏著有“Principles of Stratigraphy（1913）”，“Text Book of Geology（2 Vols，1920，1921）”，“Silurian Fossils of Yunnan（1920）”等书。葛夫人安玛利（Mary Antin，1881—1949）女士，生于俄国，1894年到美，在哥伦比亚大学师范学院及巴乃女子学院（Barnard College）求学；1901年与葛氏结婚。葛夫人为一有名的作家，著作颇多。

中国地质调查与研究，从民国初年便已开始，是近代中国科学工作中发达最早的。中国古生物方面有重大发现与研究，尤以周口店中国猿人化石最为著名。周口店洞穴层的发掘，自民国十六年起，由北平地质调查所担任，步达生（Davison Black）、杨钟健、裴文中等陆续担任研究及实地发掘。民十六年曾发现极完备的左下臼牙，步达生确定此种猿人为一新属，名之曰：“中国猿人”（Sinanthropus Pekinansis 或 Peking Man），生于五十万年以前。民国十八年裴文中在周口店发现中国猿人完美之头骨。裴文中是北大地质系毕业生，当其获得此重大发现时，尚未到国外去过。

中国近代动植物调查研究的开始，比地质稍迟。中国用新方法研究植物分类，钟宪鬯实为中国人中之第一人。至于数学、物理、化学研究在国内开始，则较地质与生物为晚。

一二

关于社会科学方面的已故教授，我也举出两位：一是陶孟和，一是李守常。

陶孟和，天津人，原名履恭，字孟和，后以字行。初在天津严氏家馆（即严范孙先生家馆）受业于张伯苓，嗣游学日本，后转学英伦。回国后入北大任教授，讲授社会学；亦赞成新文化运动之一人。一九一九年巴黎和会时，他到巴黎观察和会动向，彼时我在巴黎首次会见他。民国十三年九月间中华教育文化基金董事会成立后，该会设立社会调查所于北京，以孟和为所长。民国二十三年该所合并于中央研究院社会科学研究所；抗战时期此所改称社会研究所，仍由孟和任所长。

李大钊（1888－1927）字守常，河北乐亭县人。永平中学未毕业即考入天津北洋法政学堂（北平大学区时代改为河北省立法商学院），与其同学白坚武（后为吴佩孚的政务处长）、郁嶷同被称为北洋法政三杰。民国三年李守常到日本留学，入早稻田大学习政治经济。民五夏回国，入北京《晨钟日报》任总编辑，嗣随孙洪伊做事。民五年十一月间孙洪伊因与国务院秘书长徐树铮交恶，被免去其内务总长职。孙去沪，守常亦去沪。民五年十二月下旬蔡孑民就任北大校长后，拟聘章士钊（行严）为北大图书馆主任，行严不就，转荐守常，守常遂被聘为图书馆主任兼政治系教授，每周授课两小时。

1917年苏俄十月革命后，李守常由日本文刊物上得知“布尔什维克”（Bolshevik）理论（据成舍我1960年来美时面谈）。由民国七年（1918）起，守常便开始介绍“布尔什维克”主义。彼时他对于该主义并未信仰，以其新所以介绍。民八年守常为纪念“五一劳动节”写了一篇《我的马克斯〈思〉主义观》，登在《新青年》六卷五号与六号。同年当协约国庆祝第一次欧战胜利时，守常说：“不该为一边的武力把那一边的武力打倒而庆祝，应该为民主主义把帝制打倒，社会主义把军国主义打倒而庆祝。”所以民国八年守常已开始倾向共产主义。

民国九年春陈独秀去沪。他到沪后才倾向共产主义，组织马克斯〈思〉主义研究会，当时只是研究共产理论，并无实际行动。是时（民九年春）第三国际派胡定斯基（Gregori Voitinski）到中国。由于柏烈伟（也叫布鲁威——Sergei A. Polevoy——原为白俄，苏俄十月革命后充当第三国际驻天津文化联络员，曾在北大教过俄文）介绍，在北京先认识李守常，然后到上海与陈独秀取得联系，而马克斯〈思〉主义研究会遂与第三国际发生关系（据沈云龙《中国共产党的来源》一与二）。民国十年七月中国共产党在上海正式成立，然全国各地党员总共不过五十人而已（据程天放 Tienfong Cheng 著 A History of Sino-Russian Relations，p. 120）。

李守常于中山先生蒙难居沪时（民十一年八月至民十二年一月），由张继（溥泉）介绍加入国民党，乃是共产党员最先加入国民党者。民国十三年一月守常被选为中国国民党第一届中央执行委员。民十三年夏，他曾到苏联，回国后仍回北大。

李守常是乐亭县人，我是昌黎县人。还有一位卢龙县人白眉初，原是永平中学地理教员，我到北大时，眉初已在北京高师（后改为师大）任地理教授。乐亭、昌黎、卢龙三县，原来全是属于永平府；三县的人在北京算是大同乡。因此李、白与我三个人有时偶然往来。但是守常还没有向我们宣传过共产主义。他从苏联回国后，只听见他说过苏联“新经济政策很好”而已。他死后的遗体还是眉初收殓的。

* * *

本文所记是我在北大七年中所可回忆的经过情形。我初到北大的那几年，若干部分的基本课程水准，已渐提高，为研究工作铺路；且国学与地质等方面，已开始走向研究方向；这确是一种进步。中间稍后几年，因教育经费困难，且军阀政治强暴，致若干教授离京他去；又呈退步现象。北平大学区时代，教育经费已恢复正常，然为时过短，许多计划尚未能全部实现，即已撤销大学区制。清末京师大学堂规模很大，后演成为北京国立八校或九校时，是由合而分。北大仅有文、理、法三部分，为规模最小的时代，然贡献却很大。北平大学区时代的国立北平大学，则合北京国立九校与天津北洋大学为一个大学，是由分而合，为规模最大的时代。大学区制撤销后，国立北平大学又分为北大、师大、平大与北洋四个大学，是又由合而分了。这是三十年间北方国立高等教育机关分合的经过情形。

一九六四年十一月二十三日草完于纽约

（台湾《传记文学》6卷2—3期，1965年2—3月）

⊙ 刘生浚

三一八惨案中的北大学生

1926年（即民国十五年）3月18日上午，北京市民和学生激于爱国热情，到临时执政府请愿，要求政府维护国权，拒绝日、英等八国的最后通牒。执政段祺瑞等竟命令卫士枪杀请愿群众，死四十七人，伤一百五十余人，这就是著名的三一八惨案。我当时正在北京大学读书，也参加了那一次请愿，被卫士棍伤头部。同去的李家珍同学，则惨遭枪杀。现在就我的记忆所及，把我当时参加请愿中身受、目睹和耳闻的事实经过写出如下。

惨案起因

1926年春，冯玉祥系国民军驻在北京和天津一带，受南方革命势力的影响，倾向革命。这是帝国主义者所不能容忍的。日本帝国主义者为了巩固自己在东三省的地位，并把势力伸进京、津一带，便指使奉系军阀张作霖、张宗昌等进攻国民军。国民军怕奉方利用渤海舰队袭击大沽口，因于3月8日晚起，在大沽口布雷封锁，禁止通航。英、日两国领事藉口维护通商利益，即向国民军提出抗议。国民军允许外轮通航，并规定外轮出入办法三项：（1）外轮进口时，须有一引港船为前驱。此引港船行近炮台时，须吹哨为号，向国民军示意。（2）外轮出入，必须悬挂其本国国旗。（3）入口外轮中的华人，须经国民军检查，方许通过。与此同时，北京外交使团也于3月10日由领袖公使荷兰欧登科向北京外交部提出抗议。大沽口封锁交涉还没有解决，日本帝国主义因张宗昌进攻着着失败，决定武装援助，乃藉口保护侨民，由旅顺调遣“藤和”、“吹雪”两舰来津，驶经大沽口，守兵发空枪令其缓行，以备检查。日舰不理，反以机关枪和大炮还击。守兵疑系奉舰，因用实弹还击，日舰乃退。日本公使芳泽竟于3月14日向北京外交部提书面抗议，提出惩凶及赔偿损失等无理要求。北京外交使团受日本公使的怂恿，突于3月16日下午四时由领袖公使欧登科代表英、美、法、日、意、荷、西、比八国，以维护“辛丑条约”为名，用最后通牒照会北京外交部，提出下列狂妄要求：

一、所有从大沽口至天津一带的战事，即须停止。

二、所有大沽口一带的布雷及其他障碍物，立即撤除。

三、所有被拆除的航行标记，即须恢复。

四、国奉双方交战船只，必须驻泊大沽口外，不得干涉外国的航船。

五、除海员官吏外，应停止对于外国船只的一切检查。

倘于三月十八日正午关于以上各点不得满意答复，即采取其认为必要的手段以除去障碍。

惨案经过

八国政府向我国提出最后通牒的消息，当时北京的《京报》《世界日报》《晨报》以及天津的《大公报》等都以头等重要新闻刊出。北京市总工会和各校、院学生联合会召开紧急代表会议，讨论对策。当时北京大学学生自治会的负责人郭春涛、段纯、颜蔚圃等也出席了会议。郭春涛属国民党左派，段纯、颜蔚圃是中国共产党地下党员。会议一致决议，召开市民大会并前往执政府请愿，要求政府维护国权，坚决拒绝最后通牒。

当时我住在北京大学西斋（即第一寄宿舍）。3 月 17 日晚饭后，在西斋大门口看到北京大学学生自治会的一张通告，内载：

> 英、日等八国向我国发出最后通牒，妄提无理要求，并限于三月十八日午前答复；凡属国人，莫不义愤填膺，切齿痛恨。业经呈请教务长批准于三月十八日停课一日，前往天安门参加市民大会，并赴执政府请愿，要求政府坚决拒绝最后通牒，反对帝国主义侵略。事关国家存亡，务希全体同学于是日上午八时在第一院操场集合，结队前往，切勿迟误为要！

在西斋和北京大学第二院大门口以及人行道两旁，贴满了红红绿绿的标语。如："坚决拒绝八国最后通牒！""废除不平等条约！""废除辛丑条约！""打倒帝国主义！"等等。

当时北大同学，除了极少数受了个别教授的影响，主张专门读书以外，大部分同学有的接受了中国共产党的教育，有的虽不十分关心政治，但从这次最后通牒事件看到个人不能安心读书，国家前途异常危险，也想通过游行请愿伸张民气，所以当这一游行请愿的决议传播以后，绝大多数同学都兴奋异常，积极准备参加。

我看到通告以后，心里非常激动，决定第二天去参加集会请愿。随即到西斋阅报室去看报，想从报纸上得到更多的消息。在阅报室遇到李家珍同学，便邀他到我的寝室谈谈。

李家珍是湖南醴陵人，二十一岁，和我同在预科读书。他个子瘦长，说话带着一口醴陵腔，态度活泼和蔼。

我说："明天请愿，我们一块儿去。"李家珍说："你身体不好，不要去吧，要走很远的路。"同屋的张常春同学也劝我："春天了，不要太累，怕吐血病复发。"我想了一会，坚决地说："不要紧，明天一定去。"李家珍沉痛地说："帝国主义实在欺人太甚！在这个紧要关头，参加游行请愿，当然是应该的！"张常春接着说："在家里也是坐不住的，明天我们一块儿去！"

谈了一会，李家珍起身要走，我陪他走到房外。宿舍的人行道上三五成群，有的手里拿着小旗，有的口里唱着歌曲，都在为第二天游行请愿作准备。人行道两旁的标语增多了，如："实行对日经济绝交！""反对帝国主义挑拨中国内战！"等等。

我回到寝室，和张常春约好，早睡早起。但睡下以后，心里却在翻腾。想着国家前途危险，或许政府可能接受群众要求，拒绝最后通牒，那么，自己就算尽了一个公民的责任。想起看到的许多标语，便又起床穿衣，拿了一张白纸写上两条"读书不忘救国"的标语。

第二天，天蒙蒙亮，我就起床了。东方一片红，没有风。我洗完脸，就拿着标语到西斋传达室要了一些浆〈糨〉糊，贴了一张在西斋大门口。走到第二院，红门上已经贴满了，我只好把我写的标语贴在大礼堂外面的柱上。

吃完早饭，我便和张常春一道去找李家珍。李家珍说："我们去买几个面包带着，请愿可能要到下午才能结束。"我们买了面包，便一同走向第一院操场。沿途遇到好几群同学，都是到第一院操场去集合的。

操场上已经站了很多人。红艳艳的太阳，照在红楼的玻璃窗上，闪闪发光。等了一会，同学们几乎到齐了，郭春涛代表学生自治会讲话。他说："请愿是爱国的行动，爱国是青年的义务，也是青年的权利。中国有句古话：'皮之不存，毛将焉附？''覆巢之下无完卵'，个人离开国家，是不可能生存的。"他勉励大家听指挥，守秩序；要坚持到底，不要单独行动。然后在一个同学的领导下，把那天的口号喊了一遍。一个个拳头向上高举，一双双眼睛表达了无比的愤怒。在国旗和校旗的引导下，队伍浩浩荡荡地向天安门进发。

天安门广场北面，临时搭了一座主席台。中间挂着孙中山先生的遗像，交叉着两面国旗。旁边是孙中山撰书的对联："革命尚未成功，同志仍须努力。"台前横挂着一幅红布，上面写着"北京各界坚决反对八国最后通牒示威大会"。北京大学的队伍站在最前排。不一会，工会、商会和学校的队伍陆续到齐。会场上万头攒动，旗帜招展，大家面对着古老的天安门城楼，精神焕发，情绪激昂。

主席台上宣布开会。首先由中俄大学校长徐谦讲话。他报告了集会的意义，接着说："八国最后通牒支援奉系军阀，助长中国内乱。它借口维护'辛丑条约'，但它的苛刻程度，又远远超过'辛丑条约'。它要求双方停止战事和撤除障碍，实际上就是要我们打开大门，让日本帝国主义把奉系军阀引了进来，并且只许他们打人，不许我们还手，'辛丑条约'哪有这样的规定！我们要求政府坚决拒绝最后通牒，还要废除一切不平等条约。"他的话音刚落，就响起了"打倒帝国主义！""废除一切不平等条约！"等惊天动地的口号声。

接着由北京大学教务长顾兆熊和北京大学教授李大钊同志讲话。李大钊同志分析了日、英等帝国主义者提出最后通牒的卑鄙目的，然后说："现在和'辛丑条约'时代已经截然不同，中华民族是有英勇抵抗外患历史的民族，帝国主义者永远不能灭亡中国。但是，我们要救中国，就要奋斗，要革命。"在他们讲话以后，震耳欲聋的口号声经久不息。

出发请愿了。在示威大会旗帜引导下，北京大学学生走在最前列。其次是师范大学、女子师范大学、清华大学、中俄大学、中法大学、北京法政大学、北京工业大学、北京农业大学等等。后面有北京市总工会和北京市总商会的旗帜。北京各私立大学，如朝阳、民国、中国、平民等大学以及各中等学校的学生紧跟在后面。浩浩荡荡的队伍，迈着整齐的步伐，从天安门沿东长安街东进，到东单牌楼折向北行。沿途有人散发全国总工会和全国学生联合会的传单。"打倒帝国主义"等口号声高响入云，前后呼应。除了唱《国际歌》外，还唱着当时流行的一首歌曲《打倒列强》："打倒列强！打倒列强！除军阀！除军阀！国民革命成功！国民革命成功！除汉奸！除汉奸！"歌声雄壮，与口号声互相配合，此起彼落。铁臂高举，旌旗蔽空。当队伍经过扶桑馆（当时的日本侨民宿舍）门口时，大家走得特别慢，几乎是停了下来。"打倒日本帝国主义！""对日经济绝交！"口号声像巨雷一样隆隆不断。

大队到了铁狮子胡同执政府门前，远远望见那并排三座红漆大门都已紧闭，全副武装的卫士分作十余层排列在大门外。李家珍红着脸说："奇怪！难道不让我们进去，还把我们当敌人吗？"这时大队继续前进，从执政府东面铁门进去，走到执政府大门外操场上停下来，和卫士们面对面站着。后面的队伍操场容不下，就停在铁门外大街上。

大会主席团向卫士长交涉，要他们开门让我们的队伍进去，并请段祺瑞和贾德耀出来跟群众见面。回答是："段执政和贾总理都因公到天津去了。大家都回去，明天派代表来。"这时群众情绪异常激昂。李家珍急得顿脚说："岂有此理，真是老奸巨猾！"突然有人高声喊了一句："见不到段祺瑞，大家回去不回去？"雷一般的声音回答："坚决不回去！""段祺瑞快出来！"

忽然哨声响了，接着响起了枪声。有人喊："不要怕，是空枪！"李家珍也说："不怕，不敢打人！"但我们还是跟着大家一起向后转，旁边一个男青年忽然倒下了，一看子弹从颈项穿过，鲜血直流！这时枪声很紧，李大钊同志站在人丛中间，双手向两旁挥动，口里大声喊："赶快走开！快到操场外面去！"我和张常春、李家珍一道往大门对面（即操场南面）的房子里跑（后来才知道这里是马圈），人们拥挤，简直是被抬着走的。我的一只鞋被人踏脱了，蹲下去拔鞋，起身后被人挤到一边，张常春和李家珍两人都不见了。越过门廊，南面有几条巷道，我被挤着往中间一条巷道走去。转了一个弯，靠墙站了许多人，张常春也在那里，跑过来握着我的手，要我靠墙蹲下。我问他："李家珍呢？"他说："不知道，一挤就不见了！"那时，巷道里已经挤满了人，后面还有许多人陆续挤进来，我只好和张常春一起蹲下。枪声仍然很紧，子弹打在瓦上，和雨点一般，叮当作响。我想："今天不知死伤多少人！"又挂念李家珍，心里非常难过。

过了一会，枪声停了。我们正准备出去，忽然闯进来一队卫士，端着安上刺刀的枪，指向我们，喝问："你们来干什么？"没有人回答。一个卫士收了枪，从我身旁走过去，在一个中年人面前停下，又把枪指向他，喝问："你是干什么的？"那中年人回答："来看热闹的。"那卫士收了枪，一个嘴巴打过去，口里说："把皮帽子摘下来！""把眼镜取下来！"就这样，那一队卫士各找穿着较好的人要东西，我和张常春跟着其他一些人，便趁这个机会，跑出马圈。走过门廊时，又有十几个卫士，掮着枪，手拿木棍，排列成行，拦住去路，用木棍向跑过的人群乱打。群众鱼贯而出，跑得很快，我的头部被打了一棍，张常春的右手被打了一棍。走过操场时，看到横着几具尸体，却都不认识。

通过操场，跑到铁门边，被一道六七尺高、一丈多宽的人墙拦住了。我睁开眼向人墙一看，里面横七竖八地躺着一些男、女青年和小孩，最底层还有自行车。有的人还在挣扎，有的人已经不能动弹了。呻吟、喊叫的声音从里面断断续续地传了出来，惨不忍闻。有人像登山一样，从人墙上爬过去，气力小的，还没有爬出这道人墙，脚踩在人缝里，拔不出来，就被人压倒在下面了。我望望张常春说："出不了这个门，索性等一会再说。"这时，我校一个爱好足球的黄某（忘记了他的名字），忽然跑过来对我说："来，我拉你出去。"他跳在人墙上，甩手把我和张常春先后拉了出去。

铁门外大街上横躺着几具尸体，鲜血一滩一滩的，行人绝迹。我们三人急急忙忙步行回校。到了第二院门口，看见围了一堆人，正在谈论什么事，他们听说我们受了伤，都走拢来问长问短。我问："李家珍回来没有？"大家都说没有看见。

我无精打采地走回寝室，和衣倒在床上，一个同学给我送来红药水，我起来搽了一点。张常春邀我去吃饭，我也无心去吃，似睡非睡地躺了许久。大约下午五点钟时，张常春匆匆忙忙从外面进来，把我叫醒，说："这次死伤好几百人，我校也死了三个同学，听说有李家珍！尸体抬回来了，放在第三院！"

这真是晴天霹雳！李家珍果真牺牲了吗？我将信将疑，拉着张常春就往第三院跑。在第三院大礼堂里，站了许多人，我挤向前一看，果然并排停放着三具尸体，左面一具就是李家珍。他的脸色惨白，眼睛闭着，手握着拳头；胸前长袍上穿了一个洞，旁边的棉花都烧焦了！我一阵心酸，不觉流下了眼泪。

惨案发生后的第二天，天阴沉沉的，从上午十点钟起飘起了雪花，整个北京城为一片阴森悲惨的气氛所笼罩。学校无形中停课，同学们彼此见面，所谈的都是惨案经过和死者的善后问题。有的说，这次惨案是段祺瑞、贾德耀等事先策划的，死伤的都是纯洁无辜的青年群众。有一个小学生周正铭，只十四岁，被打得烂酱如泥。女师大的刘和珍、杨德群相继被杀，张静淑也中了四弹。杨德群中弹后还能坐起来，竟被一个卫士在她的头部及胸部猛击两棍，当即死掉！有的说，有的尸体当天晚上衣服都被卫士剥光了。

三一八惨案死难烈士追悼大会在北大举行，会开得特别庄严壮烈。因有他校师生及工人、市民前来参加，便在大礼堂边操场上临时搭了一座礼台。各界送来大批挽联、花圈，礼台的前后左右及礼堂四周，整个大院所有高高低低的墙上都挂满了，但还挂不下，又在第一院操场四周墙上挂满了，总数约达一万余付。各式各样的传单和标语遍贴校内和校外，除了惨案前用过的口号、标语外，又添了“铲除贪官污吏！”“铲除卖国军阀！”“枪毙三一八惨案祸首！”“为三一八死难烈士报仇！”“三一八死难烈士永垂不朽！”等等。

出席追悼大会的人非常多，还不到开会时间，操场上就挤满了密密麻麻的人群，没有座位，大家都站着等候开会。当报告惨案经过和宣读祭文时，有人号啕大哭，有人掩面而泣！最后喊口号时，全场情绪激昂，引吭高呼，声震屋瓦！

除北京大学外，其他大学和一部分中等学校也都先后举行了追悼大会。反动政府畏于群情激愤，只好装聋作哑了。

（《文史资料选辑》第102辑，文史资料出版社，1986年3月版）

⊙ 朱 偰

北京大学的复校运动[①]

北洋军阀对北大的摧残

北京大学由于革命思想的不断发展，早已变成北洋军阀政府的眼中钉。1926年3月18日，北京学生因为日本帝国主义派军舰炮击大沽口，向段祺瑞执政府请愿。卫兵开枪射击，打死多人，其中北大、女师大学生死伤最多。"三一八"惨案发生以后，北洋军阀政府曾计划"扫除三个半学校"（中俄大学、中法大学、女子师范大学、北京大学之一部分），"扑灭四种报章"（《京报》等），"逼死"两种副刊（《京报副刊》等），"妨害"三种期刊（《猛进》《语丝》《莽原》），并拟定一张通缉当时北京文学界人士（包括李大钊等）五十人的名单，后来因为段祺瑞不久下台，此事才作为罢论。

1927年初，张作霖以安国军总司令名义，横施虐政，对革命群众，实行恐怖政策，大兴党狱。4月6日，李大钊等二十余人被捕。不久上海、南京，也发生"四一二"惨案，蒋介石在帝国主义支持下，背叛革命，屠杀大批工人及共产党员。4月28日，李大钊等人被奉系军阀所杀

① 节自《五四运动前后的北京大学》，为原文之八、九、十节。题目为编者所拟。

害。第二天北大学生见到报纸，一眼就看到李大钊等人的照片，中间还有北大的女学生张挹兰同志。看到他们从容就义的照片，大家热血沸腾了。这时北京大学已处于风雨飘摇之中。高仁山也被杀害，教授学生，人人自危。鲁迅先生于1926年8月，早已被迫离开了北京，《语丝》被封闭停办，《现代评论》也转移到上海出版。北大的教授，如刘半农、马叙伦、周览、高一涵、陈翰笙、顾孟余、马寅初、王世杰，先后离开北大；留下来的也大多销声匿迹，深自韬晦；走不开的许多教授，也大多考虑如何应变，另谋出路；或者转到清华大学、燕京大学去。北大从第一院到第三院，呈现一片零落景象。

1927年8月，张作霖果然派刘哲改组北大，称为“京师大学校”，实际上等于解散北大，另起炉灶。一面大捕进步学生，镇压革命群众；一面聘请一些反动官僚政客，到北大来做教授，监视学生。北大旧教授纷纷离去，许多课程开不出来。先父朱希祖不愿留在改组后的“京师大学”，改就清华大学教授。同时沈兼士到了辅仁大学，钱玄同到了师范大学，沈士远到了燕京大学。三沈二马之中，只剩下一个马裕藻还留在原校不动。第三院的教授，走了个精光。北大的学生，也纷纷打算离去。留下来的学生（当然是大部分）眼看北京大学被摧残了，心中都十分痛苦。有的转入地下活动，和军阀继续展开斗争；有的则消沉起来，不再过问政治。但是对于所谓“京师大学”，则一致深恶痛绝，表示反对。十月初，刘哲派来人接收北大，和学生小有冲突；刘哲亲自前来，也遭学生冷眼，结果是坐上包车嘴里骂着“妈拉巴子”，悻悻然而去。（当时《京报》有一幅漫画，就是绘的这个景象。）接着，一些老朽昏庸的家伙、瓜皮小帽的冬烘，被刘哲派来讲学了：有些是顽固透顶的老官僚，有些是简直知识还赶不上学生的政客，往往当场被学生难倒，丑态百出。被派来做政治学系主任的老官僚王黻炜，便是一个例子。我当时就是在政治学系读书，领头赶走了几个教员之后，便决定不再浪费时间去上课。

刘哲还派来许多暗探、特务，不经过任何考试就算是北大学生，混在人群中上课听讲，实际上是监视进步学生。

北京大学沦在奉系军阀淫威摧残之下，一共经历了八个多月的时间。

复校运动

1928年5月，北伐军已经过了济南，因日本帝国主义出兵干涉，发生了济南事件。北京的学生，为了援助济南人民，群情激昂，在军阀势力高压下，大家仍到北大来开会。在第三院最大的一所教室里，群众黑压压地挤满了一堂，因为空气紧张，人人的脸上都现出一种愤激的情绪。

当时北京城，已是风声鹤唳，草木皆兵，奉系军阀，一面作垂死的挣扎，一面暗暗遣送眷属行李出关。6月3日夜间，最后一批奉军撤出北京，因为拉伕，前门大街一度发生虚惊。“京师大学”政治系主任王龀炜，见奉系大势已去，想看风使舵，趁此机会讨好学生，以图恋栈，居然伪装积极，也来参加开会，并且登上讲台，公然以主席自居。群众中骚动起来，有人问道：“他是什么人？”另有人提出质问：“谁举他做主席？”王看见风头不对，装出一副慈悲的面孔，扬言自己也是北大校友，为了保障同学安全并避免无谓牺牲，所以自己愿担任主席，结果群众大哗，王当场被轰了下去。

这时北京已呈真空状态。6月5日，北伐军第三集团军，逼近京、津一带。北大学生久处于奉系军阀高压之下，好容易喘过一口气来。大家不约而同，在第二院大礼堂开起大会。首先，大家一致要求复校，成立复校委员会，我被选举为委员之一。第一件事情，是恢复北京大学校名，大家分别跑到第一院、第二院、第三院门口，拿下了“京师大学”校牌，掷在地下，重新挂起保藏起来的“北京大学”校牌，升起北京大学校旗，高呼“打倒军阀！”“北京大学万岁！”热烈的掌声，激动的欢呼声，淹没了周围的一切。

可是军阀余孽派遣进来的一批特务学生，为数尚属不少，他们平时刺探学生内情，陷害革命青年，大家恨之入骨，要求清洗出去，可是也有一部分意志薄弱头脑糊涂的学生，为他们所利用，所拉拢，认他们为朋友。于是为了清校问题，展开了激烈的斗争。

在一次北大全体学生代表大会上，我被推为主席。这时关于清校问题，分为两派。大多数的一派，认为刘哲派进来的一批学生，明为听讲，实为暗探，他们既没经过入学考试，又未经过编级考试，与北大校章完全不合，所以主张无条件清洗出去，叫他们立刻离开北大。另一派则主张他们既已进来，应该加以甄别试验，再分别去留。第一派的主张正大，理直气壮；可是第二派获得了温情主义者的支持，也振振有词。两方面的争执极为激烈。举行表决结果，两派票数相等，各不相下。照例需由主席加入一票，以凭决定。会上秩序乱了起来，有人说道："加一票不要紧，可是这一票关系到一百多人的前途，主席敢不敢负这个责任？"也有人打圆场说道："这叫主席太为难了，还是下次开会再作决定吧！"我毅然决然回答道："只要大会授权给我，有什么敢不敢负责任！"

大会遂授权给我，叫我加一票表决。我遂正式宣布："这一批人进来既未经任何考试，不合北大校章，和大会决议的原则不符，所以我代表大会，宣布叫他们退出北大。"宣告刚刚完毕，大部分掌声雷动，另一部分则骚乱不已。这时大礼堂内外，听众数以千计，空气异常紧张。大礼堂门口，集中了一百多个被开除的军阀走狗学生，他们等我出去，要想对我不善，而且有的剑拔弩张，甚至要短兵相接。在群众簇拥之下，我走出门口，立定不动，对着他们说道："这真所谓困兽犹斗。然而现在的时代已经不同了！"这一班走狗，看见形势不对，只好作鸟兽散，卷着铺盖走路了。

清校问题告一段落，北大学生满怀希望恢复过去"五四"时代的盛况，得以安心学习。谁知到了九月间，北大又出现了一个新的危机，而且这个危机是在阴谋中酝酿将近成熟，比以前军阀的明目张胆进行压迫，还要危险得多。

北方高阳派李石曾一系的学阀，和旧北大"三沈二马"一系联合，要想独吞北大，把北大放在所谓"北平大学区"之下，而且推李石曾出来，做北平大学校长，李书华做副校长；而沈尹默一系则包办北大文理二院，取消北京大学名称，改称北平大学文理学院，法学院改称社会学院，他们勾通了国民党政府教育部（这时蒋梦麟做部长），暗中进行部署，甚至什么人做教务长，什么人做系主任，什么人做注册组主任，什么人做会计组主任……都已经内定。他们以为内有蒋梦麟的奥援，外有李石曾的支持，大局已定，可以万无一失。

北大的学生被学阀出卖了。校内激起一股怒潮。大家要求把复校运动进行到底。于是复校运动，遂改变了它的对象：起先是对军阀奋斗，现在则改为对学阀作战。

张凤举被沈尹默派来接收北大，被学生赶了出去，抱头鼠窜而逃。学生们组织护校队，日夜轮流站岗，防守着学校。这种情形僵持了好久。

国民党政府教育部，见北大学生团结一致，未可厚侮，只好对学生让步，保留了“北京大学”的名称，仍以蔡元培为校长，而另派陈大齐代理校务。学阀包办北大的计划，遂完全失败了。

“北京大学院”时代

陈大齐的名义是代理“北京大学院长”，称院而不称校，因为这时实行大学区制，北平大学区只能有一个大学校，表示北京大学隶属于这个大学区的意思。经过了北伐战争，人事变动很大，《现代评论》派一些教授，如王世杰、周览、高一涵、皮宗石、燕树棠等先后离校，或另有他就，或到南方去做政治活动去了；而第一院一些教授，如蒋梦麟、马叙伦、沈尹默、沈士远、马衡等，也都另有高就。北大的阵容显得有些减弱了。陈大齐聘请王烈做总务长，何基鸿做教务长；此外中国文学系主任马裕藻，英国文学系主任温源宁，德国文学系主任杨震文，法国文学系主任李宗侗，东方文学系主任周作人，哲学系主任陈大齐自兼，史学系主任朱希祖（以上第一院）；数学系主任冯祖荀，物理系主任颜任光，化学系主任王星拱，地质系主任王烈（以上第二院），大体上还没有什么变动，可是教授阵容已经减弱了不少。最惨的是第三院，旧主任一个也没有蝉联，只有陶孟和还在北京，似乎以社会调查所所长资格来兼几点钟课。北大已进入由盛而衰的时代。

1930 年 12 月，蒋梦麟由国民党教育部长调任北京大学校长（这时大学区已经取消），而陈大齐则转赴南京，调任国民党考选委员会副委员长。蒋梦麟本是一个政客，他没有蔡元培的气度，但却想学蒋介石的独裁。在从前代理校长的时候，北大一切按照蔡氏的成规办事，以教授治校，校政取决于评议会，所以蒋氏无权可弄。可是这次来时，他以前任教育部长的身份来做北大校长，架子便不同了。他首先取消评议会，恢复一长制，于是任胡适为文学院院长，周炳琳为法学院院长。又以“五四”时代老教授，多蔡元培所请旧人，可与分庭抗议，对于他的独裁，殊多不便，于是一一加以排斥，而以新进代替。在旧教授中间，《现代评论》派这时已转移阵地，另辟武汉大学，由王世杰出任校长；周览、王星拱、皮宗石、燕树棠等都去任教授或主任；“三沈二马”之中，亦仅余马裕藻、沈兼士，最后马被胡适挤了下来，由胡自兼中国文学系主任，沈亦不安于位，到辅仁大学去担任文学院长，在北大改任名誉教授，聊以保持一点关系。钱玄同也离开了北大，专任师范大学国文学系主任。于是北大旧人星散。先父朱希祖也在1932年离开了北大，而改就广州中山大学及南京中央大学教授。他在1934年10月11日日记里写道：

> 忆民国六年夏秋之际，蔡孑民长校，余等在教员休息室戏谈：余与陈独秀为老兔，胡适之，刘叔雅、林公铎、刘半农为小兔，盖余与独秀皆大胡等十二岁，均卯年生也。今独秀被捕下狱，半农新逝，叔雅出至清华大学，余出至中山及中央大学；公铎又新被排斥至中央大学。独适之则握北京大学文科全权矣。故人星散，故与公铎遇，不无感慨系之。

寥寥数语，描写出蒋梦麟、胡适弄权排斥老教授的情形。此外在思想方面还厉行控制，教授方面思想稍有进步者，如经济系陈启修、史学系陈翰笙，都被迫离开北大。北大自由研究的空气，至此完全消失无余了。

旧北京大学的全盛时期已经过去了。以前五四运动时代百家争鸣的盛况，自由研究的学风，到此已经寿终正寝。所以一般论北大历史，以

1919年五四运动到1927年北伐为一小段落，从1916年蔡元培长校到1930年蒋梦麟重回北大为一大段落，而真正的全盛时期，是在1916年至1927年的十年间。

（《文化史料》第5辑，文史资料出版社，1983年2月版）

⊙ 朱穆之

记忆残片

——忆“一二九”时的北大

“一二九”过去五十年了，记忆在时光长期的冲刷下，像碑刻一样，有的不可认了；有的还有痕迹，但模糊了；有的却还很清晰。记忆常常是奇怪的：一些似乎应该记得的重要的大事，却完全忘记了，而一些很琐碎，不值得记忆的事情，却留下了深刻的印象。这里记下的是那些还记得、或多少还认得出的痕迹。

一

我想起“一二九”前夕北平和北大的一些情景。

“九一八”以后，日本侵略者步步进逼，北平可以说是风雨飘摇，一日数惊，越来越萧条冷落。

1934 年宪兵三团到北平以后，白色恐怖迷漫。学校里、公寓里常常是黎明抓人。我在中学的同学被捕了，在北大经常相处的同学被捕了。古城一片死寂，简直使人憋得透不过气来。街上的行人越来越少，显得空空荡荡，可以在东西长安街的中间踱步。王府井算是最繁华的地方，也是行人稀少。甚至东安市场也冷落得像一座古庙，白天阴沉沉的，即使最热闹的傍晚，摊铺上耀眼的灯光，也只使人感到空寂清冷。

学校里，学生什么活动都停止了。传来的只是什么“冀东防共自治政府”成立了，“冀察政务委员会”要成立了，华北要“独立”了；一些日本浪人横行霸道，寻衅闹事；鸦片、白面公开贩卖；日本货充斥东安市场、西单商场等处店铺、摊贩……。

国家是不是就此灭亡？个人是不是真要当亡国奴？是不是听任国民党当局置国家民族的存亡于不顾而加紧打内战？

弦紧到极限了，于是崩裂了。

北平一二九运动像闪电、惊雷一样，划破了乌云低垂的夜空；也像闷着的一堆火，猛地窜〈蹿〉起火焰，熊熊地燃烧起来。北平这座古城发生了大地震，震动了全国。

二

“一二九”的前一些天，北大就准备成立学生会，各班已经选出了班代表。“一二九”那天下午三四点钟，红楼后面的钟激烈地响起来。大街上人声沸腾。我到楼下，看到当时在东北大学学习的我的一位中学同学，召唤着大家去游行。似乎他也敲了钟。但这时队伍已经过去了。不久，游行的同学回来了，说在王府井南口队伍被军警打散了。有位同学被打破了头，包扎着。大家簇拥着他，就在红楼后面的操场上开了一个会，这位同学站在一张桌子上报告了经过。当时天已将黑，参加的人不多。

“一二九”后，学校一下就沸腾起来了。学生会立即成立了，准备“一二一六”更大规模的游行示威。

“一二一六”大多数的北大学生都参加了，队伍很整齐。我住在西斋（即现在景山东街教育出版社的西侧），头天晚上，我就非常兴奋，睡不着。第二天一早，大家集合要出发时，门口已被上着刺刀的警察堵住。正在相持的时候，东斋（现在沙滩红楼的西侧）的同学列队来接应，于是内外呼应，西斋的同学一下冲了出去。大队由西斋向东走到东斋门口时，见到警察正用小车推着水龙带跑过来，但是，他们来晚了一步，同学们迎上前去，把水龙头抢下，在地上把它砸弯了。这时，听到有人叫喊："有人被捕了！"是大队到警察署去要人？还是继续前进？大队没有停下来，继续前进。一路高呼口号，高唱着《义勇军进行曲》和《救亡进行曲》等，大家又激昂又悲愤，同时团结得紧紧的。

队伍经南长街北口到南口，队伍突然站住了，原来这里有一个警察阁子，一批警察一字排开，拦住了去路。有的警察手持水龙，对着队伍喷射，几位走在前面的同学，不顾一切地冲了上去，从头到脚都被浇湿了。警察没有料到这一手，不知所措。就在这时，同学们奋力把水龙夺了过来，反过来对着警察喷射，警察连蹦带跳地狼狈奔逃（当时，有人摄下了这一动人的情景，曾登载在报刊上）。这时，队伍也乘势冲了过去。以后，军警又手持木棍疯狂地反扑过来，把抢夺水龙的同学打伤了，夺走了水龙，但同学们已用小刀扎破了水龙带，水射不起来了。有同学又跑到南长街口外，向守着接水龙头开关的两个警察冲去，他们一见同学上来，抱头逃跑了。

三

"一二九"的大火烧起来了！北大当局慌了手脚。学生会成立后，宣布罢课。胡适在红楼的一间办公室召集学生会的一些同学开会，他告诫学生要安心上课，说什么华北的事，北平的几个大学校长正在向北平当局交涉，学生不必过问。

胡适是很自负的，他讲的一句话，给我印象特别深。他说："关于华北大局，有蒋校长（梦麟）、梅贻琦……和胡适在顶着。"他说自己当时是不说"我"，而是以第三人称谓"胡适"。以前，我曾听说过，他在上课时说："近几年来，称得上学术著作的是胡适的《说儒》。"我原来只是听听而已，这一次，我亲耳听到他这样讲自己，真是"如雷贯耳"。这时学校当局的立场，应公平地说，也是不满日本侵略的，但是他们害怕和反对人民起来斗争。胡适的劝说当然无效。

学校当局并不了解学生的情绪和觉悟，他们总认为罢课是少数人在操纵，因此，决定自己召开学生大会，动员学生上课。会议是下午在三院礼堂（现为民政部）召开的，胡适自告奋勇上台讲话。他剌剌不休地讲着，一手拽着挂在脖子上的长围巾的两端，一面说，一面舞，学生就在下面捅他，叫喊着，要胡适下来。无奈，他提出表决。结果使他大失所望，赞成复课的只是极少数。于是，他灰溜溜地走了。

学校当局并不因此罢休。学生会贴出继续罢课的布告之后，布置了纠察队。理学院的同学在红楼的文法学院站岗，文法学院的同学在理学院站岗。学校当局也布置各院院长站岗，以为会有同学来上课，被纠察队挡住。

早上，理学院二门的大红门上贴着学生会的大字布告，蒋梦麟一下汽车就气呼呼地和纠察队站在一起说："你们站岗，我也站岗。"站了一会，没有人来上课。纠察队的同学有意奚落他，要工友搬张椅子给校长坐。蒋梦麟看一直站下去也没有意思，便嘟嘟囔囔着，怒冲冲地跑了进去。

在红楼，理学院的同学在进门的楼梯下站岗。胡适夹着皮包走来，斥责同学说："这是爱国？简直是胡闹！"同学们也毫不示弱地说："这就是爱国，你才是胡闹呢！"胡适一看不对头，回头就上楼去了，一面走，一面说："真是对牛弹琴。"同学们大声地说："你才是牛。"

过了很久，好不容易有一个同学夹着一个包走来，站岗的周院长立即走上前去，招呼他快来上课。那同学笑嘻嘻地说："我是来洗澡的。"大家哈哈大笑，弄得那位院长十分尴尬。结果，因为同学顶撞了胡适，在红楼站岗的十二位同学，受到挂牌警告的处分。

"三三一"在北大三院开会抗议政府"杀害"被捕学生郭清，学校当局更用高压手段开除了四位同学，但是，并没有吓住同学。以后，在1936年下半年，学生会领导机构改选时，学校当局派课业长来监督，即使这样，投靠国民党的右派学生，还是没有选上；相反，进步同学为了团结大多数，有意让了几个位子给他们。

四

从“一二九”到七七事变，学生内部也是有变化的。

北大的风气，一直保持着自由的传统，学生中有十分进步的共产党左派，也有很反动的国民党右派；有埋头读书的，也有整天游逛的；有一面读书，一面工作的，有的甚至只是在开学时来报个到，期末应个考，平时根本不到校。课堂是公开的，本校学生与非本校学生都可自由来听课，因此，沙滩周围住着许多非北大的但在北大上课的青年学生。

同学之间关系也很奇特。大一些的宿舍，每个人各自用布围起来，自成一个小天地。和我同房，脚对脚住的一位同学，就围在这样一个帐子里。我们相处两年，见面没有说过一次话，甚至没有点过一次头。也有一个同学，中午起床，下午找朋友，晚上看戏，两年间，除了应付考试，没有见他正经地读过书。

在 1933 年，我进北大时，学生还是相当活跃的，有各种活动：选举学生会，举行各种座谈会、讨论会，成立各种文艺团体，办各种刊物等等。当然，也有各种斗争。1934 年国民党宪兵三团到北平之后，大肆镇压逮捕，各学校就陷入了恐怖之中。但是，共产党的影响，却反而在暗中逐渐扩大，要求抗日，反对国民党的不抵抗主义，屈膝媚外，勇于内战，腐败黑暗，特务横行的情绪越来越普遍。

“一二九”后，进步力量在北大占绝对优势，学生会一直为进步学生掌握着。1936 年国民党操纵一批学生在各大学寻衅闹事的时候，只有在北大他们没有敢动手。当时，进步同学都在房间内，准备着棍棒，防止突然袭击。

但是，也有少数人投到国民党方面去了。1936 年初，蒋介石要各大学派代表到南京去“聆训”，遭到同学们的反对。当时，北大学生会公开发表声明，拒绝派代表去“聆训”。当局无法，就私自指派了三个学生。这激起了同学们的愤怒。后来，学生会在三院开大会，决定把这些学生驱逐出校。其中有一个住在东斋，会后，同学们一起到东斋宿舍，把他房中挂的墨索里尼像和铺盖都扔到街上去了。

到1936年下半年后，分化就更明显，特别是要毕业的学生，在毕业即失业的威胁和国民党的利诱下，有的动摇了，转了向。有的人加入国民党，找到了“门路”，忽然一时神气起来了，穿着绸袍子，戴上黑眼镜，两眼朝天，趾高气扬。

当时，宋哲元也拉拢大学生，在南苑招考，不少失业的大学生去应考。宋哲元亲自到考场，宣布一律录用，每人每月十元。

有一个富有戏剧性的典型。有一位同学原来和我们朝夕相处，十分亲密，“一二一六”时，曾一起抢过水龙。但没有多久，他就加入了国民党，参加“新学联”，成了主要人物。有一次，他找我解释，他为什么加入国民党。他说：他相信共产党将来能成功，但是，十五年内不能成功。他已经二十五六岁了，他要光宗耀祖，等不得了。有意思的是：七七事变后，他也流亡到南京，后来大概在一个国民党军队的医院里，当了一个小职员。南京陷落，我们恰巧又在武汉的街头相遇。他神色暗淡，定要找我谈谈。他原来是学政治的，他说，他不能当政治家，只能当政治学家，因为政治家必须“狠毒”，必须能踩在别人的头上往上爬，显然，他不行。他虽然只当了一个小职员，也受了别人的打击和排斥。以后，听说他在西安干了一个小差使，但是，被以贪污的罪名，受到处罚。更有意思的是，恰恰不到十五年，我们党取得了胜利，人民取得了胜利。

五

回忆“一二九”，还不能不想到在学生周围的一些人。北大宿舍的一些工友都同情和维护着进步同学。有特务到宿舍去蹓跶，门房挡驾。有特务曾想到东斋去抓人，门房就配合学生把大门关上，狠狠地教训这些特务一顿。

沙滩有不少小饭馆，主顾是学生。红楼对面有一个饭铺，我常去那儿吃饭，伙计常常为学生放风。有两次，他就悄悄地告诉我：有人盯梢。

七七事变，日寇进城，铺子关门闭户，这个饭铺也半掩着门。我仍然推门进去吃饭，伙计说，只要有吃的，你尽管来吃好了。平津通车后的第三天，我就和同学们走了，我还欠下饭铺十七元钱，没有还。北平解放后，我进了城，就去找这个饭铺，但是，一切都已改变了。我一直怀念着这些人，总觉得亏欠了他们些什么，不只是钱。

（江长仁根据录音整理）

（《北京大学一二九运动回忆录》，北京大学出版社，1988 年 4 月版）

⊙ 罗常培

七七事变后北大的残局

当七七事变发生时蒋校长梦麟正在南方，法学院院长周枚孙（炳琳）已经改任教育部次长。那时北大重要负责人留在北平的只有文学院院长胡适之先生（他六月二十二日刚从南京回来），理学院院长饶树人（毓泰），秘书长郑毅生（天挺）和教务长樊逵羽（际昌）。

事变发生的第二天，我到米粮库四号去看胡先生。在他那里遇见了徐森玉（鸿宝）、张奚若、陈之迈、张佛泉、沈仲章五位。大家询问胡先生对于时局的意见，他当时以为卢沟桥只是局部事件，或者不至于扩大。他原定八日下午六时赴南京开会，正在我们坐着的当儿，中国旅行社来电话说津浦通车仍旧照常开行。于是胡先生便照他预定的时间离开了北平。那天晚上杨今甫（振声）本来预备在他的新居——旧那王府——约我们几个朋友吃饭。临时因为同和居不肯出来“打发”，于是他也把我们“打发”了！那时今甫正和沈从文专心编辑中小学校教科书，还没正式加入北大。可是他不久离平赴京，对于后来长沙临时大学的成立尽了很大的力量。

当时各院系的秩序还没完全被卢沟桥的炮火轰散。举几件小事来说：那一年北大和清华联合招生，七月十日我和两校考试委员会的负责人，从上午八时到下午七时半在红楼地下室监印了新生试题一万二千份；十三日接着又监印北大研究院的试题，并且评阅文科研究所研究生高庆赐的初试卷。十六日中国文学系的新旧助教办交待，我还给新聘的助教吴晓铃、杨佩铭规定了约法十二章。十九日又和魏建功、唐立厂（兰）、卢吉忱（逮曾）、李晓宇（续祖）在文科研究所会商北大所藏甲骨卜辞付印事。其他各院系和行政部分也都照常进行着。

从七月十五日到月底教职员一共在松公府大厅（现在的孑民纪念堂）集了三次会：第一次是十五日下午四时，议决通电表明态度。公推我和建功草拟电稿。第二次是二十日下午六时，公推钱端升、曾昭抡和我起草宣言，大意约分三点：（一）申述我国国民素爱和平的本性，（二）指出现在的情形，（三）预测将来的责任。陈援庵（垣）先生并提议多发表在国际间有利于我们的新闻。于是又公推张子缨（忠绂）、叶公超、钱端升联络各方面，组织对外宣传团体。那晚一直延到九时才散会。在我们开会的期间，四郊的炮声一个劲儿的隆隆响着！第三次是三十一日下午三时，那时北平沦陷已经三天了。大家在凄凉惨痛的氛围中仍旧主张镇静应变，共维残局。

但是自从七二九以后大家的精神实在已经逐渐涣散了。城陷的那天，逵羽就避入了德国医院。上午十时我到第二院巡视只碰见了郑毅生，章矛尘（廷谦），梁实秋和潘光旦。十一时到第一院，听说卢吉忱曾经来过一会儿，后来连工友的影儿都不见了。到了八月七日平津试行通车，海道可航，于是逵羽便首先离开了北平。第二天河边率日军入城，分驻天坛，旃坛寺和铁狮子胡同等处，人心更加浮动。八月九日毅生，树人，公超，端升和我在欧美同学会晤谈，一部分同人便主张早离危城。于是十一日清晨公超，树人，实秋和姚从吾就陪同胡适之太太离平赴津。在张皇失措中从吾还给胡太太丢了一只箱子。

同人既然纷纷南下，北大的重担几乎完全压在毅生一人的肩头。还没走的同人更觉得常常交换意见共撑残局的必要。我自己曾经参加过的聚会一共有六次：

八月十三日上午九时由我约集马幼渔（裕藻）先生，孟心史（森）先生，汤锡予（用彤），邱大年（椿），毛子水，陈雪屏，魏建功，李晓宇，卢吉忱等在第二院校长室商量怎样维持校务。结果仍决定于未离平以前协助毅生共同支撑，低薪职员暂发维持费三十元。

九月十三日毅生，雪屏，大年和赵廉澄（迺摶〈抟〉）借灵境七号林宅约幼渔，心史，锡予，子水，建功，冯汉叔（祖荀〈荀〉），谢季骅（家荣），罗膺中（庸），刘云浦和我聚餐，并商讨最近学校发生的事情。在这次聚会以前有几件值得记的事：自从北平陷落以后，市内报纸完全登载日人所办同盟社的消息。市民只赖着无线电和英文《北平时事日报》（Peiping Chronicle）稍微窥察一点儿真实战况。八月二十四日《时事日报》被封，消息更加闭塞。我们除去从唧唧啦啦被搅乱的电波里偷听一点南京的广播，几乎完全和自由中国隔绝了！八月二十五日日本宪兵四人到第二院校长室检查，由毅生独自支应，后来周作人闻讯赶到，用日语和日宪兵驳辩，那时他还站在北大同人的立场说话。过了两天日人又到图书馆索取三多时中俄画界地图并且请孟心史先生给他们解释。这时的情势已经越逼越紧了。八月二十五日汉奸所组织的地方维持会约各校负责人谈话，北大派顾亚德参加。二十七日又函约各校负责人在第二天下午到南海丰泽园会商保管办法。经同人商定派包尹辅参加。并且校方自动先入保管状态，每部分各留一二人负责。三十日尹辅报告参加地方维持会谈话情形。该会决定先请各校将保管各项加封，然后再由该会派人察核。九月三日日军进驻第一院和灰楼新宿舍。据最后和红楼告别的吴晓铃报告，中国文学系门外的标志是“一〇小队附属将校室みすれぃ”；文学院院长室门外的标志是“南队长室たぃちょラシツ”。他对于自己的岗位总算恪守到最后一刹那了！

在那一天建功突然接到地方维持会文化组的通知约他到丰泽园开会，他为避免纠缠，曾经到我家避了两天。到九月九日建功得到长沙临时大学就要成立的消息。同时蒋校长也有电报来，对于结束北平残局的办法有所指示。这些重要的消息我们都在十三日的聚餐会里交互报告了。那天到会的十四个人里廉澄是八月三十日才从上海回来的，他对于八一三前后的情形，叙述颇详。

九月二十三日留平同人在王府井大街承华园聚餐，约略交换近日所得消息。

九月二十九日上午再集会于灵境七号林宅，参加者十人。对于沈肃文信中传来的结束办法有所讨论。公推建功、膺中用留平全体同人口气函蒋校长陈述平方情况。结尾有“总期四十年辛苦经营之学校，不致成为无人顾视之堕甑；三十余坐幽待旦之同人，不致终虚卫校存学之初愿。至于私人铺〈餔〉啜，当此之际，非所敢闻”等语。在我们这次聚会的前两天，毅生突然接到胡先生九月九日从九江轮船中所发一封署名‘臧晖’的信，这的确给我们大家打了不少的气。原信照片已在校史部分展览，我现在还愿在这儿节录下来：

久不通问，时切遐思，此虽套语，今日用之，最切当也。弟前夜与孟（蒋孟邻校长）、枚（周枚孙）诸公分别，携大儿子西行，明日可到汉口。……弟与端（钱端升）、缨（张子缨）两弟拟自汉南行，到港搭船，往国外经营商业，明知时势不利，姑尽人事而已。台君（台静农）见访，知兄与莘（罗常培）、建（魏建功）诸公皆决心居留，此是最可佩服之事。鄙意以为诸兄定能在此时期埋头著述，完成年来未完成之著作。人生最不易得的是闲暇，更不易得的是患难，——今诸兄兼有此两难，此真千载一时，不可不充分利用，用作学术上的埋头闭户著作。弟常与诸兄说及，羡慕陈仲子匍匐食残李时多暇可以著述；及其脱离苦厄，反不能安心著作，深以为不如前者苦中之乐也。弟自愧不能有诸兄的清福，故半途出家，暂作买卖人，谋蝇头之利，定为诸兄所笑。然寒门人口众多，皆沦于困苦，亦实不忍坐视其冻馁，故不能不为一家糊口之计也。弟唯一希望诸兄能忍痛维持松公府内的故纸堆，维持一点研究工作。将来居者之成绩，必远过于行者，可断言也。弟与孟兄已托兴业兄（浙江兴业银行）为诸兄留一方之地，以后当继续如此办理。船中无事，早起草此，问讯诸兄安好，并告行，不尽所欲言，伏维鉴察。弟臧晖敬上。

这封信使同人都振奋起来，在幽居沉闷的当儿，得到无限安慰和鼓励！

十月八日中午同人又在锡拉胡同景福阁集会，参加者二十八人。对于致蒋校长信自由签名者二十人，由孟心史先生和董康领衔。其余的除刘志扬、何作霖早退外，幼渔先生，毅生，矛尘，吉忱，周作人和徐祖正都没有签名。

十月二十八日下午四时在灵境七号林宅开茶话会。这时长沙临大的消息渐渐明朗起来。在这次聚会以前十月十八日裘开明从长沙回到北平，告诉我们不少眼见的事实。同天又接到逵羽九月二十七日从香港所发的信，又过了四天他本人也到了天津。十月二十六日建功又得到吴俊升的促行电。这时日人的统制逐渐加强，学校一天比一天难维持，同人再待下去，难免拖泥带水。于是留平的三十六人除幼渔，心史，汉叔，缪金源，周作人，董康和徐祖正外都决定分批南下。这次开会后两天，从吾又从长沙来电催我和子水，锡予，建功，钱宾四（穆），齐思和等快走。十一月三日孟邻先生的陷电也到了，其中特别提明“国文经济两系需人，盼莘、廉两兄即来，莘兄工作可与中研院合作”。于是同人遂陆续南下。最后在十一月十七日离开北平，二十一日同乘湖北轮从天津去香港的有我和毅生，雪屏，膺中，建功，大年，廉澄，王霖之（烈），周濯生（作仁）和包尹辅诸人。北平沦陷后的北大残局就这样暂时结束了！

在这四个多月中间最值得佩服的是郑毅生。自从七二九以后北大三院两处的重责都丛集在他一个人的身上。他除去支应敌寇汉奸的压迫外还得筹划员工的生活，校产的保管和教授们的安全。别人都替他耽〈担〉心焦急，他却始终指挥若定，沉着应变。一班老朋友戏比他为诸葛武侯，他虽逊谢不遑，实际上绝不是过分的推崇。由七二九到十月十八日他每天都到学校办公，并且绝不避地隐匿。到十月十八日那天，地方维持会把保管北京大学的布告挂在第二院门口，他才和在平全体职员合摄一影，又在第二院门前地方维持会的布告底下单独拍了一张小照（见校史展览），以后就不再到校。可是他对于留平教授的集会每次都去参加（见前），对于校产的保管也组织得很严密。

留平的诸人中有一老一少最值得怀念：年老的是孟心史先生，年少的是缪金源同学。

心史先生从北平沦陷后便日夜忧思，晚间必听中央广播，白天还不辞劳苦地翻着字典看 Peiping Chronicle，他那时的心境在我所抄录的《孟心史先生的遗诗》（载《治史杂志》第二期，北大史学系在昆明所印行）里完全可以暴露出来。可是他在忧患中还没废弃研究，八月二十日送给我一篇《海宁陈家》论文稿，我马上编入《国学季刊》第六卷第三号，二十四日就交给晓宇付印。现在那一期季刊虽然夭折，孟先生的手稿却幸而保存。我们这次把它影印，编入五十周年纪念论文集里以纪念先生！他因困处危城，劳瘁忧煎，以致得了很重的胃病。经协和医生诊察，断定是胃癌，他自己还不相信（见《十月十八日病中作》七律三首）。后来经朋友婉劝终于十一月四日进了协和医院。十一月十四日，我离平的前三天，到协和医院向先生辞行，他给我看他近作三首讽刺郑孝胥的诗，我当时就在病榻旁边把他们抄下来：

郑氏兄弟父子昨来寓拟寄二律

二十六年十一月十一日

七载参商迹两歧，合并仍恐见无期。兵间始识生离苦，病里曾裁死别诗。扫径开门惭废阁，挥毫落纸忆风仪。悬知二老兼尊幼，同迓高轩一过时。

宿瘤丑已取憎多，况踞胸中作白窠。刚值乱离思节缩，竟缘危慑费搜罗。病才创见身先试，家纵全倾奈命何！为报故人消息恶，膏肓攻达窘医和。

枕上作有赠

二十六年十一月十三日

城郭人民旧乡国，令威归来一叹息。事变何须岁月深，潮流只觉年时激。天生磊落人中豪，意气上薄青云高。纲常大义一手绾，天地杀机只目蒿。乾旋坤转我何有，进退绰然仍敛手。天道难堪只侮亡，人生长策惟卬首。呜呼！郏鄏灵长鼎旋迁，宅京最久是幽燕，即论人海藏家世，规矩高曾越百年。君不见贵由赵孟何如贱，况有《春秋》夷夏辨！一世犹难与俗论，万流何况由天演。弃我去者锁国年中旧是非，逼我来者横流日后新知见。噫吁嘻！锁国原无大是非，横流自有真知见！

那天临别的时候，先生握着我的手说："这三首诗希望莘田兄带给南方的朋友们看看，以见我心境的一斑。我们这次分别恐怕就成永诀了！"我当时答道："望先生安心养病！最近的将来我们一定还会在我们心爱的北平共同治学的！"于是先生泣，我亦泣！这一段印象让我深刻记忆在脑子里永久不会忘掉。谁想这位"30年襞积前朝史，天假成书意尚殷"的老少年，竟自赍志以殁，真个和我们永诀了呢？

金源耿介孤僻，落落寡合。但是从北平沦陷后，他却始终抱定"誓饿死不失节"的气骨。当我们南下时，他因体弱累重，事实上不能离开北平。于是二十六年度一整年就隐居却聘，食贫自守。直到二十七年秋天才到辅仁大学哲学系和司铎书院教几点钟书，月入一百三十元。后来因发"非宗教"的言论得罪了天主教神父，第二年就没有续聘。他在战前，自奉相当丰厚，每食非鱼肉不饱。但在辅仁教书时因为入不敷出已经减到每天一粥一饭。离开辅仁，生活更加困难。他在三十年四月二十五日给建功和夏卓如的信片里说："弟自离辅大后，生事良苦。岁杪又举一男（共五男一女），牛乳竟月费二三十金。诸儿量其宏，每日食十斤（玉米或小米一餐）。且全家长幼均多病……以贫困故，概不服药。老父因仰食者众，且季弟营小医院于沪，两年来亏耗血本万金，今年不复能相济。然誓饿死不失节！……"自此以后，他从每天一粥一饭减到每天两顿粥，到最困苦的时候，全家只落得日食一粥了！经这样冻馁折磨便饿死了一个傲骨嶙峋，临大节而不可夺的朋友！过了两三个月他的夫人也因贫病交迫追随金源于泉下了！

我自己从七七事变后，悲愤中只好借辛勤工作来排遣愁烦。由七月十六日起，每天除去为维持学校残局来开会和晚间听中央广播电台报告战况外，每天总花去五小时去写我的《临川音系》。直到九月二十五日才把前三章的全稿写定，第四章的表格完成，就在三十日交给周殿福，谭志中，吴永祺三位分别赶抄。十月二十七日先把这一部分清稿托锡予带交傅孟真和赵元任。在这期间，工作虽然紧张，心境却异常难过！故都沦陷之后，是否还应该每天关在屋里，埋头伏案的去作这种纯粹学术研究？这件事的是非功罪颇不容易回答。可是当时我想我既不能立刻投笔从戎，效命疆场；也没有机会杀身成仁，以死报国；那么，与其成天楚囚对泣，一筹莫展，何如努力从事自己未完成的工作，藉以镇压激昂慷慨的悲怀？假如能在危城中，奋勉写成几本书，以无负国家若干年养士的厚惠，那么，就是敌人把刀放在我的脖子上，也会含笑而逝，自觉对得起自己，对得起学校，对得起国家！

九月二十五日那一天，忽然接到元任九月八日从长沙铁佛东街二十五号寄给我的一封信，信里完全用亲戚间问讯的口气，全篇不加标点符号。上款称“莘田二哥”，和平常惯用的“迪呀莘田”迥然不同；下面署名“赵重远”，也是由废弃已久的别号“宣重”引申出来的。他用隐语告诉我中央研究院迁湘后的近况，和经费的情形，劝我立刻南下。末了儿又用反切语说：“匣姥，照线，状齐去志，尚，帮合入没，匣合去快。”影射着“沪战事尚不坏”六字。居然没被敌谍侦查追究也可算是奇迹了。过了两天毅生又接到前面所引胡先生从九江轮中寄来的那封信。我自从接到赵、胡的两封信以后，好像注射了两针强心剂，越发地紧张工作起来。除去把临川方言的特别词汇和不规则的读音摘记出来以外，又和周祖谟，郁泰然合作，依照时地编订《汉魏六朝韵谱》，和周殿福，谭志中，吴晓铃，吴永祺合作，分类重抄《经典释文》的卡片。到十一月中我离开北平时，居然能把有关《经典释文》反切的材料交太平洋行（Pacific Storage and Packing Corporation）运到青岛，再转香港。我真不能不感谢我这些患难相依的伙伴儿了！然而十一年后我又回到北平，才知道泰然从昆明回来没几天就因癌症长逝，志中在敌伪盘踞的期间也因贫病交迫早已夭亡！永祺的下落不明，殿福又因不足自赡而改业！这都是很可痛惜的。我愿意拿我这些工作永远纪念着他们！

三七，十二，九，为北大五十周年纪念作。

（《北京大学五十周年纪念特刊》，国立北京大学出版部，1948 年 12 月版）

我在北大

◎ 沈尹默

我和北大

我是在 1913 年进北京大学教书的，到 1929 年离开，前后凡十六年，其间所经历者，所见闻者，诸如新旧之争，内部倾轧，蔡元培之长校与离职，蒋梦麟之长校，“五四”运动之于北大，等等，有足述者。惟北京大学自清末京师大学堂以来，迄今垂六十余年，人事沧桑，变化甚大，我在北大十六年间，仅为其中一片段，盖无可为系统之概述，因就记忆所及而掇拾之，谨作参考。

我进北大之缘起

我是浙江吴兴人，因父亲在陕西供职，我于 1883 年出生在陕西汉阴厅。1905 年（光绪三十一年），陕西藩台樊增祥选派五十名陕西籍学生到日本留学（张季鸾即在其内），我和三弟沈兼士因非陕籍，不能入选，乃自费和他们同往日本求学，由一位四川名流徐自休先生率领赴日。当时，有一位在江西出生的浙江吴兴人蔡宝善在陕西做候补县官，因同乡关系，蔡写信给在日本留学的许炳堃（也是浙江湖州府同乡），托其照顾我和兼士。抵日本时，炳堃特来迎迓，从此订交。

我们兄弟在日本九个月，因家庭经济不宽裕，无力供应继续求学，兼士考取了日本铁道学校，留日攻读，我则于1906年返国。回陕西住了一年，即迁返浙江吴兴闲居。不久，到杭州做事，曾在杭州高等学校代过课，在幼级师范教过半年书，又在第一中学教过课。第一中学校长马幼渔和我弟兼士在日本同学，都是章太炎先生的门下弟子。其时，兼士也已从日本返国，在嘉兴教书。

大约在1912年春节，许炳堃来访，谈及京师大学堂已改名为北京大学，严复（又陵）校长去职，由工科学长何燏时代理校长，预科学长是胡仁源。胡也是浙江吴兴人，在日本仙台高等学校留过学。何、胡都是许炳堃的朋友。据许炳堃说，在那以前，中国留学生在日本正式大学毕业的只有两个人，其一即何燏时。那天闲谈时，许炳堃告诉我："何燏时和胡仁源最近都有信来，燏时对林琴南教书很不满意，说林在课堂上随便讲讲小说，也算是教课。"我笑着说："如果讲讲小说，那我也可以讲。"我当时不过是随便讲讲罢了，不料炳堃认起真来，他说："啊，你能讲，那很好，我介绍你去。"我还以为他也是随便讲讲的，就没有放在心上。过了一个多月，许炳堃忽来告诉我，何燏时、胡仁源电报来了，约我到北大预科去教书。我出乎意外，连忙说："我不能去，我不会讲话，教不了书。"炳堃着了急，他说："那不行！人家已经请了你，不能不去。"

何燏时、胡仁源为什么要请我到北大去呢？当时，太炎先生负重名，他的门生都已陆续从日本回国，由于我弟兼士是太炎门生，何、胡等以此推论我必然也是太炎门下。其实，我在日本九个月即回国，未从太炎先生受业，但何、胡并未明言此一道理，我当时也就无法否认，只好硬着头皮，挂了太炎先生门生的招牌到北京去了。同去的有太炎先生门生朱希祖，他是应吴稚晖的邀请，到北京去参加教育部召开的关于注音字母的会议。其时是1913年2月。

到北京后，一天早晨，我到北大去看何燏时。略谈后，燏时就请教务长姚叔节（桐城姚鼐之后，在北大教桐城派古文）来见面。姚叔节和我简单谈了几句，要我在预科教中国历史。姚三先生和我只会过这一次，以后就没有再见过面。

第二天，见到胡仁源，胡说："我已经晓得你来了。昨天浮筠对很多人说，现在好了，来了太炎先生的学生，三十岁，年纪轻。"言下之意，对北大的那些老先生可以不理会了。"浮筠"是北大理科学长夏元瑮的别号，从胡仁源的这句话里就可以意味到，北大在辛亥革命以后，新旧之争已经开始了。

新旧之争

当时，北大分几科，每科设学长。理科学长夏元瑮，法科学长王建祖，工科学长何燏时，预科学长胡仁源，文科没有学长，由一个姓夏的（忘其名）负责，名义好像是文科教务长。

1912年蔡元培任教育总长，范源濂是次长，董惇士大约是秘书长，颇专权，因严复抽鸦片，示其辞北大校长职，以何燏时代理校长，仍兼工科学长。这是新旧斗争之始。

严复之被赶，抽鸦片是表面理由，真正的原因是北京大学不服教育部管。严复之一向不服教育部管，也不仅仅是他的来头特别大，而是他有一个六万两存折在手中，这个存折是东清铁路股票，存在华俄道胜银行。这个存折相沿在京师大学堂校长手中（东清铁路和京师大学堂的关系，我就不知其详了），蔡元培、董惇士到教育部后，就要严复交出这个存折，被严拒绝，教育部则必得之而甘心，因此，示其辞职。

这个六万两的存折，其实是空的，一个钱也没有。我后来听道胜银行买办沈吉甫谈起这件事。他说："这笔存款可以说有，也可以说没有。当年清室曾投资六万两于东清铁路，这笔款子由某王公经手，但被那个王公吞没了，拿了道胜银行一个存折，钱并没有交。道胜银行碍于清室的面子，不好否认是空头存折，但要去取钱是取不到的。"虽然是空头存折，严复却可以凭他的面子去几家银行押款。北大在严长校期间，确也仗了这个存折解决了一些经费上的困难。这个存折的内幕，当时的教育部并不晓得。何燏时代理校长后，教育部也命其交出存折，而各科学长不同意，鼓动学生反对。以后，这个空头存折的下落就不得而知了。

北大第一次的新旧之争，是争领导权，当然，也包括思想斗争在内。下面就谈谈新旧之间的不相容等等情况吧。

和我同到北京的朱希祖，在参加过教育部召开的注音字母会议以后不久，也进了北大。接着，何燏时、胡仁源把太炎先生的弟子马裕藻（幼渔）、沈兼士、钱玄同都陆续聘请来了。最后，太炎先生的大弟子黄侃（季刚）也应邀到北大教课。我虽然不是太炎弟子，但和他们是站在一起的。

太炎先生的门下可分三派。一派是守旧派，代表人是嫡传弟子黄侃，这一派的特点是：凡旧皆以为然。第二派是开新派，代表人是钱玄同、沈兼士，玄同自称疑古玄同，其意可知。第三派姑名之曰中间派，以马裕藻为代表，对其他二派依违两可，都以为然。

虽然如此，但太炎先生门下大批涌进北大以后，对严复手下的旧人则采取一致立场，认为那些老朽应当让位，大学堂的阵地应当由我们来占领。我当时也是如此想的。

京师大学堂的怪人怪事不少。

我进北大预科教书的那一年，见到差一年就要毕业的一位大名鼎鼎的老学生陈汉章。此人那时约四五十岁，和陈石遗相仿，是一位经学大师，浙江象山人，读书甚多，颇为博杂。京师大学堂慕其名，请他去教书，他却宁愿去当学生。为什么呢？此人身体虽已入民国，脑袋却还在封建时代，平生有一大憾事，就是没有点翰林。清末废科举，兴学制，设立京师大学堂，然朝野之间，对科举记忆犹新，不少知识分子未能忘情，陈汉章就是其中之一。当时流行一种看法：京师大学堂毕业生，可称为洋翰林，是新学堂出来的，也是天子门生。陈汉章必欲得翰林以慰平生，因此宁愿做学生，从一年级读起。但是，不久辛亥革命起，清王朝被推翻，陈汉章洋翰林的梦也随之破灭。我进北大预科的第一年教历史，第二年，陈汉章毕业了，北大还是践前约，由他接我的手教历史，我则教国文去了。

预科还有一位教地理的桂蔚丞老先生。这位先生上课时，有一听差挟一地图，捧一壶茶和一只水烟袋跟随上讲堂，置之于讲台上，然后退出，下课时照送如仪。有一次，在教员休息室里，学生来向我借书，借之而去。桂蔚丞大为诧异，对我说："你怎么可以把书借给学生呢，那你怎么教书呢？"我回答说："这无从秘密的呀。书是公开的，学生可以买，也可以到图书馆借。"原来，这些老先生教了几十年的讲义和参考书都是保密的。这个风气一直到蔡元培先生到北大后，才稍稍改变。

还有一个宝贝，是当时教英文后来当预科学长的徐敬侯。他一开口说是"我们西国"如何如何。他在教务会议上都讲英语，大家都跟着讲。有一次，我说："我固然不懂英语，但此时此地，到底是伦敦还是纽约？"我并且说："以后你们如再讲英语，我就不出席了。"我放了这一炮，他们略为收敛了一点。但这种情况由来已久，相习成风，一直到蔡元培先生任校长后，才有所改变。我记得1928年女师大风潮，杨荫榆被赶，许寿裳去当校长，就职演说就用英语讲的，听说是练习了几天几夜，上台去还是结结巴巴。好像不用英语，就不足以压服学生。"五四"运动以后快十年了尚且如此，我初到北大时期那就可以想见了。

蔡元培长北大之来由

蔡元培在1912年任教育总长，为时甚暂，即辞职，后去德国深造。大约在1916年，蔡到北京，其时，胡仁源正代理北大校长之职。

北大代理校长何燏时大约在1914至1915年间，辞职回诸暨老家去了，辞职的原因不详，但不外也是内部人事之争，赶何，我疑胡仁源亦在内。何辞职后，即由预科学长胡仁源代理校长，预科学长由胡的好友、留美学生沈步洲继任。不久，沈步洲调任教育部专门教育司司长，是北大的顶头上司。蔡元培之长北大，盖出于沈步洲之策划。

天下事说来也怪。沈步洲为什么要作此策划呢？原来，沈和他的好友胡仁源发生了矛盾。据说，胡平日语言尖刻，在开玩笑时，得罪了沈步洲。沈也是一个睚眦必报的人，所以欲谋去胡而后快，他就抬出蔡元培来，通过教育总长范源濂、次长袁希涛向北洋政府推荐。蔡先生为海内外知名之士，沈抬出蔡来长北大，当然振振有词。北洋政府呢，对办什么大学并不感兴趣，但是大学之为物，外国都有的，中国也不能没有，且蔡元培这块名流招牌也还是有用的，范源濂一推荐，当局就首肯了。

那时我曾在北京医科专门学校兼课，医专的校长是汤尔和。有一天，我到医科学校上课，汤尔和对我说："我告诉你一件事。你看沈步洲这个人荒唐不荒唐，他要蔡先生来当北京大学校长。你看北大还能办吗？内部乱糟糟，简直无从办起。"我回答说："你以为胡次山（仁源）在办学校吗？他是在敷衍，如果蔡先生来办，我看没有什么不可以。"汤说："呀！你的话和夏浮筠一样，他也认为蔡先生可以来办北大，既然你们都认为如此，那我明天就去和蔡先生讲，要他同意来办北大。"

夏浮筠和蔡元培在德国同学，夏回国较早，严复长北大时即来北大教书，浮筠和尔和是同乡，极得尔和的信任。

果然，汤尔和去见蔡元培，极言北大之可办。蔡先生之同意出长北大是否即由汤之一言，我不得而知，但总之，蔡先生在 1917 年 1 月就到北大来当校长了。

我和蔡元培先生

汤尔和对我谈蔡元培到北大当校长的时候，我和蔡先生尚无一面之雅。尔和对我谈话以后大约第三天，我在译学馆上课（北大预科当时不在马神庙，在北河沿译学馆旧址），忽然门房来通知我："有一位蔡元培先生来看您。"我大吃一惊，一则是素昧平生，颇觉意外，二则是心中不免思索：社会上已轰〈哄〉传蔡先生将任北京大学校长，蔡先生已是中年以上的人了，阅历、世故应是很深，可这次不大世故，既然要看我，大可到我家里去，何必到北大预科这个公开场所来呢。

蔡先生和我见面后，谈及尔和介绍，特来拜访。略谈片刻辞去，目的在于相识一下。

蔡先生出任北大校长后，在我心中就有一个念头，北京大学应当办好，蔡先生负重名，我们应当帮助他把北大办好。有一天，我去看蔡先生，和他作了一次长谈。

我说："蔡先生，这次北洋政府借您的招牌来办北大。到了有一天，您的主张和政府有所不同，他马上就会赶走您。所以，您现在对北大应进行改革，但有一点要注意，凡改革一件事，要拿得稳，不然的话，一个反复，比现在更坏。"

蔡说："你的话对，你的意见是怎么办呢？"

我说："我建议您向政府提出三点要求：第一，北大经费要有保障；第二，北大的章程上规定教师组织评议会，而教育部始终不许成立。中国有句古话：百足之虫，死而不僵，与其集大权于一身，不如把大权交给教授，教授治校，这样，将来即使您走了，学校也不会乱。因此我主张您力争根据章程，成立评议会；第三，规定每隔一定年限，派教员和学生到外国留学。"

我的建议，以成立评议会为最重要，蔡先生深以为然，完全采纳，向当局提出，果然达到了目的。

蔡先生和我的关系，自那时开始，事隔数十年，蔡已归道山，我至今思之，犹感慨系之。

蔡先生是旧中国一个道地的知识分子，对政治不感兴趣，无权位欲。我于蔡先生的学问无所窥，然观其到北大之初所持办学主张，有两点可资一谈：

（一）北大分工、理、文、法、预五科，蔡先生来后，力主将工科划归天津北洋大学，停办法科，使北大专办文理二科，预科照旧。蔡先生的教育思想似乎是以美学教育为中心，他来以后添设教育系（本来只有文学、哲学二系）；他一向反对学政治法律，因此主张不办法科（未获通过）；他不重视工科，似乎是受了"形而上者谓之道，形而下者谓之器"的影响。

（二）蔡先生到北大后，采取兼容并包的方针，辜鸿铭、王国维、胡适之、陈独秀等新的旧的，左的右的，同时并存。蔡先生云："夫大学者，囊括大典，网罗众家之学府也。”蔡先生的教育思想继承了中国封建教育的某些传统，又吸收了西方资产阶级自由主义的精神，这些教育思想今日当然已成陈迹，但在“五四”运动之前，对推动当时旧中国的教育事业，开社会风气，似有一定的作用。

蔡先生的书生气很重，一生受人包围，民元教育部时代受商务印书馆张元济（菊生）等人包围（这是因为商务印书馆出版教科书，得教育部批准，规定各学校通用，就此大发财），到北大初期受我们包围（我们，包括马幼渔、叔平兄弟，周树人、作人兄弟，沈尹默、兼士兄弟，钱玄同、刘半农等，亦即鲁迅先生作品中引所谓正人君子口中的某籍某系），以后直至中央研究院时代，受胡适之、傅斯年等人包围，死而后已。胡、傅诸人后来和我势同水火，我南迁后，蔡先生时在京沪间，但我每次拟去看蔡先生，均不果，即胡、傅等人包围蔡所致。

综观蔡先生一生，也只有在北大的那几年留下了一点成绩，蔡先生曾云：“自今以后，须负极重大之责任，使大学为全国文化之中心，立千百年之大计。”然而，在已沦为半殖民地的旧中国，爱国的知识分子努力学习西方，企图以新学救国，终于成了一场幻梦。“五四”运动以后，北大自蔡先生而下的知识分子，或左，或右，或独善其身，或趋炎附势，或依违两可，随世浮沉，其中种种，就不在本文记述之内了。

我和陈独秀

光绪末叶，陈独秀（那时名仲甫）从东北到杭州陆军小学教书，和同校教员刘三友善。刘三原名刘季平，松江人，是当时江南的一位著时望的文人，以刘三名，能诗善饮，同我和沈士远相识。有一次，刘三招饮我和士远，从上午十一时直喝到晚间九时，我因不嗜酒，辞归寓所，即兴写了一首五言古诗，翌日送请刘三指教。刘三张之于壁间，陈仲甫来访得见，因问沈尹默何许人。隔日，陈到我寓所来访，一进门，大声说：“我叫陈仲甫，昨天在刘三家看到你写的诗，诗做得很好，字其俗入骨。”这件事情隔了半个多世纪，陈仲甫那一天的音容如在目前。当时，我听了颇觉刺耳，但转而一想，我的字确实不好，受南京仇涞之老先生的影响，用长锋羊毫，又不能提腕，所以写不好，有习气。也许是受了陈独秀当头一棒的刺激吧，从此我就发愤钻研书法了。

我和陈独秀从那时订交，在杭州的那段时期，我和刘三、陈独秀夫妇时相过从，徜徉于湖山之间，相得甚欢。

1917年，蔡先生来北大后，有一天，我从琉璃厂经过，忽遇陈独秀，故友重逢，大喜。我问他：“你什么时候来的？”他说：“我在上海办《新青年》杂志，又和亚东图书馆汪原放合编一部辞典，到北京募款来的。”我问了他住的旅馆地址后，要他暂时不要返沪，过天去拜访。

我回北大，即告诉蔡先生，陈独秀到北京来了，并向蔡推荐陈独秀任北大文科学长。蔡先生甚喜，要我去找陈独秀征其同意。不料，独秀拒绝，他说要回上海办《新青年》。我再告蔡先生，蔡云：“你和他说，要他把《新青年》杂志搬到北京来办吧。”我把蔡先生的殷勤之意告诉独秀，他慨然应允，就把《新青年》搬到北京，他自己就到北大来担任文科学长了。

我遇见陈独秀后，也即刻告诉了汤尔和，尔和很同意推荐独秀到北大，他大约也向蔡先生进过言。

《新青年》搬到北京后，成立了新的编辑委员会，编委七人：陈独秀、周树人、周作人、钱玄同、胡适、刘半农、沈尹默。并规定由七个编委轮流编辑，每期一人，周而复始。我因为眼睛有病，且自忖非所长，因此轮到我的时候，我请玄同、半农代我编。我也写过一些稿子在《新青年》发表，但编辑委员则仅负名义而已。

胡适是在美国留学时投稿《新青年》，得到陈独秀赏识的，回国以后，在北大教书。《新青年》在北京出版后，曾发生一件事：钱玄同、刘半农化名写文章在《新青年》发表，驳林琴南复古谬论，玄同、半农的文笔犀利，讽刺挖苦（当时，打倒孔家店的口号已提出来），胡适大加反对，认为“化名写这种游戏文章，不是正人君子做的”，并且不许半农再编《新青年》，要由他一个人独编。我对胡适说：“你不要这样做，要么我们大家都不编，还是给独秀一个人编吧。”二周兄弟（树人、作人）对胡适这种态度也大加反对，他们对胡适说：“你来编，我们都不投稿。”胡乃缩手。由这件事也可看出，胡适从“改良文学”到逐渐复古，走到梁任公、林琴南一边，不是偶然的。

评议会做的几件事

（一）评议会会员由全体教授互举，约每五人中举一人。当时教授共八十余人（讲师、助教一百五十余人不在内），举评议员十七人，校长为评议长。凡校中章程规律（如开女禁），均须评议会通过。文、理、法、预四科教授都有代表参加评议会，大家都很兴奋。1917 年 7 月，张勋复辟。有一天早上，我到学校，黄幼轩（蔡的郎舅，在北大当会计）跑来告诉我，蔡先生走了。我大惊，和幼渔、玄同、作人等计议。幼渔问：怎么办？我说，这是蔡先生信任我们，他走了，学校要靠我们大家维持下去。大家想想这话对，就开评议会商量，这时候评议会掌握了学校实权，对外行文。在这期间，夷初（马叙伦）有一天忽然单独请我吃鸭子，他说：“你们在学校里这样做，为什么不让我知道？”我说：“事情很仓卒〈促〉，迫不及待，一个人一个人去找，来不及。夷初，你如愿意参加，我们欢迎，但要我们看法一致，一起合作才行。”我的意思是，北大内部有反对蔡先生的，拥蔡即所以维护北大。夷初同意我的话。于是我们商量，组织教员会，推康宝忠（政治法律系教员，活跃分子）为主席，马叙伦为副主席，以夷初监督康，但我们也怕夷初出轨，又推陈大齐和沈士远跟他们一起。

（二）评议会成立以后，我忘了是哪一年，提出设立教务长，胡适毛遂自荐，要做教务长，而为理科教员所反对。理科反对文科的人当教务长，主要是反对胡适，因为胡适到北大只一年多，神气十足，张牙舞爪，任何人都不在他眼中，为人治学又浅薄，以后是蔡元培把他捧出来的。当时反对胡适最力的是理科天文学教授秦景阳（秦汾）。我们和蔡先生商量，决定提名马寅初为候选人。当时，理科提出俞同奎，文科提出陈大齐，法科提出马寅初，这三个候选人势均力敌，在评议会选举时，主席蔡先生投马寅初一票，马得以当选为北大第一任教务长。为什么蔡先生同意以马寅初当教务长呢？一则是理科反对文科的人出来当教务长，我们为了免去无谓之争端，就提出以法科的人来担任；二则是马寅初本来是北大教员会的领导人，不知为什么，他得罪了北京中学界，中学教员很不满意他，而教员会和北京学界的关系密切，因此，我们商量，教员会改推康宝忠和马叙伦领导，马寅初则失之东隅，收之桑榆，当了第一任教务长。

评议会选出马寅初为教务长后，胡适找我说："我在什么地方都喜欢做第一人，这次第一任教务长我要做，是你们出了主意，不要我做，我很不满意。"我答曰："你不满意也只好算了，我有什么法子呢。"

胡适这个人，因缘时会，盗窃虚名，实际他是一个热衷利禄的政客，并非潜心学术的文士。当年，陈仲恕震于胡适之声名，曾到北大来听过一次胡适讲演，一听之下，他听出问题来了。他越听越觉得熟悉，原来所讲的是从颜习斋书上搬来，并且不加说明，据为己有。钱玄同也知道胡适这个秘密。有一次，胡适被邀作学术讲演，此公既已成为时下忙人，自无功夫作什么准备，玄同曾亲眼看见胡适在讲演之前，匆匆赴琉璃厂旧书铺找了一本不知什么书，大约就是一般人不大看的颜习斋著作之类吧，在洋车上翻阅一过，他这点鬼聪明是有的，裁裁剪剪，上讲台发挥一通。此公行事，大率类此。

（三）"五四"运动时，胡适以"革命"为幌子，主张把北大迁到上海。有一天，我和幼渔、玄同、士远、大齐等人正在商量事情时，胡适、罗家伦、傅斯年进来说："我们主张把北大迁到上海租界上去，不受政府控制。"我们回答说："这件事太大了，要商量。"罗家伦和傅斯年接着说："搬上海，要选择哪些教员、哪些学生可以去，哪些不要他们去。"我们一听，这是拆伙的打算，不能同意。因为弄得不好，北大就会分裂，会垮台。于是决定在第二天早上七时开评议会讨论。开会之前，我们要沈士远去看胡适，告诉他，搬上海，我们不能同意。评议会讨论的结果是不同意迁上海。胡适就来找我，他说："以后北大有什么事情，你负责！"我说："当然要负责，不能拆北大的台。"

当时，我的思想是，学生的态度是激烈的，教师的态度实质上应当和学生一致，但态度要稳重，才能真正维护学生运动，使政府无懈可击，不会解散北大。

蔡元培的走和蒋梦麟的来

蔡先生到北大后，尽管我们帮他的忙，但教育部袁希涛对蔡很不好，遇事掣肘。袁是江苏教育会系统黄任之的左右手，时蒋维乔亦在教育部，他们就派教育部的秘书、蔡元培的连襟陈任中每天上午十一时挟着皮包坐在北大校长室监视蔡先生，遇事就横加干涉。蔡先生曾经很不痛快地对我说："这真是岂有此理，连我派的管账的人（黄幼轩）他们都要干涉，并且派陈任中监视我，干涉学校行政。"

教育部对蔡先生掣肘的详细情况我不得而知，袁希涛对蔡不好，在我想来，是江苏教育会已隐然操纵当时学界，想包围蔡先生为江苏教育会所用，而蔡先生被我们包围了，因此他们就捣蛋，此在旧社会，亦系常有的事，在民初北京官场中更不足为奇。

蒋梦麟本是蔡元培的学生，后由黄任之送他去美国学教育，目的当然是为江苏教育会系统培养人才。蔡先生到北大后，增设教育系，在评议会提出，聘蒋梦麟为教育系主任，大家同意，就打电报到美国去，要蒋梦麟回来。

不料过了几天，蔡先生对我说："不好了，黄任之大发脾气，说我抢他的人，那就算了吧。"其事遂寝。蒋梦麟由美归国后，我们也就不提此事了。

"五四"运动结束后，蔡先生离京，不知何往，北大评议会议决，派我和马裕藻（幼渔）、徐森玉（时任职北大图书馆）、狄膺（学生代表）到杭州去找汤尔和，目的是迎蔡先生回来。汤尔和因北京各学校在

“五四”运动中罢课，尔和即回杭州。我们不知蔡先生的行踪，但肯定汤尔和是一定知道的，因此，直诣杭州。

到杭州后，先由我一个人去找汤尔和。我一到门口，尔和就迎出来，说：“我昨天就知道你来了，蒋竹庄从北京来电报说：‘某某阴谋家到杭州来了，你要注意！’”我听了也不答腔，先问他蔡先生在何处，他说：“我明天陪你去看蔡先生。”

翌日，尔和偕我到西湖上某庄子（大约是刘庄），见到蔡先生，正在谈话时，尔和走开了（打电话之类的事），蔡先生对我说：“很奇怪，尔和昨天来告诉我，你们来了，要我回去，但尔和劝我不要回去，我说，不回去怎么办呢？他说要蒋梦麟代替我去做校长，你说奇怪不奇怪？”蔡接着讲：“我对尔和说，当初评议会通过办教育系，要梦麟来，任之大吵，你现在要梦麟代我当校长，要通过任之才行。尔和说：任之昨天在杭州，现在到厦门讲学去了，不必告诉他了。”蔡先生又说：“你说怪不怪！当初不同意，现在连讲都不必和他讲了。”

总之，蔡先生就答应了。蔡先生对汤尔和如此信任，任其摆弄，我始终不解其故。和蔡见面后，尔和要我们回北京说：“蔡先生可以回来，但暂时不能来，由蒋梦麟代理。”北大诸人亦不知其故，就此了事。

蒋梦麟来以后，也就是黄任之插手进来后，我就想离开北大。北大章程上规定教授任满七年，可以出国进修一年，我就在评议会提出要去法国，胡适反对，他说国文教员不必到法国去。我说：我去过日本，那就到日本去吧。评议会通过了，蒋梦麟不放，他以为我们这一起人是一个势力，会拆他的台，无论如何不放。到1921年，才答应除月薪照发外，另给我四十元一月，到日本去了一年。到日本后，我眼睛就发病了。

1922后，蒋梦麟和胡适联合起来，把教政分开，以校长治校。胡适是骨子里一开始就反对评议会，至此达到了他的目的，评议会成为空的，取消了教授治校。

（1966年1月）

（《文史资料选辑》第61辑，中华书局，1979年4月版）

⊙ 张申府

回想北大当年

我从1913年考入北京大学，到毕业后留校教书，前后共八个年头。想起北大当年，使我兴奋，令人回味。

进北大

北京大学的前身是京师大学堂，它是戊戌变法运动的产物，是维新派克服了顽固守旧势力的重重阻挠建立起来的高等学府。辛亥革命后，严复被任命为京师大学堂总监督，后京师大学堂改称北京大学校，大学堂总监督改称大学校校长，各科的监督改称学长，原来附属的高等学堂亦改称为大学预科了。

1913年，我在北京高等师范学堂附属中学班读书。秋天，跳班考入北京大学预科。当时的北大设文、法、理、工科和预科，本科设在地安门的马神庙，预科设在北河沿的清代译学馆旧址。

所谓“预科”相当于北大的附属高中，学制为三年（后改两年），毕业后可以免试升入本科。预科又分为两类：第一类预科毕业后升入文、法本科；第二类预科毕业后升入理、工科。它偏重于数学的教学。

我在第二类预科上了一年，觉得并不太吃力，便想去考本科，可是北大的理工科有严格的规定：凡报考本科者，必须有高等专门学校毕业的文凭。初期读文科的人并不太多，因此报考文科只要求同等学历，并不注重文凭。我升学心切，暑假改了一个名字，考上了文科。

北大文科分哲学、历史、国文学、英文学四个学门（后改称为系），我上了哲学门。照北大原定的计划，哲学门分为中国哲学、西洋哲学、印度哲学三类，但这个计划并未实现，只是混合设立一个哲学门。我虽然入了哲学门，却一心不忘数学。那时，我见知于数学系主任兼代理学长冯祖荀先生，在哲学门不到两个月，又转入了数学门。

可是转了数学门，我又放不下哲学。在哲学门两个月的学习中，时间虽然极短，但眼界大开，我对哲学产生了浓厚的兴趣。这样，我上的是数学的课，读的却多是哲学的书。从那时起，我主要研究的都是哲学及其有关科目。当然，数学书始终不断在我的涉猎之中，只是数学题从不肯做，化学实验更是绝少动手。

藏书楼

我刚进北大时，学校还没有图书馆，只有一个藏书楼，设在马神庙校舍后院的所谓四公主梳妆楼里。藏书楼的书可以外借，但没有阅览室。过了一年，藏书楼腾出一些地方，辟出阅览室，阅览桌放在中间，四周摆上书柜，柜里都是西文书。平时总是上着锁，线装书则放在楼上，借阅的人也并不多。我上预科的时候，常常从北河沿到藏书楼来借书，犹记得那时我借的书有德文与法文的《数理科学百科全书》等。一个大学预科一年级的学生，借读这样高深的德法文书，当时并不很多。这得到了冯祖荀先生的青睐，藏书楼的管理人员由此也给了我许多方便。上本科后，我更是经常呆在阅览室里。那时书本来无多，我可以就架恣意快读，除了工程书以外，柜里的书几乎没有我不看的。

有一天，我发现了一本装潢精美的书，是一个精装本，1914年美国出版，书名是《我们的外界知识》，英国罗素著。翻看一遍，觉得很有意思，又坐下来接连看了两遍，真有点爱不释手了。由此我发现了罗素，并对之产生了兴趣。30年代，我一度再任北大讲师，专讲罗素哲学，这也可以说是与北大藏书楼的帮助分不开的。

蔡元培主校

1917年初，蔡元培任北京大学校长。在蔡先生的主持下，学校厉行改革，出现了新的气象。

蔡先生是浙江人。1868年生，清光绪十八年（1892年），为壬辰科翰林，时年26岁。蔡先生早年很有才名，他见清王朝已不能持久，为适应时代的潮流，便从事哲学、伦理学等新学的研究。他到过日本，加入了孙中山组织的同盟会，积极从事民主革命活动，后来又到德国学习。辛亥革命后，蔡先生曾任南京临时政府首任教育总长和北京政府教育总长，后因遭到袁世凯的仇视，被迫再赴欧洲。袁垮台后，蔡回国出任了北大校长，他虽是一个资产阶级学者，又是科举出身，但他对破旧创新有锐利的勇气和坚强的毅力。

蔡先生实行“兼容并包”的办学方针，旧学旧人不废，而新学新人大兴。他聘请陈独秀任文科学长（即文学院院长），章行严（士钊）、刘半农、钱玄同、周作人、陶孟和等任教授，后又聘任马寅初、陈豹隐等。同时，蔡元培还裁减了不称职的教员，排除了一批腐败守旧的人物。经过这番整顿，教师队伍的素质大大提高，给学校带来了蓬勃的朝气。在蔡元培“兼容并包”的口号下，当时在校的教员既有宣讲马克思主义的李大钊，也有拥护袁世凯做皇帝的筹安会人物刘师培，另外还有前清大学士李鸿藻的儿子李石曾教生物学，年仅二十三四岁的梁漱溟先生讲印度哲学等。

蔡先生大力提倡思想自由，培养学术研究的风气，这是他进行改革的又一个重要方面。

北京大学过去是一座封建思想、官僚习气十分浓厚的学府，不少学生以上大学为晋升的阶梯，对研究学问没有兴趣，上学不读书，而是想方设法混资历，找靠山，还有的人打麻将、逛八大胡同。与我同宿舍的几个学生，就很少读书，而是聚在一起打牌。

面对这种局面，蔡先生从提倡思想自由出发，举办学术讲座，组织学术团体，例如新闻研究会、哲学研究会等。蔡元培亲任新闻研究会会长，以“研究新闻理论，增长新闻经验，谋求新闻事业之发展”为宗旨，邀请李大钊和著名的新闻界人士邵飘萍等到会讲演。同时，一些进步的政治团体也纷纷成立，像少年中国学会、新潮社等。这两个团体分别编辑出版了《少年中国》月刊和《新潮》。我亦参加了这两个团体的活动，并为之撰写了一些短小文章。

蔡先生还发起组织了一个进德会，以不嫖、不赌、不纳妾为基本戒条，针对北大一部分学生的恶习，用这样的方法培养个人高尚的道德情操。这个组织的出现，反映了中国知识分子对旧社会上层道德堕落、生活腐朽的强烈不满。当时进德会在校内颇有影响，入会的人很多，对于北大部分知识分子个人道德的提高产生了较好的影响。

蔡先生在学术上，是以治美学而闻名的。他刚到北大不久，我送他一大本新出版的讲述法国十九世纪美学家居友（J. M. Guyau，1854—1888）学说的日文书，他很快就看完了还给我。他组织了“画法研究社”、“音乐研究会”等一些课外文化艺术活动来培养学生对美育的兴趣，以贯彻其“以美育代宗教”的主张。

在蔡元培校长的革新精神指导下，北京大学气象一新，在全国教育界、学术界以及思想界产生了重要的影响，成为五四爱国运动的中心。

李大钊和红楼

1917 年底，李大钊经章士钊之荐到北京大学任图书馆主任。

自从蔡元培主校后，北大藏书楼改为图书馆。1918 年夏，沙滩的红楼建成，图书馆也搬了进去，占了新楼的第一层楼。李大钊的主任室就设在红楼东南角上的两间房子里。一时红楼成了新思想运动的中心，许多进步的教员、学生聚集在这里读书、座谈。

我认识大钊还是在1916年他到北京后不久。我的一位同学郭小峰与大钊是同乡，他们同是河北乐亭人。经郭的介绍，我们认识了。当时，大钊从日本留学回来，在北京创办《晨钟报》（即后来《晨报》之前身），继后，他又主编《甲寅日刊》。1917年，我曾在此刊物上发表过讲“青年问题”的文章。

十月革命爆发后，马克思主义迅速传入中国，给新文化运动增添了新的内容。李大钊最早接受了马克思主义。他思想敏锐，博学多识，广泛接触社会，热情传播马克思主义，宣传俄国十月革命，发表了《庶民的胜利》的演说和《Bolshevism的胜利》等著名文章。与此同时，他还组织演讲会，邀请名人讲演，推动新文化运动的发展，使民主和科学的口号逐步深入人心。一次，大钊以“亚细亚学会”的名义组织讲演会，我也去听了，地点在当时有名的湖南会馆。邀请的讲演者有蔡元培、陈独秀、章士钊、李石曾、张继等人。这次讲演会听众很多，整个湖南会馆都挤满了。每个人讲演的具体内容，我已经记不清了，但是大钊组织这次讲演会不久，就到北京大学任图书馆主任了。

大钊到任后，对图书馆的业务进行了一些重大的调整和改革，并开始注意收集有关马克思学说的书籍以及俄国十月革命以来的著作。是时，我在北大已经毕业，留校做助教，教预科。平时课程不太多，就在图书馆帮助大钊做些工作。我的工作室标为登录室，在主任室的旁边。其时，李大钊组织一些学生“勤工俭学”，课外帮助整理图书，翻译、编目、打印卡片等，我则负责检查和校对。毛泽东同志来北大时，一度也参加了这项勤工俭学活动，担任登录工作。由于工作之便，我得时与大钊聚谈。每年北大放暑假，大钊回家乡到五峰山休假，我就代理他在图书馆的职务。

在李大钊的领导下，图书馆成了北大校内一个研究、传播马克思主义的中心，许多激进的学生经常到图书馆和大钊讨论各种新的思潮，听他介绍新的思想。大家也常常在此聚会，探讨中国的出路，寻找救国拯民的方法。李大钊是马克思主义的传播者，北大红楼是“五四”运动的策源地。

少年中国学会

1918年6月底，由王光祈、李大钊等发起成立少年中国学会。这是一个带学术性的进步政治团体，其宗旨是“本科学的精神，为社会活动，以创造少年中国”。还有四条信约：一奋斗，二实践，三坚忍，四俭朴。学会总会设在北京，成都、南京等地还设立了分会。

少年中国学会会员很多，大多数人希望通过这个组织，扩大马克思主义的影响，团结进步青年，从事政治斗争和群众运动。一些小资产阶级知识分子也想通过它寻找中国的出路，但他们往往不能把握现实，陷在不切实际的空想中。邓中夏、高君宇、赵世炎、毛泽东以及杨钟健、周太玄、袁守和、朱自清等都是少年中国学会的会员，后来成了国家主义分子的李璜、左舜生、曾琦等也参加了这个组织。由于学会组织成分很复杂，内部始终存在着明显的分歧。

少年中国学会北京总会正式成立于1919年7月。学会出版了《少年中国》月刊和《少年世界》。《少年中国》由北京会员编辑，一至七期，由王光祈负责。从第八期起，组织了少年中国编辑部，由李大钊、康白情、张申府、孟寿椿、黄日葵五人担任编辑事宜。上海亚东图书馆办理印刷发行。

学会经常在中央公园（今中山公园）来今雨轩和北京大学图书馆举行常会，内容多是研究学会的日常工作、与各地分会进行交流等等。

1920年8月，天津觉悟社为了联合进步团体，采取共同行动，全体社员到北京，邀请北京的进步团体举行座谈会。少年中国学会、人道社、曙光社、青年互助团等五团体20余人参加了这次座谈。

8月16日，座谈会在北京陶然亭慈悲庵举行。觉悟社社员刘清扬主持会议并报告了开会宗旨，继由邓文淑（颖超）报告觉悟社的组织经过和一年多来的活动，接着周恩来发表演说，说明觉悟社提出联合进步团体、共谋社会改造的意义。李大钊代表少年中国学会致答词，他提出各团体有标明主义的必要。认为近年以来，世界思潮已有显然的倾向，一个进步团体，如不标明主义，对内既不足以齐一全体之心志，对外就更不能与他人有联合的行动。我也在会上发表意见，极力赞成改造联合。会议决定，由各团体各推代表三人，再次开会讨论联络办法。

8月18日，各团体的代表在北京大学图书馆继续开会，议决定名为“改造联合”。并公推我起草“宣言”和“约章”。根据会议的决定和大家提出的意见，我草拟了《改造联合宣言》和《改造联合约章》。后经过各团体的讨论，得到正式通过。《改造联合宣言》的第一段是这样的：

> 我们集合在“改造”赤帜下的青年同志，认今日的人类必须基于相爱互助的精神，组织一个打破一切界限的联合。在这个联合里，各分子的生活必须是自由的、平等的、勤劳而愉快的。要想实现这种大同世界——人类大联合的生活，不可不先有自由人民按他们的职业结合的小组织作基础。我们为渴望此土的各种自由组织一个一个的实现出来，不能不奔走相告，高呼着“到民间去”！

以后《改造联合宣言》和《改造联合约章》发表在《少年中国》杂志的第二卷第五期上。

随着革命形势的发展，少年中国学会的内部斗争日益激烈，以致发展到不可调和的地步，最后终于公开分裂了。

离校赴法

1917年，我在北大毕业，留校三年后提为讲师，继续教逻辑和数学。在这期间，学校从教育部得到一笔经费，决定陆续资送四个教员、四个毕业生到国外学习深造。教员四人是朱家骅、陈大齐、周作人、刘半农，学生中第一人就是我。我报的学习专业是美学，学校却指定我学图书馆学。但是还没有等到学校资送，就又有了别的出国学习的机会。

第一次世界大战后，中法人士为沟通中法文化交流，组织了华法教育会，倡议中国学生赴法勤工俭学。蔡元培、吴稚晖、李石曾等人参加了发起和组织工作。“五四”运动以后，由于华法教育会的鼓吹和倡导，逐渐形成了勤工俭学运动的高潮。许多进步青年为探求彻底改造中国的真理而踊跃报名。当然有许多人是因为国内军阀长期混战，民不聊生，到欧洲去寻求生活出路的。

李石曾、吴稚晖等人在法国巴黎筹办了一所中法大学，但是很缺教授。经别人推荐，他们找到我，我是受聘教逻辑的。其时，蔡元培先生正准备赴欧美考察教育及学术研究机关状况，遂约定与蔡同行。我用“蔡先生秘书”的名义办理了出国手续。

1920 年 11 月下旬，我离开了母校，离开了祖国，登上了旅法教书的征途。

1985 年 6 月 2 日

（《文史资料选辑》第 121 辑，中国文史出版社，1990 年 9 月版）

⊙ 陶希圣

北京大学预科

一、风寒中投考

民国四年初春，我随父亲由湖北黄冈乡间到汉口，搭京汉车进北京。父亲带着我住宣武门外，草厂二条胡同黄冈会馆。北京初春气候严寒。我在乡间不穿皮袄[①]，此刻只穿棉袍，出门时加上一件斗篷。这身装束是抵不住风雪的。我很少走出会馆的大门，就是出门也找不着方向。

黄梅汤贯予先生是国会议员。他住东城的一条胡同里，同住者是他的亲戚舒先生，湖南人。舒先生是北京大学总务主任。由他的介绍，我参加了北京大学预科旁听生考试。考试那日清晨，我从草厂二条走进前门，转东城，到北河沿译学馆。那就是北大预科的校舍。我与同考生约十二三人，在一个小教堂里，考国文和英文。我带着墨盒，墨水与毛笔都冻住了。钢笔插进墨水瓶，那瓶里只有冰没有水。我与同考生都到煤炉边烤墨盒和墨水，然后各就座位，写考卷。

我考上了北大预科旁听生，便从黄冈会馆搬进北河沿八旗先贤祠宿舍。

北大本科与预科的宿舍有一种特色。在一间大房间里，每一同学都

---

① 家乡的父老认为小孩子不可穿皮袄。小孩子穿皮衣是要烧坏骨头的。——原注，下同。

是利用床帐与书架自己隔成一个小局面。我也是这样，在大房间的一个窗子边，利用床帐和书架隔成一个小房间。

我每夜很仔细的点燃煤油台灯。那灯罩是白色的上截与透明的下截，很觉漂亮。夜半熄灯时，将台灯谨慎的从书桌挪到窗台上，然后就寝。次日清晨起床，看那灯时，灯罩之上破了一个小洞，只得再花六毛钱买一灯罩，如是者三四次，才知道热灯罩靠窗口受了冷气之逼，便立刻炸开小洞。自此以后，每夜熄灯，仍将台灯留在书桌上，不再移动了。

二、预科的骄傲

北京大学预科学长是徐崇清先生。他办理预科，一切从严。教授们督促学生的功课与考试，都是逼紧不放松的。

预科同学看见本科同学是那样的轻松和散漫，不知不觉的看不起本科，而以预科的严格自傲。

民国四年秋季，我编入预科一年级。我们班上的英文教授是一位郭先生。他的太太是英国人。他们住在译学馆的背后，骑河楼的一个小胡同里。郭先生离家到校，下课回家，他的太太总是在宅门口送迎如仪。郭先生上课，从来没有一丝的笑容。我们有时下课之后，跟随他走到骑河楼。他望见太太和孩子时，他脸上才闪出一丝笑色，便立刻收敛起来。

郭先生的小考和大考，其严无比。我们班上同学对于英文课程之有进步，都是他的督促与鞭策之功。

《世界通史》是英文本，讲授者是英国公使馆秘书嘉特莱先生。他是一个高大的人。他讲到罗马的凯撒，将两手向前胸的上衣领口里一插，俨然有凯撒大帝之风。他的讲授以写黑板为主。他在黑板上写的注解，我不仅用心抄录下来，并且刻意模仿他的字迹。他的粉笔用得那样圆转如意，每一行是整齐的。每一字是一笔不苟的。每一笔是亮白的。我从抄录中，得益不少。

有一次，郭先生的英文课小考。我仿嘉特莱的通史注解，写成一短篇论文，作为答案。郭先生给我零分，并在发还考卷时，当场申斥，说我抄书。我吃了一次亏，却又说不出。

法文是第二外国语。教授是湖北同乡贺之才先生。他的太太是法国人。他的法语自然是好的，但是他更好的技术是打台球。他教我们的法文课却是稀松的。

三、中国文学与史学

中国历史的讲授者是一位福建人杨先生。他发出大量的铅印讲义，但是他在讲台上开讲是很少人听懂的。我只听见他说“夜——过——咧”。除此以外，听不出一字一句。当然，福建同学是懂得的。

国学的讲授者沈尹默先生，和文字学的沈兼士先生，都是章太炎先生的门下士。民国初年北京的文史学界的泰斗都出于太炎先生之门。他们两位是其中铮铮者。我们同学深为敬佩，但是他们的上面还有黄季刚先生在本科的国学门讲学。我们预科学生断乎不敢望其项背。那黄先生是傲慢无比的。

兼士先生多病[①]，上课时少。他发给我们的讲义也不多。尹默先生为人谦和，从不缺课。他叫我们买太炎先生的《国故论衡》读习。我对这部书的内容殊不了了。那书面之上的《或古仑鱼》四个字已经够我一认！

尹默先生给我的教益很多。他指点我们读这样的几部书，就是《吕氏春秋》和《淮南子》，太史谈《论六家要旨》，刘勰《文心雕龙》，刘知几《史通》，顾亭林《日知录》，钱大昕《十驾斋养新录》，章实斋《文史通义》与章太炎《国故论衡》。这几部书确能将中国文史之学的源流及其演变，摆在读者的面前。

我读这几部书的同时，又到北大图书馆借阅诸子书。这一年级读书所得的进益可以说是不少。

---

① 民国二十年至二十六年之间，兼士先生任辅仁大学文学院院长。他的健康比之于民五至民七，好得太多了。

四、二三年级的一斑

预科二年级及三年级可以记述之事寥寥无几。二年级的英文课是一位英国人斯哇罗（燕子）先生讲授。他的轻松与郭先生的严厉恰相对照。三年级的英文修词〈辞〉学由一位美国人威尔士先生讲授。我得到的益处是演说术，较其他方面为多。

逻辑与数学都没有进益。为了怕难，未选拉丁文，后来吃了大亏。

沈尹默先生继续讲授国学。他先讲陆机《文赋》，然后选择文史著作的一些文章，作为《文赋》每一段甚至每一句的注脚。这种讲授方法，给我的益处很大。

我自修的课程，以《宋儒学案》和《明儒学案》为最得力。从这里得知中国的学问不以知识为主，而以修养为经。

五、习气与悔悟

我在预科三年级，先读梁任公《明儒学案节本》，再读《明儒学案》原书，然后读《宋儒学案》。这时候读这两部书，并不是单纯的求知，而是深切的悔悟。一个乡村青年，进了首都北京，渐染一种“大爷”的习气。由习气转入悔悟的过程中，宋明两代学案给予我以莫大的启示。

我的父亲于民国六年至八年之间，任河南省汝阳道道尹。我是一个少爷，同时又是一个大爷。我在预科只是勤学而非苦学。所谓勤学亦不过不废学，考前列而已。到了宋明两代学案读过之后，才渐进于苦学。然而真实的苦学还是在家庭环境及个人生活大大的改变之后。[1]

---

① 民国十二年，我带着家眷离开故乡的老家，到上海居住，在商务印书馆做编辑，那是苦学的初期。北伐之后，在中央大学和北京大学教书，是苦学的中期。

六、说棋

东安市场是北京大学学生闲暇消磨的胜地。我在预科二年级，住北河沿的一家出租的房子里，同住者有同乡瞿复璋（文琳）先生。他喜欢围棋，我下象棋，很容易与对方吃我的老将之友人打架，但下围棋就算是输到三十目或四十目也打不起来。

有一天复璋劝我，可以到东安市场一座茶馆的棋社去下棋了。我公然到那里去，泡一杯茶坐下来，由复璋介绍一位棋友下起来。我们下到半路上，另一位棋友走过来，看了一下，摇了几下头，叹了一口气，扬长而去。其意若曰："孺子不可教也！"从此以后，我再也不在棋社里坐着下棋了。

然而我也可以摆老资格。我学围棋的时候，吴清源先生还是一个少年。这个少年已经威胁一时高手如汪云峰，使其不敢对弈。

前面提到贺之才的弹子打得好。其实，打弹子的高手是杨芳[①]。宣武门外，新世界初开，有一天的夜间，杨先生在弹子房里表演，全场观众不下二百人。他打三个球，一杆可打到五百至八百分，若不是手酸，就没有打完的时候。

我练习弹子，也能打三个球，一杆可打至十几分至二十分，后来也就作废，不再打了。

七、论戏

民国初年，北京皮簧与梆子盛极一时。我听戏不少，并不懂戏，虽不懂戏，却也有些见闻[②]。此时最高地位属于谭鑫培与侯俊山。如杨小楼

① 杨芳是留法学生，后来在国民政府外交部还做过工作。

② 抗战胜利之后，我在南京和台北，很少听平戏，就是民初的见闻在心目中形成甚高的眼界，因此不大欣赏近年来的戏剧。

尚在其次。梅兰芳初露头角。

民国四五年，湖北同学举行三天赈灾戏。那是我最早打开眼界的一次观赏。我听了李万春的铁公鸡，梅兰芳的游园惊梦，孙菊仙的逍遥津，侯俊山与余叔岩的八大锤带说书。

余叔岩的出头是在老谭退休乃至去世之后，一般戏迷及大众怀念不已之时，此公出台，其风度之高，风韵之清，直可追踪老谭，有些地方还似胜一筹。

侯俊山（老十三旦）业已退居张家口，此次应湖北同乡之请，剃了胡须登台，除与叔岩合演八大锤，去陆文龙之外，还演了一出花旦戏辛安驿。

我也赶上了老谭最后的一出戏，击鼓骂曹。那天是在煤市街中和园。我买了池座之后的廊子上的座位。先听了郝寿臣的法门寺，杨小朵的白奶记等等，到了老谭出场，那池座与包厢的客人还未曾来。老谭指着曹操开骂之后，又骂张辽。有人走到他的身旁，咬耳朵说了几句话，那祢衡把道白增加了一百多句。把张辽骂得瞪眼睛，不知如何是好。黄昏时候散戏。我随大众走出园门，才知道袁世凯死讯一传，北京已经宣布戒严了[①]。

八、评戏家

北京大学的同学，在戏评之中，占很高地位的，有张聊子[②]。我们同年级的捧角家有所谓四霸天，都是小一号的评戏者。其中有一位陈先生，邀我到大栅栏庆乐园听尚小云与崔灵芝。他们都是未出科的学生。尚小云是皮簧青衣，崔灵芝是梆子青衣。

捧角家请客听戏，是奉送戏票和座位的，只有一个条件，就是跟随

---

① 老谭骂张辽的一百多句，都是骂袁世凯的话语。

② 也许是张寮子，现已忘记其字，只记其音。

他喊好。我不会也不愿喊好，到了大家都喊时，只是张嘴示意以为报销而已。

荀慧生戏名叫白牡丹。白牡丹善演花旦的小戏，如小放牛、胭脂虎之类。因为捧他的观众太多，分为两派，互相竞争，白牡丹一出台，台下立刻演出大混乱，甚至飞茶壶。

程砚秋原是艳秋。同仁堂的乐十三爷和罗瘿公捧出，老青年陈德霖提拔，才露头角。有一次在东安市场吉祥园，配老乡亲的硃砂痣，也是老乡亲提拔他之意。

程、尚、荀三人到后来与梅兰芳同称“四大名旦”，可以说是不伦不类。梅与余叔岩齐名，其执梨园之牛耳，是在谭、陈之后，程、尚、荀等之先。但是叔岩始终不愿与梅为伍。民国五年之后，北京有堂会，余往往不肯与梅同台出演。

（下略）

（台湾《传记文学》3卷4期，1963年10月）

⊙ 冯友兰

我在北京大学当学生的时候

在十年动乱以前，北京大学校长陆平提出了一个办北京大学的方针：继承太学，学习苏联，参考英美。大动乱开始以后，他的这项方针受到批判，成为他的罪状之一。当时我也说过，北京大学的校史应该从汉朝的太学算起。我不知道陆平的方针是不是受我的影响，也很可能是出于他自己的创见，不过，当时的批判，并没有涉及到我。

我所以认为北京大学校史应该从汉朝的太学算起，因为我看见，西方有名的大学都有几百年的历史，而北京大学只有几十年的历史，这同中国的文明古国似乎很不相称。

现在讲北京大学历史一般是从清朝末年的京师大学堂算起，它是戊戌变法的产物。清朝的慈禧太后篡夺了政权以后，把光绪皇帝在变法的时候所行的新法都作废了，只有京师大学堂继续存在下来。这也可以说是戊戌变法留下来的纪念品吧。我跟着父亲在崇阳的时候，在他的签押房里看见过当时颁布的京师大学堂章程，用木板红字印的，有好几大本。当时我什么也不懂，只记得在分科之中有一科叫“经科”。每一种经都有一个学门，例如“尚书门”、“毛诗门”等。在本科之外，还设有通儒院，大概相当于西方大学的研究院吧。清朝的京师大学堂地位很高，由朝廷特派的管学大臣管理。管学大臣就是京师大学堂的校长。当时的管学大臣换了几次人，当我进北京大学的时候，学生们传说中的管学大臣是张百熙。他可以说是在蔡元培以前的对于北京大学有贡献的一位校长。据说，他当了管学大臣以后，就请吴汝纶为总教习。当时新式学校的教师都称为教习，总教习就是教习的领导。我不知道总教习的职务有什么明文规定，据我推测，他并不相当于后来大学中的教务长，因为教务长主要是管教务行政，而总教习是管学术方面的事，约略等于现在大学里管业务的副校长。

吴汝纶是著名的桐城派古文家，是当时所谓旧学的一位权威。他也懂得一点当时所谓新学；严复翻译的书，有几部都有他作的序。他是一位兼通新旧、融合中西的人物。他在直隶（今河北）做官，在地方上办了些新式的学校。张百熙请他当京师大学堂总教习，这表明了张的办学方针。据说张百熙当了管学大臣以后，曾亲自到吴汝纶家里去请他出来，吴汝纶不见。后来一天，张百熙大清早穿着官服，站在吴汝纶的门外（一说是跪在卧房门外）等候相见，吴汝纶只好答应了他的邀请。但是吴附带了一个条件，就是他要先到日本去考察几个月，回来后才能到任。张百熙答应了。不料吴汝纶从日本回来以后，不久就死了，竟没有来得及到京师大学堂就任。吴虽然没有到任，但是这个经过当时却传为美谈，我们学生听了，都很感于张百熙礼贤下士、为学校聘请名师的精神，和吴汝纶认真负责、虚心学习的精神。

民国成立，京师大学堂改名为北京大学，以严复为第一任校长，不过为时不久，后来又换过些别人。我于一九一五年进北大的时候，没有校长，由工科学长胡仁源兼代校长。文科学长是夏锡祺。当时的学系称为“门”。各系没有设系主任，系务由学长直接主持。原来京师大学堂的经科已废，经科的课程，有些废止了，有些分配到文科各门中。文科有四个门，即中国哲学、中国文学、中国历史和英文四个学门。我入的是中国哲学门。在我们这个年级以前，还有一个年级。

1915 年 9 月初，我到北京大学参加开学典礼。胡仁源主持会场，他作了一个简短的开幕词以后，英文门教授辜鸿铭（汤生）从主席台上站起来发言。我不知道这是预先安排好的，还是出于辜本人的临时冲动。他的发言很长，感情也很激动，主要的是骂当时的政府和一些社会上的新事物，大意是说，现在做官的人，都是为了保持他们的饭碗，他们的饭碗跟咱们的饭碗不同，他们的饭碗大得很，里边可以装汽车、姨太太。又说，现在人作文章都不通，所用的名词就不通，譬如说“改良”吧，以前的人都说“从良”，没有说“改良”的，既然已经是“良”了，你还改什么？你要改“良”为“娼”吗？他大概讲了一个钟头，都是这一类的谩骂之辞。他讲了以后，也没有别人发言，就散会了。当时民国已经成立四年了，辜鸿铭还拖着辫子来讲课。我没有去旁听过他的课，只听到英文门的同学说，他在讲堂上有时候也乱发议论，拥护君主制度，有一次竟说，现在社会大乱，主要的原因是没有君主。又曾说，比如说法律吧，你要说“法律”（说的时候小声），没有人害怕；你要说“王法”（大声，拍桌子），大家就害怕了，少了那个“王”字就不行。总之，凡是封建的东西，他认为都是好的。我还听人说，辜鸿铭在一个地方辩论婚姻制度问题，赞成一夫多妻制，曾说，现在我们这个桌子上一个茶壶带四个茶杯，用着很方便；要是用一个茶杯带四个茶壶，那就不像话了。

当时中国文学门的名教授是黄侃（季刚）。那时桐城派古文已经不行时了，代之而起的是章太炎一派的魏晋文（也可以称为“文选派”，不过和真正的“文选派”还是不同，因为他们不作四六骈体）。黄侃自命为风流人物，玩世不恭，在当时及后来的北大学生中传说他的轶闻轶事，我也不知道是真是假。比如说，他在北京，住在吴承仕（简〈检〉斋）的一所房子中，他俩本来都是章太炎的学生，是很好的朋友，后来不知怎么闹翻了，吴承仕叫他搬家，黄侃在搬家的时候，爬到房梁上写了一行大字：“天下第一凶宅。”又比如说，他在堂上讲书，讲到一个要紧的地方，就说，这里有个秘密，专靠北大这几百块钱的薪水，我还不能讲，你们要我讲，得另外请我吃饭。又比方说，黄侃有个学生，在“同和居”请客，他听见黄侃在隔壁一个房间说话（原来黄侃也在请客）就赶紧过去问好，不料黄侃对他批评起来，这个学生所请的客已经到齐了，黄侃还不让这个学生走，这个学生心生一计，就把饭馆的人叫来交代说，今天黄先生在这里请客，无论花多少钱都上在我的账上，黄侃一听，就对那个学生说，好了，你走吧。

在中国哲学门里，有一位受同学尊敬的教授，叫陈介石（黼宸），他给我们讲中国哲学史、诸子哲学，还在中国历史门讲中国通史。据说，他是继承浙江永嘉学派的人，讲历史为韩侂胄翻案，说南宋末年一般人都忘了君父之仇，只有韩侂胄还想到北伐，恢复失地。他讲的是温州那一带的土话，一般人都听不懂，连好多浙江人也听不懂。他就以笔代口，先把讲稿印发出来，上课的时候，登上讲台，一言不发，就用粉笔在黑板上写，写得非常之快，学生们抄都来不及。下堂铃一响，他把粉笔一扔就走了。好在他写的跟讲义虽然大意相同，但是各成一套，不相重复，而且在下课铃响的时候，他恰好写到一个段落。最难得的，是他虽不说话，但却是诚心诚意地为学生讲课，真有点像庄子所说的“目击而道存”，说话成为多余的了。他的课我们上了一年，到一九一六年暑假后我再回到北大的时候，听说他已经病死了，同学们都很悲伤。

马夷初（叙伦）给我们开了一门课，叫“宋学”。上了一个学期，他因为反对袁世凯称帝，辞职回南方去了。学长夏锡祺不知从什么地方请了一位先生来接替马夷初。那时候，对于教师的考验，是看他能不能发讲义，以及讲义有什么内容。这位先生名不见经传，上课前又没发讲义，我们对他就有点怀疑。去了好几天，才发出三页讲义。其中有一个命题是“水为万物之源”。我们一看，都说这不像一个现代人所说的话。那时候我当班长，同学们叫我去找学长，说这位先生不行，请换人。学长说，你们说他不行，总得有个证据呀。我说他的讲义就是证据。学长说，讲义怎样讲错了，也得有个理由。我回到班里一说，同学们说，我们每个人都写出几条理由。这位先生的讲义只有油印的三页，我们一下子就写了十几条理由，可以说把它批得体无完肤。我送给学长。学长一看，也无话可说，只问：这都是你们自己写的吗？我说是我们自己写的。学长说，等我再看看，不过有一条：你们不许跟这位先生直接说什么话或有什么表示，事情由学校解决。过了一两个星期，没有下文，只有当时的一个学监把我找去说，某某先生讲义上的错误，你们可以当堂同他辩论。我说，学长讲过，不许我们对他直接有所表示。学监说，彼一时此一时也。我了解他的意思，大概是学校讽令他辞职，他不肯，所以就让学生直接对付他。等他下一次来上课的时候，我们每一个人都带了几本《宋元学案》，在堂上质问，原来他连《宋元学案》都没有见过。同学们哈哈大笑，他也狼狈而去。

1916年春天，蔡元培来北大担任校长。他是清朝的翰林，后来弃官不做，到德国去留学。通德文，翻译了一些书。用“兼通新旧，融合中西”这个标准说，他在学术界的地位是吴汝纶所不能比拟的。辛亥前后，他也奔走革命。孙中山担任临时大总统，在南京组织中华民国临时政府，蔡元培担任教育总长。孙中山让位后，蔡元培又担任南京临时参议院的代表，来北京催促袁世凯到南京就职。他在政治上的地位也是很高的。他担任北京大学校长，社会上无论哪个方面，都认为是最合适的人选。他到校后，没有开会发表演说，也没有发表什么文告来宣传他的办学宗旨和方针，只发了一个通告说：兹聘任陈独秀为文科学长。就这几个字，学生们全明白了，什么话也用不着说了。

他从德国回来的时候，立了三个原则，以约束自己。这三个原则是：一不做官，二不纳妾，三不打麻将。当时称为“三不主义”。北京大学校长也是由政府任命，但他认为这是办教育，不是做官。其余两条，也是针对着当时社会上的腐化现象而发的。参看上面所说的辜鸿铭的言论，就可知了。

我在北大当学生的时候，只到蔡元培的校长室去过两次。那时我的兄弟景兰在北京大学预科上学。河南省政府招考留学生，他要往开封去应考，需要一张北京大学的肄业证明书。时间紧迫，照普通的手续，已经来不及了。我写了一封信，直接跑到校长室。校长室是单独一所房子，设在景山东街校舍的一个旧式院子里。门口也没有传达的人，我就推门进去，屋里挂了一个大幔子，我掀开幔子，看见蔡元培正坐在办公桌后面看文件。我走上去，他欠了一欠身，问有什么事。我把信交给他，他看了，笑笑说，好哇，好哇，能够出去看看好哇。我说，那就请校长批几个字吧。他提起笔来就写了两个字：“照发”。我拿着他的批示到文书科，看着他们办好证明书，我拿着证明书就走了。那时候，章士钊（行严）在北大，给一年级讲逻辑，我去旁听过两次。他原来讲的并不是逻辑，而是中国哲学史——墨经。我有几个问题，写信给章士钊，请他解答。他回我一封信，叫我在某一天晚上到校长办公室等他。我按时到了校长室，他还没有到。我坐在幔子外边等他。又陆陆续续来了些人，像是要开什么会的样子。最后，章士钊到了，他那时候年纪还比较轻，穿的也很讲究，风姿潇洒。他看见我，同我说了几句话，也没有解答问题。我看要开会，就退出来了。

以后我一直没有看见过蔡元培，因为他也不经常露面。一直到1923年，我在纽约哥伦比亚大学的时候，他到美国访问，到了纽约，北大的旧学生组织了一个随从班子，轮流着陪同他到各地方去。有几天，我们常在一起。有一天，在旅馆里，我们每人都拿出来一张纸，请他写字。我恰好有一把折扇，也请他写。他给每人都写了几句，各不相同。又一天晚上，在纽约的中国学生开会欢迎，人到的很多。蔡元培一进会场，所有的人都不约而同地站了起来，好像有人在那里指挥一样。有一个久在北京教育界做事的留学生说，我在中国教育界多年，还没有看见校长和学生间的关系这样好的。北大的学生向来自命甚高，可是见了老校长这样的恭敬，说明大家真是佩服蔡先生。

我在北京大学的时候，没有听过蔡元培的讲话，也没有看见他和哪个学生有私人接触。他所以得到学生们的爱戴，完全是人格的感召。道学家们讲究“气象”，譬如说周敦颐的气象如“光风霁月”。又如程颐为程颢写的《行状》说程颢“纯粹如精金，温润如良玉，宽而有制，和而不流。……视其色，其接物也如春阳之温；听其言，其人〈入〉人也如时雨之润。胸怀洞然，彻视无间；测其蕴，则浩乎若沧溟之无际；极其德，美言盖不足以形容”。（《河南程氏文集》卷十一）这几句话，对于蔡元培完全适用。这绝不是夸张。我在第一次进到北大校长室的时候，觉得满屋子都是这种气象。

我有一个北大同学，在开封当了几十年中学校长。他对我说：“别人都说中学难办，学生不讲理，最难对付，我说这话不对。其实学生是最通情达理的。当校长的只要能请来好教师，能够满足学生求知识的欲望，他们就满意了。什么问题都不会有。”他的这番话，确实是经验之谈。学校的任务，基本上是传授知识，大学尤其是如此。一个大学应该是各种学术权威集中的地方，只要是世界上已有的学问，不管它什么科，一个大学里面都应该有些权威学者，能够解答这种学科的问题。大学应该是国家的知识库，民族的智囊团。学校是一个“尚贤”的地方，谁有知识，谁就在某一范围内有发言权，他就应该受到尊重。《礼记·学记》说“师严而后道尊”，所尊的是他讲的那个道，并不是那某一个人。在现在的大学里，道就是马列主义、毛泽东思想，就是科学，就是技术，这都是应该尊重的。谁讲的好，谁就应该受尊重。再重复一句，所尊的是道，并不是人。在大动乱时期，人们把这句话误说为“师道尊严”，其实应该是说“师严道尊”。

张百熙、蔡元培深懂得办教育的这个基本原则，他们接受了校长职务以后，第一件事情，就是为学生选择名师。他们知道当时的学术界中，谁是有代表性的人物，先把这些人物请来，他们会把别的人物都合集起来。张百熙选中了吴汝纶。蔡元培选中了陈独秀。吴汝纶死得早了，没有表现出来他可能有的成绩。而陈独秀则是充分表现了的。

陈独秀到北大，专当学长，没有开课，也没有开过什么会，发表过什么演说，可以说没有同学生们正式见过面。只有一个故事，算是我们这一班同学同他有过接触。在我们毕业的时候，师生在一起照了一个相，老师们坐在前一排，学生们站在后边，陈独秀恰好和梁漱溟坐在一起。梁漱溟很谨慎，把脚收在椅子下面，陈独秀很随便，把脚一直伸到梁漱溟的前面。相片出来以后，我们的班长孙本文给他送去一张，他一看，说：“照得很好，就是梁先生的脚伸得太远一点。”孙本文说：“这是你的脚。”这可以说明陈独秀的“气象”是豪放的。

附带再说两点。陈独秀的旧诗作得不错，邓以蛰（叔存）跟他是世交，曾经对我说，陈独秀作过几首游仙诗，其中有一联是：

九天珠玉盈怀袖，

万里仙音响佩环。

抗日战争时期，我在重庆碰见沈尹默，谈起书法。沈尹默说，五四运动以前，陈独秀在他的一个朋友家里，看见沈尹默写的字，批评说："这个人的字，其俗在骨，是无可救药的了。"沈尹默说，他听了这个批评以后，就更加发愤写字。从"其俗在骨"这四个字，可以看出陈独秀对于书法评论的标准，不在于用笔、用墨、布局等技术问题，而在于气韵的雅俗。如果气韵雅，虽然技术方面还有些问题，那是可以救药的；如果气韵俗，即使在技术方面没有问题，也不是好书法，而且这种弊病是不可救药的。陈独秀评论书法，不注重书法的形态，而注重形态所表现的气韵，这不仅是他对于书法理论的根本思想，也是他对于一切文艺理论的根本思想，是他的美学思想。

以上所说的，大概就是在十年动乱中所批判的"智育第一"、"学术至上"吧！"学术至上"一经受到批判，就一变而为"学术至下"了。当时有人在农村提倡"穷过渡"，在学校中所提倡的，也可以说是愚过渡。好像非穷非愚，就不能过渡到共产主义，实践已经证明，这种极左思潮的危害性，是多么大了。随着"学术至上"而受到批判的是"为学术而学术"。历史唯物主义者应该知道，"为学术而学术"这个口号当时所针对的是"为做官而学术"。上面已经说过，在清末民初时代，人们还是把学校教育当成为变相的科举。哪一级的学校毕业，等于哪一级的科举功名，人们都有一个算盘。学术成了一种做官向上爬的梯子。蔡元培的"三不主义"中，首先提出"不做官"，就是针对着这种思想而发的。他当了北大校长以后，虽然没有开会宣传"不做官"的原则，但从他的用人开课这些措施中间，学生们逐渐懂得了，原来北京大学毕业并不等于科举时代的进士；学术并不是做官向上爬的梯子，学术就是学术。为什么研究学术呢？一不是为做官，二不是为发财，为的是求真理，这就叫"为学术而学术"。学生们逐渐知道，古今中外在学术上有所贡献的人，都是这样的一些人。就中国的历史说，那些在学术上有所贡献的人，都是在做官的余暇做学问的。他们都可以说是业余的学问家，学问的爱好者，虽然是业余做学问，可是成功以后，他们的成绩对于国家、人民和人类都大有好处。学问这种东西也很奇怪，你若是有所为而求它，大概是不能得到它。你若是无所为而求它，它倒是自己来了。作为业余的学术爱好者，为学术而学术，尚且可以得到成绩，有所贡献。如果有人能够把为学术而学术作为本业，那他的成绩必定更好，贡献必定更大。我认为，从学术界方面说，社会主义的优越性之一就是，能保证有一些人，能够在不求名、不求利而能生活的条件下，“为学术而学术”。大学就是这样的一种机构。它的作用，在社会主义的制度下，才能发挥出来。

在十年动乱时期，还批判了所谓“教授治校”。这也是蔡元培到北大后所推行的措施之一。其目的也是调动教授们的积极性，叫他们在大学中有当家作主的主人翁之感。当时的具体办法之一，是民主选举教务长。照当时的制度，校长之下，有两个长：一个是总务长，管理学校的一般行政事务；一个是教务长，管理教学科研方面的事务。蔡元培规定，教务长由教授选举，每两年改选一次。我在北大的时候，以学生的地位，还不很了解所谓“教授治校”究竟是怎么个治法。后来到了清华，以教授的地位，才进一步了解所谓“教授治校”的精神。

教授之所以为教授，在于他在学术上有所贡献，在他本行中是个权威，并不在于他在政治上有什么主张。譬如辜鸿铭，在民国已经成立了几年之后，还是带着辫子，穿清朝衣冠，公开主张帝制，但是他的英文水平很高，他可以教英文，北大就请他教英文。这在蔡元培到校以前就是事实，蔡元培到校后不但没有改变这个事实，还又加聘了一个反动人物，就是刘师培（申叔）。刘师培出身于一个讲汉学的旧家，清朝末年他在日本留学，说是留学，实际上是在东京讲中国学问。那时候，在东京这样的人不少，章太炎也是其中之一，比较年轻的人都以章太炎为师，而刘师培却是独立讲学的。这样的人也都受孙中山的影响，大多数赞成同盟会。刘师培也是如此。袁世凯计划篡国称帝的时候，为了制造舆论，办了一个“筹安会”，宣传只有实行帝制才可以使中国转危为安。筹安会有六个发起人，当时被讥讽地称为“六君子”，其中学术界有两个名人，一个是严复，一个是刘师培。在袁世凯被推翻以后，这六个人都成了大反动派。就是在这个时候，蔡元培聘请刘师培为中国文学教授，开的课是《中国中古文学史》。我也去听过一次讲，当时觉得他的水平确实高，像个老教授的样子，虽然他当时还是中年。他上课既不带书，也不带卡片，随便谈起来，头头是道，援引资料，都是随口背诵，同学们都很佩服。他没有上几课，就得病死了。

这就是所谓“兼容并包”。所谓“兼容并包”，在一个过渡时期，可能是为旧的东西保留地盘，也可能是为新的东西开辟道路。蔡元培的“兼容并包”在当时是为新的东西开辟道路的。因为他的“兼容并包”，固然是为辜鸿铭、刘师培之类的反动人物保留地盘，但更多的是为陈独秀、李大钊等革命人物开辟道路。毛主席也是顺着这条道路进入北大的。在他们的领导下，革命的道路越来越宽阔，革命的力量越来越壮大，终于导致了五四运动的高潮。

那个时候的北大，用一个褒义的名词说，是一个“自由王国”，用一个贬义的名词说，是一个资产阶级自由化的王国。在蔡元培到北大以前，各学门的功课表都订得很死。既然有一个死的功课表，就得拉着教师讲没有准备的课，甚至他不愿意讲的课。后来，选修课加多了，功课表就活了。学生各人有各人的功课表。说是选修课也不很恰当，因为这些课并不是先有一个预订的表，然后拉着教师去讲，而是让教师说出他们的研究题目，就把这个题目作为一门课。对于教师说，功课表真是活了。他所教的课，就是他的研究题目，他可以随时把他研究的新成就充实到课程的内容里去，也可以用在讲课时所发现的问题发展他的研究。讲课就是发表他的研究成果的机会，研究成果就直接充实了他的教学内容。这样，他讲起来就觉得心情舒畅，不以讲课为负担，学生听起来也觉得生动活泼，不以听课为负担。这样，就把研究和教学统一起来。说统一，还是多了两个字，其实它们本来就是一回事。有一位讲公羊春秋的老先生崔适，他写了一部书，叫《春秋复始》，已经刻成木板，印成书了。蔡元培把他请来，给我们这一班开课。他不能有系统地讲今文经学，也不能有系统地讲公羊春秋，只能照着他的书讲他的研究成果。好，你就讲你的《春秋复始》吧。他上课，就抱着他的书，一个字一个字地念。以我们当时的水平，也提不出什么问题，他就是那么诚诚恳恳地念，我们也恭恭敬敬地听。开什么课，这是教师的自由，至于这个课怎么讲，那更是他的自由了。你可以说韩侂胄好，我可以说韩侂胄坏，完全可以唱对台戏。戏可以对台唱，为什么学术上不可以对堂讲呢？至于学生们，那就更自由了。他可以上本系的课，也可以上别系的课。你上什么课，不上什么课，没人管；你上课不上课也没人管。只到考试的时候你去参加就行。如果你不打算要毕业证书，不去参加考试也没人管。学校对于群众也是公开的。学校四门大开，上课铃一响，谁愿意来听课都可以到教室门口要一份讲义，进去坐下就听。发讲义的人，也不管你是谁，只要向他要，他就发，发完为止。有时应该上这门课的人，讲义没有拿到手，不应该上这门课的人倒先把讲义拿完了。当时有一种说法，说北大有三种学生，一种是正式学生，是经过入学考试进来的；一种是旁听生，虽然没有经过入学考试，可是办了旁听手续，得到许可的；还有一种是偷听生，既没有经过入学考试，也未办旁听手续，未经许可，自由来校听讲的。有些人在北大附近租了房子，长期住下当偷听生。

在这种情况下，旁听生和偷听生中可能有些是一本正经上课的，而正式生中有些人上课不上课反而很随便。当时有一种说法：在八大胡同（妓院集中的地方）去的人，比较多的是两院一堂的。两院指的是国会众议院和参议院的议员，一堂指的是北京大学（当时沿称大学堂）的学生。北大的这种情况，从蔡元培到校后已经改得多了，但仍有其人。有些学生在不上课的时候也并非全干坏事。顾颉刚曾告诉我说，他在北大当学生的时候，喜欢看戏，每天上午第二节课下课的时候，他就出校到大街上看各戏园贴的海报。老北京的人把看戏说成“听”戏。在行的人，在戏园里，名演员一登场，他就闭上眼睛，用手指头轻轻地打着拍子，静听唱腔。只有不在行的人才睁开眼睛，看演员的扮相，看武打，看热闹。顾颉刚是既不听，也不看，他所感兴趣的是戏中的故事。同是一个故事，许多戏种中都有，不过细节不同，看得多了，他发现一个规律：某一出戏，越是晚出，它演的那个故事就越详细，枝节越多，内容越丰富。故事也好像滚雪球一样，越滚越大。由此他想到，故事是人编出来的，经过编的人的手越多，内容就越丰富，古史可能也有写史的人编造的部分，经过写史的人的手，就有添油加醋的地方，经过的手越多，添油加醋的地方也越多。这是他的《古史辨》的基本思想，是他从看戏中得来的。

照上边所说的，北大当时的情况，似乎是乱七八糟，学生的思想，应该是一片混乱，派别分歧，莫衷一是。其实并不是那个样子。像上边所说的，辜鸿铭、刘师培、黄侃等人的言论行动，同学们都传为笑谈。传说的人是当成笑话说的，听的人也当成笑话听的。所谓“兼容并包”，不过是为几个个人保留领薪水的地方，说不上保留他们的影响。除了他们的业务外，他们也没有什么影响之可言。反之，为新事物开辟的道路，却是越来越宽阔，积极的影响越来越大。陈独秀当了文科学长以后，除了引进许多进步教授之外，还把他在上海举办的《青年》杂志，搬到北京，改名为《新青年》，成为北大进步教授发表言论的园地。学生们也写作了各种各样的文章，在校外报刊上发表。学生们还办了三个大型刊物，代表左、中、右三派。左派的刊物叫《新潮》，中派的刊物叫《国民》，右派的刊物叫《国故》。这些刊物都是由学生自己写稿、自己编辑、自己筹款印刷、自己发行，面向全国，影响全国的。派别是有的，但是只有文斗，没有武斗。

上边所引的那位中学校长说，学生是通情达理的，不仅通情达理，就是在大是大非的问题上，他们的判断水平也是不能低估的。当时已经是五四运动的前夕，新文化运动将近达到高潮，真是人才辈出，百花争艳，可以说是“汉之得人，于斯为盛”。就是这些人，提出了民主与科学的口号。就是这些人，采取了外抗强敌，内除国贼的行动。在中国历史中，类似的行动，在太学生中是不乏先例的，这是中国古代太学的传统。五四运动继承并且发扬了这个传统。

（《文史资料选辑》第83辑，文史资料出版社，1982年8月版）

⊙ 梁漱溟

五四运动前后的北京大学

我到北大任教的经过

我到北京大学任教，始于1917年下学期，而受聘则在其前一年蔡先生初接任北大校长之时。蔡先生之知我，是因看到那年（1916年）6、7、8月上海《东方杂志》上连载我写的《究元决疑论》一篇长文。文中妄以近世西洋学说阐扬印度佛家理论，今日看来实无足取，而当时却曾见赏于许多人。记得蔡先生和陈独秀先生（新任文科学长相当于后来之文学院长），以印度哲学讲席相属之时，我本不敢应承的。我说：我只不过初涉佛典，于此外的印度哲学实无所知。而据闻在欧洲在日本一般所谓印度哲学，皆指“六派哲学”而言，其中恰没有佛家。蔡先生反问：“你说你教不了印度哲学，那么，你知有谁能教印度哲学呢？”我说不知道。蔡先生说：“我们亦没有寻到真能教印度哲学的人。横竖彼此都差不多，还是你来吧！你不是爱好哲学吗？我此番到北大，定要把许多爱好哲学的朋友都聚拢来，共同研究，互相切磋；你怎可不来呢？你不要当是老师来教人，你当是来合作研究，来学习好了。”他这几句话打动了我，只有应承下来。

虽则答应了，无奈我当时分不开身，当时我正为司法总长张镕西先生（耀曾）担任司法部秘书。同时任秘书者有沈衡山先生（钧儒）。沈先生多为张公照料外面周旋应付之事，我则为掌理机要函电。倒袁者本以西南各省为主，张公实代表西南滇川两粤而入阁。正在南北初统一，政治上往来机密函电极多，我常常忙到入夜。我既于此门功课夙无准备，况且要编出讲义，如何办得来？末后只得转推许季上先生（丹）为我代课。

及至次一年，经过张勋复辟之役，政府改组，镕西先生下野，我亦去职，南游入湘。10月间在衡山的北军王汝贤等部溃走长沙，大掠而北，我亦不得安居，随着溃兵难民退达武汉，就回北京了。因感于内战为祸之烈，写了一篇《吾曹不出如苍生何》，呼吁有心人出来组织“国民息兵会”，共同制止内战，养成民主势力。自己印刷数千册，到处分送与人。恰这时许先生大病，自暑假开学便缺课，蔡先生促我到校接替，于是才到北大。

许季上先生在佛学上的素养远胜于我，又且长于西文。他讲印度哲学，一面取材西籍，一面兼及佛典。我接替他，又得吴检斋先生（承仕）借给我许多日文的印度哲学书籍作参考。其后，我出版的《印度哲学概论》就是这样凑成的。我在北大，随后又开讲一门唯识哲学，自己编写了《唯识述义》三册，次第付印（今已无存）。对于讲唯识，我后来有些不敢自信，建议蔡先生由我去南京支那内学院请人来讲。初意打算请吕秋逸先生（澂），未成事实，改请了熊十力先生。熊先生来到北大，即有《新唯识论》之创作。他却是勇于自信而不信古人的。1920年我提出“东西文化及其哲学”作了一个月的讲演，不在哲学系课程之内，然却由此在哲学系添讲儒家哲学一课。到1924年暑期我自己去山东办学，辞离北大，计在校共有六个整年。

当时有关佛学的其他讲座

当时我讲的印度哲学既括有佛学在内，又且专开一门唯识哲学。但在爱好哲学从而爱好佛学的蔡先生，犹以为未足，先后又请了几位先生任讲佛学。一位是张尔田先生（孟劬）讲《俱舍论》（代表小乘）；一位是张克诚先生曾讲了《八识规矩颂》《观所缘二论》（代表相宗或称有宗）；还有一位邓高镜先生（伯诚）曾讲了《百论》（代表性宗或称有宗）。虽然其时间都不长，似亦不列入哲学系正式课程之内，然而蔡先生之好学却于此可见。其中张克诚先生，原是先在西四牌楼广济寺自愿宣讲，任人来听的。蔡先生和校中一二同事亲往听讲几次，便约请其到校内来讲了。

我们从许多处皆可看出蔡先生对学术、对教育、对社会运动有他一股热诚，不愧为应乎其时代需要的革命家，而全然不是一位按照章则规程办事的什么大学校长。所有的史料均足为证明，即如上述一些小事亦复可见。

哲学系的盛况

蔡先生曾创立以美育代宗教的学说，又尝在校自己讲授过美学。他为哲学系先后聘请的教员很多，我不能悉记，即不能备举。我且举一个张竞生。这是从美育、美学而联想起来的，因为张先生曾讲了一年《美的人生观》，并且把它印成了书出版。这自然是他自己的学说。其后，他在校外又出版一种《性史》，似是陆续发行的期刊，其内容猥亵，很遭物议。我虽亦认为给社会的影响不良，然却谅解其人似与下流胡闹者有别。总之，由蔡先生的哲学兴趣，又请了一些有哲学兴趣的教员，便开发了学生们的哲学兴趣。哲学系在当时始终为最重要的一个学系，估量比其他任何学系的学生都多。特别是自由听讲的人极多，除了照章注册选修这一哲学课程者外，其他科系的学生，其他学校的学生（例如琉璃厂高师的学生，太仆寺街法专的学生等等），乃至有些并非在校学生，而是壮年中年的社会好学人士，亦来入座听讲[①]。往往注册部给安排的教室，临时不合用。就为按照注册人数，这间教室座位可以容得下，而实则听讲

① 以我所知，广东伍庸伯先生（观淇）、苏北江问渔先生（恒源）在当时皆年近四旬，而天天在北大听课的。伍先生听课达一年之久。江先生在当时是一位农商部主事。他一面任职，一面听课，竟然取得正式毕业资格。——原注，下同。

的人竟然多出一倍。我自己的经验，当1923年前若后，我讲儒家思想一课，来听讲的通常总在200人左右。初排定在红楼第一院某教室，却必改在第二院大讲堂才行。学年届满，课程结束，举行考试的试卷亦有90多本。此即注册的正式学生之数了。大约胡适之讲课，其听讲的人可能比这还要多。

然而莫以为来听的人，都是钦佩这位主讲的。例如有彭基相、余光伟等同学，他们都不大同意我之所讲。据闻他们对旁人说："我是来听听他荒谬到什么程度。"这种态度并不可厚非，这正见出当时学术气氛的浓厚。大家都在为学术，所以学生求学非只为取得资格、取得文凭。记得同学朱谦之曾反对学校考试，向校当局申明自己不参加考试。蒋梦麟代校长有书面答复张贴出来，说不参加考试是可以的，不过没有成绩分数，将来便没有毕业文凭。像这样不计较分数和文凭颇有其人，非只朱一个。同时，我还清楚记得张贴出来的答复上面，竟称他"谦之先生"。这位校长先生又未免太客气了吧！

蔡校长在北大的一段历史意义不寻常

今天的新中国必以新民主主义革命为其造端，而新民主主义革命则肇启于五四运动。但若没有当时的北京大学，就不会有五四运动出现；而若非蔡先生长校，亦即不可能有当时的北京大学。直截了当地说，1921年中国共产党的诞生，1924年孙中山先生改组中国国民党，国共第一次合作，都是从五四运动所开出的社会思想新潮流而来的。毛主席曾说过这样一些话，可以为证：

> 自有中国历史以来，还没有过这样伟大而彻底的文化革命。当时以反对旧道德提倡新道德、反对旧文学提倡新文学，为文化革命的两大旗帜，立下了伟大的功劳。
>
> 五四运动是在思想上和干部上准备了1921年中国共产党

的成立，又准备了五卅运动和北伐战争。（以上均见《新民主主义论》）

如所周知，这是远从世界历史、近从中国历史当其时机运会到来所起的一大变化，自有许多人聚合参与其间，不能归功于任何一个人。然人必有主从，事必有先后。论人则蔡先生居首，论事则《新青年》出版在先。许多人的能以聚合是出自蔡先生的延聘，而《新青年》的言论倡导正都出自这许多人的手笔。

陈独秀创刊《新青年》，始于1915年，经过一年多，1916年蔡先生聘他为文科学长。蔡先生一向主张办大学要以文、理两科为主；所有其他法、商、工、农、医学科都是在这两科学术基础上的发挥应用。故尔〈而〉，作为全国最高学府的北京大学，其任务全在把文、理两种办好。两科比较，文科尤为蔡自己兴趣所在，则其聘陈，非出一时随便可知。据我当时见闻，事情却又凑巧，蔡来京就校长职，税居南城官菜园上街。陈适亦为上海亚东图书馆（一个出版社，《新青年》初由其印行）募集股款来京，住于旅馆中。两位先生虽早相识，然对于文科学长人选，蔡初未有意于陈，旁人力荐，经访谈几次极洽，乃定局。陈是反封建的一位闯将，是新文化运动的急先锋。其为人圭角毕露，其言论锋芒逼人，恰与蔡先生的为人态度不相似而极相反。人人皆知蔡先生长北大，于新旧各派人物兼收并蓄，盛极一时。然其内心倾向坚持在新的一面，我们从其用陈见之，尤于其后一力支持陈氏见之。校外固然把陈当做洪水猛兽来反对，校内亦有不少人对他有反感，因为他往往说话得罪人（例如在会议席上当面给理科学长夏元瑮以难堪之类），而且他细行不检，更予人以口实。然以有蔡先生自己出面对外承担一切，对内包容不疑不摇，故卒能俾陈发挥其作用。

胡适到北大，即由陈引来。行严先生与蔡与陈皆相熟至好，很快经邀聘到校，任教逻辑一课兼图书馆主任，但未能久于其事[①]。李大钊则由

① 据章行严先生谈，清末革命，他与蔡先生同搞“爱国学社”，与陈同办《国民日报》，多年相熟友好。蔡、陈于1916年接北大事，他恰去日本，经函电邀聘，立即应聘到校。但次年广东

章行严力荐而来；并且以所任图书馆主任让李。鲁迅（周树人）则是早先经蔡先生引用于教育部。此时又请其来校兼课的。此外的人物当然还多。还有同学中亦出了不少有力人物，皆与当时运动有关。然人物尽多，其中要以陈、胡、李、周四人起的作用最大。其影响所及不限于校内，抑且不限于北京一地而能风动全国者，则以种种刊物是不胫而走的。这些刊物，《新青年》而外，如《每周评论》《新潮》《努力》等等尚多，然其中要以《新青年》起的作用最大，又不待言。以时间计之，“五四”、“六三”是1919年5月、6月的事，其时《新青年》刊行既满三年有半。正为在事前有这三年多的酝酿发酵而后乃有北京八校的学生行动和上海各地的罢工、罢市那些风潮出现，不是吗？

试看，毛主席之从湖南来北京大学旁听各课[①]，不正是被新思潮吸引而来，不正是在五四运动发生的一年之前吗？那时非独青年学子多被吸引北来，就是年纪大很多的，亦有不少人其思想有烦闷、生命有活力亦一样抱着为解决问题的心情而北来。例如今天年过九旬的张难先这位老人家，就是其中之一，当时他且将五旬了。据我所知，不一其例，且不多举。

核论蔡先生一生，没有什么其他成就，既不以某种学问见长，亦无一桩事功表见。然而他所成就之伟大，却又非寻常可比。这就是：他从思想学术上为国人开导出一新潮流，冲破了社会旧习俗，推动了大局政治，为中国历史揭开新的一页。在这里，他并非自己冲锋陷阵的。他之所以能成其功，全在他罗致聚合了上述许多人物，倾心倾力维护他们，并从而直接间接培养出了许多青年后起人物。

护法方面七总裁拥岑春煊为主，发表他为秘书长，事前并未征求他同意。在南北对抗局中，使他不得安于北大，遂尔离去云。

① 毛主席在长沙师范求学之时，最受知于教师杨怀中先生（昌济），情谊极深。1917年间，杨任北大哲学系教授，讲西洋伦理学史等课，住家地安门鼓楼东豆腐池胡同。毛主席北来，即投住其家，一面经杨介绍为图书馆职员，一面缴费做旁听生听课。正值五四运动之时，毛主席却未在北京。我在当年与杨先生曾彼此互有过从，顾未及接识毛主席。

雄辩会

雄辩会是当时北大同学间发起成立的一种组织，主要以练习作讲演和彼此辩论为务。据我记忆，起始于1918年春季，参加者以法科同学居多数。我当时担任着印度哲学讲席，而在古印度社会公开辩论哲理之风最盛，其“因明”之学即发端并发展于此。因此同学们曾邀我在他们会上讲过一次话。其会务主要负责人，记得是方豪、雷国能等同学。此会后来发展如何，延续下去有多久，不详。

行知会

“行知会”抑或为“行知社”，其名称我记不明确。其发起成立似较晚，大约在1922年或1923年了。这是由哲学系同学们所发起，而参加者亦以哲学系同学居多。当时北大同学中间的种种组织非常之多，或注意知识方面，或注意艺术方面，或注意社会问题而有志于社会运动。唯此会则以个人的品德行谊为其注意所在；只要求各人就其所知所信而勉行之，故称“行知会”。参加的同学人数不多，约二三十人。不过教员方面被邀请参加者亦颇有人，我本人即其中之一。据记忆，还有徐炳昶先生（旭生）、屠孝寔先生（正叔）；乃至其时在校任课的德国人卫礼贤先生亦参加。凡会员初次出席于会者，即自己谈其所知所信和过去生活经历，以及今后如何自勉。记得我曾亲听到卫礼贤自谈其早年如何来到中国传教，久而久之，如何如何大大佩服了中国文化和学术，今后回国将以毕生精力从事译述宣传云云（他的中国语文很好）。其时负责会务者，只记得一个同学是河南人，姓杨，而忘其名。事隔十数年后，抗战期间忽遇其人于开封，似改名杨一峰。屠先生故去多年，现在谈及往事只有徐先生尚可为证。

（《忆往谈旧录》，中国文史出版社，1987年12月版）

⊙ 马叙伦

从“五四运动”到“六三索薪”[①]

我在北大仍取教书不问别事的态度，因为一则我晓得自己没有办事的才能，在医专的时候，还兼办文书；但是，极平常的一件公事，我还不能办得“恰到好处”，时时要汤尔和修改，觉得经过他改以后，就情理都合，因此，我便看得事真不易办，也就不愿再问别事了。二则我从元年起，就决心做学术上的工作，便研究中国的文字，要写一部《说文解字六书分纂》——后来改了“体例”，叫作《说文解字六书疏证》，这时兴趣正是浓厚，又加我在北大担任着老庄哲学的科目，感觉到庄周的学说和佛学太相像了，便要参考一下佛学，所以也没有时间去问别事。

可是，事情找上我了，“平地一声雷”的“五四运动”在我埋头写书的时候爆发了。这是八年五月四日；我完全没有得到一些消息，突然听到各大学的学生会集在天安门，要政府惩办卖国贼，拒绝日本对胶济铁路的要求。还一条长蛇阵式子直向赵家楼找卖国贼，赵家楼是外交总长曹汝霖住宅所在的地方，当时驻日公使章宗祥正在曹家，听到消息都逃避了。他们扑了个空，有人冒火了，便演成一出火烧赵家楼。因此，被认为现行犯的许多学生如许德珩、蔡海观等都被捕了，这样事态便扩大了，各大学都成了怠课状态。

在学生和政府相持的状态底下，北大校长蔡元培先生写了一张小小

① 节录自《我在六十岁以前》，题目系编者代拟。

便条，说什么“民亦劳止，汔可小休。”“杀君马者道旁儿”，一径离开北京上天津了，失掉一个学生和政府中间的“第三方面”，事情更难办了。北大文学院院长陈独秀先生一天把“传单”塞满了他的西服上两口袋，跑上城南大世界最高的楼上，把传单雪片地往下散，因此，陈先生也被捉将官里去。

这时，北京各公私立的大学（那时，国立的除北大称大学以外，如法政、医学、工业、农业，都是专门学校，还有男女两个高师，一个明年便改作专门学校的美术，当时称作八校，此外如朝阳大学、中国大学、汇文大学等都是私立的）的校长无形的成了一个集团，各校教职员也各自组织起来了，学生自更不必说。

到了五月快要过完，没有解决的希望，学生就想罢课。教职员方面怕一罢课学生就散了，而且正近放暑假的时候了，因此劝告学生，学生方面也有“持重”的，所以头一次开会没有通过。但是，他们想了分组游行演讲的办法，终究在五月底宣告罢课，教育园地里成了“遏密八音”的气象。

演讲队在街头巷尾，三五成群，高举白布旗子，写上“山东问题”等等口号，背了板凳，站在上面，向老百姓演讲。起初大家理会不了，经他们“锲而不舍”，终究唤起了群众的觉悟。军阀政府的领袖徐世昌不能不理睬了，据说，他听了三个卖国贼里面一个叫做陆宗舆的话，居然下毒手了，把一群一群的大小学生（那时中学生也响应了）捉来，送到北河沿北大第三院（法学院），把他们当囚犯似地关着，把北大三角形的三座校舍，都用兵围着，校舍门外排列了帐篷，真有“连营七百里”的样子。

那时，北大成立了教职员会，推康宝忠做主席，我做书记，由北大教职员会发起组织了北京中等以上学校教职员会联合会，也推康宝忠做主席，我做书记。后来康先生因心脏病死了，我就改任主席，沈士远（也是北大教授，现任考试院什么处长。）任书记，我因此和北京教育界发生了紧密的关系。长长的十几年里，教育、革命、抗战虽则说不上是我领导着，我也不客气地承认我是关系人里面重要的一个。那时，由教职员会联合会向政府说话，所有披露的文字，都出于我的手里，我倒得了机会，习会和人打笔墨官司的一套，直到我最后离开北平（我在廿五年夏天最后离开北大，那时北京已改名北平了）。如果编一册“代言集”，材料倒也不少吧。

关在北大第三院的学生们，整日水不到口，饭不入肚。教联会的各校代表得了消息，设法送茶送饭，都不许进去。直到第三日舆论起了反响，学生的家族也和政府打麻烦了，一辈军阀政府的官僚，还读过些四书五经，舆论倒很注意的，所以茶饭也得送进去了。

教联会推举了八位代表，要进去看看这些被幽禁的大小朋友，起初照例不许，不想恼了一位汇文大学的代表（汇大是燕京大学的前身）美国人博晨光，他竟大踏步朝里走，我也戤着他的牌头，冲了进去。那些武装同志，对于“洋大人”是不敢得罪的，和我也不为难了，只拦阻了其他六位。我们到了里面，大小朋友们自然好像见了亲人一样，个个跑过来，要说不说，只表示着一种形容不来的感情。终究我是中国人，被他们格外亲热，博晨光也就此走了。但是我刚说了一句安慰的话，倒惹动了他们的反对，他们却要求我演说。我想在这种“武装同志”监视底下，好说什么话？却又不能不允许他们的要求，一时心灵起来，想这些“武装同志”“来自田间”，“目不识丁”，我只要“咬文嚼字”，他们是不会懂的，因此，有恃无恐，很安详而慷慨地把外边消息隐约告诉了他们，再鼓励了他们一番，赢得他们个个拍掌，我才转了“词锋”，劝告他们各自回家（这是监视的“武装同志”嘱咐过的），他们却回答我一句：“宁死也不回去。”

这样三日，自然有人向政府说，这样的办法不妙，徐世昌也识风头，就解围了。这时，教育总长范源廉〈濂〉辞职离京，次长袁希涛代理部务，我们教联会代表头二十个，死缠住了他，好像讨债的，他也只得“挂冠而去”，来了一个和教育界太无渊源的傅岳芬，也了不下这个风潮。可是，风声早已传遍了国内国外，学联会派了代表向上海广州进〈进〉发，全国大中学生都响应了。“五四运动”，已经不是一个单纯为外交问题，在民主和科学两个口号底下，造成了一个时代意识，被青年首先接收去了。因此，上海教育界的人们和工商界的知识分子发起了拿罢市做后盾的要求罢免三个卖国贼，才把徐世昌吓倒了，给三个卖国贼做些假面子，准许他们辞职，才算结束。我呢，在这次大风潮里，接触了官僚的作风，也算得些不需要的常识，我的办事也相当老练起来了。因为从“五四运动”开始后到结束，教联会是我主持着。

有一件事情，可算“五四运动”里的插曲吧。在风潮高长〈涨〉的时候，我是每日从早晨八时晚六时，有时直到八时以后，都在沙滩北大第一院（文学院）三楼临街中间一间教员休息室呆守着，为了保持各方的接触。有一日，我已回家晚饭，忽然得到电话，是休息室工友打来，叫我去开会。我想，有什么会？向来有会，我总事前接洽的，这是什么会？但是不好不去。到了第一院问起工友，他只对我说：“东屋里开会啦，有人在签名啦。”我过东屋去一看，长桌上摆了一本簿子，写着“北大迁往上海，教师同学愿去的请签名。”（原文记不清了，这是大概文句。）果然，已有教员学生签上几个名字，我还记得有“五四运动”的“巨子”北大同学傅斯年、罗家伦的大名。我想，这真怪事！是什么人的主张？我便退回休息室，且看动静。一忽儿刘文典先生来了，他说：“开会？”我说：“不知道，不过你可以往东屋里看一看。”他听我的话有点蹊跷，一看便来问我：“你看怎样？”我说：“我们不是要奋斗？奋斗要在黑暗里的。”他转身便走。第二日，他来告诉我：“昨晚我把你说的话告诉了独秀，他说：‘你的话很对。’他已把傅斯年、罗家伦叫去训了一顿。”果然，这件事算就此不提了。

但是，五四风潮算告结束，蔡先生却回了绍兴，不肯再做北大的校长，因此，各大学的校长也不敢“复职”。各方又费了一番心思，终究由校长方面挽留蔡先生的代表汤尔和替他出上一个主意，叫他的学生正在江苏教育会办事的蒋梦麟做代表，替他回校办事。可是，蒋梦麟先生在北大里毫无根瓣，拿什么资格来替蔡先生代办校长的职务？北大里原有几位怕江苏教育会来抢北大的，便放了空气；可是，蒋梦麟先生已经到了北京。假定不让他来做代表，连蔡先生也不回来了，仍旧妨碍了大局，又是我在里面疏通疏通。幸而蒋梦麟先生很识相，在某晚出席教职员会上很谦虚地说：“蔡先生派他〈我〉来代捺捺印子的，一切请各位主持。”

因此，大家也没有怎样他，只得在评议会上通过了聘他做教授，担任总务长，从此蔡先生离开学校的时候，蒋梦麟先生就代理校长了。

评议会是北大首先倡办的，也就是教授治校的计划，凡是学校的大事，都得经过评议会，尤其是聘任教授和预算两项。聘任教授有一个聘任委员会，经委员会审查，评议会通过，校长也无法干涉。教授治校的精神就在这里。表面看来，校长只有“无为而治”，什么权力好像都被剥削了；但是，北大在连续几年风波动荡里面，能够不被吞没，全靠了他，后来北京师大等校也仿行了。我算不断地被任为评议员，直到十五年张作霖据北京，我离开北大。

“五四运动”后安稳不到一年，北京大小各校教职员因挨不起饿，发起了一次“索薪”运动。这时，因五四的经验，大家都晓得组织的重要了。运动开始，便组织了“北京小学以上各校教职员会联合会”，除了私立各校以外，大、中、小几十个学校都联合了，声势自然不小。我呢，又被举做了主席。这时，我真要红得发紫，因为我兼任高师、医专的教员，所以，不但北大教职员会是我主席，高师、医专也硬把我推上主席，因此，我办事很有把握，而学生联合会又有了紧密的联系。政府觉得很讨厌，就用分化手段来对付我们，把京师学务局管辖的中小学分化了出去，我们也用一点手段，对付政府当局。当时的政府当局还晓得老夫子不好过于得罪的，对于我们的要求，三件敷衍两件，我们也将就了事，算没有把一个团体公然崩溃，我也得了一个教训。

到了十年春天，大家又不耐饥了，而且实在没法维持了，而且也觉得政府对于教育满不在意，只是做他装点门面的工具。因此，除索薪以外，还提出教育基金和教育经费独立的口号，并且拒绝了他们敷衍的办法，罢课相持，直到六月三日：那时，教育部长早已没有人敢做，由一位教育厅长马邻翼升任次长，代理部务，这位马先生忒大意了，不但毫无预备，冒〈贸〉然来就职，而且对几十个老夫子的代表礼貌不周，已经引起了反感，他又大胆地答应了发还积欠薪金，他并不晓得积欠薪金总数有七八十万，政府是无法筹措的，而且他并不先查一查，各校教职员一再地辞职在先，才后“索欠”的，他不经过慰留，便许发清“积欠”，这样，便激动了大家必须叫他立刻发清，自然是办不到的；同时国务院秘书长郭则沄也不会应付，早为教职员所不满；所以到了这日（六月三日）北京国立八校的教职员既决议向徐世昌说话，上年分手的公立中小学教职员也自动地临时加入，还有小学以上的学生也共同来做教育经费运动，一共有上万的人，都齐集在教育部内外，请马代部长率领往总统府见徐世昌，马先生倒并不推辞，可是，总统府早已关了新华门（总统府大门）布置了队伍，在门外迎接我们，我们一到，就被拦阻，就被枪击，我是以八校教职员会联合会主席的身份，走在上万的教职员学生前头，就和几个同事都被打得头青脸肿；（沈士远先生也是被打的一个。）徐世昌还要非法惩办我们，我们受伤的住在首善医院，被他派下等特务看守住了卧室。但是，人家劝他不可大意了，教书先生惹不得的，何况实在是政府对不起他们，他才走向法律路上，说我毁坏他的名誉，（这事他要法律解决，法官说："无罪可附，只有这样的一个罪名还可以办。"）向法院起诉，前清皇帝载湉曾告章炳麟先生到上海会审公堂，这番我被大总统告到法院，也可入了"同书"。结果，我们固然白挨了打，（首善医院的医药费倒是教育部担负的。）他也失败了，因为我已设法迁入了东交民巷法国医院（我要谢谢一位徐鸿宝先生，他是替我设法，而且护送我到医院的。）法院没法"传案"，而且各校教职员说："要'传案'大家都到！"后来因暑假已过，非开学不可，由各大学校长等和教育部商量，拉了两位做过国务总理的，一位汪大燮先生，一位孙宝琦先生，还有一位是清朝广西布政使，辛亥革命，他反正，做了广西都督的王芝祥先生出来转圜，他们三位先到医院来慰问，才后法院派了法官，便衣私入医院，用谈话式问了问，就算了案。

六三事件的规模，实在远过"五四运动"；因为实际上有革命意义的，而且也"事闻中外"，国内教育界没有不给我们援助，孙中山先生在广州也给我们正式的援助，北京军阀政府的威信就此一落千丈。后来徐世昌又被他的部下一逼，溜之大吉地下台了。

（《我在六十岁以前》，生活书店，1947年6月）

⊙ 田炯锦

北大六年琐忆

约两年半以前，刘绍唐先生嘱为传记文学写一篇我在北京大学受学时的回忆。因彼时正忙于办理行政院法规整理委员会的结束事项，未能报命。原打算在去年北大校庆以前，抽暇草拟，不意有许多笔债和事务待办，以致迟迟未能着手。现在又快到今年校庆了，只得将过去在北大六年而今仍能记忆的琐事拉杂追叙，如有错误或欠正确之处，尚希阅者指教。

民国六年夏，看见北大招生的广告，应考资格有同等学力一项。彼时我在天津南开中学刚修完二年级的课程，乃报名投考预科，因物理化学尚未修习，乃请高班同学指导，补习了一月。考试结果，幸被录取，编入文预科一年级甲班。次年章程修改，非中学毕业不能应试，故我跳越了两年转学北大，实属幸运。

南开中学一切很认真严格，教员按时上下课，每学期的功课均按时教完。学生则闻上课铃即入教室，请假须合规定，不得无故缺课。有月考、期考、年考，月考成绩差者，教员予以责备警告，期考有不及格的课者补考，年考不及格者降级。故教与学均兢兢业业的进行。初入北大，甚感不惯，上课铃响时，好些教员常迟延十分钟左右，方到教室，但下课铃响后，仍继续讲之不休，下一课的教员如守时，学生简直无法休息。有些教员上课两三星期，尚未讲入正题，有些教员编发讲义，但过数星期后，又作废另发。月考甚少，且不认真。故当时很奇怪北大系驰名全国的好学校，何以如此随便？但一学期未满，我即体认北大的长处。教员们多系学识丰富之学人，他们开始讲的很多题外话，对该课以后的深入了解，大有功用。有些教员的功课虽未能按时讲完，但确有许多心得，转授给学生。只要学生肯用功，则其所得到的益处，当远超过按课本逐章逐节的讲解。所以我常想倘能以南开的谨严，与北大的启发，合并用于教学，当可以使大多数学子都有成。

北大的前身，为清代已成立的京师大学堂，监督及以后的校长，均系大官充任或兼任，学生们亦多僚气与暮气甚深。我初入学时，尚闻人论说：北大老旧，高师穷苦，清华洋气。但事实是：自六年一月蔡孑民先生接任校长后，揭示“大学为研究高深学问之机关”，并勉学生以三事：一、研究学问，二、砥砺德行，三、敬爱师友。同月规定教员担任教课钟点办法六条。四月停聘学术标准不合在大学任教之外国教师。是年冬组织学术讲演会，并创刊《北京大学日刊》《月刊》。故自蔡先生长北大后，学校已逐步改进。加以他豁达的气度，远大的眼光，以及和蔼可亲的态度，已经使师生们均受其感召，而追求进步及革新。是年秋季开学上课未久，就觉得我们班上的教员，大多数都是学识丰富而有见解，如马裕藻讲中国学术文，朱宗莱讲模范文，钱玄同讲中国文字学，杨敏曾讲中国史，何炳松讲世界文明史（后改称西洋文化史），田北湖讲中国地理。虽然他们的口才有巧有拙，表达的有条理或乏系统，但令人觉得他们所讲均系内容充实，并有独到的见解。其所编讲义之文字亦很优美。

这时候北大有很多著名的教授：在文科者如黄侃（季刚）、黄节、陈汉章、梁漱溟、辜鸿铭、刘师培、陈大齐、陈独秀（文科学长）、胡适、沈尹默、沈兼士等，法理两科亦有许多驰名教授。他们的著作及其在报章杂志所发表的文章，均受人们的称许、推崇，或引起辩驳。但著名的学人中，亦有些行为不检，生活浪漫，使人骇异。蔡先生乃于民国七年提倡组织进德会，会员分三类：一类是不嫖不赌，不纳妾；一类是除上述三者外，并且不吸烟，不饮酒；一类是除上述五者外，尚须不食肉类。这一个会以后事实证明，没有发生多大效力。但蔡先生婉请素行不检的教职人员入会，一年以后将学术声誉甚高、而其私生活仍旧糜烂的几个教授不予续聘。故蔡先生虽认为“人才至为难得，若求全责备，则学校殆难成立”，故“对于教员以学诣为主……其在校外之言动悉听自由”，但不许“诱学生而与之堕落”。所以他虽注重邀请饱学之士任教，使学生的智识增进；但亦注意学生品德的修养。故教员的行为苟有影响学生堕落的危险，则无论其学识如何渊博，亦不能不割爱使其去职。

这一时期，我国学术界有新旧之争，北大的教员们，如胡适之、钱玄同、沈尹默等，常发表白话文、白话诗，提倡“国语的文学，文学的国语”，主张以科学的方法，整理我固有的各家遗著，返还古哲人们学说的本来面目。校内外的反对者们，乃以为他们“离经叛道”“覆孔孟，铲伦常”，“尽废古书，行用土语为文字”。校外抱残守缺之士如林琴南先生者，竟信以为实，于八年三月在《公言报》，公开发表致蔡校长书，有云：“且天下唯有真学术真道德始足独树一帜，使人景从。若尽废古书，行用土语为文字，则都下引车卖浆之徒，所操之语，按之皆有文法……此则凡京津之稗贩，均可用为教授矣。”“乃近来尤有所谓新道德者，斥父母为自感情欲，于己无恩。此语曾一见之随园文中，仆方以为拟于不伦，斥袁枚为狂谬，不图竟有用为讲学者。人头畜鸣，辩不胜辩，置之可也。彼又云武曌为圣王，卓文君为名媛，此亦拾李卓吾之余唾；卓吾有禽兽行，故发斯言。”

蔡校长阅报后，乃即写“为说明办学方针，答林琴南君函”，送《公言报》发表，兹择要节录数段如下：

> 公书语长心重，深以外间谣诼纷集为北京大学惜，甚感。惟谣诼必非实录，公爱大学，为之辨正可也。今据此纷集之谣诼，而加责备，将使耳食之徒，益信谣诼为实录，岂公爱大学之本意乎？原公之所以责备者不外两点：一曰“覆孔孟，铲伦常”；二曰：“尽废古书，行用土语为文字”。请分别论之。
>
> 对于第一点，当先为两种考察：（甲）北京大学教员曾有以“覆孔孟，铲伦常”，教授学生者乎？（乙）北京大学教授曾

有于学校以外发表其“覆孔孟，铲伦常”之言论者乎？

请先察“覆孔孟”之说。大学讲义涉及孔孟者，惟哲学门中之中国哲学史。已出版者为胡适之君之《中国上古哲学史大纲》，请详阅一过，果有覆孔孟之说乎？特别讲演之出版者，有崔怀瑾君之《论语足征记》，《春秋复始》。哲学研究会中有梁漱溟君提出“孔子与孟子异同”问题，与胡默青君提出“孔子伦理学之研究”问题，尊孔者多矣，宁曰覆孔？

次察“铲伦常”之说。常有五，仁、义、礼、智、信，公既言之矣。伦亦有五，君臣、父子、兄弟、夫妇、朋友。……在中学以下修身教科书中，详哉言之。大学之伦理学涉此者不多。然从未有以父子相夷，朋友不信，教授学生者。大学尚无女学生，则所注意者，自偏于男子之节操。近年于教科书以外，组织一进德会，其中基本戒约，有不嫖，不娶妾两条。不嫖之戒，决不背于古代之伦理。不娶妾一条，则且视孔孟之说尤严矣。至于五常，则伦理学中之言仁爱，言自由，言秩序，戒欺诈，而一切科学皆为增进智识之需，宁有铲之之理欤？

……公所举“斥父母为自感情欲，于己无恩”，谓随园文中有之。……公能指出谁何教员曾于何书，何杂志，述路粹或随园之语，而表其极端赞成之意者？…所谓“武曌为圣王，卓文君为贤媛”，（李贽所说）何人曾述斯语，以号于众，公能证明之欤？

对于第二点当先为三种考察，（甲）北京大学是否已尽废古文而专用白话？（乙）白话果是否能达古书之义？（丙）大学少数教员所提倡之白话的文字，是否与引车卖浆者所操之语相等？

请先察“北京大学是否已尽废古文而专用白话？”大学预科中有国文一科，所据为课本者，曰模范文，曰学术文皆古文也。……其编成讲义而付印者皆文言也。于《北京大学月刊》中，亦多文言之作。所可指为白话体者，惟胡适君之《中国古代哲学史大纲》，而其中所引古书多属原文，非皆白话也。

次考察“白话是否能达古书之意？”大学教员所编讲义，固皆文言矣。而上讲坛后，绝不能以背诵讲义塞责，必有赖于白话之讲演；岂讲演之语，必皆编为文言而后可欤？吾辈少时读《四书集注》，《十三经注疏》，使塾师不以白话讲演之，而编为类似集注，类似注疏之文言以相授，吾辈岂能解乎？……

又次察“大学少数教员所提倡之白话的文字，是否与引车卖浆者所操之语相等？”白话与文言形式不同而已，内容一也。《天演论》、《法意》、《原富》等，原文皆白话也，而严幼陵君译为文言。小仲马、迭更司、哈德等所著小说，皆白话也，而公译为文言。公能谓公及严君之所译，高出于原本乎？若内容浅薄，则学校报考时之试卷，普通日刊论说，尽有不值一读者，能胜于白话乎？且不特引车卖浆之徒而已，清代目不识丁之宗室，其能说漂亮之京话，与《红楼梦》中宝玉、黛玉相埒，其言果有价值欤？……公谓“《水浒》、《红楼》作者，均博极群书之人，总之非读破万卷，不能为古文，亦并不能为白话”。诚然，诚然。北京大学教员中，善作白话文者，为胡适之、钱玄同、周作人诸君，公何以证知为非博极群书，非能作古文，而仅以白话文藏拙者？胡君家世汉学，其旧作古文，虽不多见，然即其所作《中国哲学史大纲》言，其了解古书之眼光，不让清代乾嘉学者。钱君所作之文字学讲义，学术文通论，皆古雅之古文。周君所译之域外小说，则文笔之古奥，非浅学者所能解。然则公何宽于《水浒》、《红楼》之作者，而苛于同时之胡、钱、周诸君耶？至于弟在大学，则有两种主张如左：

（一）对于学说，仿世界各大学通例，循“思想自由”原则，取兼容并包主义，与公所提出之“圆通广大”四字，颇不相背也。……

（二）对于教员以学诣为主，在校讲授以无背于第一种之主张为界限。其在校外之言动，悉听自由。本校从不过问，亦不能代负责任。……

夫人才至为难得，若求全责备，则学校殆难成立。且公私之间，自有天然界限。譬如公曾译有《茶花女》、《迦茵小传》、《红礁画浆录》等小说，而亦曾在各学校讲授古文及伦理学。使人有诋公为以此等小说体裁讲文学，以狎妓通奸争有夫之妇讲伦理者，宁值一笑欤？然则革新一派，即偶有过激之论，苟于校课无涉，亦何必强以其责任，归之于学校耶？

蔡先生这篇答林琴南书，实吾国新旧争论时期之一件重要文献。把他办学的宗旨与苦心，说的极为清楚。处吾国一切落后的情况下，人才至为难得，若求全责备，则大学将延聘不到良好教员，学校一定无法办好。故他只得取人之长，而不重视其短。他说“复辟主义，民国所排斥也。本校教员中，有拖长辫而持复辟论者；以其所授为英国文学，与政治无涉，则听之。筹安会之发起人，清议所指为罪人者也，本校教员中有其人；以其所授为古代文学，与政治无涉，则听之。……革新一派即偶有过激之论，苟于校课无涉，亦何必强以其责任归于学校耶？”因为他对延聘教员系取人之长，期使学生得受良好教育。他们之中，如有在校外发表不法言论者，苟触犯国法，自应由政府依法取缔。学校既不能庇护，亦不能代负其责任。

蔡先生“为说明办学方针答林琴南君函”发表于民国八年三月十八日。此后不到两月，即发生五四运动。五四运动对吾国政治教育文化及社会各方面，都发生很大影响。因人们对之看法与了解不同，故其为功为罪，尚无定论。笔者于五十八年九月《传记文学》曾有平议，不再重述。“答林琴南君函”对于容许以白话文编讲义及讲授课的道理，说的清楚合理。对于以后白话文之通行，有很大的影响。因五四以后人们对于一切革新，无论批评或赞扬，都认为系五四造因；对蔡先生替白话文的辩护，反少注意。故本文对蔡先生此函原文括引特多，期使阅者了解白话文发展经过之真相。

在大学预科受学时期，有几件琐事，常留在我的记忆中：在民六的冬季，学校规定凡学年考试国文、英文或数学，有一课不及格的学生，不得升级，当时大家都兢兢业业，惟恐以此留级。而学年考试终结，确有好些人未能升级。可惜此项规定以后未克继续实行。因为五四前后，有些学生自己的学业很有成就，却主张学校应该废弃考试。犹忆蒋梦麟先生答复一个学识很好的学生朱谦之的信，被其公开发表。蒋说：要文凭就要考试，不要文凭就可以不要考试。朱答复说：读书为求学问，本来他就没有想要文凭。朱君既未参加五四运动工作，思想亦不左倾，是一个研究国学的人，著有《周秦诸子通论》，但他极力主张学校废弃考试，这种废止考试的呼声，很影响考试的严格认真。可见一个国家到了穷则变的时代，自难免众说纷纭。将民初以来诸多变化，都认为由于五四运动，未免只见一斑，未窥全豹。

当时有一个驰名的经史学教授黄季刚先生，为学人们所崇仰。但其行动常令人感觉奇怪骇俗。有一天在北大理科大门口，与一个拉人力车者对骂，他旋骂旋向校内行走，惹得许多人围观。有一天下午，我们正上课时，听得隔壁教室门窗响动，人声鼎沸。下课时看见该教室窗上许多玻璃破碎，寂静无人。旋闻该班一熟识的同学说："黄先生讲课时，作比喻说：好像房子塌了，言毕，拿起书包，向外奔跑。同学们莫明究竟，遂跟着向外跑。拥挤的不能出门，乃向各窗口冲出，致将许多玻璃挤碎。我那时虽知有胡适之先生，主张文学革命，但尚未见过胡先生本人。只听同学们常说：胡先生教中国哲学史，方法新颖，内容丰富，大受听讲的学生欢迎。民七的一晚，同宿舍的狄君武学长约我同往理科餐厅听音乐演奏。离我们不远，坐着一位身着黑布长袍马褂，面容憔悴，头发甚长，胡须未剃的人。觉得甚奇特，询狄为何人？他说是胡适之先生，因胡遭母丧未久，乃穿孝服，不剃须发。我时常想：黄深研我国经史，应是衣冠整齐，态度严肃的人，胡被讥为反对旧文学旧礼教的人，应是不守传统规范不拘泥于小节的人。但在看见过他们以后，觉得与我的想象完全相反。

民八秋我入北大哲学系，当时北大除本系少数学课外，可以选修旁系许多功课，且可随意去到别班听讲。所以没有固定的课堂与座位。以此北大学生养成一种奇特习惯，在讲堂连桌并坐的人，很少彼此交谈，甚至同一宿舍同一排房间住的人，终年少有往来，且相遇时亦少彼此招呼。所以无论在政治或学术方面，人们说北大派如何，如何，与真相实在太不符合。北大在五四前后，有少数学术性或政治性团体，如国民杂志社、新潮社、国故社、共进社、民治主义同志会等。但每一团体多则一百余人，少则数十人或数人，绝没有一个能代表全体的北大派。因为北大主张学术自由，团体与团体，以及教员、学生，个人与个人之间，见解诸多不同，而且有时互相公开批评。如胡适之先生指出梁漱溟先生中西文化及其哲学一些可疑之点。梁先生在学校大礼堂公开讲演，为他的见解辩护，并指出胡先生的批评欠当。同学易家钺君与苏梅女士因见解不同，在报刊上激烈争辩，乃至发有秽语，引起不少同学，对之攻击。故北大在学术上有许多小派别，但绝无一个北大派。同学对于教师，亦多不以其学术派别不同，有所好恶。只要其学识确实优良，对之同样敬重。例如留英回国的傅佩青先生，在北大教学一年，与几位留美而受同学欢迎的老教授，见解不合，辞职他就。有不少同学，对之依依惜别。傅甚感动，愿无酬为之教西洋哲学史，我亦曾往听过。梁漱溟先生教学时，对留欧美学者之见解，常有批评，甚至对全校拥护之蔡校长的论“仁”，曾有严苛的评议。蔡先生给“仁”的定义是：“统摄诸德完成人格。”梁谓这种定义叫人无可批评，但其价值亦仅止于无可批评。胡适之先生的《红楼梦考证》，认为是曹雪芹描写其家室与身世的一部小说。并批评蔡先生的考证，说：宝玉影射清廷某人，黛玉影射的某人等等，是笨的猜谜，犹如有人猜“无边落木萧萧下”为日字一般。蔡先生虽不同意梁、胡两位的意见，但对他们的学问，非常赞许。故北大对学术研究，确是思想自由，但没有统一的思想以成立一个派系。

北大在民九春季，允准女生入学旁听，在吾国教育史上，实应属一件大事。因为在民国初年，男女的界限甚严。不但没有男女同校的学校，一般娱乐场所亦男女分座，不能相混。记得有一对新婚夫妇欲同往城南游艺园听戏，但限于规定，不能并座。其夫异想天开，乃妆〈装〉扮成女人，与妻同坐妇女席。不幸被发觉，警方以其伤风败俗，竟将其夫游街示众！不但未受舆论指摘，卫道的人对警方之处罚，且加称赞。故北大容纳女生旁听，现在看起来，何足惊奇，但在当时确系骇俗。以后曹锟、张作霖打倒安福系时，他们曾在宴会席上面告卫戍司令王怀庆说：听说有个蔡校长让男女同校，败坏风俗，可拘押究办。教育总长范源濂解劝说："蔡是书生办学，并无其他作用，请不必追究。"以此就可知当时允女生在男校旁听，实是一件责任严重的大事。兹略述起初容纳女生入学经过，及其在校情形如左：

民八夏，有一个甘肃籍女生邓春兰向北平报纸投稿多次，主张各学校应准许女生入学，引起报界注意，多有同情之评论。彼时北大招新生的考期已过。民九春有一江苏籍女生王蓝，请求入校旁听，旋获允准。遂有好些女生，援例请求。共收多少女旁听生，我不清楚。因在哲学系一年级受学，我们的班上，当时有三个女生，其座位纵排在一般学生座位的右前方。她们态度很庄重，少言笑，更少见其与男生谈过话。她们之一，名赵懋华者，在抗战前，曾任立法委员。同年秋北大正式招收女生，与男生不复分座听课。北平其他各大专学校亦准女生受学。

民八秋蔡校长被挽留返校后，鉴于学生为校长去留，迭次发生学潮，乃宣布其教授治校的构想，并邀蒋梦麟先生来校协助。北大原分文、理、法三科，每科设一学长负责。不久改组，废学长制。北大原分三院办理校务，文科在沙滩，理科在马神庙，法科在译学馆。改组后原来文科办事的地方名第一院，理科的名第二院，法科的名第三院，好像与原称文科、理科、法科，没有实质上的区别，其实则大不相同。改组后各科学长废除，各学系的事宜，均直归教务长指导管理，院只成为学校一部分地方的名称，而非管理校务和机构。文科学长陈独秀遂于此时离校。学校各学系均设一主任，由各系主任选其中一人为教务长，直接管理教学事宜。各事务单位之上，设一总务长，负责指导一切事务之进行。各教授合组评议会，学校重要事项，提由该会决议。校长室设一秘书，负责与各单位联系。北大第一任总务长由蔡校长聘蒋梦麟先生充任，教务长则马寅初先生当选。前者我离校时仍为蒋先生，后者则马任职未久即辞去，由何育杰、胡适之、顾孟余诸先生相继担任，顾先生最久，我毕业以后，他尚继续任职。民十二我毕业后，不悉在何时北大及其他各大学均于教务长之外，又设各院院长，分理各院事宜，且系聘任，与蔡先生当时教授治校之用意，大不相同。

蔡先生于民九冬奉派赴欧美考察教育，于考察期间，其校长职务，由蒋梦麟先生代理。他于十二月底抵法，其后赴比、德、奥、意、瑞士、瑞典、荷兰、英、美各国考察，于八月中旬代表出席夏威夷太平洋教育会议后返国。在其出国期间，因北洋政府久欠教育经费，各校教职员领不到薪水。向政府请愿，反被警卫殴打，因而宣布罢教；各校学生亦起而声援。迁延数月，北洋政府知悉事态严重，乃为补发欠薪，并向之表示歉意，各校始复课。蔡先生回国后，大不为然，曾召集北大教职员痛切地说：学校教育青年，教职员应为学生模范，岂可因索薪罢教，贻误后生？他坚决要求把罢教期间未为学生上课，而领得的薪水，交出归公。并说如认为政府太坏，不能合作，尽可自动辞职，另谋他就。如大家都求去，亦可使政府惊觉反省。岂可既不离职，又不尽教学责任，贻误青年？教职员接受蔡先生的提示，决议将罢课期间内所领之薪水归公，但请分期扣除。以后北洋政府又常欠发学校经费，致扣除之决议，无法实行。但以此可见蔡先生做人处事之严正，从此再未发生教职员罢教情事。

蔡先生海外归来不久，召集学生讲话，勉其为国努力。他说：世界大战结束，人们多谓德、奥、义〈意〉侵略集团失败后，当实现长期和平。此次他到欧美考察，方觉完全不是那样。列强们勾心斗角，均为自己国家利益打算，并未对世界和平着想。我们处此情势下，非发奋图强，则无以自全。他归来后，觉得国人仍将我国的安全，寄望于列强之维持世界和平，而不自求如何巩固国防。我们的学校对练习军操，已不注意。他从前买了几匹马，教学生学骑术，归后方知骑术未复学习，连马都已经卖了。这种误信世界业经和平的心理，实在太可怕了！望大家务要自行振作，不要将自己国家的安全寄托希望于别国的维护。要国人努力以求自立自强，而后国家方有前途。他本着这种看法，并认为想要国家社会好，自己先应该廉洁持身。乃要求教职员们不要领罢课时期应有的教课薪酬。且屡次呼吁学生们应努力学业，充实自己，以准备为国家效力。

民十一五月，北大成立妇孺保卫团。旋聘蒋百里、黄郛两先生，讲授军事学。

民十一春，学校发生一次不幸骚乱。学校负责人员以为教员讲课有指定课本者，有印发讲义者；课本系由学生自购，则讲义印刷费理应由学生负担。故决定每学期每一门功课收讲义费一元。平均一学期每人负担不过六、七元，本系无关重要。乃有少数当时所谓“过激派”学生，鼓动拒绝缴纳，并包围蒋总务长，要求收回成命。蔡先生闻悉，非常震怒，亲入重围，告诫学生不可无理取闹。学生们多数闻而散去，但仍有一些人鼓噪叫嚣。蔡先生乃立即表示辞职。一般学生知悉后，乃决定于翌日上午在大礼堂集会，共商挽留办法。届时到会学生踊跃，座无虚席。登台发言者均主张拘留校长，而坐席的各方面，有人狂喊“下来！下来！嘘嘘！”不久见发言者不予理会，乃竟欲冲上台去殴打；致一般学生不平，亦冲上去对打。方看清叫闹者不过十数人，不敌逃出。下午在原地重行集会，事前声明系挽留校长会议，不赞同的人毋许参加。到场的人数更为众多，一致决议挽留校长，并对滋事的学生请学校予以处分。旋学校布告教授们集会决议，将为首滋事之学生冯某（忘其名）开除学籍。这次校内风潮，由于学生们自动予过激分子以制裁，乃不到两天，即行平息。学生们警觉这些不良分子与校外阴谋暴乱的党徒有勾结，乃自动组织许多小团体，从事抵制。我当时加入的一个团体，叫民治主义同志会。其目的在促进民主，并防阻过激分子捣乱学校与社会。因绝大多数纯洁分子已有警觉，故此后直至我毕业时，本校学生在校内再没有闹过风波，而为遏制过激分子捣乱，成立的一些小组织，遂亦无形星散。

在北大本科四年，听过许多教师的课，而印象最深者为胡适之、陈百年、梁漱溟诸先生；其次为朱经农、唐擘黄、燕树棠、何海秋诸先生。亦听过傅佩青、徐炳昶两先生短时期的讲授。他们都是学识丰富，各有自己的见解与心得。但在教学方面，则多不相同。陈先生对于教课，准备极为充分，每教一课不但内容充实，而且条理井然，好像一篇完整的论文；惟其讲话很快，声音又低，使人不易听懂。梁、傅、徐诸先生对于中西哲学，均有创见，但他们不长于表达。学生听不懂时向之询问，其答言亦不为人了解。梁先生的印度哲学概论、大成唯识论、东西文化及其哲学各课，有甚多的创见。尤其讲儒家的所谓“仁”，我最钦佩其见解正确。但他甚不长于言辞表达，文字亦欠流畅，每于讲解道理时，不能即行说明，常以手触壁或敲头深思。讲东西文化及其哲学时，邀本班一个国文很好的陈君（忘其名）坐在前排笔记，经他加以核正后付印。唐先生教的高级心理学，真是与高级的意义名实相符。他讲的道理很深，好些地方与佛学里讲心理的内容相似。当时我常感印度人能于数千年前懂得高深的心理学，真是奇迹。但唐先生用英语讲授，我们班上很多人英文欠佳，故该课进行的很慢，学生获益不大。朱、燕、何诸先生讲解都甚清楚，但所讲的义理都很浅近，与课本的内容无多大的差别。在上述诸师长中，我最喜欢听胡先生的课，他不但有许多新颖的见解，而且擅长表达。他每授一课，我们都能了解，而且发挥道理之用语繁简，恰到好处。我以后到美国上学，先后进过五个大学，听过十几位教授的讲，只有意利诺大学政治系主任嘉莱尔先生，其讲课内容之丰富，表达之高明，可与胡先生相伯仲。

光阴过的真快，我离开北京大学，已近五十年了，许多往事已记不清。上述诸事尚能忆其梗概，但拉杂陈述，不成体系，故题之为琐忆。如有不符事实之处，尚祈阅者指正。

（台湾《传记文学》22 卷 1 期，1973 年 1 月）

⊙川　岛

“五四”杂忆

平畴交远风，良苗亦怀新。

——陶潜

一

我是在1919年10月间，才由山西大学转学到北京大学来的，没有赶上火烧赵家楼。北大当时是“全国最高学府”，但也是五四运动的大本营，新文化运动的策源地，在青年人的心目中，这要比它在教育界的声誉更具有吸引力。有人接连着三年五年投考北大不被录取，它是一向以“门槛高”出名的，听说转学考试则更为严紧。我们这一批转学来的却都没有经过考试，审查了一下在原校时的成绩，就破例的批准我们转学了。这也可算是“五四”时期北大的新猷之一吧。

进了北大，首先感到的是：它并非仅仅是一个纯粹学术的温床，诸凡耳所闻，目所见，一切都是新鲜、异样，心里感到舒畅。要是让我打比方，那就像一个满身被绳索捆紧了的、一向被关在铁屋子里感到窒息的人，乍松了绑，释放出来，到了一个充满阳光，充满新鲜空气的大花园里，嫩风拂过，遍体感到轻快。在刚来到北大时，连带的觉着红楼的所在地叫“汉花园”，也是一件极有意义的事。

山西大学设置在封建军阀阎锡山统治下的太原。将“铁屋子”来比喻当时的山西，我以为是很恰当的。

山西是那时全国的“模范省”。当然喽，那时山西的教育，也应该是全国的模范，别的省份一定还不如它。如今，我也记不清那时阎锡山的什么政绩来了，只记得他是大力提倡军国主义和尊孔的。在太原的全部电线杆子上，都写着“孝悌忠信”、“礼义廉耻”等等一类的字句，并且常常有人来给我们讲演，题目是：“什么叫个信呢？”（“个”读若“圭”。）在文庙里设有“宗圣会”，每周出版《来复》杂志，宣扬孔子教义。对我来说，“宗圣”的结果是：凡山西大学的学生，每当春秋丁祭，便须半夜起床，排了队伍赶到文庙，空肚子站在院子里等到五更天祭孔。祭，也只是届时跟着前排的人鞠躬，究竟在祭坛上的那些人，叮零当啷的做什么，以我来说，即便伸长脖子，踮起脚尖，仍然是望不见的，比起“高山仰止”来还着实艰难。可是我们对鞠躬还是很欢迎的，因为在鞠躬之后，大家就该“一、二，一、二”的整队回校了。

至于提倡军国主义的结果是：给我们山西大学的每个学生发一身蓝布操衣、操裤，还有一双黑布皂靴，都不要化〈花〉钱。每礼拜大家都扛着一支毛瑟枪去上军操。教官是一个现役营长还是营副，我记不甚清了。上操的时节，有一个马弁站在他左近，手里拿着马鞭子。操场外面的电线杆子上拴着的两匹马，也许就是他们二位骑来的吧。教官穿着长筒马靴，带刺的，威风凛凛地站在一边，教我们一忽儿这样，一忽儿那样的向他行“注目”、“举枪”等各式各样的军礼。如果我们操练的不好，或者动作不合他意时，他有时就吆喝着把我们揪出来站在行列外面，有几次被揪出来的人比排在队内的人还多，他就变更办法用马靴尖来对付我们。当时我年纪较小，身材也矮，操衣不合身，提里拖外的，操练的又不好，在行列内较为突出，就经常成为马靴尖的对象。还有，我想：因为我总站在排尾，他踢起我来也便当。要是我再不好好操练，也可能要成为马鞭子的对象，有时我这样忧虑着。他也早已跃跃欲试了！

五四运动——也就是学生造反的风声传到太原后，他对我们客气起来，并且也不再叫我“小娃子”了。至于“宗圣”，“小娃子”还是要宗的，这年秋天，照旧半夜里排了队到文庙去鞠躬。

山西大学预科所用的讲义，都是铅印的，装订的挺整齐。据说都是清朝末年京师大学堂师范馆用过的讲义，一脉相传，老师是师范馆出身的，就以他所学过的来教我们。

二

来到北大之后，既无须“宗圣”，也无须上军操愁马靴尖了。听着大家在说要打倒孔家店，再也不必去听“什么叫个信呢”的讲演了，既不禁反孔，也可反军国主义。我简直像是翻了身。

上课时，等老半天教员才来；有些课，有内容崭新的讲义，有些课，自己记笔记，不记也不管；课程，除少数几门是必修的外，可以自由选修——我在第二学年就选了近五十学分的课程。不爱听的课，不去上也没人管。甚而至于有的同学主张不考试、不要文凭。有的说，上课记笔记是低能。

生活基调与以前的完全两样，一个新来乍到的人所感到的是：畅快，兴奋。何况实际上，对我说来是新鲜和稀奇的东西还不止此呢。

在课室里听讲时，往日的柏拉图，亚里士多德，一下都变为 Plato，Aristotle 了，又添了柏格森，詹姆斯。以前所向往（的）“沉思翰藻”，所倾慕的“神、理、气、味、格、律、声、色”，不但没有人摇头摆脑、拍桌打凳的来讲授，而且竟成为“妖孽”与“谬种”。

有马克思，也有克鲁泡特金；有易卜生，也有斯特林堡；有莎士比亚，王尔德，莫泊桑，梅特林克……，也有但丁，席勒，托尔斯泰，高尔基……，稍晚还来了一位竺震旦。

一向听惯了的“Might is Right”（有强权，无公理），变成“公理战胜”，已经是新鲜的了，但还有更新鲜的是：“庶民的胜利”，

“Bolshevism 的胜利”。

布尔什维主义呀：你就像深夜中在辽远的地方显现出来的火光，我们都爱你。

北京大学的绝大部分的学生，都穿着一件褪色或尚未褪色的蓝布大褂，手里挟着一本洋装书，个个都精神抖擞的。老同学们给我指着某些人说，这就是罗家伦，康白情；那就是段锡朋；仔细看了也不过尔尔。倒是我仰慕已久的一些商务、中华出版的书籍的作者以及一些丛书的编者，不但亲见其人，而且获得亲炙，虽也不过尔尔，心里却以为是十分幸运的。同学们彼此称呼起来，都是“米斯脱尔赵”、“米斯脱尔钱”的；老师也叫我“米斯脱尔章”，和当年的“小娃子”比起来，则又相去若天壤矣。

当时北大师生所创办的杂志，像《新青年》《新潮》，是早就知名的，《每周评论》在我到北大时已被封禁，但是还有《新生活》，《少年中国》，吸引力都是很大的。特别是《新生活》周刊，是由一位在当时不怎么被注意的人，北大出版部主任李辛白主办的，每本只售两大枚，封面印着长井字形的一个方框，井边四周写有“博爱，平等，自由，牺牲”八个字。“博爱、平等、自由”，是早就听说过的，“牺牲”，就如破晓时的号角一样，是第一遭听到的声音。

生活中所接触到的多少事情，都是新鲜的，尽管有的说法，有一些事，着实叫人纳闷儿，却因为它是新鲜的，就贪婪地一股脑儿地吸取着。什么书刊（凭良心说，就是当时的《国故》杂志不爱看）都想翻翻看看，不论是中文的，外文的，只要它是新的，都想去找来看，看不懂的也要硬看。坐在屋子里看，坐在洋车上也看。

在这样目不暇接的一个环境中，每个青年人的心怎么能平静得下来呢！整天紧张着，兴奋着，心里热呼呼的，有时就像家里要办喜事似的；有时，自己也不知道是为了什么。

后来，我的脑子就像一只杂色的染缸！

三

当时北大校长蔡孑民先生的办学方针，是采取“兼容并包”主义的。在课程中：有“唯物史观”，有“现代政治”，却也有“孔子哲学”等等；教员当中：有穿着宽袍大袖拖了辫子的辜鸿铭——号“Thomson”（汤生），有筹安会发起人刘师培，有孔教会会长陈汉章，有梁漱溟，去聘请马一浮，因为“礼无往教”不来；但也有李大钊，陈独秀，胡适，以及穿鱼皮鞋子的刘半农，手提着大皮夹的钱玄同（当时黄侃是挟着绛色〔？〕布书包来上课的）。先生和学生当中留着长髯的也不少。学生中有腋下夹着一本西装书的，也有穿了实地纱马褂来上课的，穿西装的人几乎没有；自来水钢笔那时还不通行，上课记笔记都用铅笔，却也有用毛笔墨盒带着水盂在课堂上写笔记的。学生的年龄，从十八九岁起到四五十岁的都齐全；学生的人数，当时据说有三千。

就校内课外活动的社团来说，有“马客士〈克思〉主义研究会”，“新闻研究会”，“雄辩会”，“平民教育讲演团”，“工读互助团”等，对当时的革命启蒙运动都起过一定程度的作用。也有关于学生生活方面的如消费公社，学生储蓄银行，食劳轩等，都是得到学校的支持由学生自己组织起来的。还有书法研究社，画法研究社，造型美术研究社；有音乐传习所，自琵琶、二胡以至钢琴、小提琴各种管弦乐器，都有专人教；要学骑术即有马让骑，要学武艺就有拳师教；唱昆曲，摄影，围棋，象棋……也都有社有会，聘有专师指导。在一间大教室里，还摆着若干个蒲团，可以去打坐，是推行“因是子”静坐法的。又有以不嫖，不赌，不娶妾，不作官吏，不作议员以及不饮酒，不食肉，不吸烟为戒条的“进德会”；校长是发起人，一成立，入会的教员、职员和学生，就将近五百人，以后人数还有增加。

似这般闹盈盈、热烘烘的局面，真像是季节中的春天。树木也罢，花草也罢，都想从干枝上迸出叶芽，开出花朵来。每个青年对将来都产生了诱人的幻想，有他自己的美丽辉煌的远景。真如宋人诗句：“细草欣欣贺嫩晴”，没有一个人自甘于冷冷清清的活下去的，都踊跃地、真诚地，要贡献出自己的一切来。为了祖国，为了大众，把旧的、污浊的一齐扫净，建设新生活。这是否就是那第一声号角“牺牲”的意义呢？

可是，闹盈盈，热烘烘，在某种时候也便成为乱嘈嘈〈糟糟〉了。当青年人精神上欣欣向荣之时，在思想中也打上了多少个问号。这倒不是我应该陪着因是子去静坐呢，还是跟着蔡校长不吃肉？而是在这样彩色缤纷、生气勃勃的环境中，我究竟应该摘取那些花朵来充实自己？对国家、对自己究竟什么最有利？就不免七想八想，忐忑不安。比如当时风行一时的易卜生名剧，到处演出的“傀儡家庭”，娜拉果断地离开郝尔茂走出家庭，倒是痛快，但她走到那〈哪〉里去呢？那时想脱离家庭的男男女女真是不能算少。是“读书不忘救国”还是“救国不忘读书”？是“回到图书馆、实验室里去”呢？还是“到民间去”？当真谈主义的是鹦鹉、是留声机，谈问题的才是博士？怎么博士自己也谈“实验主义”呢？究竟是“实验主义”呢还是布尔什维主义？……一连串的问题，不仅是在青年人的脑子里盘旋着，在前辈当中也不乏这样彷徨的人。

但毕竟有人走上了光明的大道，高举着永不熄灭的火炬向全人类闪耀着光辉，那就是当时的“赤化分子”，也被称为“过激党”，为了我们的明天，他们英勇地战斗着。

（《文艺报》1959 年 8 期，1959 年 4 月）

⊙ 冯　至

“但开风气不为师”

——记我在北大受到的教育

我于1921年至1927年在北京大学过了六年的学生生活，又从1946年到1964年在北大过了十八年的教员生活，若是把在昆明西南联合大学七年的教学也算在内，则共有二十五年，因为在组成西南联大的清华、南开、北大三校中，我是属于北大编制的。论时间，我作教员的时期比当学生的时期多三倍甚至四倍；论地点，当年在闹市中不相连接的北大一院、二院、三院，更不能与盛称湖光塔影、饶有园林之美的如今的北大相比。但我经常怀念的是在简陋的校舍里学习的那六年。因为那时，在北大独特的风格与民主气氛的熏陶下，我的思想渐渐有了雏形，并且从那里起始了我一生所走的道路。雏形也许是不健全的，道路也许是错误的，但我却从来没有后悔过，只要提起北大的彼时彼地，便好像感到一种回味无穷的“乡愁”。

人们常说，北大有光荣的历史，实际上北大早期的历史（即京师大学堂时与改称北京大学后的初期）并不光荣，而是很腐败的。学校里不知学术为何物，学生到这里来只为取得将来作官的资格。当时北京前门外的酒楼妓院盛传它们主要的顾客多来自“两院一堂”，“两院”是参议院、众议院，“一堂”是社会上还沿用“大学堂”名称的北京大学，其腐败的情况可想而知了。至于北大发生质变，成为五四运动的发源地，成为新文化运动的先驱，则是从1917年蔡元培来北大任校长起始的。读蔡元培晚年写的《我在北京大学的经历》和《我在教育界的经验》二文，便会知道，蔡元培是怎样以坚决的气魄按照自己的教育理想，改造北京大学的。他来到北大，一步也不放松，采取一系列对症下药的措施进行改革，北大也日新月异，逐渐显示出新的风貌。蔡元培的为人则蔼然可亲，从容不迫，从来不表现他有什么赫赫之功。他延聘的教师，有的革新，有的守旧，有的反对旧礼教，有的维护儒家正统，只要他们言之成理，持之有故，都听凭他们在课堂上讲授，何去何从，让学生判断，自由选择。不同主张的教师们尽管争辩得不可开交，甚至水火不能相容，可是对于蔡元培，都是尊敬的。作为一个校长，这是一种多么感人的力量！所以不到两三年，北大便从一个培养官僚的腐朽机构一变而为全国许多进步青年仰望的学府。我并不怎么进步，却也怀着仰望的心情走进北大的校门。

我不记得胡适在什么地方引用过龚自珍《己亥杂诗》里的一句诗“但开风气不为师”，表现他自己的主张，但在某种意义上这句诗也可以看做是当时北大的校风。龚自珍写《己亥杂诗》时，正当鸦片战争的前夕。他看到国是日非，读书人只一味地学讲师承，文宗流派，这都无益于国计民生，更重要的是唤人觉醒，打破万马齐喑的局面。辛亥革命后的六七年内，跟龚自珍的时期有些相似。反动的封建势力步步不肯退让，接连不断地演出袁世凯称帝、张勋复辟的丑剧。人们的思想窒息，生活麻木，在阴暗而闭塞的屋子里，迫切需要打开窗子放进新鲜的空气。北京大学的变革对当时的中国社会的确起了开风气的作用。

我刚到北大时，首先感到惊讶的是，我旧日对《新青年》《新潮》《少年中国》等著名刊物的撰稿者都很钦佩，如今其中有不少人名列在北大教师的队伍中。我顿时觉得北大真是气象万千，别有天地，从此可以亲聆那些人的教诲了。但事实并不是我想象的那样。日子久了，我很少看到一个教授或讲师对学生耳提面命，更没有听到过有什么学生程门立雪，表示求教的虔诚。我个人在北大六年，也从来不曾想过，认谁为业师，更谈不上我是谁的及门弟子。那么，我所得到的一知半解都是从哪里来的呢？回答说，是北大开放了的风气给我的。

我说一知半解，不是自谦之词，因为我北大毕业时，回顾自己的学业，并没有掌握了什么万能的治学方法，占有什么研究资料，只不过在课堂内或课堂外，关于怎样做人，怎样作文得到过一些启发，而做人与作文又不是能够截然分开的。

蔡元培认为大学里应培养通才，学文史哲与社会科学的要有自然科学知识，学自然科学的要有文史知识，这样不至于囿于一隅。当时北大的预科分文理两部，课程就是根据这个精神安排的。后来我入本科德文系，同时也选修国文系的课程，得以中西比较，互相参照。蔡元培提倡美育，在学校里建立画法研究会、书法研究会、音乐会，我有时听音乐演奏，参观书画展览，开拓了眼界。懂得一点艺术，接受一点审美教育，对于学习文学是有所裨益的。

我是德文系学生，在那里主要是学德语和德语文学知识。在思想上给我影响较多的是国文系的教师。鲁迅在北大国文系，每星期只上一节课，讲“中国小说史”。后来利用这一节的时间讲他翻译的厨川白村的《苦闷的象征》。关于鲁迅上课时的盛况，以及我从中得到的启发和教益，我在《笑谈虎尾记犹新》和《鲁迅与沉钟社》两篇回忆文章里有较详细的记载，不再重复了。但是我不能不从中抄录一句：“他讲课时，态度冷静而又充满热情，语言朴素而又娓娓动听，无论是评论历史，或是分析社会，都能入木三分，他的言论是当时在旁的地方难以听到的。”我还记得鲁迅讲《苦闷的象征》。讲到莫泊桑的小说《项链》时，他用沉重的声调读小说里重要的段落，不加任何评语，全教室屏息无声，等读到那条失去的项链是假项链时，我好像是在阴云密布的寂静中忽然听到一声惊雷。

我喜欢诗，常去听讲诗的课。沈尹默擅长书法，也是诗人，我听他讲唐诗，他有时离开唐诗本文，谈他个人写诗的体验。有一次他谈青年时写诗，很像辛稼轩一首《采桑子》里所说的“爱上层楼，为赋新词强说愁”，并不知道愁是什么滋味。我听了这话，不禁反思，我曾在晚秋时跑到陶然亭，春雨中登上动物园的畅观楼，寻词觅句，说愁诉苦，我又何尝懂得人世间真正的愁苦！想到这里，我对于我本来就很幼稚的诗产生了怀疑。我也听过黄晦闻讲汉魏乐府和六朝诗。黄晦闻是反对新文学的，但他治学严谨，为人耿介，他在他的《阮步兵咏怀诗注》的“自叙”里说：“余职在说诗，欲使学者由诗以明志而理其性情。”一天上课，讲到鲍照的《代放歌行》，这诗为首的两句“蓼虫避葵堇，习苦不言非”，我不记得他是怎样讲解的了，我那时却很受感动。尽管有的注释家说蓼虫指的是小人，不理解旷士的“甜味”，我则宁愿为了自己所要做的工作，像渺小的蓼虫那样，不品尝人间的“葵堇”，去过清苦的生活。

我读大学的时期，军阀混战连年不断，北京时而死气沉沉，时而群魔乱舞，可是北大所在的沙滩、北河沿一带，则朝气蓬勃，另是一番景象。尤其是1924年至1926年，《语丝》《现代评论》《猛进》等周刊相继问世，极一时之盛。每逢星期日早晨起来，便听见报童们在街上奔跑叫卖，花两三个铜板买来一份周刊，就能很有心得地度过一个上午。因为这些小型刊物的撰稿人主要是北大的教师和个别的学生。他们通过这些刊物跟读者见面，无拘无束发表各种各样的意见和感想，生动活泼，读起来很亲切。其中不少文章，提倡改革，无所忌惮地批评中国的社会和国民性。周作人介绍英国蔼理斯《性的心理研究》，分析道学家们的肮脏心理。鲁迅对现代评论派的斗争揭开了“正人君子”的本来面目。我从正反两面读这些刊物，进一步体会着道貌岸然的道德家与装腔作势的学者往往是靠不住的人物。可以说，不只是在教室内，更重要的是在教室外，构成了我思想的雏形，培育了我做人的态度和作文的风格。

除个别教师外，我很少听了某教师的课以后还登门请教。至于蔡元培，我在北大学习的六年内，他长期在国外，只有一年零四个月在校办事，其余的时间都由蒋梦麟代行校长职务。我一个普通学生和他更无缘相见，可是我无形中从他那里得到的感召和教益，如前所述，是终身〈生〉难忘的。

另一方面，我在北大结识了几个朋友，我们志趣相投，哀乐与共，互相砥砺，交流读书心得，共同创办了一个文艺刊物《沉钟》。这刊物在当时热闹的文坛上默默无闻，却得到讲授“文学概论”的张凤举的支持，受到鲁迅的称赞。我从事文学工作，可以说是从这里起步的。近来阅读鲁迅的《华盖集》。在一篇题为《导师》的短文中有这样一段话：“青年又何须寻那挂着金字招牌的导师呢？不如寻朋友，联合起来，同向着似乎可以生存的方向走。”回想那时我们朋友之间的情况，跟鲁迅的教导是相符合的。

限于字数，这里可以结束了。关于我的教师生活，不属于这篇文的范围，但我也想附带着说两句话。在我当教员超过四分之一世纪的时期内，我常常想到孟轲说过“人之患在好为人师”。这句话见于《孟子·离娄章句上》，与上下文毫无联系，不知孟轲为什么冒出来那么一句。后来在《尽心章句下》里又读到“贤者以其昭昭使人昭昭，今以其昏昏使人昭昭”，才恍然大悟，这句话正好是那句话的说明。因此我也告诫自己，我自知赶不上贤者的昭昭，但也不要强不知以为知，“以其昏昏使人昭昭”。

写于1988年1月11日，时为蔡元培一百二十周年纪念日

（《精神的魅力》，北京大学出版社，1988年4月版）

⊙ 程厚之

回忆我在北大的一段学生生活

一、革命低潮中北大的形形色色

1922 年夏，我毕业于江苏海州中学，到北京升学，考进北大甲部（理科）预科学习。入学考试的国文题是“救国莫忘读书论”。这个题目是胡适出的，反映了他那时所倡导的要使青年学生脱离爱国运动、埋头读书、不问政治的反“五四”精神的思想。这个时期正当直奉军阀大战之后，胜利者的直系军阀头子曹锟、吴佩孚夺得了北京政权，气焰万丈，不可一世，大力压制北方的革命势力，使革命运动一时趋于低潮。文化败类、帝国主义的走卒兼政客胡适，逢迎曹吴意旨，高唱他的“好人政府主义”、“多谈问题，少谈主义”、“学生应多读书，少搞运动”等谬论。入学考试的国文题就是对新来北京应试的青年的一个当头棒，企图使他们在思想上先有一个深刻印象，就是：在入学之后，必须做一个只读死书、不问世事的规矩学生，和革命运动绝缘。

胡适的这种反动思想和谬论，在当时是有市场的。我在到京投考期间，寄居在海州中学同班好友谢福元的一个当国会议员的哥哥家里。当时直系军阀以“恢复法统”为名，恢复了 1917 年的旧国会，策划贿选曹锟为总统的勾当。那些从土里爬出来的国会议员一时大为活跃，谢家每天宾客盈门，议员们在他家团聚，纵谈国事，议论风生。当他们谈论到前两三年的青年爱国运动的时候，莫不谈虎色变，认为现在是“法统重光，政治上了正轨，万不可再叫青年学生胡来乱闹，对自己荒废学业，对国家破坏法治……”这些议论和胡适的主张如出一辙。当我应试回来把国文题向他们说了以后，他们齐声称赞国文题出得好，并规劝我入学以后应该专心读书，求得真才实学，方能救国济世。我亦深以为然。

入学以后，的确看到当时北大的学术空气特别浓厚，不愧为中国的“最高学府”。校长蔡元培是当时最有威望的教育家，在他的“只问学术，不问派别”、“兼容并包”的办学方针下，著名的学者教授荟萃于北大，各种派别的学术论战，各种式样的学术活动，搞得盛极一时，热闹异常。

理科方面，基础理论科学分量特别重，教学制度也特别严，甲部预科的必修课程有一门考不及格，就得留级。因此我和别的同学一样，除认真上课听讲外，就是蹲图书馆或实验室，终日孜孜不息，搞得头昏脑胀〈涨〉，既无暇时看报纸杂志，也没有闲心谈论国事。文科方面则另是一番景象。那时多数文科学生是胡适的信徒，不是醉心于“整理国故”，就是迷恋于训诂考证之学，而对哲学思想问题的探讨争论，更为热烈。当时北大同时开了两个公开的哲学讲座，一是胡适主讲的西洋哲学思想史，另一个是梁漱溟主讲的孔家哲学。资本主义的哲学和封建主义的哲学唱对台戏，时间都同时排在星期六下午，胡在北大三院大礼堂讲，梁在北大第二院大礼堂讲。两方面的听众都相当多，但三院礼堂较大，毕竟还是资本主义哲学比封建主义哲学的吸引力大些，听众多些。法科的学术空气并不如文、理科浓厚，他们另有一种风气。他们所注意的并非书本上的东西，而是实际的东西，因为他们有一个共同信念，就是：如果在当学生时不在官场中或社会上搞好人的关系，到毕业出校后就前途茫茫，无依无靠。所以他们不抓书本，而去抓社会关系。当时北大的男生宿舍，有马神庙的西斋，住的多半是理科学生；沙滩的东斋，住的多半是文科学生；北河沿的三斋，住的多半是法科学生。按照学风看，也有个自然分类，就是：“西斋的书呆子多，东斋的公子哥儿多，三斋的社会活动家多。”

在这种“只要读书、不要运动”的思想影响下，表面上学术空气很高涨，另一面也滋生了痔癣。这一期间，在北大师生中间出现了一些轰动社会的怪事丑闻。首先是教授阶层中发生了三件骇人听闻的丑事。一是哲学系的教授张竞生讲授“美的哲学”，大肆传播他的“性学”，毒害了很多青年。二是已有妻室儿女的经济系教授杨栋林，追求被称为“校花”的某女同学，某女同学不胜其扰，把杨的丑行在报上揭露，因而北大同学掀起了一场驱逐杨栋林的轩然大波，一、二、三院校墙上贴满了驱杨的红绿标语，这个流氓教授不得不溜之大吉。三是生物系主任谭某某乘他妻子在协和医院生产的机会，把寄居他家的姨妹陈××（我班的旁听生）强奸了，其妻出院后愤懑病殁，他便和小姨结了婚。陈在广州的未婚夫闻讯北来，在《晨报》上公布了他的控诉书，闹得满城风雨，谭某某也是一走了事。在同学方面，读书的空气固然浓厚，而歪风邪气也曾风靡一时。

我在这一段时间里，也是西斋的书呆子之一。因为我上大学是受海州中学一位老师沈黍农的资助，他对我的希望很大，要求我学成一个有“真才实学”的科学人才；同时我又在入学时接受了“救国莫忘读书”的指导思想，理科的功课又重，制度又严，因而在入学后的三年里面，真正做到了埋头钻研，苦学苦练。但是我由于身体不好，为了锻炼身体，报名参加了蔡元培创办的北大学生军，没想到后来竟因此而开拓了新的生活领域，使我走出课堂，投入政治，从而改变了我的人生观和人生的道路。

二、北大学生军的光荣任务

1924年秋，二次直奉战争爆发后，直系将领冯玉祥突然从热河前线回师北京发动政变，并邀请孙中山北上。与此同时，冯又把段祺瑞请到北京做了“临时总执政”。1924年11月，孙中山在广州发表了“北上宣言”，主张“召开国民会议，解决国是”，旋即绕道日本北上。北京各国公使与段祺瑞勾结起来反对孙中山北上。孙中山由日抵津后，他们便在北京散布谣言，说孙中山在广州屠杀商民（指镇压商团叛乱而言），北京市民不欢迎孙到北京来，如果要来，将对孙不利。他们并印了很多“孙大炮屠杀广州商民的惨状”的图画传单，在各处散发。但是他们的阴谋诡计，阻挠不了孙中山的坚强意志。他到天津后就得了病，得到帝国主义者和军阀阻挠他到北京去的消息，态度更加坚决，不顾一切，抱病到北京来了。

北大校长蔡元培是老同盟会员，他关心孙中山的安全，乃派北大学生军在孙到京时到前门车站担任欢迎和警卫的任务。我们学生军的全体同学得到这个命令之后，高兴极了。那一天的气候非常冷，北风凛冽，我们很早就在北大第一院大操场集合。司令白雄远讲了话，说这是学生军创立以来第一个有历史意义的光荣任务，要同学们发挥革命军人的精神，很好地尽到保卫孙中山先生的责任。经此鼓励，士气更盛，出发后一路跑步，到了前门东车站，在站内站外布置了警戒线，派好了岗哨。我们拿的虽然是木质的教育枪，但是我们的戎装整齐，精神旺盛。北大学生军第一次在社会上出头露面，很惹人注目。军阀政府所派的少数保安警察，也为我们的气势所震慑，感到气馁。在站台上我们把警戒线布置在靠近火车的第一线，把他们隔在外面，岗哨的距离很密，五步就是一个岗。我们把枪上了刺刀，平端在手里，时刻注视着警戒线外的每个欢迎的人。当孙中山所乘火车到站的时候，我们齐声高呼“欢迎孙总理召开国民会议，解决国是”、“打倒帝国主义，废除不平等条约”……等口号。孙中山下车之后，我们看到了这位一代伟人，心里异常兴奋。他看见了我们这样年青英武的军容，也含笑点首，非常高兴。他虽面带病容，而精神十分健旺，出站以后，就乘坐蔡元培的破旧汽车到铁狮子胡同寓所去了。我们胜利完成这一光荣任务回校时，路经东交民巷西口，在那里又大呼一阵“打倒帝国主义，废除不平等条约”的口号，向帝国主义表示：“我们胜利了！”

孙中山在铁狮子胡同寓所的警卫任务，最初仍然由北大学生军担任。我们每天有一班人去服勤务，虽然耽误部分上课的时间，但每个人在接任务时都欣然前往。孙中山到京后，虽然病情日益加重，但他对于军阀和帝国主义的斗争，始终坚持不懈，特别是对段祺瑞所搞的“善后会议”，斗争更为激烈。他坚持贯彻对内召开国民会议，对外废除不平等条约的革命主张，得到了全国人民的热烈拥护。有革命传统精神的北京青年，受了孙中山这种革命精神的启发，爱国热情和革命空气又渐渐地高涨起来。孙中山的健康情况，人人关心，每天早晨看报时，都抢先看发表的病情公报，一看到温度升高，心里就着急，看到病情减轻，心里就安适。但是不幸的消息终于在 1925 年 3 月 12 日到来了，孙中山先生终于病逝了。

孙中山的遗体在协和医院施用科学方法处置之后，用水晶棺材装殓，移送至中央公园社稷殿（今中山堂）停放，护灵的任务，仍由北大学生军担任。移灵西山碧云寺的那一天，我们全体学生军三百人，在早 3 时许即在北大一院操场集合点名，一名不缺，随即开往中央公园执行任务，在社稷殿及社稷坛内外布置岗哨。原定午前 9 时起灵，等候段祺瑞亲来奠祭，但等到 10 时许，他还不来；后来传来电话说，他的皮靴小了，穿不上脚，不能来了。他这种无信无礼的行为，引起群众的痛恨。移灵时，把各方面所送花圈二千余个，由北大全体师生编成花圈队，首尾长达三里，前头队伍快到西四牌楼，后尾才走到西长安街新华门附近。我们学生军在灵车左右前后护卫灵榇，另有巡查队前后巡行，维持行进中的秩序。移灵经过的路线，人山人海，道旁的房顶上和树上满都是人。沿途路祭频繁，直到午后 1 时灵车才到达西直门外，把马车换为汽车驶往香山碧云寺。我们学生军完成了任务，才回校休息。这一次光荣任务，具有历史意义，永志难忘。

三、革命统一战线领导的几次爱国运动

1924 年 1 月，孙中山在共产党的支持和帮助下，在广州召开中国国民党第一次全国代表大会，改组了国民党，确立了“联俄、联共、扶

助农工”的三大政策以后，革命统一战线形成了，全国又掀起了革命新高潮。北大教授李大钊参加了这次代表大会，他开会回来以后，便先在北大建立了北方的革命统一战线。在他的领导下，CP（那时共产党的简称）和国民党左派密切合作，掌握了北大学生会和学生军的领导权，并进而领导了北京学生总会和以后的各次爱国运动。自1925年“五卅”惨案发生以后，直到1926年“三一八”惨案这一期间，北京的爱国运动，一个接着一个，都是在这个革命统一战线领导下进行的。

我从参加北大学生军欢迎孙中山及担任孙中山寓所警卫和移灵时护灵队的光荣任务以后，在我思想上有了一个新的动念，就是觉得书呆子生活没出息，参加群众性的社会活动有兴趣，静不如动，读死书不如干政治运动好。适逢上海“五卅”惨案发生了，北京和全国各地一样，展开了罢课、罢工、罢市、反对英帝国主义、支援上海遇难同胞的运动。我在班上被选为出席学生会的代表，把整个精力和时间投入了这个运动。同时北大学生军成了北京学生爱国运动中的唯一的武装力量（实际上只有木枪），我在学生军的活动中也非常积极。这时各党各派也在积极发展组织，我班的一位同学邓文辉是国民党左派的一个领导人（我两人在预科同班，1925年又同时升入了物理系），他见我放弃了书呆子生活，在学生会和学生军的各项活动中很积极，便把我作为发展的一个对象。他几次向我宣传鼓动，说他们的左派团体“实践社”[①]是真正革命的，拥护孙中山的三大政策，和CP合作，反对西山会议派和国家主义派，等等。我当时虽然认识不清CP和国民党左、右派在政治理论和方针路线上究竟谁是谁非，但是邓告诉我国民党右派都是腐化分子，并举出北大同学中的几个右派作例子，他们就是那批坐包车逛八大胡同的公子哥儿中的某些人物。邓文辉本人则是我班最优秀的一位同学，他又好学又正派，而且一度被选为北大学生会的主席。我两人坐在一个书桌（双人桌）上，感情浓厚，他的话打动了我的心，我就在这次爱国运动中由他介绍成为国民党员，同时参加了他所领导的左派团体“实践社”。这件事是我人生

① 实践社在大革命失败后分化变质，关于它的历史，拟另文介绍。——原注

道路上的一个关键性的转折点，从此以后，我便舍弃了原来的“读书成名”的人生观，开始了政治生活。

我参加实践社不久，北大学生会改选，一个我过去从未见过的政治斗争场面开始了。北大学生会就是当时中国政治舞台的缩影，为了争取学生会代表的席位和执行委员，各党各派在竞选中展开了争夺战。CP和国民党左派在竞选斗争中紧密联合，和国民党右派、国家主义派斗争，在北大西斋成立了竞选的秘密联合组织，统一领导这一斗争，不分昼夜地进行活动。为了争取一个中间分子的票，往往投入很大的力量，三番五次地去做宣传说服工作，有时搞得通宵不眠。我对此毫无经验，只做了些内部事务工作和交通工作。由于统一战线有李大钊的领导，这场斗争终于取得了决定性的胜利。1925年下半年以后，北大学生会的领导权便掌握在革命统一战线手中，北京学生总会也由此为革命力量领导起来，从而开展了这一时期对北洋军阀和帝国主义的一系列的斗争。

1926年1月，国民党第二次全国代表大会在广州举行，李大钊和邓文辉等左派分子被推选为北京的出席代表。那次大会，国民党左派和中国共产党参加国民党的同志们密切合作，又击败了右派，李大钊被选为中央执行委员，并以政治特派员的身份回到北京，和左派国民党组织了“中国国民党北京特别市党部”（设于东城翠花胡同，右派则另设市党部于南花园），成了北京在这一时期爱国运动的司令部。我们那个小团体的邓文辉、萧忠贞两人都是市党部执行委员，在李大钊领导下，积极进行反军阀、反帝国主义的斗争。北大学生军也在北大学生会掌握下，成了爱国运动的主力军。我在学生军里面是一个积极分子，曾参加了以下几次爱国运动的斗争，当时的情况，至今记忆犹新：

（一）1925年上海“五卅”惨案发生后，北京各学校全都罢了课，举行游行示威及宣传募捐活动。在天安门开群众大会时，北大学生军在会场上负起了维持大会秩序及警卫责任。大会后游行示威，并到铁狮子胡同执政府请愿。游行开始后，忽然来了暴风雨，北大学生军的队伍排在最前列，在大雨倾盆中，精神更为振奋，步伐更为整齐，口号喊得更为响亮，以致带动了全体游行的人也都没有一个脱队，暴风雨好像为我们助了声威。到执政府门前时雨已停止，我们每一个人都淋得像个落汤鸡，但是斗争的气势昂扬，使军阀的警卫队退避到执政府的铁栏门内，紧闭大门，不敢和我们对垒。北大学生军的队伍走出了大队，在执政府大门外布置开了一个四列横队，保护群众。我们虽然是徒手，但是威风凛然，终于安全地完成了那次请愿的任务。执政府派代表马良出来见了请愿队伍，表示“尊重民意，向帝国主义严重抗议，提出惩凶、赔偿要求……”等空头支票之后，队伍又继续游行到北新桥散队。

（二）1925年11月初，段祺瑞执政府和帝国主义在中南海居仁堂开“关税会议”的时候，北京学生总会又组织了一次反对“关税会议”的示威运动，仍以北大学生军作开路先锋，排在游行队伍的最前列。当游行队伍到达新华门前时，即与军阀政府布置好了的武装保安警察发生了冲突，展开了交手战。我这时正和拿军旗的同学司徒德、吴寿金在一起，和两名拿大刀的保安警察对打起来。司徒德以旗杆作武器和两把大刀对抗，警察的刀法有路数，司徒德抵挡不住，旗杆被大刀削断。我和吴是徒手，拣马路旁边的砖石对警察投掷，命中警察面部，使司徒德得以脱险。我们且战且走，由府右街脱离战线，返回北大。这次斗争，学生与警察都有伤者，学生被捕十余人。

（三）1925年11月底，北京学生和工人又发动了一次规模很大的“打倒军阀”、“驱逐段祺瑞”、“废除不平等条约”、“实行关税自主”的国民大示威运动。这次大会是在景山前面神武门开的，参加的有学生、工人四五万人。全体北大学生军全副武装参加。冯玉祥的国民军也以维持秩序为名参加了大会，和北大学生军合作，对大会和游行示威担负了警卫任务。当大会开完，宣布游行示威开始时，北大学生军仍在最前列开路，国民军的大刀队分列成两行，在游行队伍的两侧行进，从会场出后门，直扑铁狮子胡同执政府。因段祺瑞在东四十条家里，未到执政府来办公，队伍又转到东四十条，把他的住宅包围起来。他的住宅围墙很高，四角有炮楼，大门紧闭，卫队在炮楼上支起了机关枪对着群众。北大学生军这时也把教育枪的刺刀上了把，把枪平端在手里，作准备冲锋状，在群众队伍的前面和段的卫队对峙起来。他们知道我们拿的是打不响的教育枪，故意戏弄我们，在炮楼上向我们喊话：“喂，学生军！放一枪我们听听！”我们被激怒了，便回答他们以一阵口号：“打倒卖国军阀！”“段祺瑞快下台！”“打倒帝国主义！”“废除不平等条约！”“实行关税自主！”群众随之高呼，气壮山河，吓得他们不敢再开腔了。这样对峙了五小时之久，直到傍晚时分，示威的队伍才撤退解散。这次运动，因有国民军大力支援，军阀未敢动手，没有发生流血惨剧。这就是有名的所谓“首都革命”。这次运动使段祺瑞的反动统治发生了根本动摇。

（四）1926年春，因日本兵舰炮击大沽口，和国民军守大沽口的炮兵发生了冲突，日本帝国主义和其他帝国主义向中国政府发出最后通谍〈牒〉，要中国撤销大沽口的炮台，撤退国民军，因而激怒了北方的人民群众。北京二十多万群众在大沽口事件发生后的次日，召开了反日大会，向日本帝国主义提出抗议。3月17日，在北大三院召开了紧急会议，决定于次日在天安门召开国民大会，并向军阀政府请愿。这次运动是在李大钊所领导的翠花胡同市党部、北大学生会、北京学生总会联合策动下进行的。3月18日，天安门大会由李大钊主席〈持〉，会后即游行示威，往铁狮子胡同请愿，一路高呼“打倒帝国主义”、“打倒段祺瑞政府”等口号，并唱国民革命歌。北大学生军仍担任沿途警戒及维持秩序的任务，每隔二十步配一学生军，走在队伍旁边。我那次的位置，配在队伍的后半截，当我随队游行至东四牌楼北面三条胡同口上的时候，忽听北面枪声大作，随之前面的游行队伍秩序大乱，执政府门前惨杀学生的事件发生了。我们不能再往前进，就地解散，由隆福寺胡同折回北大。回校后才知道死伤的学生很多，马上展开了救护工作。北大学生会主席邓文辉当时在场，亲见李大钊始终没有离开队伍，当军阀的卫队开枪时他才在拥挤的群众中走出现场。邓文辉当时伏在地下，一颗子弹打中了他的左腿，但因那颗子弹已经穿过了好几个人的身体，成了强弩之末，打在他腿上只震动了一下，没有穿进肉里。他把掉在地下的弹头顺手捡了起来，弹头上还满是鲜血。

四、军阀势力对革命力量的残酷镇压

1926 年“三一八”惨案发生后不久，冯玉祥的国民军在奉、直、鲁军阀联合压迫下，放弃了天津、北京，退往西北，张作霖到北京做了“大元帅”（段祺瑞也垮了台），张宗昌做了北京警备司令，开始对革命力量进行残酷镇压，特别是北大成为他们注意的主要目标。这时翠花胡同市党部已不能公开活动，革命工作转入地下，人员分散，但对军阀的斗争仍在激烈进行。

1927 年春，由于北伐军在南方胜利进展，北方军阀越发害怕，对于北方的革命势力防范更严。张宗昌是个极端残酷的杀人魔王，他做了警备司令以后，侦骑四出，大事搜捕革命分子。实践社的领导人物邓文辉、萧忠贞等潜伏在北大西斋元字号，CP 也有几位同志潜居在天字号。我住在地字七号，有时遇到他们在秘密开会，立即避开。有一天突然来了一伙侦缉队要到西斋宿舍里检查，说是有个逃犯躲在西斋。传达曹子平一面应付他们，一面告诉我急速告知邓文辉、萧忠贞等立即由西斋后面逃避。他亲自去通知天字号的其他比较重要的同学，他们都从二院后面物理实验室的后窗跳入实验室，从二院陆续走出，因而使那些侦缉队扑了个空。次日又有几个便衣警察借查户口为名，到西老胡同一个公寓里搜查，也无所获。

在这种紧张情况下，由李大钊和苏俄大使馆联系，把翠花胡同市党部的重要人员和文件迁入苏俄大使馆暂避。哪知帝国主义和军阀秘密勾通，特别准许张宗昌的兵进入使馆界东交民巷，于 1927 年 4 月 6 日拂晓突将苏俄大使馆包围，跳墙而入，把北京市党部的全体人员都逮捕了，大厨师（不知其姓名）正帮助烧毁文件，也被逮捕。在同一天早晨，李大钊也在自己家里被逮捕了。

俄使馆事件发生后，北京的革命力量顿时失去了领导，革命活动陷入停顿状态。事隔二十多天，约在 4 月底某日，从司法部传来消息，说那一天要审俄使馆事件的案犯，实践社李寿雍（邓文辉被捕后由李负责领导）命我骑车到司法部附近去窥探。那天风砂〈沙〉蔽日，显得特别紧张，行至南长街南口即被军警拦阻，不能过街，又绕道至西交民巷，也被拦阻，知道情况不好，乃奔回宿舍。到了午后由学校传来确实消息，李大钊等二十人都被军阀处了绞刑，邓文辉、张挹兰（女）等同学也同时被绞死。这对北方革命力量的摧残实在惨重。我们在西斋的同志，抱头痛哭一场之后，共商善后。当天午后，即由学校当局出面向司法部交涉领尸的问题，得悉行刑后，每人用一具薄板匣子装起来送到宣武门外长椿寺内停放，命家属去领。我们实践社的同志分了下工，由我去到宣武门外各寺庙去租赁寄放邓文辉的灵榇的地方。我跑了半天，在崇教寺租了半间厢房；另由一位同志的年纪较大的妻子充作邓文辉的表姐去领尸，同学徐季吾伴同前往。她们到了长椿寺附近，见有一中年妇女带了个小孩坐在地上痛哭。徐问她哭什么人，原来她是俄使馆厨师的妻子（厨师也是被绞死的二十人之一），因家贫没钱买棺材，所以痛哭。徐当时从身上掏了十元钱给她，竟为长椿寺的侦缉队看见，立即将徐逮捕，带至长椿寺内审讯，认为徐是共产党。徐说他是国立八校所组织的善后委员会派来调查遗族情况的，直到天晚，才把他放出来。

当她们把邓文辉、张挹兰的尸首领出来运到宣外湖南义地另行装殓时，我骑车从崇教寺回来，看到有许多便衣侦缉队在湖南义地的胡同口来回梭巡。我猜想可能他们想乘此机会再来个大逮捕，乃急驰往湖南义地告诉那些比较重要的同志同学快些躲开，以免发生意外，他们就从后院越短墙出走。那时邓、张二同志的尸体尚未入殓，张挹兰的妹妹（在女师大读书，忘其名）伏在尸身上，哭得死去活来，抱着她姐姐不让入殓。张挹兰的弟弟张鹏（北大同学）也躺在地上痛哭，凄惨景况，令人不忍卒睹。直把邓、张二烈士的遗体装殓好了，伴送到崇教寺安置妥帖，我才回学校。

1927 年 4 月 12 日，蒋介石背叛革命，发动反革命政变之后，我所参加的国民党左派团体实践社的领导人李寿雍在南京投入了陈果夫的怀抱，萧忠贞投入汪精卫的幕中，这个团体从此分化变质了。我于 1928 年北伐军进入北京、商震组织河北省政府时，转入行政部门做官。1929 年我又回北大复学，转入教育系读了三年，于 1932 年毕业，才结束了我的学生生活。

（《文史资料选辑》第 43 辑，中华书局，1964 年 3 月版）

⊙ 千家驹

我在北大[①]

我1926年秋进入北京大学，1932年夏在北大经济系毕业，前后共六年。这六年是中国政局大动荡时期，也是北京大学的大动荡时期。1926年北京还在北洋军阀政府统治之下，先是段祺瑞的执政府，后来张作霖组织了安国军司令部。1928年国民革命军进入北京，国民党政府改北京为北平，北大也经历了它艰难的历程，从北京大学改为京师大学文科与理科，再改名为北平大学北大学院，最后恢复为北京大学。六年中，校名变更了三次，这也说明了它所走过的坎坷的道路。我进入北大时，它早已成为强弩之末，所谓中国的"最高学府"也者，其实是名不符实，只不过是"百足之虫，死而不僵"罢了（这句话是蒋梦麟校长一再引用的）。我就在这风雨飘摇的北京大学，度过了漫长的岁月。老实说，在这六年之中，我根本没有在北大学到什么东西。只不过北大的学术空气是很自由的，它还保留着五四运动时代的流风余韵。在这种自由的学术空气中，我得以专研马克思的经济理论，奠定了我以后研究经济学的基础。其次，北大是中国的缩影，在中国政治舞台上有多少党派，北大学生中便有多少党派。所有的政党，无论是进步的、保守的、反动的，都可在

① 本书代序中提及千家驹文《我在北大》，且第二辑即以之为名，但因某种原因，初版时刊落，现恢复原貌。

北大师生中找到他的信徒，都有它们的公开或秘密的组织，这怕是任何大学都不会有的。把我在北大六年的生活记录下来，不仅可以看出20年代一个大学生的学习生活，还可以从这一角度看到中国政治的一个侧面。

一、准备投考大学

我是在1926年夏在浙江金华旧制师范学校毕业的。毕业以后，究竟是升学还是就业，对我来说，是个关系到我的前途的严重问题。我家境贫寒，自小为父亲所遗弃。父亲与母亲感情不睦，自我出世以后，他们便一直分居。但在当时的条件下，是不可能自由离婚的。我父亲于是采取当时士大夫阶级的办法，在外娶妾，另组家庭，每月只寄回生活费大洋十元，供我们一家四口（我母亲、我两个姐姐和我）的生活。师范学校完全公费，膳费公家也津贴一半，我一年只花三四十元便可以对付。大学一年要二三百元，全家不吃不用，供我一个人上大学也不够。我曾为升学问题写信征求我父亲的意见，父亲竭力反对。他回信说，前清末年，浙江省每县可保送一个名额去日本留学。当时，他想去应考，走到半路，碰见了祖父，被祖父骂了一顿："你去应考，家里吃什么？"因此没有去成。武义的名额因无人应考，被别县占去了。以后从日本回国的人都做了官，可见"富贵自有天命"，不能强求。其实，他反对我升学的理由，说穿了是怕负担我的学费。但我母亲却是个极有志气的人，她东奔西走，求亲问友，找了十多个亲友，组成了一个"合会"，各人根据自愿的原则与负担能力，每年帮我五元到十元，最多的是二十元，约定我大学毕业后分期摊还。一些同乡亲友看我年青有为，读书勤奋，也乐于支援。我凑了一百数十元旅费，约了两个同伴，于1926年7月间来北京投考大学了。

从浙江武义到北京，现在只要一天半，当时要走半个多月。从武义到金华一天，金华到兰溪又要一天。由兰溪坐"公司船"到杭州要走三天。杭州到上海一天。到上海后等候船期，开往天津。津浦路虽早已建成，但因军阀混战，津浦路处在不同军阀防区之内，常年不通火车。在上海购买船票，等轮船也得二三天或三四天，上海到天津航程一般是四天或五天。抵达天津在塘沽上岸，在天津还得住上一晚，再坐京津车到北京。所以全程最快也要走半个月。对一个从未出过远门，旅费也不宽裕的十六七岁的青年来说，真可说是一次“长征”了。

当时的上海码头真是一个鬼蜮世界。流氓充斥，瘪三横行，稍一不慎，旅客便有被骗、被窃以及被敲竹杠的危险。我第一次来北京，幸亏在金华遇到一位蒋姓的长者。他是金华电灯公司的总经理，正要去上海聘请一位电机工程师。我跟他到上海后，蒋老先生托人给我们买好船票，去轮船码头时，那位老上海的工程师，给我们雇了几辆黄包车，并把车牌号码记了下来，当面关照黄包车夫说：“我记下了你们的车牌号码，如果你们刁难这几位客人，我同你们算账。”这才把我们安全送到轮船码头。

抵达北京以后，我就直奔六部口广济医院。广济医院是一个私人诊疗所，为同乡徐国香、徐致祥兄弟所开设。徐氏兄弟是我小学校长徐耀光的儿子，与我们家有世交之谊。武义在外地工作的人寥寥无几，最重乡谊。无论识与不识，同乡之间都要照顾，何况我们还是世交。经徐氏兄弟介绍，我在附近的一个公寓住下，准备投考大学。

北京的公寓是类似旅馆性质的寄宿舍，但收费较旅馆远为低廉，而且都是长期住客，租金按月计算，依设备好坏及房间大小，每日收费三四元或五六元不等。包伙或不包伙听便。包伙每月亦不过八九元左右。北京的穷学生或低级职员多住公寓。在每所大学附近，往往一条胡同之内，就有二三家。公寓供应茶水，雇有“伙计”侍候客人。我先住在李阁老胡同的一家公寓，后以离我所要投考的北京大学校址（沙滩红楼）太远，过一礼拜便搬到沙滩新开路一家公寓去了。

二、20 年代的北京大学

北京大学创办于 1898 年，原名京师大学堂，据说入学的都是举人老爷，工友称学生为“大人”。1917 年，蔡元培先生长校，风气为之一变。蔡先生提倡“学术自由”，认为学术应与政治分开，教授可以自由发表自己的见解。只要学有专长，可以不问其政治主张如何。他又主张大学应兼容并蓄，反对思想定于一尊。在蔡元培长校期间所聘的教授中，有主张满清复辟，提倡妇女缠足的老怪物辜鸿铭；有曾经拥护袁世凯称帝的“六君子”之一刘师培；也有共产主义者李大钊、陈独秀；资产阶级民主派的胡适、钱玄同。鲁迅也是北大国文系的兼任讲师。其次，蔡元培提倡“为学术而学术”，他努力在大学中创造一种学术空气，设立各种学会，如“哲学会”，“政治学会”、“经济学会”、“法律学会”、“历史学会”、“数学会”、“物理学会”……师生均可自由参加。这在当时的反动政治及以“尊孔读经”为主导思想的条件下，有重要的启蒙意义。北大之所以成为五四运动的策源地，新文化的摇篮，与蔡先生所倡导的自由学风是分不开的。但当我入北京大学时，蔡先生早已离校，校务由心理系主任陈大齐代理。

1926 年 4 月，张宗昌的直鲁联军进入北京，从此北京便处在奉系军阀张作霖、张宗昌的铁蹄之下。张宗昌一占领北京，即以“赤化通敌”的罪名枪毙了《京报》社长、进步报人邵飘萍；8 月间又枪杀了《社会日报》主笔林白水。北大一些思想比较进步的教授，有的早已南下，参加广东革命（如陈独秀、徐谦、顾孟余等）；有的隐蔽起来（如李大钊避居在东交民巷苏俄大使馆内）；有的准备离京（如鲁迅应厦门大学之聘，是年冬离京南下）。有些学有专长、不问政治的教授则为教会学校（燕京大学、辅仁大学）所罗致。因为北洋军阀政府长年积欠教育经费，教职员每月只能领到二三成薪金。在这种情况下，哪还谈得上办教育！看到这种情况，我感到非常失望。

北大分预科与本科。预科两年，本科四年。预科又分文科与理科，文科结业后升文学院或法学院，理科升理学院。我是准备读经济系的，所以进的是预科文科。预科主任为刘复（半农）。预科文科的课程为国文、英语、数学、历史、地理、社会学、伦理学等，基本上是中学课程的延续与提高。

北大是一个以“自由主义”著称的学府。“自由主义”表现在学生生活作风上，就是自由散漫，甚而近于无政府主义。上课随随便便，考试纪律松弛。一般地说，北大的入学考试是比较严格的，杜绝走后门、讲人情之风。但只要一考了进去，怎么鬼混，也可以混到一张毕业文凭。教师上课，除了第一、二次老师为了要认识一下同学的相貌，点一下名外，一般是不点名的。点名由注册课职员办理。注册课职员拿了点名册走进教室，因学生的座次是固定的，他看到座位上有人（不管坐的是张三还是李四），就划个“到”，座位空着，就划“缺课”。每当名教授上课时，课堂坐得满满的（例如鲁迅先生上课，常有别系或别校学生前来听课），注册课职员一看便走，也用不着一一划“到”了。最特别的是在北大听课，不限于本班的学生，甚至不限于本校的学生。别系的，别校的学生甚至不是学生都可以来听课。非本校或非本系学生去听课，谓之“偷听”生。但所谓“偷”者，非偷偷摸摸之谓，亦不含有歧视或侮辱的意义，许多“偷听生”堂堂正正地自称我是“偷听生”，其与正式生不同只是他不得参加学期或毕业考试，亦无“学分”可得而已。北大附近的公寓里，住有许多这样的“偷听生”，学校当局是从不加以干涉的。所以你如果不是为了一张文凭，大可不必应入学考试，满可以住在学校附近，爱听谁的课就听谁的课，决不会有人来干涉。至于教员不受欢迎，听课的人寥寥无几，甚至无人听课，学校亦无可奈何。

这种听课绝对自由的办法为不用功的学生大开方便之门，他们整天吃喝玩乐，照样可以升班毕业。北大的学生，有相当一部分人是从不读书的。他们进大学的目的是为要混一张文凭，将来可以找一个啖饭之所。他们认为，谋差事做官，不是靠真实本领，而是靠交际应酬。他们有的整天听戏、进馆子，有的逛八大胡同（北京妓女集中地）。听说，民国初年，八大胡同有“两院一堂”之说，“两院”即众议院与参议院，“一堂”

即北京大学堂。就是说，逛窑子的以国会议员与北京大学师生为最多。我进北大时，风气已好一些，但北大同学逛窑子的仍不少。当然，也有少数同学是极用功的，他们整天在图书馆或实验室里，孜孜不倦，攻研专业。六年寒窗，卓然有所建树的学生，毕竟是少数。

还有一些学生是专搞政治活动的，这也是北大的特色。北大真可以说是中国政治舞台的缩影，中国国民党、共产党、国家主义派、小研究系（一种反动的政治派别）都有半公开的或秘密的组织，北大出身的政客特别多，这也是一个重要的原因。

北大学生的日常生活，可以用“自由散漫”四个字来概括。学生一部分住宿舍，一部分住公寓。宿舍分第一、第二、第三、第四共四个。第一宿舍亦称“西斋”，在马神庙，以理科学生为多。第二宿舍称“东斋”，在沙滩，以文科学生为多。第三宿舍在北河沿，以法科学生为多。第四宿舍为女生宿舍。每一房间住两个同学，备有木板床、桌子、书架、木椅各一套。西斋有些房间，开前后门，用书架和帐子把一间房隔而为二，各人走各人的门。同房之间，说话之声相闻，老死不相往来者有之。范文澜同志告诉我说，他上学时住在东斋，一人独占一房。有一次他把房门钥匙丢了，懒得去配钥匙，就跳窗子进去。他把一张书桌摆在另一张床板之上，点一煤油灯（尚无电灯）在上面用功看书，如是跳进跳出者达两年之久，也无人过问。宿舍虽设有舍监一人，但舍监只管事务性工作，如发煤，换灯罩等等，对学生生活，从不敢过问。我进北大后，有些同学经常在宿舍里打麻将牌，通宵达旦；有的甚至留宿女生，还曾发生过女生在男生宿舍自杀事件。宿舍如此，至于住公寓的，更无人过问了。

再说北大的考试制度。北大的学期或学年考试，以文法科来说，那真太马虎了。按学校规定，任何学科旷课如超过三分之一以上，即不得参与这门学科的考试。但注册课点名时，一向是不敢得罪学生的。除非这门课你超旷三分之一；况且注册课点名是认座位不认人的，只要座位上有人，不问张三李四，都算你到了。我有一学期去河北大名第七师范教书，整整半年都不在北京，托一同班同学代我在课堂里坐上几次，寒假回来后照样参加考试。如果问，根本不上课，怎么能答试卷呢？简单得很，考试时带讲义去抄便是了。教员出的试题，讲义上一定有，只要照抄，起码也可以及格。讲义上没有的，那你抄同学的也可以。北大从不分名次高低，无“优才生”、“非优才生”之别，抄同学的试卷，对他毫无损失，只要感情过得去，他不会不让你抄的。总之，只要不交白卷，教员总会给你一个六十分。有一次我考“中国财政史”，我写了骂题的文章，批评老师出的题目不对，他也给我六十分。另一同学也是不上课的，就拿讲义去问老师，问他题目出在讲义哪一页？老师笑着说：“考试时你带讲义已经不应该了，更何况拿讲义来问我呢？”话虽如此说，但他还是把讲义页次指给同学看了。这位同学照抄一通，成绩是八十分。所以有人说，北大只要入学考试过了关，哪怕牵了头牛进去，也可以毕业，这话是一点不算夸大的。

我在北大预科读了两年，本科四年，本科我是读经济系的，但是从来不上经济系的课。那时我对马克思经济学已经有些初步知识，而北大经济系教的都是资产阶级庸俗经济学，我根本不感兴趣。每一门课我只去听一二次，一听他所讲的不合我的脾胃，我就再不去上了。陈启修（一名陈豹隐）是北大的名教授，据说他是讲马克思主义经济学的，非常叫座。我去听过一次课，他竟以人口增加来解释经济发展的动力，我想这真是挂羊头、卖狗肉，我再不去听他的了。还有一次，经济系增加了两门课：一为“《资本论》研究”，一为“马克思主义批判”，讲师为同一个人。我当时喜出望外，就去听他的“《资本论》研究”。哪知这位讲师对马克思《资本论》竟一窍不通，他手里拿着一本英译《资本论》第一卷，书还是崭新的，大概买回来不久，照本宣读。《资本论》第一章商品，小标题是：“使用价值与价值（价值实体与价值量）”。我问他括弧里的“价值实体与价值量”是指“价值”中有价值实体与价值量，还是“价值实体”指“使用价值”，而“价值量”指“价值”呢？他一解释就搞错了，被我问得面红耳赤，下不了台。下课之后，我给他写了一封信，内容是：“你讲‘马克思主义批判’我丝毫没有意见，因为今天的中国，批评马克思主义根本不用什么理论，只须〈需〉‘什么马克思牛克思’一句话便够了。（这句话是国民党元老吴稚晖发明的，鲁迅曾写一杂感文说：“中国只用一句话‘什么马克思牛克思’，就把马克思学说推翻，全世界大惊服，犹太人大惭。”）但对于你讲‘《资本论》研究’却不能同意，因为我发现你对《资本论》一无所知。所以希望你把这门课停讲，专去讲你的‘马克思主义批判’好了。”果然到了第二星期，贴出布告来，“《资本论》研究”，请假了，以后一直也没有再上过。一个对马克思经济学一无所知的人，居然可以教“马克思主义批判”。这就是当时的中国学术界！

还有一个讲货币学的C. 教授，他用的课本是美国人雷夫林著的《货币学》，其中提到马克思的货币论，说是受黑格尔唯心主义的影响。我站起来说，马克思的货币理论与黑格尔的唯心主义有什么相干呢？说与黑格尔的辩证法有联系，还可以说得过去。C. 教授说，他对马克思的货币理论也无研究，美国学者对马克思学说有偏见，可能是不对的。密斯脱千（即千君）既对马克思货币论有研究，可否请你对同学介绍一下。第二次上课时C. 教授又提出要求，我就站起来将《资本论》中关于货币这一节的内容摘要介绍了一个小时，一直讲到下课为止。以后有一同学对我开玩笑说：“C. 教授应该把这一小时的薪金给你才对。”以后C. 教授还把自己所珍藏的德文版《资本论》借给我看。

我在经济系读了四年，但对经济系的课程却一门也没有好好听过。什么“边际效用说”，什么凯恩斯的“充分就业论”，都不屑我的一顾。我自己整天关在宿舍里死啃马克思、恩格斯的经济理论。凡是当时北京可以买得到的马克思、恩格斯的著作（均为英译本，中译本极为少见），如《资本论》《反杜林论》《哲学的贫困》《政治经济学批判》等等，我都仔细地阅读。北京买不到的，只要知道书名，我就寄钱到日本去买。二三十年代日本东京有一“丸善株式会社”，可以邮购书籍。只要写一封信（或明〈名〉片）去，说明要买什么书，它就给你寄来了。书寄到后到邮局取书时付款，到时不取，邮局便给退了回去。当时日圆与大洋（还没有实行法币）等价，既不要申请外汇，也无汇价折算的麻烦。日本书店服务的周到，至今还给我留下深刻的印象。

我虽没有上经济系的课，却偷听了一年政治系的“中国近代外交史”，教授是蒋廷黻，清华大学历史系主任，北大兼任讲师。蒋廷黻后来投靠蒋介石，做过蒋政府的驻苏联大使与驻美大使，思想非常反动。但他讲课认真，材料丰富。对近代中国外交的中外史料如数家珍，了如指掌。当然他的观点是很反动的，代表了典型的洋奴哲学。例如他讲鸦片战争时称赞琦善，对林则徐则时有微词。讲甲午战争与马关条约时，大事歌颂李鸿章；讲二十一条约时说袁世凯已尽办外交之能事。总之，凡是卖国贼他认为都是识时务的“俊杰”。这样反动的教授，我为什么要去听他的课呢？主要是听他所讲的史料，由于立场不同，他的结论往往可以当为反面教员看。我受了他的启发，曾经去北京图书馆借阅道光朝与咸丰朝的《筹办夷务始末》，这是我国外交史的原始档案材料，共几百卷，为治中国近代外交史者所必读。又如我为了研究鸦片战争前的中英贸易史，阅读了北京图书馆所珍藏的东印度公司的编年史（英文），以后还写了一篇论文，论述鸦片战争的经济背景，发表在当时的《清华学报》和《中山文化教育季刊》上。

说到不上课，我还想起一个故事来。我们经济系同年级的共五十九人，经常上课（的）不过半数。有的甚至终年不上课，专搞政治活动（如共产党员赵作霖）。我在经济系三年级时，学校开了一门新课，名“高级经济学”，教师为周炳琳，他兼北大法学院院长。周炳琳是国民党新贵，兼北平特别市党部常务委员，是红极一时的人物。但同学们不买他的账，大概正因为他是国民党当权派的关系，同学们一致抵制他。全班五十九个同学中，上他课的只有一个人，名艾永薰，四川人，也是国民党员。这位周院长真有涵养，整个学期他就为这个唯一的宝贝学生上课，师生两人，形影相对。到了学期考试，自然也只有这一个学生去应考。考试结果，周炳琳记这个唯一的学生“不及格”。最初我们很不理解，后来仔细一想，才知道这是个极明智的办法。因为这么一来，这一门课等于没有开设，其余的同学也用不着去补考。否则的话，没有参加听讲的同学还要补考，补考大家一定不去，周院长更下不了台。这个艾永薰真是周院长的知己，他一毕业就当了周院长的助教了。

三、暴风雨中度过1927年

1926年7月，广东国民革命军宣布北伐，由于国共第一次组成统一战线，北伐军深得人民群众的拥护，势如破竹，不到半年就底定东南。湖南、湖北、江西、福建、浙江、上海相继为北伐军所占领。

浙江光复以后，金华和武义两地经我介绍参加国民党和共产党的同志，一个个出头露面，在党政机关担任要职。（注：我在1925年在金华七师读书时，秘密参加改组后的中国国民党与共产党，并介绍其他同学参加，组织了地下支部。）如金华的钱兆鹏任金华县党部青年部长，武义的李守初、王子如、邵李清等汪〈任〉武义县党部常务委员等等。此外，杭州的宣中华则担任了浙江省政务委员会的代主席，季达才、季外方为浙江省总工会的主要负责人。没有想到，蒋介石于1927年4月12日发动反革命政变，屠杀共产党员和国民党左派分子。宣中华在上海龙华被蒋介石杀害，季达才等逃往苏联，我的同乡钱兆鹏则在金华被杀，李守初、王子如、邵李清等均被捕入狱。不到一年之内，旧友风流云散，或死或逃，真像做了一场春梦。我因远在北京，幸未波及。

我虽然在金华便参加了共产党组织，但到北京来上学，却没有想参加政治活动，来时，根本没有带组织的介绍信。北大各种党派非常活跃，尤以进步党派最为突出。我记得中共最初的机关报《向导》，即以北大第一院作为通讯处。我进北大时，地下党组织一直存在。不久我便与北大党组织取得了联系。那时也不需要什么证明，只要口头上说明我在金华已参加了党，他们便承认我是正式党员，并参加党支部的组织生活。当时，参加共产党是要冒生命危险的。我记得当时的党小组长是张百川（后改名张勃川，曾一度任中华人民共和国驻芬兰大使），小组成员中有王俊让、袁久中、韩寿萱等人。

1926年冬，我应友人之约，去天津度寒假。有一义乌同乡名何雪，也是地下党员跨党分子，任天津国民党特别市党部的组织部长。他们在天津英租界设一国民党的秘密机关，何雪就住在机关里，我去天津就住在他那里。我还认识一个名叫王锡鹏的天津人，也是跨党分子，任国民党天津特别市党部的宣传部长。王锡鹏在1927年大革命后脱了党，转《大公报》工作，改名王芸生，后来成了《大公报》的名记者，在《大公报》上写了一些影响不好的文章。解放前夕有转变，新中国成立后，参加了新政治协商会议，曾任历届政协委员，人大常委兼中日友好协会副会长。

开学后，我一面继续上学，一面参加中共地下党团活动。北大有C. P.（共产党）与C. Y.（共青团），也有国民党左派和国民党右派。国民党左派组织名“实践社”，领导人是邓文辉（后与李大钊一同被杀）、萧忠贞。国民党右派都是些逛八大胡同的人物，我们根本不把他们放在眼里。北京的国民党地下组织，完全在共产党和国民党左派领导之下，负责人是李大钊，他同时又兼中共北方局书记。自国民军退出北京、张作霖军队进驻北京后，李大钊已不能公开出来活动，他隐蔽在东交民巷苏俄大使馆内。我记得1927年春，国民党特别党部曾进行过一次改选，妇女部长原定刘清扬，后因刘的目标太大，改为北大学生张挹兰。刘是五四运动时代妇女界的风云人物，很老的共产党员，后来脱党，参加了中国民主同盟。

1927年4月间，张作霖政府勾结了英帝国主义搜查苏俄大使馆，逮捕了李大钊全家及邓文辉等同志二十余人。本来，苏俄大使馆在东交民巷，享有治外法权。东交民巷东西口均有帝国主义军队把守，中国军警根本不许入内。过去每当北京发生政变，失败的官僚政客只要向东交民巷一钻，便安如泰山，等于进入租界。开设在东交民巷的六国饭店与德国医院，一当我国政局变动，便有人满之患，甚至厕所也住了人，收高昂的租金。这次英帝国主义为什么竟会同意张作霖政府进入东交民巷搜查苏俄大使馆呢？这是因为北伐军进入武汉后，武汉国民政府在革命群众支持下收回汉口、九江英租界，北洋军阀与帝国主义者同受革命势力的威胁，所以采取一致的行动。事先张作霖政府派一密探伪装佣工受雇于苏俄大使馆，对李大钊同志的住处及其周围环境作了详细调查。4月9日，张作霖政府将李大钊同志等二十人处以绞刑，其中有共产党员，也有国民党员，还有苏俄大使馆的一个中国厨师，最后一名就是新当选为国民党北京市党部的妇女部长张挹兰。当李大钊等二十人被处死时，南方的蒋介石政府亦已采取屠杀共产党的反革命行动。南北两方，军事上虽彼此敌对，而在反共这一点上竟心心相印，互相配合。李大钊同志被杀后，据报载：南方某巨公（指蒋介石）亦来电赞同云云，这是很可能的。

李大钊等二十人被杀，对社会的震动很大。因为北洋军阀政府这样公开地大规模杀害政治犯，还是第一次。当然，这比之蒋介石的大批屠杀共产党来，不过是小巫而已。社会上对李大钊的从容就义，面不改色，无论识与不识，均表示无比敬仰。报载：有一棺材店老板自愿捐赠李大钊价值三百元的上等棺木一具（一般处决罪犯均以一二十元的薄棺装殓），并发表谈话说，本人虽反对"赤化"，但对李大钊的人格十分敬佩。（此事当时曾见报载，但以后未见有人谈起。）在旧社会，有这样侠肠的人，真是不容易，这也足以证明李大钊的伟大人格感人之深。

1927 年夏，我回到武义家乡探亲。时值蒋介石四一二反革命政变之后不久，真是风物依旧，人事全非。一年以前，我的几个志同道合的好朋友，或死或逃，有的则关在监狱里面。浙江各县正进行清党，各县都派了"清党委员"。派到武义的清党委员一名李雄，一名楼宪文，都是我七师老同学。武义的土豪劣绅对我大肆攻击，说我是武义共党的后台，但事无佐证。清党委员为了应付他们的攻击，不得不采取行动。某日晚间，清党委员楼宪文率警察四名来我家搜查。楼是我七师同学，他加入国民党还是经我介绍的，同我颇有交情。为了表示他是奉命不得已而出此，他叫警察站在门外，他自己一个人进来，把我的书东翻西翻，故意拿起一本《古文观止》倒转过来左看右看，示意这是他在"演戏"给别人看。搜查完毕，他请我去县政府走一趟。县长李宗裕，原为北大讲师，因马叙伦关系（马老时任浙江省政府民政所所长，解放初期任中央人民政府的教育部部长），来做武义县长，他是一个庸俗而贪财的官僚，对我既无好感，亦无恶感。楼宪文报告李县长说，搜查结果无任何证据，李遂嘱我回家休息。武义县警察局长亲自送我到县政府大门外，握手道别。这一幕滑稽戏就算结束。当我被传进县衙门问话时，街上聚观之人甚众，他们推测我可能已被捕。可是不到一刻钟我就从县政府出来，他们也纷纷作鸟兽散了。

但这时邵李清还关在武义县看守所里。邵李清是我小学时莫逆之交，他也是经我介绍入党的。当北伐军进入武义以后，他率领群众，打倒土豪劣绅，破除迷信，异常积极。他把城隍庙泥菩萨搬了出来，因此遭到封建势力的围攻，说他要打倒城隍老爷。这还了得！尤其是一个名叫陈子兴的大土豪，是邵李清的死对头。清党以后，他们诬蔑邵李清以莫须有的罪名，把他抓了起来。我和几个朋友商量营救邵李清的办法，着重揭发陈大土豪陷害邵李清的卑劣手段。临到开审那天，我和几个朋友前去旁听，审讯后竟当庭开释。这两件事当时亦很轰动武义这个山城。他们陷害我的阴谋既不得逞，反而把原已入狱的邵李清给放了出来。

邵李清同志出狱后，继续从事革命活动。他后来上鸡公山打游击，绑架土豪劣绅，向他们筹了一笔款子去上海购买枪支，不料被叛徒出卖，在上海被捕，后被浙江省防军押回兰溪斩首示众，还把他的头在武义城门口悬挂三天。这时我早已回到北京，他的女儿由我母亲代为抚养，他的遗嘱也交由我母亲保管。1949 年解放以后，邵李清同志被追认为烈士，他的遗嘱也由我寄往永康历史博物馆保管。

四、京师大学与刘哲

1927 年 8 月底我回到北京。在这短短的两个月内，北京大学已经面目全非了。北京自张作霖组织大元帅府以后，任命刘哲为教育总长。这个奉系军阀走狗，所谓东北“元老”的刘哲（后投靠蒋介石，当了蒋政府监察院副院长，死在台湾）把北京原来八个国立大学合并为一个京师大学，并自兼校长。北京大学第一院改称京师大学文科，第二院改称理科。文科学长（即文学院院长）聘请前清遗老江瀚担任。江瀚是前清的四品官，忠于清室，不过人很正派。据报载他是刘哲的老师，刘哲对他“颇为恭顺”，江瀚亲自对我们说过：“恭则有之，顺则未也。”当国立八校宣布合并时，我正回到武义探亲。回京后朋友告诉我说，八校师生一致反对合并，学生曾选出代表向刘哲请愿。某日，刘哲在教育部召见，学生代表鱼贯而入，见刘哲在太师椅上，办公桌前，摆好八副纸笔。刘哲一一问代表姓名毕，又问家在何处，北京有无亲属？代表们均感到莫名其妙，哪知刘哲将桌子一拍，大喊："我要把你们统统枪毙，你们把遗嘱写下来，好叫家属来领尸！"代表们面面相觑，莫知所措。此时教育次长林某在旁，他是扮白〈红〉脸的，他说："总长发脾气了，你们快下去吧，不要自找苦吃。"于是代表一言未发，一个个溜了出来，一幕反对合并的风潮，就此结束。当时北京在奉军铁蹄下，刘哲是一位炙手可热的人物。他只要下一个条子，就可以随便把青年抓起来。不少学生被捕，送往警察所，所凭的就是刘哲的一纸手令，既无罪状，亦无案由，糊里糊涂关了几个月，这种事是常有的。如果当时有一代表对刘哲提出质问，那一定要吃眼前亏，纵不至真被枪毙，坐数月牢是保险的。

刘哲做了教育总长后，就开始整顿所谓学风了，他先拿北大开刀，1927 年寒冬学期考试时，他派了"监考官"来监考。文科预科生考"社会学"，参加考试的约一二百人，我也在内。上面说过，北大学生考试时带讲义属司空见惯，这次也不例外。学生拿出讲义来看时，监考官就去制止。同学们齐声嘘他，监考官恼羞成怒，就给刘哲写了个报告，说北大学生在考"社会学"时偷看讲义，非但不服制止，还口出嘘声。刘哲见报告大怒，立即下令将该学期我们所有试卷全部作废，于第二学期开学时重考，而且还规定由教育部派员命题。北大师生闻讯大哗。同学们认为，考试携带讲义，乃教员所许可，监考官出而制止，本不合理，即令偷看讲义犯规，也只应惩戒犯规的同学，何得罚及全体？退一万步说，即令偷看讲义的同学很多，需要补考，也应仅限于"社会学"一科，其他各科考试既未发生同样情事，何以试卷也要一律作废，全部补考呢？况且考试由主讲教师出题，乃天下之通例，教育部何能越俎代庖？教育部既不知老师讲的什么，何能代拟试题呢？此事发生后，不但同学们群情激昂，教师亦纷纷不满，认为不让教师出试题，是不信任教师的表示。于是各班推派代表，向教育部请愿，要求收回成命，我是代表之一。

某日，刘哲在教育部召见学生代表，我们进去后向刘哲行一鞠躬礼。是时北京学生多穿蓝布大褂。大褂两侧有插兜，手可以放在插兜里取暖。时值冬季，我在鞠躬时没有把手从插兜里拿出来。刘哲见状，先问我姓名，我答复后，他大拍桌子骂了起来。他说："你不要说见我教育总长，就是见我京师大学校长也不应该把手放在插兜里行礼啊！见我教育总长又是京师大学校长尚且如此傲慢无礼，对其他师长更可想而知了。你进来时把手放在兜里，吓了我一大跳，我还以为你拿个炸弹来炸我呢！"又说："你们这些当代表的没有一个好东西，平素不用功，醉心'平等''自由'之说，所以最怕考试。你们迷信胡适、蒋梦麟之流，他们都是'赤化分子'（在刘大总长看来，胡适、蒋梦麟都是共产党！）我叫你们用功读书，你们就骂我'老牛'（北大东斋贴有学生漫画，画一老牛写上'刘哲'大名），真是岂有此理！"他又说："我派监考官来监考，你们偷看讲义，还不服从监考官的制止，口出嘘声，这是下流人的行为。你看戏院里怪声叫好的，都是坐在后排的。我刘某人看戏坐包厢，你们听见我怪声叫好过没有！"接着又说："你们只要好好读书，将来自有你们的好处。你们看我，我以前在京师大学堂读文科，整天在家里圈圈点点的（说着用手势表示圈点之状），所以能有今天，做了教育总长，又是京师大学校长，不用功行吗？"他一口一个"教育总长"，一口一个"京师大学校长"，越说越得意。于是他就命令我们回去，好好用功，准备补考，不许再捣乱，捣乱就把我们统统抓起来。这真是我生平所经历最呕〈恶〉心的一场丑剧。不过这一次，刘哲还算客气，没有要我们写"遗嘱"，只是借着我行礼时手没有从插兜拿出来借题发挥一通，请愿自然是无结果而散了。

自刘哲长校以后，北大的教授离校的更多了。不但一些思想进步的不能立足，连一些资产阶级右派，如王世杰、燕树棠、皮宗石之流也纷纷南下，去武汉大学教书了。在刘哲眼中，除了前清遗老，以及拥护张作霖大元帅"登基"的奉系军阀走狗以外，统统都是"赤化分子"。另一方面，不少阿谀逢迎之辈，也被请来当教授。北京大学比较严格的入学考试制度也被他所破坏了。他下一条子便把亲戚朋友的子女送进北大来。

这真是北大最黑暗的时代，同学无故失踪的时有所闻，不少明哲保身的同学为了免得生命危险，索性回家乡躲起来了。

五、我被北洋政府逮捕

在北大我担任过一段时期的北大团支部书记，以后又兼任共青团东城区区委。1928 年 3 月间的一个晚上，我刚从骑河楼孙晓村同志处开完会回到汉园公寓，有两个便衣侦探进来，问我姓名后便把我逮捕了。我最初被押在西城区第四侦缉队，过了十多天，再移送到首都警察所。原来北京市共青团市委组织被破坏，市委委员大多被捕，有一市委委员名孔宪钦的把我出卖了。同案共二十三人，经首都警察所审讯后枪毙了十三人，其余十人解往陆军部军法审判后，移送陆军监狱。在首都警察所时，我亲笔写了一份供词，在供词中我隐瞒了自己的党员身份，承认参加了共青团，担任过北大团支部书记和东城区区委，这些都是孔宪钦供出了的，我不能不承认。

虽然我没有暴露党员身份，未泄露组织机密，未出卖过同志，但我承认自己是一个小资产阶级的民主革命者而不配做一个无产阶级的先锋战士。经过这一次被捕以后，我被白色恐怖所吓退，以后再也没有和党组织发生关系，从此我脱了党。

我记得在首都警察所时，有一个晚上，大约在深夜二三点钟，睡在我身边的两个同志被叫去“过堂”（审讯）了。看守并说外面冷，衣服都穿上，我估计很快就会来传我，便偷偷地把衣服穿好，结果却没有来叫。第二天清早醒来，看守把他们的东西都拿走了，据说是“回老家”了（即枪毙）。数了一下，共少了十三人。我们当时真像笼子里的鸡鸭，不知道什么时候被拿去宰杀。难友们的心情沉重极了，但我们是不许交谈的，中午开饭的时候，大家食难下咽。当天夜里，同监的难友，谁也睡不着，因为不知道会不会有第二批？忽然间，看守叫了一个难友的姓名，这位难友跳起来问：“要穿衣服吗？”看守说：“不是，新进来一个犯人，你睡过去些，腾出空位来。”

我在首都警察所看守所约莫关了二十天，有一个下午，开来了一辆卡车，看守叫我们集中起来上车。当时首都警察所在前门内邮局旁边，我们上了卡车，不知车开往哪里？如果往南开的话，可能是开到天桥去见阎王爷了（当时天桥为行刑之所）。后见车往北开，开进了海运仓，才知道是送我们到陆军监狱。进了陆军监狱之后，每个人都戴上十多斤重的脚镣，但可以开口说话了。在侦缉队与警察所关押时是不许说话的，除“过堂”外，我们整整做了一个多月的哑巴！

陆军监狱里关押了许多政治犯，但也有非政治犯的“积匪”或“巨盗”。我们遇见不少同志，做我们的向导。我们被分配在各个“号”里，“号”里早已有难友在。号门除“放风”外是整天锁着的，但在“号”内可以自由谈话，这就比侦缉队或警察所强多了。而且只要肯花钱，可以偷偷叫看守送信。我们身边没有钱，则由收信的亲友付钱，每送一次信，酬金现大洋一元。也可以带食物进来，当然送到手时大概只有原来的一半，其余的被看守“揩油”了。只要有钱，什么东西也可以弄进来，包括鸦片烟在内。有钱的犯人还可以出钱雇别的囚犯洗衣服、做饭以及（做）其他杂役。总之，“钱能通神”，除了“外出”之外，什么都行。我们从警察所解到这里，虽然脚上加了铁镣，心情可舒畅多了。

移送陆军监狱后，只过了一回堂便转送军法处。军法处在东四铁狮子胡同（现在的中国人民大学旧址），离海运仓不算很远。我们在宪兵押送下步行而往。途人聚观，议论纷纷，但我们处之泰然，在反动统治时代，做一个政治犯是光荣的。军法官只略加讯问姓名、案情，完全是一种形式，审毕又押回监里。

这时候陆军监狱外面的政治形势已起了重大的变化。国民党北伐军席卷山东、河南、河北。山西的阎锡山就任国民革命军第四集团军总司令，进兵京津，张作霖准备撤出关外。奉系人物纷纷北逃，军法处长何丰林也逃往关外了。6月4日张作霖在皇姑屯被日本人炸死，山西的阎锡山部队随即进驻北京。北京挂起了青天白日旗，关在陆军监狱里的国民党员自然无条件释放了，共产党和共党嫌疑犯也通过各种方式保释出狱。我是经北大文科学长江瀚保释的。自我被捕后，北京的亲友多方设法营救，尤以广济医院徐国香兄弟奔走热心、不遗余力。我父亲因为不负担我学费，错误地认为我参加共产党是为的拿“卢布”津贴（当时反动派造谣，说共产党是拿苏俄卢布的）。他感到心中有愧。他曾给江瀚写过一封信，哀惋〈婉〉悱恻，说如果我死了，“千姓将从此而断”，这很感动了这位江老头儿，所以他出面把我保出来了。

我出狱后，北京不久改名为北平，已是国民党的天下了。我先去答谢营救我出狱的至亲好友，暂时住在虎坊桥的越中先贤祠（有几个北大同学住在那里），稍事休息后，便回武义去探视我的母亲了。

六、进入“象牙塔”，钻研《资本论》

当我被张作霖政府逮捕后，刘哲便挂牌将我开除北大学籍。奉军逃往关外，这位刘大总长也滚蛋了。北大同学开始了复校运动，凡被刘哲开除的一律恢复学籍，凡经他下条子未经考试进来的，一律退学。我的学籍自然也恢复了。

1928年秋，我回到了北平。这时北京大学又变成北平大学北大学院了。南京国民党政府成立后，任命蒋梦麟为教育部长。国民党老官僚李石曾为垄断北方的教育事业，倡议仿照法国推行大学区制，划平、津两市和河北、热河两省为北平大学区，合并平、津、保定各国立院校为北平大学。李石曾自兼北平大学校长，李书华（原北大教授，留法，李石曾派）为副校长。北京大学则改称“北大学院”，以陈大齐为院长。北大学生又发起了复校运动，派代表赴南京请愿，要求恢复北京大学。听说北大代表见到教育部长蒋梦麟时，蒋梦麟还哭了一鼻子。因为蒋梦麟是蔡元培派（北大派），而李石曾是中法大学派。蔡、李虽同为国民党“元老”，而派系不同，各立门户。蒋身为教育部长，虽同情北大学生，但心有余而力不足。不过反对大学区制的不仅有北京大学，还有其他各院校，学潮此起彼伏。李石曾亦无法应付，推行未及一年，北平大学区制终于寿终正寝，北大的复校运动也取得了最后胜利。蒋梦麟辞去了教育部长，回到北京大学来当校长了。

蒋梦麟回北大以后，大加整顿，聘胡适为文学院长，周炳琳为法学院长，秦汾为理学院长。还有其他一些名教授如马叙伦、陈启修、陶孟和、燕树棠等，北大又有“中兴”之势了。

我自经被捕释放之后，再也不愿参加政治运动了。闭门读书，不问外事，如是者达两年之久。我刻苦钻研马克思的经济理论，尤以对《资本论》一书，下了一番苦功夫。我还翻译了列宁的一本小册子《马克思主义的三个组成部分》，用笔名印了出来。我对“中国近代外交史”也感兴趣，写了一篇《东印度公司与鸦片战争》的文章，尝试以马克思主义的观点来解释鸦片战争的前因后果。这篇文章刊登在《清华学报》上。

我在浙江金华中学时曾与吴晗同班，自1922年转入七师以后，再也没有同吴晗见面，也不通信。1929年秋，我忽然在《世界日报》上看见清华录取新生名单中有“吴春晗”其人。我不知道他是否即我中学同学吴春晗，抑或是另一个同名同姓者。我就写封信去问问，问他是否浙江义乌人，在金华中学读过书？吴晗接到信后，立刻跑到北大西斋来看我。他一见我第一句话就说：“‘败子回头金不换’，家驹，我已经完全变了。”接着他把这几年的情况告诉我，说他在中学毕业之后被父亲关了几年，后去上海进吴淞中国公学。中国公学校长胡适来了北平，他也跟着来了。先在燕京大学图书馆工作了半年，经胡适介绍给清华历史系主任蒋廷黻，投考清华大学。他同时也投考北大预科，因为数学交了白卷，未被录取，清华本科是不用考数学的。自此以后，吴晗与我又恢复往来。每逢周末，他就跑到城里来看我，有时我也去清华看他，我们再度恢复了少年时亲密的友谊关系。

1930年秋，我因学费不济，去大名第七师范教了半年书，同去的有王冶秋、王振华、李梦麟、贺培珍等共五人。大名七师在河北，以思想激进著称，校长谢老（已忘其名），教务长晁哲甫（解放后曾任平原省政府主席、山东省副省长等职），可能是地下党员。是年冬，因战事停课，我们也回到了北平。教了半年书，得薪金大洋四百八十元，除了伙食以外，净余四百元之谱，可以够我读两年大学的学费了。

自我释放之后，我父亲主动提出每月给我母亲的生活费从十元增到二十元，其中十元作为补助我的学费。我自己也写点文章投诸报刊拿点稿费，从此在北大我的经济比初来时宽裕得多了。

七、再一次投入北大学生运动

1931年九一八事变，再度把我从“象牙之塔”中推向社会，我又投入学生运动的浪潮中去了。

1931年9月18日，日本帝国主义兵不血刃而占领我国东北。蒋介石政府的卖国投降政策，激起全国爱国同胞、特别是青年学生的怒潮。1931年12月1日（或2日），北大学生在马神庙第二院礼堂召开了一个学生大会，决议组织“南下示威团”到南京去示威。在此以前，已有不少学生群众运动，但他们都是去向南京政府请愿，而示威则自北大学生始。北大同学认为对南京的卖国政府已无“请愿”之可言，应该向它示威，表示群众的力量。会上立即组成了“北大学生南下示威团”，推举一位山西同学岳增瑜为团长，我为宣传委员。当天下午我们即从前门车站出发，在火车上，我起草了一份北大学生《南下示威宣言》。宣言强烈地谴责南京政府的不抵抗主义，说它“蹂躏、拍卖中华民族的利益”，对于“这样的政府，我们非但不能信任它，而且还要打倒它”，公开提出了“打倒南京反动政府”的口号。同时宣言中还“命令”南京政府立即结束内战，对日本帝国主义采取武装抵抗，以拯救中华民族的危亡。这样一个措词尖锐的宣言，在当时国民党反动统治下是前所未有的。到南京后，我先把宣言送交南京一个印刷厂印刷。我们也太缺乏革命斗争经验，像这样一份措词激烈的政治宣言，在南京国民党政府眼皮底下是不可能公开发表的。果然，南京卫戍司令部将我们的宣言扣留、没收，并来函警告说：“该示威团到京以后，扬言示威，行动离奇，言词荒诞，印刷传单，诬蔑政府，与共产党之口吻如出一辙”云云。

我们抵南京后，集体住在中央大学体育馆内。国民党反动派曾企图骗我们住进中央军校内，把我们软禁起来。我们派吴廷璆同学前去联系，发觉中央军校门卫森严，进去之后，即不能自由行动，廷璆同学坚决拒绝，其阴谋未能得逞。中大体育馆内既无铺盖，亦无御寒设备，时值初冬，我们根本无法睡觉，只得大家在体育馆内坐以待旦，寒气袭人，有的就跑步取暖，以度过这漫漫的长夜。我们定在12月5日举行游行示威。12月4日国民党反动派C. C.骨干方治、教育部司长姜绍谟（北大毕业同学）前后来中大劝阻我们不要示威。我们当然不听那一套。

12月5日是我们预定游行示威的日子。这天一早我就去首都卫戍司令部交涉发还宣言的事。他们派一副官接见。我理直气壮地质问他们凭什么理由扣留我们的宣言，要求立刻发还。副官答应向上级请示，他进去之后，久久未见出来，我因出发游行的时间已到，要先行赶回，就留一条子给卫戍司令说："北大同学爱国示威，光明正大，你部扣留我们宣言毫无理由。要求立即发还宣言，并希望你们不要摆官僚臭架子。"留下条子后，我就赶回中大，率队出发游行，同时另派吴廷璆、张百川两同学前往交涉。当我们的游行队伍走近成贤街时，就看到有大批军警前来阻拦。我们高呼口号，企图冲破封锁线，尤以岳增瑜（示威团团长，山西人）、陶凯孙（北大女同学）等最为勇敢，他们带头往前冲。此时即有便衣出来抓人，先把团长岳增瑜与我抓去，并闻便衣特务指着我说："就是这家伙，我们正想扣留他，被他跑了。"他们原来只想逮捕我们少数人，岂知北大同学见我们被捕，纷纷跳上警车，要求同我们一起去。这样一下子就逮捕了一百八十五人，全部送往孝陵卫军营监禁。

再说吴廷璆与张百川到了卫戍司令部后，立即被扣留起来，送往该部看守所拘留。南京学生听说北大同学因示威游行被捕，就立刻组织了数万群众前来声援，他们误以为我们关在卫戍司令部，当晚包围了司令部，要求立即释放北大被捕同学。吴张两同学只听得外面人声沸腾，高呼口号："冲呵！冲呵！"有如怒潮汹涌，卫戍司令部军警十分紧张，把机关枪也架了起来。后来，群众知道北大被捕同学并不在卫戍司令部时才慢慢散了。

我们这一百八十多人被送到孝陵卫军营后，同学们义愤填膺，一致绝食表示抗议。当晚饭送来时，我们给退回去了。这使南京反动政府惊惶失措，他们深怕这一消息传了出去，会激起全国学生新的怒潮，更使他们处于被动地位。当晚，南京当局就派了前北大代理院长，当时已在南京作官的陈大齐教授来劝我们进食。我与岳增瑜代表全体同学去见陈大齐。我们坚决表示为了抗议政府对爱国运动的无理压迫，绝不复食。不恢复自由，我们就绝食到底。陈大齐见劝告无效，只得走了。本来，一百八十余人一致同意绝食，这是很不容易的。当初有些同学思想不通，经我们反复说服，终于一致同意，在南京反动派未释放我们以前，大家都不吃东西。南京反动政府无法，遂于次日（六日）晚间派了一千多军警，以两三个彪形大汉对付一个学生，将我们一百八十五人逐个五花大绑，押送到下关车站。派一列专车送我们回到北平。（事后，据北大同学向我透露，他们唯恐南京政府把我一个人扣留下来，所以当我与反动派交涉以及军警押送我们回北平时，同学们都聚集在我的周围，组成一个包围圈，这我在当时是不知道的。）当然，一上了火车，松了绑，我们便恢复自由了。当我们的专车途经徐州、济南时，即便在深夜，也有学生代表在车站迎接，对我们表示慰问。因为我们在南京被捕和押解回北平的消息，已经通讯社报道，早已全国皆知了。回到北平的第二天，竟收到蒋介石发来的“慰问”电报，我们当然嗤之以鼻。但这也足以证明：蒋介石政府对北大示威同学的高压手段，多么不得人心。

于此还要增加一个插曲：国民党反动派对我们这次南下示威是早有戒心的。当我们从北平坐火车去南京时，北平国民党特别市党部派了一个名叫关杼的北大特务学生，跟踪我们南下。关杼，四川人，北大政治系学生，国民党员。这次是想去破坏我们的示威运动的，曾得到北大校长蒋梦麟的默许。他坐的是头等车，我们坐的是三等车，在路上被北大同学发现了，把他揪了出来。在火车上进行审问，始知他是奉命去破坏示威运动的，我们笔录了他的口供。哪知车子路过济南后被他逃走了。

北大学生会当时亦在国民党的控制之下，这次南下示威是北大学生的自发运动，并非北大学生会所组织。学生会的党棍们知道参加示威运动的都是些思想进步的学生，于是就在我们南下之后，假借“北大学生会”名义，给南京政府的教育部发去一个电报，否认南下示威团代表北大学生。南京教育部接获此电，如获至宝。国民党中央通讯社发出消息，并将这一电报在南京各报以显著地位刊登出来。他们大概认为这样一来，反动政府对北大学生实行暴力镇压就可以理直气壮了。哪知反动派此举弄巧成拙，不啻搬块石头砸自己的脚。因为北大学生的爱国示威运动是得到全国广大人民群众的同情与支持的，这是北大学生的光荣。现在北大学生会非但不予支持，反而否认，这不正好在全国人民，全体北大同学面前暴露了他们的反动面目了吗？何况北大学生会的电报既没有经过北大学生的同意，也未经学生会执行委员会的讨论，而是由一、两个窃据学生会职权的国民党败类，偷盖了学生会的印章发出去的。这一电报理所当然地激起了全体留校同学的义愤。留校同学获悉我们在南京被捕的消息以后，一方面组织第二批学生南下声援；同时等到我们从南京回北平时，立即召开全体学生大会，当场宣布推翻旧学生会，成立北大非常学生会，并推举我为非常学生会主席，其他主要负责人有吴廷璆、刘松云、杜毓沄、徐世伦、罗振环、王毓铨、石宝瑚等人。旧学生会从此消失，负责人亦销声匿迹，再不敢出头露面了。

我们在南京还有少数未被逮捕的同学，其中有几位去了上海（一位是赖兴治，即赖亚力同志），向上海学生汇报北大学生被南京政府无理迫害的经过，请求上海同学起来声援。上海学生立即举行了规模空前的示威运动，国民党特务竟将两位北大学生绑架而去。他们的突然失踪，有如火上加油，上海有三万多学生包围了市政府，要求立刻释放被绑架的同学，并处分警察局负责人员。时上海市市长为国民党政客张群，他被学生包围了一天一夜不得回家，最后只得履行学生所提条件。两位北大同学终于被释放了出来，他们被国民党特务绑架后藏在黄浦江一条小船上。事后上海市警察局长陈希曾被免了职。

上面提到北大特务学生关杼。在我们返回北平后，有一次举行纪念周时（国民党统治时代，无论机关、学校每礼拜一要举行“总理纪念周”，由机关首长或学校校长主持，“恭读总理遗嘱”后，再由主持人讲话），同学们提出关杼充当特务，破坏学生运动，要求蒋梦麟校长开除关杼学籍。蒋梦麟是个政客，他看见同学们群情激昂，众怒难犯，“好汉不吃眼前亏”，他满口答应，并发表了慷慨激昂的讲话，大骂关杼是个害群之马，破坏北大光荣历史，一定要开除，但希望同学们提出证据来。同学们说，这不成问题，我们有铁证。哪知纪念周一散，当天下午，蒋梦麟便离平南下，去了上海，并来电辞职了。我们知道蒋梦麟是不敢明令开除关杼的。因为派关杼去南京，曾得到蒋梦麟的同意。如果开除，对国民党方面交不了账；不开除，则自食前言，对北大同学又交不了账，他左右为难，只有一走了之。他的辞职是对北大同学的要挟：你们一定要我开除，我就辞职不干。北大非常学生会洞悉蒋梦麟的奸计，一面发电“挽留”，一面坚决要求他履行诺言，将特务学生关杼开除。我们发表了一封《致蒋梦麟校长的公开信》，把关杼的亲笔供词全部公开，并质问蒋梦麟说：“你自己亲口说，关杼是害群之马，非开除不足以平民愤，现在铁证如山，请你履行诺言，我们是欢迎你回来的。”这封信铅印了数百份，在北大师生中广为散发，这一下把蒋梦麟的假面具完全戳穿了。

蒋梦麟辞职之后，北大同学照常上课，我们照常搞我们的学生运动。有一天，北大刘半农教授约我到他家去谈话。他对我说了许多北大非蒋梦麟长校不可的理由，要求北大学生不要算旧账，欢迎蒋氏回来。我说：“我们学生会一直是挽留蒋校长的，他走的第二天，我们便发电挽留，至于开除关杼是他亲口答应的，怎么能说是算旧账呢？”刘半农说：“你们一面要蒋校长开除关杼，一面又说欢迎他回来，这何异于把刀架在一个人的脖子上而又说不叫他死呢！”同时他又示意我说：“你快要毕业了，我们大家在社会上都是要见面的，何必为之过甚呢！”我说：“这不是个人问题，我是代表学生会的，我不能为个人利益而出卖同学。”谈话自然是无结果而散了。

暑假以后，蒋梦麟终于悄悄返校复职了。关杼虽未挂牌开除，但他已不敢再在北大露面了。因为同学们有一天把他的行李、书籍全部捣毁。他怕挨群众的打，自动转学了。

八、与北大托派分子的斗争

北大非常学生会在1932年上半年是非常活跃的。我们出版了一份八开的《北大新闻》（周刊），专门报道北大学生的抗日救国运动，并有评论。参加《北大新闻》编辑工作的是南下示威的积极分子，其中有石宝瑚、王××两人。哪知他们两人都是托派，他们把持了编辑都〈部〉，把我们送去的稿子扣压不登，而偷天换日地登载一些代表托派观点的文章。我与吴廷璆商量之后，决定将《北大新闻》的编辑权收回。石、王当然不会同意，我们就另行出版一份《北大新闻》，报头相同，内容则焕然一新。北大一时出现了《北大新闻》的“双包案”。他们说我们是冒牌；我们说《北大新闻》是非常学生会的机关报，当然只有非常学生会有权办，不是非常学生会主办的才是冒牌货。双方互相攻击，局外人莫名其妙。有一天，石宝瑚竟把我们的《北大新闻》没收了，北大“反帝同盟”与“抗日救国十人团”（均为地下党的外围组织）动员了六七十人到石宝瑚宿舍去搜查，全部要了回来。我们因有地下党和广大同学的支持，不久，石、王所办的那一份便自动停刊了。因此，我与吴廷璆结怨于北大托派分子。有一天，石宝瑚竟鼓动少数不明真相的北大运动员来殴打我们。石宝瑚好打篮球，有一帮打球的朋友。他从中挑拨说；“千某人说运动员都是一些没有头脑的人。”（其实我从未说过此话。）他们信以为真，就来寻我挑衅，想狠狠揍我一顿。幸好我事先听到风声，躲起来了，没有打着。运动员们找我打架时，路上杜毓沄同志（现任外贸部顾问）碰到了，拦了他们一阵子。这是事后杜毓沄告诉我的。他们找我不着，也就作鸟兽散了。

九、反对国联调查团和学生罢课斗争

北大非常学生会所做的另一件值得一提的工作是1932年反对国联调查团。东北沦陷以后，坚持不抵抗主义的蒋介石政府向当时的国际联盟哭诉，请国联“主持公道”。1932年春，国联派了一个以英国李顿爵士为首的“国联调查团”来中国调查，国民党反动派以及我国的大资产阶级、社会名流、高等华人都把国联调查团当成救苦救难的观世音菩萨，像太上皇一样奉承接待。北大非常学生会认为抵抗日本帝国主义的侵略，收复失地，应该用自己的力量，武装抵抗，而不能把希望寄托在与帝国主义沆瀣一气的国际联盟身上。当国联调查团途经北平时，非常学生会写了一份《北大非常学生会反对国联调查团宣言》，并译成英文，广为印发。此事影响如何，虽不得而知，至少北大一部分教授是看到这一宣言的。在当时一片欢迎国联调查团声中，北大非常学生会敢于站在人民的立场坚决反对，不能不说是空谷足音。

1932年的一二八淞沪抗战，北大同学热烈响应，支援十九路军。我们举行罢课，要求南京政府全面抗战，对这一行动，蒋梦麟、胡适之流是反对的。北大学生会组织了纠察队，维持罢课秩序。有一天，法学院院长周炳琳在北大一院门口与同学辩论，周炳琳是反对罢课的。恰好胡适走过来了，胡适说：“周院长，同他们辩论等于对牛弹琴。”同学们质问他说：“胡先生，你这是什么话！你说我们是牛，那么你就是狗，国民党的走狗。”胡适面红耳赤地说：“同学们，别误会，别误会，我是随便套用一句成语。”还有丁文江是地质系的教授，他坚持要继续上课，纠察队进去要求同学罢课，丁文江拿着教鞭，神气活现地说：“我是教授，这课堂是我的，你们给我滚。”上课的同学经纠察队的说服，自动退出课堂，丁文江见学生已走，也只有灰溜溜地走了。同学们问丁文江：“丁先生，是你滚呢，还是我们滚？”当时胡适、丁文江都是鼎鼎大名的“专家”、“学者”、“社会名流”，但北大学生毫不客气，与他们进行面对面的斗争，真把他们的丑恶面目看透了。当然北大教授中，也有不少是进步的，如法学院的陈翰笙、许德珩，理学院的李四光，文学院的范文澜等都是热烈支持学生运动的。

我在《北大新闻》上写了一篇短评（未署名），其中说到“法西斯”就是“独裁”，这本是常识。万不料这竟引起了有考据癖的胡适教授的批评。胡适在《独立评论》上写了一篇文章，详细考据了法西斯起源于意大利的“棒喝团”，之后竟得出结论说，“法西斯”与“独裁”毫不相干。他大骂北大学生“无知”！这位胡适教授知识的“渊博”真令人吃惊！

1932年上半年，我是在学生运动的高潮中度过的：我们举行过五四运动的十三周年大会，出版了一本《北大学生南下示威专刊》，写了许多与北大托派斗争的论战文章。在斗争中，我与吴廷璆结成最亲密的战斗友谊，我对他那种锲而不舍的韧性的战斗精神有深刻的印象。我们的工作取得了一点成绩，当年的北大依然执北平学生运动的牛耳。自然，我们取得这一点成绩是在地下党的支持下进行的。廷璆与我虽然不是共产党员，但我们周围有不少党员积极支持我们，如赵作霖、冀丕扬、杜毓沄、刘松云、徐世伦、罗竹风、魏十篇等都是学运中的积极分子，他们与广大的学生群众有密切联系，单靠我们一两个人单枪匹马，是搞不出什么名堂来的。

十、毕业考试

快到毕业考试了，我因为参加了学生运动，整个学期几乎没有上过课。许多门功课旷课时间都超过三分之一以上，按学校规定，不得参加毕业考试。我去找法学院院长周炳琳交涉，我说：“有几门功课我旷课时间超过三分之一以上不过三四小时（实际上不止，不过注册课职员笔下留情，只算我超旷三四小时），不给考试，似不合理。”周院长说：“超旷三四小时，可以通融。”我说：“如果超旷三四小时可以通融，超旷五六小时呢，五六小时与三四小时相差不过一二小时，所以这条界线实在难划，依我意见，不如全让参加考试算了。”周炳琳考虑之后，居然答应了。周炳琳知道，所有旷课多的学生，都是“捣乱分子”，留在校中，麻烦得很，不如让他们考试毕业，好丢掉包袱，所以他很痛快地答应了。不料我要求给旷课三分之一以上的同学一律参加考试的消息，在教授中传播开了，有些教授不明真相，居然赞不绝口，说北大学生真了不起，不但不主张罢考，还要求参加考试，真是一种好学风。我听后不禁哑然失笑，这真是不虞之誉。

十一、蒋梦麟开刀了

等到我们这批同学毕业，蒋梦麟于暑假后悄悄回到了北大。第二学期一开学，他就向北大学生开刀了。1933 年春，蒋以“不交学费”为由，开除了靳灜等九位同学。这时我早已毕业，吴廷璆也东渡日本，非常学生会群龙无首，陷于瘫痪状态。九位被开除的同学，每人都接到一封匿名信，内附支票三百元，信中说：他对被开除的同学非常同情，谨送大洋三百元作为川资云云。我至今不明白这钱是谁送的。三九二十七，这二千七百元大洋（尚未实行“法币”），决不是一个小数目。当时地下党很穷，不可能，也无必要送此巨款，社会上也不会有此急公好义的人士，况且他们也不可能知道被开除同学的姓名住址。这真是一个谜。经我们多方分析研究，我判断这是蒋梦麟校长耍的两面派手法。蒋一面开除学生，一面又怕他们继续留在北京，铤而走险，对他采取不利行动，干脆花一笔钱叫他们早早离开。果然，九位同学得了钱后，有的东渡日本，有的去了德国，各奔前程去了。

（《文史资料选辑》第九十五辑，文史资料出版社，1984 年 5 月版）

⊙ 马　珏

我的大学生涯

我在 1928 年春天考入北京大学预科一年级。这是一次特殊考试，入学者到秋天即可升入预科二年级。但我因考试太累以致病倒，所以一入学就休学，到秋天仍上预科一年级。1930 年转入政治系本科，学到 1934 年离校。

北大分三院，一院在红楼，是文科和部分法科；二院在景山东街，叫马神庙，是理科，有一小礼堂，一般名教授在此演讲；三院在北河沿，译学馆旧址，全是法科，有大礼堂。政治系属法科，我在红楼上课，有时到二院听胡适的课（自由选听），外请学者讲演均在二院。如鲁迅先生讲演就在此。

我记得第一天去沙滩上学，又兴奋又紧张。红楼从一楼到三楼都有教室，每层楼中间有教员休息室。教室的桌椅有分开的，也有在右手处有一扶手可写笔记的。必修课教室固定，选修课任选。同学中大多是男同学，女同学很少，1928 年已由几人增至十几人。男女虽然同学，却不轻易交谈，互相不知姓名，因为注册室的人每堂课来点名是看椅子上有人即在点名册上画“到”。

我的老师现在健在的有许德珩先生，同学中知道的有朱穆之、邓广铭和杨周翰。他们现在都是国家栋梁，而我一无所就，实在惭愧。那时在校学习全凭自己自觉努力，老师都是高水平的，图书馆藏书也极为丰富，就是刚一入学，觉得学校太大，摸不清如何利用这好条件去学习。

北大课外活动特别活跃，可以学习乐器，包括钢琴、提琴，可以学摄影，可以学唱歌，可以学昆曲，还有体育活动，同乡会、同学会等等。我参加过钢琴和昆曲的学习，还曾受清华大学昆曲老师溥侗先生的邀请去合演过《游园》。到了春天有旅游活动，到了冬天，校方在一院的大操场搭起人工溜冰场，下课后同学们成群结队去玩。

1928 年秋季入学，12 月是 30 周年校庆（现改为“五四”了），11 月即有校庆筹备会来邀我表演节目。我很为难，因为我很少参加文艺活动，只在初中演过一次儿童剧《青鸟》，我扮演“牛奶”一角，就一句台词：“我觉得我要变味儿了。”这次我想拒绝，可他们再三动员，我只好勉强接受了，决定演一段单人舞，起名《倦鹤舞》。由我自己去找孔德学校教体育的女老师排练，这时离校庆只有两个星期了。记得演出在三院大礼堂。当时是隆冬腊月，生了几个大火炉也不管用，冷得我浑身起鸡皮疙瘩。我本来就没有舞蹈基础，简直不知怎么上的场，也不知怎么下来的，只见黑压压一片人头晃动，跳完后气喘吁吁，然而同学们非常捧场，掌声如雷，紧接着是我特邀女师大一位同学跳《燕子舞》，直到“燕子”上台掌声才停。《燕子舞》跳完掌声稀稀落落。我感到对客人太不礼貌了，心里很不是滋味。过了几天小报上登了一篇评论，说“《倦鹤舞》只会东窜西跳却掌声不停，《燕子舞》很有功底却掌声冷落，太不公平了”，我读了非但没有不高兴，反而很感谢这位记者说了实话，替我表达了抱歉的心情。

六十年前我正好十八岁，当时女生很少，所以我显得很突出。记得上第二外语时课间休息，我到女生休息室去回来，见我书桌上写着“万绿丛中一点红”，我一见很生气，也不知谁写的，就用纸擦掉了。第二次再上课时又见上面写着“杏眼圆睁，柳眉倒竖”。我又擦了，不但有这种“题词”，还常接到来信。我当时的心理就是见信很不高兴，觉得别人欺负我，很难受，可见了信还光想看，看完了就又哭。日子长了父亲[1]

① 作者的父亲为马裕藻。

发现我情绪不正常，我如实反映了情况。父亲说："他们写信给你，是对你有好感才写的，没有恶意，不是你想的那样，你不愿理他们，不看就是了，把信给我。"可我又不愿意不看，父亲就又说："那么要看就不要哭。"父亲对我体贴入微，我有什么想法都愿向他说。来信绝大多数是普通信格式，大意是要求通信做朋友，充满敬慕之词。有一个装订成本的给我印象很深，一共两本，一本给马先生，一本给马小姐，内容从不知我的名"珏"字怎么念说起，然后介绍自传，直至求婚。还有一个经常来信而不署名，发信地址又老变的，我也留下了印象。事隔多年，这些信一直留在我脑子里，我的看法可是大变了。我以前的看法是不对的，以致同学们普遍反映我骄傲自大不理人；还是我父亲的话对，可是我再没有机会向同学们说道歉的话了。

1988 年 1 月 28 日

（《精神的魅力》，北京大学出版社，1988 年 4 月版）

⊙ 金克木

一点经历　一点希望

我1930年来北平（北京），无家无业在这古都漂泊；只有过一次短期就业，那便是在北京大学图书馆当职员，和一位同事对坐在出纳台后，管借书还书。那不到一年的时间却是我学得最多的一段。书库中的书和来借书的人以及馆中工作的各位同事都成为我的老师。经过我手的索书条我都注意，还书时只要来得及，我总要抽空翻阅一下没见过的书，想知道我能不能看得懂。那时学生少，借书的人不多；许多书只准馆内阅览，多半借到阅览室去看，办借出手续的人很少。高潮一过，我常到中文和西文书库中去了望并翻阅架上的五花八门的书籍，还向书库内的同事请教。当时是新建的楼，在沙滩红楼后面。书库有四层。下层是西文书，近便，去得多些。中间两层是中文书，也常去。最上一层是善本，等闲不敢去，去时总要向那里的老先生讲几句话，才敢翻书并请他指点一二。当时理科书另在一处，不少系自有图书室，这里大多是文科、法科的书，来借书的也是文科和法科的居多。他们借的书我大致都还能看看。这样，借书条成为索引，借书人和书库中人成为导师，我便白天在借书台和书库之间生活，晚上再仔细读读借回去的书。

借书的老主顾多是些四年级的写毕业论文的。他们借书有方向性。还有低年级的，他们借的往往是教师指定或介绍的参考书。其他临时客户看来纷乱，也有条理可寻。渐渐，他们指引我门路，我也熟悉了他们，知道了“畅销”和“滞销”的书，一时的风气，查找论文资料的途径，以至于有些人的癖好。有的人和我互相认识了。更多的是我认识他，他不认识我。这些读书导师对我的影响很大。若不是有人借过像《艺海珠尘》（丛书）、《海昌二妙集》（围棋谱）这类的书我未必会去翻看，外文书也是同样。有一位来借关于绘制地图的德文书。我向他请教，才知道了画地图有种种投影法，经纬度弧线怎样画出来。他还介绍给我几本外文的入门书。可是我只当做常识，没有学习，辜负了他的好意。又有一次，来了一位数学系的学生，借关于历法的外文书。他在等书时见我好像对那些书有兴趣，便告诉我，他听历史系一位教授讲“历学”课，想自己找几本书看。他还开了几部不需要很深数学知识也能看懂内容的中文和外文书名给我。他这样热心，使我很感激。

教授们很少亲自来借书。有一次进来一位神气有点落拓的穿旧长袍的老先生。他夹着布包，手拿一张纸向借书台上一放，一言不发。我接过一看，是些古书名，后面写着为校注某书需要，请某馆长准予借出，署名是一位鼎鼎大名的教授。我连忙请他稍候，不把书单交给平时取书的人，自己快步跑上四楼书库。库内老先生一看就皱眉，说，他不在北大教书，借的全是善本、珍本，有的还是指定抽借一册，而且借去一定不还。这怎么办？后来才想出一个主意。我去对他恭恭敬敬地说，这些书我们无权出借。现在某馆长已换了某主任，请他到办公室去找主任批下来才好出借。他一听馆长换了新人，略微愣了一下，面无表情，仍旧一言不发，拿起书单，转身扬长而去。我望到他的背影出门，连忙抓张废纸，把进出书库时硬记下来的书名默写出来。以后有了空隙，便照单去找善本书库中人一一查看。我很想知道，这些书中有什么奥妙值得他远道来借，这些互不相干的书之间有什么关系，对他正在校注的那部古书有什么用处。经过亲见原书，又得到书库中人指点，我增加了一点对古书和版本的常识。我真感谢这位我久仰大名的教授。他不远几十里从城外来给我用一张书单上了一次无言之课。当然他对我这个土头土脑的毛孩子不屑一顾，而且不会想到有人偷他的学问。

又一次来了一位风度翩翩的女生借书，手拿一叠稿子向借书台上一放。她借的是一些旧杂志。我让取书人入库寻找，同时向那部稿瞥了一眼。封面上题目是关于新诗的历史的，作者是当时在报刊上发表新诗的女诗人，导师是一位声名显赫的教授。我大约免不了一呆。她看出我的注意行向，也许是有点得意，便把稿子递给我看。我受宠若惊，连忙从头到尾一页页翻看。其中差不多全是我知道的。望望引的名字和材料，再看几行作者的评论，就知道了大意。大约她见我又像看又像没看，就在我匆匆翻完后不吝赐教。她说，这是导师出的题目，还没有人作过，现在是来照导师意见找材料核对并补充。她还怕我不明白，又耐心说明全文结构，并将得意的精彩之处指给我看。旧杂志不好找，所以等的时间长。她是以我为工具打发时间吧？不过她瞧得起我，仍使我感动。我由此又学到了一点。原来大学毕业论文是有一定规格的，而且大家都知道的近事也能作为学术论文的内容。

我当时这样的行为纯粹出于少年好奇，连求知欲都算不上，完全没有想到要去当学者或文人。我自知才能和境遇都决不允许我立什么远大目标。我只是想对那些莫测高深的当时和未来的学者们暗暗测一测。我只想知道一点所不知道的，明白一点所不明白的，了解一下有学问的中国人、外国人、老年人、青年人是怎么想和怎么做的。至于我居然也会进入这一行列，滥竽充数，那是出于后来的机缘，并不是当时在北大想到的。可是种因确实是在北大。

我的好奇心是在上小学时养出来的，是小学的老师和环境给我塑成的。这一时期，不论进不进学校，是谁也跳越不过去的，而且定型以后是再也难改的。大学教师，无论是怎样高明的“灵魂工程师”，也只能就原有的加以增删，无法进行根本改造。大学只是楼的高层而不是底层。中学、小学的底子不好，后来再补就来不及了。教育是不可逆转的。我们不能不顾基础，只修大屋顶。若是中文、外文、古文、初等数学、思维方式、艺术情趣、体育、人品的底子在幼年和少年时期没打好，只怕大学和研究院是修建在真正的“沙滩”上，而不是至今未倒的“沙滩”的红楼。北京大学现在有幼儿园、附小、附中，正是一个全系统教育结构。只管上层不管基础是不行的。北京大学到1998年一百周年时，也就是戊戌变法一百周年时，又是日本明治维新一百三十周年时，将成为幼儿园、小学、中学、大学、研究院合成的一个教育系统工程的全新工地。北大应当在当前已开始出现的全世界教育大变革浪潮中处于前列，到21世纪发挥国际性的作用，无愧于我们的伟大祖国。这是我的真诚的希望。

（《精神的魅力》，北京大学出版社，1988年4月版）

⊙ 金克木

末班车[1]

我[2]搭过另一次末班车，但不是火车，也不是汽车，是在北京沙滩红楼的北京大学外国文学系的法文组。

话说蔡元培一接任北京大学校长，就对原来的这所京师大学堂进行改革。改革之一便是扩大外语系科。据说他创办了八个外国语的系。第八种是世界语，没有办成，只开过班。意大利语、西班牙语的命运大约也好不了多少。至于阿拉伯语、波斯（伊朗）语就更不必说了。真正建成而又存留下来的只有五个系。英、法、德、日、俄五大强国的语言各占一个。“九·一八”以后，蒋梦麟同蔡元培一样不当教育部长，来当北大校长。他本来在北大任过代理校长，回来也进行改革，将外语系科合并成一个外文系实即英语系，已经萎缩的法文、德文、日文、俄文几个组取消。到1933年，这几个组都只剩下最后的班级，也就是末班车了。这时我无意中搭上了法文组的一个班也就是末班车，是无票乘车者，不是学生。这个班上只有一个人，因此教课的很欢迎外来“加塞儿”的。这在北大文学院已成惯例，从来不点名查学生证。

当时德文组教授中有翻译《牡丹亭》的德国诗人洪涛生，毕业生中

---

① 节自同题文。

② 此下原有一“还”字，略去。

有诗人冯至。尽管如此，也只有几个学生上课。我去听过一次洪涛生教授讲莱辛寓言。他自己到德文图书室去打字，打出一页课文，将复写纸印出的分发学生，也给我一份，没问一句话。日文组的教授有周作人、钱稻孙、徐祖正三位名家。学生也不多，其中一个是周作人的儿子。法文组的原来系主任是梁宗岱教授。他教毕业班，也只有几个学生，内含两个女生。他不去教室，在法文图书室上课。师生围在一张长方桌周围，用法文闲聊天。要查什么书就随手在书架上拿。主讲人是梁教授。总题目是法国文学。他讲的法文中夹着中文、英文、德文的诗句原文。大家嘻嘻哈哈。也没有课本、讲义。我去听过一次。大家看见我仿佛见到原有的学生。另有两位外国教员。一位是瑞士人斐安理教授。后来我才知道他最后成为日内瓦大学索绪尔以后教语言学的第三代。他在中国时还年轻，留起小胡子冒充老。他开过语言学课没人听，停了。随后到日本东京去才教语言学。我听他的课是法国戏剧。另一位是邵可侣教授，法国人。他的家世辉煌。祖父和伯祖父是学者兼革命者，一位是地理学家，一位是巴黎公社委员。他父亲是中学校长。他承袭了这个姓名，并未承袭家学，而由吴克刚教授（和巴金同译《克鲁泡特金自传》的）介绍到上海劳动大学教法文。那所大学本由蔡元培领导，不久就解散。他到南京中央大学教法文，编了一本《近代法国文选》，由中华书局出版。后来他到北京大学法文组，兼教文学院一年级法文。他曾写信给蔡元培，反对将法、德、俄文等组取消合并入英语系。蔡复信表示无力挽回。抗战时他在云南大学，战后在燕京大学。战时他追随戴高乐将军抗纳粹德国。1949 年回法国。不久前，他的孙女儿从法国到中国来，还看过我。我才知道他已在高龄去世。

现在我搭上人生的末班车，回想 1933 年去沙滩北大法文组当末班车的无票乘客，从此和外国文打交道，可说是一辈子吃洋文饭。然而说来很惭愧，对于外国文，我纯粹是一个实用主义者，用上就学，不用就忘，可以说是一生与外文作游戏。若不信，请听我道来。

我刚满十八岁来北平（北京）打算上大学时还不会英文。直到 1932 年冬天我去山东德县师范教国文时才能自己读完英文原本《威克斐牧师传》。记得读最后那几十页时，在煤油灯下一句一句读，放不下来。读完抬头一看，灯油已耗尽，纸窗上泛出鱼肚白了。同时我还学看英文报纸，决料不到以后会仗外文吃饭。第二年暑期回北平后，在“九・一八”时认识的一位世界语朋友把他在旧书店里买的一本书送给我，逼着我学。这是一本用英文写的法文自修书，一共三十课。从第十五课起读童话《小红帽》。书中说，学完后可以接着读伏尔泰的《瑞典王查理十二传》。真是诱人的前景。没多久，我居然利用刚能看书看报的英文能力把这本书学完了。自己去买了一本邵可侣编的《近代法国文选》接着读。可是无法矫正发音。又一位朋友介绍我去找他的会说法语的兄长。可是这一位会说而不懂语音学的先生弄不清楚清浊发音的区别。正好另一个朋友是“北大迷”，极力鼓吹我去沙滩和他同住，同到北大旁听课。由此我去上邵可侣教的一年级大班，学发音。我拿他编的《文选》去问他，他立刻叫我去法文组听他的二年级课。我的那位送我法文自修书的朋友本在日本留学，“九・一八”后愤而回国，不料忽然被捕。我不知道他已入狱，夜间还去访他。幸亏在大门口望见室内无灯，没有进大门，免受牵连。我把这事告诉邵可侣，说要搬家。他立刻建议我到他家里住。他是一个人住一所四合院，只有做饭的大师傅同住。他自己住北房，让我住门口的南房，家具也归我用，不收房租，不管吃饭，要我在他假期旅游时替他看房子，有中文信件之类帮他处理，作为交换。我答应了。住下后才知道，原先有一位教授和他同住，结婚搬走了，我是顶替他的。我除看房子外还为他校再版的《文选》校样，整理并校订他的讲义成为《大学初级法文》，由商务印书馆出版。他提议我也署一个名字。我认为不妥，说是只要在他的法文序中提到我就行了。想不到的是，英译中国现代诗后来在美国加州大学任教授的陈世骧 1939 年在湖南大学教英文，他推荐我到湖南大学文学院临时应急补缺教法文的主要依据就是这课本和这篇序。在邵可侣先生的热心联络下，有些法国人互相请客开茶会。留学法国的中国人也参加。有的教授还带了学生去。嫁给中国人的法国妇女也有随丈夫参加的。不定期，也没有固定的地点和人数。有人是常客，有人偶尔来。有人虽收通知却从不参加，例如美国人温德教授。会上人人用法文闲谈。有时青年男女做点小游戏或朗诵诗，弹琴，唱歌。最热闹时还排练过法文戏《青鸟》。我和邵先生同住一处以后，他便把这件事也交给我，由我发通知联系。别人请客也找我。由此我认识了一些与法文有关的中外老中青人士，包括过路的外国男女。清华大学的吴宓教授只到过一次会，由于谈诗和作旧体诗而和我熟悉起来。1946 年我由印度回国，友人曹来风告知我写信给吴先生。吴先生向武汉大学推荐我，由文学院长刘永济教授安排聘我到哲学系任教授，教印度哲学和梵文。我搭上法文组的末班车，竟成为我教大学的头班车，真是料想不到的。

一九九五·十一

（《末班车》，中央编译出版社，1996 年 3 月版）

红楼掌故

⊙ 胡　适

北京大学五十周年

北京人学今年整五十岁了。在世界的人学之中，这个五十岁的大学只能算一个小孩子。欧洲最古的大学，如意大利的萨劳诺（Salerno）大学是一千年前创立的；如意大利的波罗那（Bologna）大学是九百年前创立的。如法国的巴黎大学是八百多年前一两位大师创始的。如英国的牛津大学也有八百年的历史了，康桥大学也有七百多年的历史了。今年四月中，捷克都城的加罗林大学庆祝六百年纪念。再过十六年，波兰的克拉可（Cracow）大学，奥国的维也纳大学都要庆祝六百年纪念了。全欧洲大概至少有五十个大学是五百年前创立的。

在十二年前，我曾参加美国哈佛大学的三百年纪念；八年前，我曾参加美国彭州大学（University of Pennsyluania）的二百年纪念。去年到今年，普林斯敦（Princeton）大学补祝二百年纪念，清华北大都有代表参加。再过三年，耶尔大学要庆祝二百五十年纪念了。美国独立建国不过是一百六七十年前的事，可是这个新国家里满二百年的大学已有好几个。

所以在世界大学的发达史上，刚满五十岁的北京大学真是一个小弟弟，怎么配发帖子做生日，惊动朋友赶来道喜呢！

我曾说过，北京大学是历代的“太学”的正式继承者，如北大真想用年岁来压倒人，他可以追溯“太学”起于汉武帝元朔五年（西历纪元前一二四年）公孙弘奏请为博士设弟子员五十人。那是历史上可信的“太学”的起源，到今年是两千零七十二年了。这就比世界上任何大学都年高了！

但北京大学向来不愿意承认是汉武帝以来的太学的继承人，不愿意卖弄那二千多年的高寿。自从我到了北大之后，我记得民国十二年（1923）北大纪念二十五周年，廿七年纪念四十周年，都是承认戊戌年是创立之年。（北大也可以追溯到同治初年同文馆的设立，那也可以把校史拉长二十多年。但北大好像有个坚定的遗规，只承认戊戌年“大学堂”的设立是北大历史的开始。）

这个小弟弟年纪虽不大，着实有点志气！他在这区区五十年之中，已经过了许多次的大灾难，吃过了不少的苦头。他是“戊戌新政”的产儿，但他还没生下地，那百日的新政早已短命死了，他就成了“新政”遗腹子。他还不满两周岁，就遇着义和拳的大乱，牺牲了两年的生命。辛亥革命起来时，他还只是一个十三岁的小孩子。民国成立的初期，他也受了政治波浪的影响，换了许多次校长。直到蔡元培、蒋梦麟两位先生相继主持北大的三十年之中，北大才开始养成一点持续性，才开始造成一个继续发展的学术中心。可是在这三十年之中，北大也经过不少的灾难。北大的三十周年（民国十七年，1928）纪念时，他也变成北平大学的一个学院了。他的四十周年（民国廿七年，1938）纪念是在昆明流离时期举行的。

我今天要特别叙说北大遭遇的最大的一次危机，并且要叙述北大应付那危机的态度。

话说民国二十年一月，蒋梦麟先生受了政府的新任命，回到北大来做校长。他有中兴北大的决心，又得到了中华教育文化基金董事会的研究合作费国币壹百万圆的援助，所以他能放手做去，向全国去挑选教授与研究的人才。他是一个理想的校长，有魄力，有担当，他对我们三个院长说：“辞退旧人，我去做；选聘新人，你们去做。”

蒋校长和他的同事们费了整整八个月的工夫筹备北大的革新。我们准备九月十七日开学，全国教育界也颇注意北大的中兴，都预料九月十七日北大的新阵容确可以“旌旗变色”，建立一个“新北大”的底子。

民国二十年（1931）九月十七日，新北大开学了。蒋校长和全校师生都很高兴。可怜第二天就是“九一八”！那晚上日本的军人在沈阳闹出了一件震惊全世界的事件，造成了第二次世界大战的序幕！

我们北大同人只享受了两天的高兴。九月十九早晨我们知道了沈阳的大祸，我们都知道空前的国难已到了我们的头上，我们的敌人决不容许我们从容努力建设一个新的国家。我们那八个月辛苦筹备的“新北大”，不久也就要被摧毁了！

但我们在那个时候，都感觉一种新的兴奋，都打定主意，不顾一切，要努力把这个学校办好，努力给北大打下一个坚实可靠的基础。所以北大在那最初六年的国难之中，工作最勤，从没有间断。现在的地质馆，图书馆，女生宿舍都是那个时期里建筑的。现在北大的许多白发教授，都是那个时期埋头苦干的少壮教授。

我讲这段故事，是要说明北大这个多灾多难的孩子实在有点志气，能够在很危险，很艰苦的情形之下努力做工，努力奋斗。我觉得这个“国难六年中继续苦干”的故事在今日是值得我们北大全体师生记忆回念的，——也许比“五四”“六三”等等故事还更有意味。

现在我们又在很危险很艰苦的环境里给北大做五十岁生日，我用很沉重的心情叙述他多灾多难的历史，祝福他长寿康强，祝他能安全的渡过眼前的危难正如同他渡过五十年中许多次危难一样！

胡适。卅七，十二，十三。

（《北京大学五十周年纪念特刊》，国立北京大学出版部，1948年12月版）

⊙鲁　迅

我观北大

因为北大学生会的紧急征发，我于是总得对于本校的二十七周年纪念来说几句话。

据一位教授的名论，则“教一两点钟的讲师”是不配与闻校事的，而我正是教一点钟的讲师。但这些名论，只好请恕我置之不理；——如其不恕，那么，也就算了，人那里顾得这些事。

我向来也不专以北大教员自居，因为另外还与几个学校有关系。然而不知怎的，——也许是含有神妙的用意的罢，今年忽而颇有些人指我为北大派。我虽然不知道北大可真有特别的派，但也就以此自居了。北大派么？就是北大派！怎么样呢？

但是，有些流言家幸勿误会我的意思，以为谣我怎样，我便怎样的。我的办法也并不一律。譬如前次的游行，报上谣我被打落了两个门牙，我可决不肯具呈警厅，吁请补派军警，来将我的门牙从新打落。我之照着谣言做去，是以专检自己所愿意者为限的。

我觉得北大也并不坏。如果真有所谓派，那么，被派进这派里去，也还是也就算了。理由在下面：——

既然是二十七周年，则本校的萌芽，自然是发于前清的，但我并民国初年的情形也不知道。惟据近七八年的事实看来，第一，北大是常为新的，改进的运动的先锋，要使中国向着好的，往上的道路走。虽然很中了许多暗箭，背了许多谣言；教授和学生也都逐年地有些改换了，而那向上的精神还是始终一贯，不见得弛懈。自然，偶尔也免不了有些很想勒转马头的，可是这也无伤大体，“万众一心”，原不过是书本子上的冠冕话。

第二，北大是常与黑暗势力抗战的，即使只有自己。自从章士钊提了“整顿学风”的招牌来“作之师”，并且分送金款以来，北大却还是给他一个依照彭允彝的待遇。现在章士钊虽然还伏在暗地里做总长，本相却已显露了；而北大的校格也就愈明白。那时固然也曾显出一角灰色，但其无伤大体，也和第一条所说相同。

我不是公论家，有上帝一般决算功过的能力。仅据我所感得的说，则北大究竟还是活的，而且还在生长的。凡活的而且在生长者，总有着希望的前途。

今天所想到的就是这一点。但如果北大到二十八周年而仍不为章士钊者流所谋害，又要出纪念刊，我却要预先声明：不来多话了。一则，命题作文，实在苦不过；二则，说起来大约还是这些话。

十二月十三日。

（《北大学生会周刊》创刊号，1925年12月）

⊙ 柳存仁

北大和北大人

记北京大学的教授

在普通任何一个大学校里，闲谈的时候，总常常听到人们谈起：这个大学里面，曾经陆续的或在同样的时期中有过多少位名教授，或是，从这个大学毕业出来的学生，有多少位已经成功〈为〉了中国的某某几方面的“伟人”。可是事实上，“伟人”两个字本来就很难说。于是乎北平某著名洋化的大学——已有二十多年与国同庆的历史——的学生，在某一个不很公开的场合里，曾经公开地说过：他们学校里虽然没有出过什么特别有名的人物，可是南京紫金山上面的某一个巍峙的铜像，倒的确可算是本校毕业的某名雕塑家的得意的杰作。结果呢，这个大学的全体员生，从此由于传统的习惯，经验和修养，几乎没有一个人不能够很清楚地记忆这位雕塑界名人的大名。至于类似的其他方面，无论像党，政，军，教育，农，工，商界，等而下之的重要人才，也都一批一批的把他们的名字流传在各地公私立的大学的人们的口耳里。特别是政界里的大小人物，大约最容易得到大家的艳羡。譬如，你到昨天止仍可以有缘听见上海某教会大学的第一年级的学生，谈起现在任驻法大使的惠灵吞·顾，三十年前在他们校里夜间爬墙偷出宿舍的韵事。当他在喝完冰淇淋苏打水，把话匣子打开的时候，那一种眉飞色舞的情形，真好像他亲眼看见过似的，自然而然的流露着有一种不易形容出来的羡慕的感想。即使没有产生过什么大使的大学，也照样的有他们的心目中共同的崇拜的偶像：本校毕业的出过部长，厅长，专员，司令……甚至参加太平洋学会的教员，列席庐山暑训的校长，也无不脍炙人口的成为某某大学的“懿欤盛哉”的纪录。这个，倘使我不愿意掩饰的说，当然也是人之常情。假如你没有忘记几年前某杂志里登过一张富有讽刺意味的名片，它所讽刺的深刻的意义，居然引起了某一部分人的赧颜和咒骂，那是一张名片上面印着“某省省政府主席之同乡某某某”的笑话，那你一定能够原谅这种惯会“隐恶扬善”的美德或专长，也应该算做中国的一种国粹。恐怕只有北京大学的学生几乎是一个例外。这个大学，虽然有点儿违犯了“好汉不提当年勇”的原则，它的著名是因为有了四十多年的悠远的历史，又因为民国八年震炫世界的五四文化运动开始的时候是借它做了努力集中的大本营，至今还给予这几十年间几千万人以极深刻极重大的影响，并且在这个大学里面，这几十年来所产生的特出的人才——如果也像其他各校标榜的所谓人才的话，——那么，它所已经产生的能够独当一面的“要人”，也决计不仅仅限于区区的古语所常说的车载斗量。其中，有的已经是官高极品的院长部长，虽然在校内大约最少得人崇颂，也已列为党国名人。有的也是大学校长，驻外使节，实业巨擘，文坛名流，列为二三流的知名人物。又有的竟然因着事业的不幸，罗网的株连，热血的沸腾，成了著名的烈士；或环境的恶劣，人事的蹉跎，变为落伍的蠹虫；甚或变志失节，不知所终的，详细统计虽然不易获得，想来也不止三万五万，这些人也都曾经在报纸的要电栏里，排过或消失或大或小的铅字，记载过多多少少的新闻。然而奇怪的是，在这个俯拾即是“要人”，同学多半不“贱”的古城老学府里面，很少——我甚至于想说没有——人会引以为荣的提起上述的任何一班人的“光荣”的或“伟人”的史迹。就是在学校里，当着胡适之或顾颉刚的面前，也不会有一个学生走上前去，说上几句应酬恭维他们的客套话，更从来没有听见过张口“院长”闭口“主任”的称呼，虽然他们的名字在别处也许会令人心醉。

也许偶然会有人谈到黄季刚，刘师培，辜鸿铭，林损，陈独秀，林琴南，蔡元培，然而，通常喜欢讲他们的逸闻逸事的，似乎总是出之于白头宫女话天宝沧桑似的老校工友之口的时候为多。教员间闲谈拿同事做材料的很少，学生呢，偶然说说是有的，譬如在图书馆翻看《太平御览》翻厌了的时候，然而，那种谈话照例被大家——校内自己人中——认做是消遣时候的点缀，决不加以重视。我知道至今也许有人指得出北大宿舍西斋里，葛天民君情变案女主角某君自缢的地方，但是决没有人能够或者愿意，证明已经成为文化界名人的傅斯年和顾颉刚同住的房间在那号。至于肯说我的同班的王君现在官运亨通，做到 ×× 省教育厅长，或李君现在在上海经营商业，赚了几十万几百万的财产那样的话，那如果不是这些话有资格被大家认为最无聊最讨厌的腐化滥调，就是大家会指摘谈说这些话的人的本身，大约是一个智慧商（I. Q.）很低很低的低能儿。

然而也许正是因为这样，在过去的四十多年里，受过它的优美的熏陶和孕育的，虽然已经有过好几十万人，然而从来没有一个人对它发出过一句轻微的赞美的话，并且把这句赞美的话，用笔墨加以形容。正好像我们对于自己的母亲一样，平素的大发脾气，互闹意见，新旧的冲突，礼教的争执，几乎没有一时一刻我们会表现出来我们是在爱着她的，虽然也许当某一天的晚上，你和母亲大吵大闹之后，你忽然负气去睡着了，到半夜偶然清醒的时候，你嗅着了你床头的清新的花香，看见母亲站在床前瞧着你，也许会不期而然的有一阵子热泪的冲动。这个时候你才有一点儿触摸着母亲的慈祥的爱境的深处的某一个微渺的角落。对于北京大学的感想，我不能够说就是这样，不过多少有一点儿仿佛。我在有机会考进北京大学以前，一向浑浑噩噩，听到关于它的好处很少，进了北京大学以后，又一天到晚埋头伏案，看到它的好处也仍不多。随便的谈起，它的历史，校舍，教员，学生，工友，几乎无一处不会叫人感觉着一种老谱，一种老气横秋的滋味。差不多在里面居住了四个月以后，我才习惯了它的生活，过了两年以后，我才体验出它的整个生活的合于至善。卢沟桥事变后，北大南迁，旧游星散，否则如果我在今天还有机会住在东斋西斋的矮小卑〈庳〉湿的宿舍里，我决不会，也不能写出这样一篇一定会被我的师友同学讥笑做低能的文章。我并不奇怪我要做一个公认的低能儿，然而我现在却不愿意顾这许多。我不愿意忘记，也猜想其他的师友同学们也永远没有忘记那霉湿满墙，青苔铺阶的北大二院宴会厅，更决不会忘记那光线黑暗的宴会厅里，东边墙上悬挂的一幅蔡孑民先生全身的油画，和他在画中的道貌盎然和蔼可亲的笑容。这幅像，这个古旧的厅堂，也许就足以代表北大和北大人而有余。我们一坐在那里喝茶，一抬头就可以瞧见蔡先生了，同时也就可以回想起整整四十年的越是物质古旧，越见精神革新的北京大学的身世。现在我们离开那里已经三年，从苦住在北平笼城中的师友们来的通讯里，隐隐约约的告诉我们，宴会厅已经非是从前的面目了，而蔡先生今春在香港逝世，更让我们增加多少无言的悲痛。有人出版书籍纪念失去了的"水木清华"，我们，可惜我们没有适当的文字来概括北大的全貌，不过，我倘若现在能够抽暇写一篇关于我最敬爱的学校的小文，虽然像这样零零星星，若断若续的写得不成材料，因为低能儿的谈吐总不会天才溢发，但是倘若能够把我个人所感受的回忆，老老实实的纪录下来，万一有一点半点的说到了北大的对于中国教育的特别的长处，多少也可以纪念一下绵长几十年间的师友同学们的艰苦的努力，做将来复兴计划的奠基石下的一块小小的泥块，不仅是想纪念蔡先生毕生精力的经营也。这样说来，"好事别拦着他"，我现在就用腐儒编高头讲章的态度，唠唠叨叨的先"赋得"记北大的教授的一个题目。

学校里面的主体人物，照例应该仅有两种：第一是学生，第二是教授。所以，简单的说起来，教授是各校都有，原已是像上海谚语所常说的：呒啥稀奇。并且教授既然是人类而不是机器，在这个机械文明已经发展到即使是笨重无比的机器也能够很灵便的拆卸装修的时代，若说两足的高等动物的主脑——人——里面挑选出来的知识分子最高的领导者，反而一定要固定在某一个城市某一所学校授课，一天到晚在这个学校里卖劲，丝毫不许改变和活动，那岂不是笑话之尤？所以即使在北大，我所要闲话到的人物，也并不是在这个学校永远注册专利，不许旁骛外务，不许旁人效法的"商标"。更严格一点来说，北大的教授们和学校学生间的关系，其微妙的程度，有非旁观的人所能够想象到的。譬如，在民国二十四年间，北大千里迢迢的聘请了一位当代法学的“泰斗”T君来专任每星期二小时的中国法制史的课程。这位T君虽然学识湛深，名望甚重，指导研究也还适宜，但是其实讲堂上的讲授却并不一定高明。这都不用多提，最妙的是T君除在北大授课外，同时还兼任着另外一个著名大学的专任教授。那是什么学校呢？清华？燕大？朝阳？中国大学？……都不是！我倘若不告诉你，你就是把北平城里城外所有的大学的名字背出来也还是要失望的。原来那是，那是上海昆山路旁的苏州东吴大学的法律学院！结果，他不得不在北大常常请假，并把大部分的授课时间花费在平沪通车的大餐间上面。

这里所讲的只是一个例子，一个不很重要的例子，证明北大的教授们的最重要的工作，决不完成之于教室。北大的教授当然也常常按着钟点到教室里来——虽然也许他们常走错了教室，看错了教室门上的号数——，并且也多挟着“神气活现”的皮包。不过皮包里面，惭愧得很，大约很少有一本商务、中华、世界出版的近人著的“概要”，“发凡”，“大纲”，“基本丛书”等的厚书。那么，皮包里面有的是什么呢？据我所知道的，大约如果讲古籍举要的关于《战国策》的部分的话，那决不是带一本梁启超的“国学指导二种”或什么“国学概论”之类就能够敷衍两点钟的。可惜，陈宗起的《丁戊笔记》，金正炜的《战国策补释》，张尚瑗的《读战国策随笔》，以至于《舒艺室随笔》，《晓读书斋杂录》，《此木轩杂著》，《爻山笔话》，又在南方不大听到有人谈起过，甚至于《读书杂志》，《札迻》，《过庭录》，《潜邱札记》，在上海都容易叫学生们头痛，遑论其他？大约上海的大学生一辈子只能够读燕京大学燕京哈佛学社出版的《国策勘研》，因为其间有“哈佛”两字，真是神气。这样说来，北大教授们的皮包里面所有的零零碎碎大小线装的本子，真是不应该！他们为什么不买两个汇利洋行的大面包装在里面，肥肥胖胖的，既中看又中吃？可惜北平并没有汇利洋行，而北大教授们又十个里头不准有五个知道哈德门内的法国面包房的正门是朝南还是朝北的。

至于教室内的演讲，虽未必完全到了“陈腐”的程度，但是能够催人睡觉的，可也真有好些个人。胡适之，钱宾四先生的上课，都是采取演讲的方式的；皮名举先生到处宜〈宣〉称决用演讲的方式，并且在一百多人的教室里扯破了喉咙大喊他的湖南国语。上这三个人的课都是很有趣味的，他们所说的话都不至于“语无伦次”，而且总能条理不紊，清清楚楚。胡适之先生的谈吐是可爱的，听说已被列为世界十大演说家之一，虽然这一点我也是道听途说，没有直接问询过，但是我倘若真去问他，他大约是必不否认的。我怎样知道的呢？因为有一次听他亲口说出来：“我对于演讲，也可以算是久历疆场的老将了。从前我曾在美国和加拿大的联合广播电台上说话……”这段话在我听起来是不觉得他有一丝一毫的自夸的意味羼杂在内的。这就是胡先生的妩媚处。记得温源宁先生作“今人志”的胡适之一段，曾记及他常替教室中的女学生关紧玻璃窗，免得她们衣服穿得少着凉一事。这样的事情我曾经目睹了几次，而且知道每一次的关窗，都是关得恰到好处的。他从来没有在六月十七号以后还去关教室里的玻璃窗。

胡先生在大庭广众间的演讲之好，不在其演讲纲要的清楚，而在他能够尽量的发挥演说家的神态，姿势，和能够使安徽绩溪化的国语尽量的抑扬顿挫。并且因为他是具有纯正的学者气息的一个人，他说话时的语气总是十分的热挚真恳，带有一股自然的傻气，所以特别的能够感动人。手头恰巧有一段（不过几句话）在他的“上课”时完全代表他的语言的例子，倘使完全誊写下来，就是这个样子的：

现在要说到《水浒传》。现在《水浒传》的故事，完全是四百年，到五百多年的，演变的历史。最初呢，是无数个极短极短的故事，编成了一部。到了明朝，——到了明朝的中叶——，才有一个整个的，大的故事。这个时候，水浒的本子呢，就是一百回的，一百二十回的，一百二十五回的，后来又删改成一百回，七十一回的故事。元剧里面的李逵很风雅，会吟诗，又会逛山玩水。从这个样子的李逵，变到双手使板斧的黑旋风的李逵，而宋江呢，由人人敬爱，变到被骂。这种演变，都是由于一点点的，小小的差异 Variation。

好了！再多抄下去，就颇有替“居士大使”宣传他的演说的艺术之嫌疑了。上面这段话的标点，层次，颇有些地方是我随意点圈的，因为想越能够多保留胡先生说话时候的神情越好。我想，凡是胡先生的朋友，学生们，或曾经听过胡先生的演讲的，一定能够感觉到这里面多少有几处神情，样子，是你可以回忆到的真正的“胡说”。

然而说起来又好像有点儿怅惘了，这里面还更包括了悲壮的情绪，那是我平生（当然是算到写文章的这个时候为止，真正的“平生”，我不是一位瞧见了一只大黑猫就替宇宙之谜发愁的哲学家，所以也不怎么的傻想。）所听到的“博士”演讲最激昂兴奋的一次了。那是民国二十五年的冬天，“华北”（这两个字说惯了，其实咱们自己人向来不是这样说的）正在乌烟瘴气的时候。有一天快要下课了，胡先生忽然的感喟起来：“昨天，当局约了我们这一班教育界的人，到怀仁堂（注：在北平中南海）去吃饭。我们本来已经听到了不少的谣言，昨天吃完了饭，大家正想开口，他们中间已经有人表示了一大套他们的所谓‘苦衷’‘苦撑’的艰难了。都是些不很妥当的话。这个时候，大家叫我代表教育界文化界的人来发表一点意见。我站起来说：在四年以前，你们的弟兄们，在喜峰口打了一个胜仗，牺牲了七千多人的性命，七千多人的热烈的性命所造成的光荣局面，你们自己的忠勇的同胞们所造成的好的局面，希望你们要保持着，要能够对得住这死去的七千多人。”一场所谓“自治”的暗潮，就在这几句言简意赅的言语里面消逝了。我想，胡先生说这话的时候，理直气壮，一定有鼎镬置之于前，武士环之于后而不惧的气概！这种气概——也许可以叫做真正的中国学者的书生本色——的影响，使全部的冀察区域的领土完整差不多保持了整整的一年。

胡先生在这样重要的关头，说上面这段话的时候，开端竟忘记了加上（我们在上海的大学里所常听到的）When I was in the United States，大约总有一班聪明博学的人，是要替他深为遗憾或惋惜的。

我在北平的时候所看到所听到的钱宾四（穆）先生，可算是当地很著名的质朴的学者中的一个，虽然他的家乡是江苏无锡，并不能够算是道地的北方人。顾颉刚先生也可算是其中的一个，他的故乡则是苏州。钱先生，我第一次见他的面的时候，他已经是四十以上的年纪了，红红的面孔，矮矮的身材，非常的坚实强健。正像他的史学考据文一样，即使不是因为他的文章极不容易被人挑剔、攻击，他的身体也难得受到病魔的侵袭、纠缠。至少我可以证明，在朝夕相处的几年之内，他没有叫他的洋车夫送信给学校，叫注册组的人为他出过一张因病请假的布告。他所担任的课程，中国近三百年学术思想史，中国通史……都是两个钟点连起来上的，中间并不休息。当然，照着普通的教育经验看起来，在这种情形之下，教员虽然想并不休息，一个人继续演讲下去，学生的疲倦的眼睛在继续的注视了几十分钟之后，总是要随着值得沉醉的钟声而略微的闭上一闭的。何况北大二院的退课的大钟从来不是用电机钮去控制，而是有一架高高的，古旧的朽木座子，上面悬挂着一口黑黝黝重沉沉的铁钟，至少已有七八十年建造的历史。当初学校开办的时候，办事的人不知道从哪里物色得来，而至今仍由一位年纪已近七十，满面灰白的短胡须，身上穿着一件褪色得发白和起毛的蓝布短袄的老工友来敲打，每次约敲十六到十八响。这钟声，不但在北大二院，清声嘹亮，就是在一院、图书馆、研究院、东西斋、五斋，甚至于附近的景山、景山东街、松公府夹道、五老胡同，也没有不能够很清楚的一声一声的送到耳里的。同学们住在附近胡同里面的什么汉园公寓、宝祥公寓……的，早晨躺在满屋阳光中的床上，一觉醒来，听到清晰的上课钟声再起来穿衣服漱口都来得及。因此，这种钟声的富有诗意，自非普通的一揿即响的电钟所能及其万一。可是这诗意的、悠远的钟声，在清晨可以唤起人们的精神，在下午可就只有催人的疲倦，引人入睡的作用。这样的情形，虽在胡适之先生的课上也不能例外。然而在上钱穆先生的课，虽然他的课的上课的时间是最容易叫你打瞌睡的下午一点到三点钟，然而在二院的大礼堂里面，黑压压的坐着一百五六十人，睁大着三百几十只眼睛，摊开了一百多本的各式各样的笔记簿，摆动着一百多支笔，在一声一声的肃穆雍雍的退课钟声的笼罩之下，每人依旧一个字一句话的记着钱先生的讲辞。因为正是钱先生在讲得起劲的时候，声音越来越洪亮，呼吸越来越急促，脸上也越加泛出一阵一阵的红润，带着一种南方之强的学者气息。这个时候，才使我明了什么是考语“实大声宏”的明确的解释，虽然钱先生的声调，身材并不比我大或高。而我的身材，据最近在上海的一家保寿险的公司的特聘医生的证明，也并没有大于我所等于的一般的普通身材的五尺二寸半。

那么，为什么钱先生有这样大的吸引的力量来号召学生？

在这里，我觉得要特别提起令人钦佩钱先生的地方，是时时刻刻蕴藏在他的脑子里面的一股新鲜活泼的动力和精神，因着这种动力或精神的至大至刚的继续不断的扩张、发展，自然而然的扩大了他的研究学问的内容，充实了他的强健不息的身体，其根本的原因，又可从他的治学的基本的态度来表达出来，那可归纳于他几十年来朝夕不忘的一句简短的话，就是：“从三千年来的中国历史的动态波荡仔细的观察思考，今日的中国是绝对的有希望有前途的！”这句话说起来好像很简单，然而它却是钱先生几十年来研究学问积累而得的宝贵的结晶品。事实上，每一个国家的学者或通人，无不是有着一颗顶热烈顶诚恳的爱国家爱民族的心肠，特别是这一颗宝贵的爱国的热心又一定是蕴藏在冷静的客观的头脑里，情感轻易不会发泄奔放。在民国二十四年的冬天，北平学生运动正在澎湃极盛的时候，我曾经有几次有机会听到钱先生对于时局的警辟的高论，这议论使我去年夏天在上海某处和他重新见面的时候，一方面回忆，一方面惊奇这一位外表像是埋在故纸堆里的学者的书生议论的奇验。他的对于近几十年的大局的议论的起点，是由于他积极的主张我们当前在生活着的这个阶段，从鸦片战争起一直到最近，都不能够说是我们悠久的历史上面的最黑暗的一个时期。在过去几千年里面，中华民族所遇到的几十百次的天灾人祸，黑暗荒淫，亡国播迁的惨痛苦难，结果总是在苦撑中得到支持延续，若干的例证都能够反映出我们民族的抱负〈有〉着一种自强不息的信仰，具有刚健坚忍的毅力和雄心。他所觉得担忧而且常常大声疾呼唤起国人猛醒的，仅是近二三十年来我国国民体力的孱弱，和普遍的精神退衰。体育事业的垄断，谬误的提倡选手制度，公共体育场建筑的落后，都市夜生活的奢靡浪漫、赌博、酗酒、吸食鸦片，都是他所深恶痛绝的事情。他在北平的时候，因为常往来于城西海淀的清华、燕京大学，和城中区的北大，他不得不按月的包雇了一辆代步的破旧的洋车。他的家是住在东城马大人胡同，每逢他要离开北大而他的洋车还没有早来等候着的时候，他总好像是有急不容缓的事情似的，挺着胸脯，部分的敞着灰黑相间的旧围巾，冒了隆冬的严寒的气候，踏着大步走几里路回家，藉此来锻炼一下他的本来就并不算弱的身体。他的头发左右分梳，面色向来红润，在讲书的时候，体力非常充沛，无锡官话可以说是十分的响亮。照例，南方人的国语向来是道地的北方人所不欢迎的，其所以不受欢迎的原因，无非是因为南蛮鴃舌，不能听得明白清楚。可是，钱穆先生的国语虽然一句北平的俚俗土话也没有，却是连（内）蒙古、广东、山西、绥远、云南的穷乡僻壤的远道负笈的同学，也没有一个人因为言语不通和他发生争辩误解。我不知道在我的秃笔底下现在所写出的钱先生的梗概会在他的心里面发生什么样的感想，也不知道在读者的心眼中的钱先生又是怎样。像我所知道的，在他的心里除了顾炎武、顾祖禹外他并不希慕任何飞黄腾达的学者。他于民国初年曾在清苦的小学教师的生涯里博览居停主人的群书，在内战频起骨肉离散的时候平心静气的整理那一部奠定了史学界的释古派的基石的著作——《先秦诸子系年考辨》（商务印书馆《大学丛书》本），这部书的自序可以让昔日的北大、清华的任何一位史学研究生细读两天，而每十行文字又可以叫世界上随便哪一个有地位的研究汉学的“专家”把眼镜戴上了又摘下，摘下又戴上，既惊炫于他的渊博，又赞叹于他的精密。至今没有人敢为这书写下一篇五千字以上的书评，而五千字以下的书报介绍文字也从来没有比他的学生邓恭三先生所写的一篇更多，这真是我国学术界的耻羞，而更足于此显衬出钱先生的伟大。除了这部书和享名的《〈刘〉向歆父子年谱》而外，《近三百年学术思想史》是卢沟桥事变前在北平城内轧轧的异国飞机声中写成的，述往瞩今，条细缕明，畅论汉宋学术是近三百年学问的渊薮，真够得上昔贤所说的“为往圣继绝学，为后世开太平”的同样的豪迈的精神和气概。而他跋涉于湘滇旅程中所写的一部

《国史大纲》，正像马一浮（浮）先生所印的《泰和讲录》，冯芝生（友兰）先生近年所著的《新理学》《新世训》等书一样，又是这一位悲天悯人的学者哲人，在战乱播迁的动荡的时代里，苦口婆心的给予我们整个民族国家的指示、勇气和光明。

我在这里又不过是随意的写出一个眼前的例子。一个胡适之先生，一个钱穆先生，照我的看法恰巧可以代表北京大学的教授们的两方面的倾向。胡先生的一方面可以代表动态的北京大学教授。胡先生在五四运动的前夜，在美国的赫贞江畔留学的时候已经掀动了文学革命的巨潮，其后，在北大研究所国学门的整理国故，北京政府时代的提倡好人政府，国民革命成功后的刊布《人权论集》，以及新月派论文学的壁垒森严，《独立评论》谈政治的屹然矗立，都可以做动的教授这一方面的良好的证明。也不仅是胡适之，凡是历来在北京大学曾给予中国以至于世界在外型〈形〉或内态上以很深刻的影响的教授们，都可以归在这一个范围里面。蔡元培、刘师培、陈独秀、李大钊、鲁迅、黄侃、林琴南、辜鸿铭、梁漱溟、林损、林语堂、梁实秋、顾颉刚、陶希圣，都不能够越出这个范围。譬如说林琴南，他过去用清丽的桐城笔调的古文所译的一百多种的西洋小说，倘若照文字的古雅朴茂，选材的信达适宜而论，也未必赶得上鲁迅兄弟们所译的文言的《域外小说集》，然而周氏兄弟毕竟做了新文学运动的健将，而林氏反而做了复古旗帜下面殉道的前锋。为什么呢？因为在他们的心理上，替旧制度辩护，故意众叛亲离，专作反面的或翻案的文章，倒行逆施，也未始不是一种很有面子的活动，何况还有旧社会的封建余孽在为虎作伥。同样的，辜鸿铭的英法德文，在当时可称做独步文坛，用外国文字所著译的关于中国文化和古代典籍的文字，至今仍受到欧洲的汉学家们的拥护推崇，名字流传在书籍论文上面。依照我个人的观察看起来，近年林语堂先生的英文著作，像《吾国与吾民》，《生活之艺术》这两部巨著，好像也仍在承受着他的八闽同乡的正确的意见和观察，而加上了个人的见解与补充。林氏为《摩登文库》编辑《孔子》一书，也正可以代表他的思想的观点和辜先生的接近。不过，辜鸿铭的时代较早，思想虽高，只敢痛斥西洋文化不及中国国粹的文明、合理，并努力灌输中国文化的真精神到欧西去。林语堂则变本加厉，简直以为凡是身上多毛的人，其野蛮的程度一定要比少毛的人厉害，而西洋人的身体的汗毛较多，又是独裁者的希特勒、墨索里尼，和史达林同志都不容曲讳的事实。这一点在《生活之艺术》一书里论饮食衣服的一章，最能够证明。中国人的头脑里，一向以为最野蛮的古代人才是茹毛饮血，而今日上海售价高贵的金门 Restaurant，就常常用带着血肉的猪排，和像草一样的 Creamed Spinach 飨客，售价七元七角。这当然是西洋文化的衰落处，无可怀疑。辜鸿铭过去用中国的温、良、恭、俭、让去教训纠正或医疗第一次欧战以后欧洲人心理上的创伤，正像今日的林语堂讥德国的纳粹主义是中国法家的权术的余毒，斥希特勒的变态心理等于明末的魏忠贤一样。这一点大约语堂本人也不否认，所以他在从前编《人间世》的时候，为辜鸿铭出版了一个特辑。那一期的《人间世》的封面有一张泰戈尔和辜氏在北平清华园工字厅的合影，至今仍然很深刻的印嵌在我的脑里。不过我疑心这特辑的主编者在当时一定认为辜氏给欧洲的影响，真比泰戈尔对于中国诗坛的影响要大上好几倍，因而并没有十分推崇泰戈尔的心思，即使在今日，也未必十分推崇，虽然印度 Cheena-Bha-vana，Santiniketan，Bengal 的这几年给中国人的印象很好，而且今年正是那一位印度诗翁的八十大庆。

然而辜鸿铭在生前，常常受到冷淡的漠视，并不是在国内的一个十分得意的学者或名人。他所著的《中国人的真精神》(*The Spirit of Chinese People*)，发表于第一次欧战休战的时候，在国内一无影响，却不知道正是一部震炫欧洲思想界的煌然巨著。因为在日本先有人译成日文，才又有某一位中国先生从日文节译出来，在民国十年左右的《东方杂志》发表，却把辜氏的大名误译做古姓。这才是我国翻译界的大笑话。结果呢，辜氏个人的情性既越转变越消极，又从消极变成积极的排外复古。他留下了不剪的长辫子，他穿着黄缎的马褂和紫红缎子的皮袍，他嗜爱弄玩小脚的姨太太。这个时候，在古旧和新思潮冲突的北京大学里，不再有人追问着他是否英国爱丁堡大学最优秀的毕业生，他也从来不说他是。大家也许都记得他所主张的姨太太不可不娶的理论，这样的名论当时立刻受到赞美。就是，一个男子娶上几个姨太太，正像一把茶壶必须配上几只茶杯。这个时候，腐化，老古董的帽子又被辜先生轻轻的戴起来了，他自以为这是名士的风流韵事。可是你不能够说辜鸿铭先生不是动的，不但是动，而且是奇异的突变，和湍水急流似的反动。

动态的教授们的内心的情绪大约是这样，外表的行为也无一处不和他们的内心的变化相合。他们一定集会结社。即使在民国初年的北京大学也有一个不赌博不饮酒不挟〈狎〉妓纳妾的进德会，参加的多是北大的教授同人。大约有了志同道合的人，就一定跟着可以有集会演讲，出版杂志，公开讨论争辩。新青年社、语丝社、太平洋学会、文学研究会、中国笔会、禹贡学会……凡是这一类有影响有势力的团体，无不有北京大学的教授参与。他们常常在一起吃饭、喝茶、聊天、反驳、以至于论战攻击，不管事情的大小高低。他们在上课的时候，常常把自己的学说和学生详细讨论，加意灌输，并且当众攻击另一位教授的议论的缺点。譬如，胡适之先生对于钱穆先生的《〈刘〉向歆父子年谱》的考据谨严，折合今古家法，十分佩服，而且常常对学生们做义务的宣传。但是，他在课堂里，同样对钱穆、冯友兰、顾颉刚等人的关于老子和《老子》书的时代的论争，却不惜剀切陈辞的大肆抨击。朱光潜先生和冯文炳（废名）先生都是第一流的文学作家，又都是朝夕晤面的好朋友。然而他们论词的意境的看法各有不同，竟使他们为了王静安先生的一阕词而辩论了半个月，并且在课堂上公开的和学生们讨论。

他们向来看得起学生，并且不惜推崇学生们的独到的特殊成绩。这一点，上海的大学教授很少有能够如此的，因为他们自己的学问并不高明，自己的程度常常比高明的学生要坏，因此也很难知道自己的学生是否高明。在北大呢，至少在沈兼士先生的口里，常常誉不离口的称赞大学四年级生周祖谟的对于文字声韵的精研，而大学一年级的俞敏的语音学的训练也叫罗常培先生大吃一惊。后来，周祖谟进了中央研究院工作，俞敏也做了北平中国学院讲师，不负师友们的赞许和钦佩。胡适之先生在上课的时候也常常提起丁声树、陶元珍、吴晓铃，特别是在大学一年级的学生面前。凡是读到丁声树先生在《北京大学四十周年纪念论文集》

的近著《〈诗〉卷耳芣苢采采说》一文的，没有人不觉得丁先生在这方面的学问功力不下于清代的戴东原和马瑞辰。可是，在胡适之先生的嘴里，从来不说丁声树是我的学生，他只是说：丁先生也是北京大学的同学。

静态的教授们和动态的教授们多少有一点儿分别。假如我要具体一点的讲，那么，动态的教授们常常（在从前）在北平正阳门车站发表一篇对新闻记者的谈话，然后赶着火车到南京去参加中央研究院的评议会，静态的教授们则至多到北平故宫博物院的文献馆去搜集档案或到琉璃厂、海王村一带去搜罗旧书。动的教授们喜欢坐一辆私人购买的小汽车，车的式样既不美观，大约准是敝旧的二路货，然而乘坐着出入于北平图书馆附近的金鳌玉蝀桥一带，塔影岚光，汽笛呜呜，不能不说是优美的北平风光的一种点缀。静的教授们，出入则喜乘洋车或步行。我刚才所写的钱宾四先生，就可以算是静的方面的代表。他宁可在校内自出心裁的编著一本中国通史讲义，但是，据我的私人的猜测，不希望出席教育部的史地教材的编审委员会。他宁可作一篇西周地理考在《禹贡》上面登载，绝不愿大张旗鼓的积极的领导或抨击一种新的学术运动，或写一篇中华民族起源于东南沿海说。郑石君（奠）先生也可算是静的方面的著名的教授。我常常说上海的大学教授们善于出版概论，发凡，大纲，往往一二种的著作就足以叫他们在海派文坛中望之俨然，侧目而视。可惜他们都不大认识郑先生。郑先生在北京大学中国文学系教授了十余年，家乡本是浙江诸暨枫桥阮家埠，在北平就住在北大附近的五老胡同。他这一位顶和蔼的恂恂儒者，面孔胖胖的，戴着玳瑁边的眼镜，身上穿着一件深蓝布的长衫，满身粉笔灰尘。他的著作极多，从来不允许在坊间的任何大书局出版，然而却有自己的编纂计划，每月案头堆积的稿本积纸总可盈寸。据郑毅生（天挺）先生告诉我，石君先生已经完成的著述——大部分都是研究中国文学的新的创业者的工作——的稿本已经超出了五百种的数目，每种的卷数决不止薄薄的两三本。他的未出版的论文集要的一部分的稿子，我曾经参加过标点分段（约一百多篇），听说另外一部分也有人拿去在清华大学采用。可是商务印书馆的大学丛书委员的名单里面，却看不到郑石君先生的名字。正好像民国初年在梁任公先生的口头义务宣传以前，即使在学人荟萃的北平，也没有人注意到《快阁师石山房丛书》的著者姚振宗一样。郑石君先生假使不是比姚振宗的学问来得更见渊博功深，那么，我想我应该替北京大学谦逊一点的说，郑先生就是现代的姚振宗。

北京大学的教授们的生活，也不庄严，也不枯燥，只是一种合理的修养和不断的增加学问的总成绩。近年以来，虽然刘半农、黄节、钱玄同先生都相继逝世了，可是沈兼士先生的文字学，唐兰先生的甲骨金石，罗常培、魏建功先生的语音声韵，余嘉锡、赵万里先生的目录版本，胡适、郑奠、罗庸先生的文学史，孙楷第先生的小说史，顾随先生的戏曲，如果不能够被认为是代表中国全国的最高的权威，那么，你应该可以告诉我谁是比他们更好的。这单是指的中国文学系。史学系呢，最近逝去的孟森，不但他的常州官话永远的嵌在我的脑里，他的清史考据的伟大成就，他的临大节不苟免的正气磅礴，又有谁不感到钦仰，兴奋。除了孟心史先生外，史学系还有陈援庵，钱穆，毛准，郑天挺，蒙文通，姚士鳌；哲学系呢，汤用彤，熊十力，周叔迦……；如其不是在“此地空余文化城”的北平，如其不是在绝对自由绝对放任绝对幽静的北大，这许多实大声宏的学者又怎样能够紧压着各人的心情，在同样的一间客厅里面静听卢桥南苑传来的一阵阵的炮声。外国语文学系，教育系的教授们我并不十分熟悉，然而你也许知道梁实秋、朱光潜、罗念生、陈雪屏或吴俊升，这都是独往独来的人物，各有着他们的超特的学力或重大的文化教育事业。也许这也不足以代表北京大学的教授的全貌。那么，最能够补充北京大学教授的特点的，还应该一提近年逝世的钱玄同先生。钱先生是名闻全国的学者，文字声韵的探讨，国语运动的提倡，都有着很大的贡献。然而他独自在北平中山公园的春明馆喝茶的时候，是照例谁都不理会的，即使你是他最要好的朋友或同事。这个，因为钱先生认为在公园里疏散是他的个人的事。在周环十围的古木的阴森的树荫底下，冥心默想，最能够代表智者的心情。可是，在同样的公园的柏树旁，民国十六年的时候，胡适之先生却约了孙伏园先生谈天，并且还愤慨的说了一句“中国不亡，是无天理”的名句，这句话即使说得痛心一点，也只好算是相反而相成的仁者的怀抱。因为，钱玄同先生应该归到智者的范畴里面，所以晚年的钱先生，痛心国事，愤忧郁懑，以至于病殁在沦丧了一年后的北平城内，他的遭遇恰似诗人陈散原和史家孟心史。因为胡适之先生应该列入仁者的领域之内，所以胡先生抛弃了北平米粮库四号的藏晖室，安顿家室，远役重洋，至今负着为国宣劳的重大的任务。这几天我常常思虑我应该不应该写出来我对于北大的教授们的印象，现在既已什么都不顾的写了出来，越觉得自己的思想或文字的低能，也就同时看出或感到北京大学的教授们的身体力行的深刻的教训的宝贵。北大的教授们不是学者，因为他们的成就不只限于区区的学者或腐儒。他们的生活是平实朴素。他们的言语从不说谎，他们的皮鞋并不擦亮。他们和学生生活在一起，时常关心，同情和鼓励。他们从来不羡慕北平城外的另外一家著名洋化的大学，在图书馆里的楼下划分出一间一间的规定时间的指定的教授办公室，在凸花纹的玻璃上漆着系主任，教授或讲师的名字。可是，我老实不客气的告诉您一句私话，好在这儿也没有别人，对于这种办公室我倒是十二分的羡慕和满足的。为什么呢，因为我在本文的前面已经早就承认，我并非不是一个道道地地的低能儿。

（《宇宙风乙刊》27、29、30 期，1940 年 8、9、10 月）

汉花园的冷静

当民国二十一年的五月初旬我还住在上海的时候，有一天接到北大的友人谢君的一封信。信上最后的一段文字大意说：我所住的西斋，环境非常幽静。窗外种植有几株丁香，开着浅紫色一球球的朵子，又香又美。听人家说，汉花园那边的丁香，这两天开得更是茂盛，老是想去瞧瞧，可惜总没有空工夫。

这几句话留给我的印象非常深刻。他所写的这一封信，至今仍旧缄藏在我的裱就的信箧里面，并不是因为谢君的文字和他的一手赵松雪体的字迹的娟美，而是信里的所说的话的情趣令人心醉。西斋，早就是我所听熟了的名字。差不多在同样的一年，我从施蛰存、杜衡等人编的《现代杂志》上面，也偶然的看到周启明先生的《苦雨斋日记》的片断的影写版。好像有两天的日记都记着，详细的文字我已经记不清了，大约是：连日苦于淫雨，学校中东西斋积水没胫。在我的头脑里觉得这真是一个叫我喜欢的地方。下雨，最是我愿意看和愿意听的境界，不管它是迅雷闪电，黑云笼罩，还是细雨连绵，凉风凄凄，甚至于“道是无晴却有晴”的江南天气，我都会觉得心快神怡。我不怕在大雨中把我的周身衣服弄得潮湿，原因只是想更听得清楚一点究竟是大雨点子打在碧绿的细长叶脉的芭蕉叶上清脆，还是小雨点和叶面的接触所发生的沙沙的声响，容易勾起在远乡的旅人的愁思。

这是雨中的西斋，北京大学的西斋所映照在我的想象中的幻影。除了西斋而外，还有的是汉花园，译学馆，东斋，五斋……。又有清香袭人的丁香，又有积水没胫的阶石，又有古树交映青苔满目的宿舍……。

隔了不久，我真的到了北平，在一个清朗的早晨，我第一次去拜访这个闻名已久的汉花园。汉花园的地点在东城北河沿畔，这个“花园”所包括的区域，南至大学建筑外面的碎石马路，名称叫做花园大街，西至松公府内的北大图书馆及北大文科研究所正门，东面围墙外是两岸夹着细条的杨柳的宽大的河沟。河水是一向干涸的，积尘满天，和中法大学的校舍隔着“鸿沟”，遥遥相对。一阵子扑面的狂风卷着黄沙吹来，能够叫你立刻睁不开眼睛，在模糊的影像中可以使你望见金黄色的柳条映着闪烁的太阳光线飞舞。刘半农先生曾经说过，北大之有北河沿，简直可以媲美英国剑桥大学的“剑桥”。这话大约是不错的，听说校内早拟设法浚通沟内的淤泥，并灌入清洁的水流，成功后预料那一定可以替大学区域添上一个值得无限留恋的好景。不过也许是为了经费上的困难，和浩大的工程的不易着手，以至于良好的根深蒂固的保守观念不住的在学校当局的心理上作祟，这一点终于没有能够早日实现出来，而且一直到现在也不会实现。北面就是椅子胡同，那是北平的新科班“戏曲学校”的所在，在北大的新宿舍的阳台上，可以远眺到他们的戏台。

我这样详细的去记述汉花园的周围的风景和地段，一点儿也没有想宣传它的优美，同时，你应该可以从我的文字中体会出来，它是的确不够伟大。关于汉花园的名字的历史沿革，正和北京大学二院所在的马神庙，图书馆、研究所所在的松公府和八公主府，三院宿舍所在的旧译学馆一样，你应该都可以从北平市上最流行的游览指南上面寻找出来，比我所能够告诉你的更要清楚详细。然而关于这一座建筑了差不多四十年的红砖瓦的三层大高楼，这就是汉花园的本部的最主要的房子——北大第一院——的印象、生活和故事，你一定不能够从游览指南或任何指南里寻找出一点简单的介绍。

这里面的生活，并不是刻板化，也不是机械化。但是却可以说是相当的冷静。

如果你是怀着一颗远道“慕名”而来的诚心，已经在广州的岭南大学，武昌的武汉大学，或杭州的之江大学住了一年，负笈远来投奔名校转学的话，那我真不敢想象汉花园——北京大学第一院（文法学院）——给予你的第一个印象或打击，将是怎样的惨酷、无情和冷淡。汉花园的建筑，外表是坚实的，不过也已经渗染着一种风吹雨打 Weather beaten 的色彩，很容易叫你引起和陋旧、保守、陈腐、甚至于龌龊……相像的联念。盘花式的旧铁门常开着，门上并无可以使你认明不误的招牌。那一块棕黑色硬木白字直书的长条匾额：“国立北京大学第一院”是挂在顺着水泥径走进去的红楼廊下的圆石柱上面的，字迹很是黯淡，好像同仁堂乐家老药铺的仿单一样，外行的人绝难认识明白。当然，在眼前已经成了“孤岛”的上海，许多大学只能租赁着商场、大楼的某一二层房屋，已经不把铜制的擦得雪亮的招牌挂在校门外面了，你仅知道沪江大学是在某路二零九号，而光华大学则在另外一条马路，它的门牌的号数则是四二二。可是，用相像的例子去解释在好几年前的北大，当然并不能得到同样的意思。在北平，谁都知道“顶老”的大学是在北河沿，而石驸马大街的师大，则又被公认做“顶穷”的地方。无论什么事情，只要是顶老的，总应该有他的老谱，用不着登报扬名，用不着满街满墙的贴“随到随考报名二元”的广告，以广招徕。譬如你从前门车站雇洋车连拉人带铺盖卷，只要说上一声上汉花园，没有一个洋车夫不知道他应该拉到哪儿歇腿的，并且也知道你决不是花得起冤钱的公子哥儿们，所以车钱也并不多要。如果你坐到了汉花园的门口，觉得这个大学的校舍真是简陋，比不上岭南、武汉、之江的大礼堂的金碧辉煌，那也难怪。不过我应该警告你，你即使在北大念完四年本科和两年研究院，你也找不着北大的真正的礼堂究竟在哪儿，而且这个汉花园的红楼的建筑，就算退一步讲，不算是整个北大中唯一的最好的洋楼，它仍不失为几个最好的当中的一个。

在校门口站着一位穿着草绿色，有时候因为洗涤的次数多了，又渐渐的泛成浅黄色的，制服的校警。他的手通常是空着的，态度也很安详，脸上常常带着笑容，这笑容并不是谄媚的，也不是狡猾的，也不冷，也不傻，大约颇有一点儿北方人固有的朴实的本质，再加上北大的一脉相传的满不在乎的神气，使这种笑容最容易叫初到北方来旅行速写的画家，难于揣摸。他的制服并不很脏，然而决不神气，有时可以使人在脑筋里联系到中国无声电影时代所扮演的北方的督军们的马弁。不过，照我后来所知道的，在每次的广大的学生运动兴起或扩大的时候，这种“马弁”常常尽了他们的伟大的汗马功劳。他们的同情心，往往出乎一般军警当局的想象力以外的，因着日常生活的时刻接触，或对于国家大势的清楚认识，总是寄托在学生的群众方面。在民国二十四年的冬天北平开始了热烈的爱国的游行示威运动的时候，这一班“貌似阳虎”的北大校警们——注意，他们的手通常是空着的——，最容易替学生们出力，像通风报信，虚与委蛇，声东击西，散布有利于学生的消息之类。有一次，我亲眼从松公府土墟对面的红中理发店的玻璃窗望见北大文科研究所的守门的校警，吃了威风凛凛、杀气腾腾，皮衣、风帽、盒子炮、机器脚踏车齐备的保安队的三个清脆的嘴巴子，使我的眼睛不自觉的流出一颗颗的热眼泪。

可是你第一天踏进汉花园的时候，当然不会观察或感觉到这些。他们对你的出入校门，自由行动，即使你是刚才入校的人行动多少不免有点儿不惯、牵强、紧张，也绝不会加以干涉、过问。没有威风，不够劲道，当然又是使你对于北大的坏印象更形增添的一个原因。还算是闻名全国的大学呢，不配。

上课的情形也是这样。没有一位教授是懂得点名的，他们也不大认识学生们的面貌名姓。在这里，讲堂中的Lectures的陈腐，又是不言可知。倘使要举出陈腐程度的特例，以我个人而论，我在鼎鼎大名的文字学专门权威沈兼士先生的课上，连睡了三个星期的觉，因为他也用了同样多的时间继续了他的，连说话的层次态度语句都并不更易的，做学问的功夫首重"困知勉行"的训辞。然而，不知道为了什么，我到今日却有些时候竟会感觉得这四个字的格言的几乎无一字可以更易。一个人想把他的英文弄得通顺，造句有力，措辞简短动人，而不熟读基督教的《圣经》，也正和研究中国文字学的人不去背熟王菉友的《说文释例》一样的正像缘木求鱼。可是，背书和死记单字总是最没有趣味的，如果不可以说它最困难的。我们鉴之于现代的中国最大的出版家商务印书馆的主持人，虽然现在已经是两鬓斑斑的中年以上的人了，在他年轻自习求学的时候，却曾经在每天深夜里，一页一页的翻着记诵着英国的百科全书，当然可以明了这种忆性的工作并不是不可能的。如果你自忖既并不能够这样"困知"，并且又自己傲慢的批评这是最落伍的注入式填鸭式的教育，那么，你即使坐在北大红楼的朽木的座位上课听讲继续四年到八年之久，你还是你，冷静的北大也还是北大。

可是，如其你要吃肥而且甜美的鸭子，依照北平的便宜坊老铺或上海的梁园菜馆的办法，仍旧是非填不行。在这个聪明的学者专家们多如过江之鲫的时代，我当然也不是傻子，对于北大的这种生活，我愿意重复的再说一遍，不配，还算是个闻名全国的大学呢，不配。

（《宇宙风乙刊》32期，1940年11月）

沙滩上的骆驼

汉花园大街另外有一个比较更通俗一点的名字，叫做沙滩，为什么要叫做沙滩？说起来也正是十分难解。依照北平的天气，特别是从深秋经过了冗长的严冬气候，一直到“江南草长，群莺乱飞”的暮春为止，差不多有七个月的时候，北平都是风沙满天的，除了石砌或柏油的马路外，街上也总都是软腾腾的黄土泥。这大约也可以算是沙字的解释了。至于沙滩，也许只是由于约定俗成的关系，也许在汉花园附近的几条路，通到各个宿舍去的，都是些不很坚固的碎石或黄泥路径罢？

倘若我的解释也还可以自圆其说的话，那么，我又可以附庸风雅似的来上一句：沙滩是在地理上原有的名称，所以喻大学区域的整个环境，而骆驼呢，可以算是用来譬喻北大的学生们的。不敢说这是一个现代的典故，可是你要是记住了，随便说说也不算什么错儿。最近，在昆明的西南联大（北大也在里面）不是闹着要迁到四川叙永去了么？有一天，蒋孟邻校长飞到重庆，参加在重庆的清华同学会的宴会，在席上谈起联大的近况来，蒋校长喟然叹曰：“清华的梅校长（贻琦）的苦干精神，真是叫我佩服的，我愿意送他一个骆驼的徽号，来形容他的任重耐劳的伟大！”

至于蒋校长自己呢？据报纸上的记载，则自勉愿意“如猴子之敏捷”云。这一段话，不但在重庆香港的报上有，好像在上海的《申报》也转载过的。事实上呢，我说：这骆驼两个字，可以说是代表着一种朴质无华的气质或精神的，不但梅贻琦先生可以说是有名的骆驼，就是，在从前的北大或现在的联大的学生本身里面，也都蕴藏着几千万匹的骆驼。

骆驼的特点在能够任重耐劳，换言之，也就是能吃苦。吃苦这两个字，在现在的内地的艰苦的生活里，也许有了无数的人们都在饱尝着它的滋味了，然而北大的学生们则是向来都是吃苦的，而且，也许可以说是以吃苦著名的。为什么他们都这样的能够，而且愿意吃苦呢？依照我的观察和体验，是因为物质享受上的特殊的缺乏。

譬如，我们用衣食住行里最重最重要的一项——食，来做个例子罢。北大的吃，过去好像徐讦先生已经有一篇文章在《人间世》上发表了，然而各人的接触到的印象未必十分相同，我仍然可以多说一点。在南方，一般的大学宿舍必然的附着广大的膳堂，在北平呢，像清华、燕京等校不但有广大的膳堂，而且它的数目还不仅是一个。一直到卢沟桥事变爆发的那一个夏天，却正是北大、清华两校开始她们最早的，第一次的联合招生时为止，清华的广敞无比清洁卫生的大食堂的照片，是用了精美的铜图印在《清华周刊》的新生入学的向导专号上面的。有时候我很容易想起美国式的幽默一则，这一则大约知道的人已经很多了，就是：某大学以比赛足球著名。有人甚至于说：某人在某地设立了一座球场，附设大学一所。

北大的吃似乎是独立的，它不属于北大的任何宿舍的任何一个规模极小的食堂，它也并不强迫这种小食堂立刻关门。小食堂也是有的，假使我的记忆不错的话，这种开设在宿舍里面的食堂一共也有两所，每所占屋一大间，布置了七八张方桌。每次吃饭的时候，为了维持这两个食堂的生存起见，也常常有几十人去光顾的，然而这在全体一千多学生里，自然只能够算是少数。在这里，吃完了饭也不一定要立刻付账，倘若你是住在宿舍而且曾经一次交过那老板七块八块的押柜钱而立下了摺子的话。吃的东西呢，也很简单，像回锅肉，冬瓜烧肉，炒辣青椒丝，花卷或干饭等。每次的费用大约不到两毛钱。然而为什么没有什么人去吃呢？我的答案只有一个字：贵！

两毛钱一餐饭能够算是贵么？在今天，重庆附近的物价高涨到一个单身汉的每月伙食费要一百五十块钱，上海的布鞋要五六块钱一双的时候，当然是不能够说它是贵的。就是在北平当时（三四年前），十几块钱可以请十个人酒醉饭饱的吃一顿前门外头致美斋的馆子，那么，这个两毛钱的数目也不能够说它太冤。可是，北大的学生们不但在年纪上多是老的，而且在经济的支配方面，又都奇穷。因为奇穷的结果，就更不能够避免上海人嘲笑的口头禅所说的，派头奇小了。每个学期，北大的学生们只交给注册组学费十元，共十一块钱。此外，像一般的学校里面所常听到的，宿舍费、杂费、图书费、讲义费、学生会刊印刷费……甚至于什么建筑公债费，北大的穷学生们，都是用不着负担什么的。话虽如此，他们（或她们）所付的代价既然这样少，居然还有生着煤炉的宿舍白住，有二十四万册的中外图书可以借阅，而且每借不止两册，每看也不限两星期内一定交还。也有讲义，编著的人是胡适，邓之诚，钱穆，钱玄同，朱宗莱，余嘉锡，潘家洵，孙楷第……等，而且又都是整本的，其中有多种后来都改换了名字列入在商务印书馆的《大学丛书》之内，而且在当初印成讲义的时候，居然也是用铅字排的，美观醒目。而他们所认为物质上的满足的，也不过是住宿，图书，教授，讲义这一类的东西，并且把这些东西看得很重。他们都是从远道负笈来苦学的人，其籍贯可以北到（内）蒙古、新疆、甘肃、山西，南到南洋群岛的区域。他们每个学期或学年仅带着或收到极少数的汇款，因为交通的阻梗，家境的艰苦，内战的频仍，以至于对于贫穷的普遍的同情和生活经验的增加，都想着节俭是一种美德或是一种不得不如此的应有的措施。从前美国的文豪 R. L. 斯蒂文孙说过："两点钟的时间总是两点钟的时间。多少伟大的人物的伟大的事业，是能够在比这个更短的时间里面完成的。"我现在也可以套着他的语调来说：在北大学生的如豆的眼光里，两毛钱也总是两毛钱。

我现在记述一个我个人的蒙辱的故事，把它绍介给读者们，并且，我还要使我的几位好朋友都要知道，这样的故事在北大并不算是十分显著的特别。

有一天——那是民国二十四年的冬天——我的朋友李永寿兄约我带他到北大来上半天课，他原是北平中国学院国文系的四年级的学生，可是从未听过胡适之的演讲，所以特别来偷听了两课。这种情形，在当时可以说是十分通行的。下课之后，我们两人想找一个"雅座"去谈谈。

"上哪儿吃点什么罢？咱们自己哥儿们。"我逗着他的话，可没有敢"开请"。

"随便……不用客气！"

"好！……咱们随便吃一点面食罢。北大的吃没什么好的，也许……

比不上你们西单商场那一带罢（中国学院在西单牌楼大街）！”

“好！……好！”

连着几个好字，我就把他引到我所常常光顾的，景山东大街的悦来居小饭铺来了。我们一进门，里头黑压压的坐满了一屋子，迎面有两个赶〈擀〉着烙饼的伙计，一个巨大的煤球炉子，烟气熏天，炉台上烤着几十个大烧饼，小徒弟用火叉子把炉口的火苗子弄得直往上窜〈蹿〉，透着青蓝色的烟焰。

“张先生豆腐呵[1]！……一碗“虾”[2]……小米稀饭！”跑堂的伙计这个时候也没有敢闲着，光油油的头顶上淌着汗珠子，把他那小棉袄的斜长形的镶领子都给弄得油腻腻的，一面替我们擦桌子，一面用手擤着他自己的鼻涕。

我破天荒的，要了四十个煮饺子，猪肉馅儿的，两碗小米稀饭，一盘白糖。这一串子的菜单挺够劲，那老伙计一面大声的唱出来，一面用着谄卑的眼光瞧着我的又脏又旧的蓝布大褂，仿佛在怀疑着我，今天难道你的汇款又来了不成？

我不动声色，一面跟我的客人闲谈，极力转移他的视线的注意力，因为，他对面不远的墙壁上，正爬着一个灰色的蝎虎子。我一面又用手摸紧着我的皮夹，我想我这一天不止摸过一次。

半点钟后，我们都已心平气和的出了悦来居的门。我这时候才敢大大方方的抬起头来，却见那门口正悬挂着三个红黄蓝色的纸穗子做成的圆形的标帜，那正是北平第四流或者第五流的饭铺的门口所最容易瞧到的特征。我的头又渐渐的垂下来了。我想起了我的朋友不一定吃得很饱。他好像只尝了三个饺子，吐满了一堆一堆的肉筋和馅子都在碟子里面。我知道这里的饺子通常做得很大，直径总在二寸半以上，而且，面好像也是粗着一点。我那一碟子二十个我是包完了的，我还揩油了五个他的。

---

① 张先生豆腐，只是一种豆腐的一种煎法，最早由同学张君发明，现在已经驰名全北平了，连东安市场的饭馆里都有此味。——原注，下同。

② 虾，北平第四流（？）或以下的饭馆面铺称馄饨的代名词。

在这个时候我忽然觉得脸上有点儿发烧，我忘记了我刚才付给那掌柜的两毛二分钱的全部费用的时候我的那一种胜利的骄傲了。

这种吃食，我的朋友后来告诉我他的意见，是不很容易惯的。其实我倒不觉得什么，只吃两个铜子的花生和一杯热开水的午餐，就跑到图书馆的大门口听候启门阅览的生活。我也曾捱过两个多星期，并且就在这个时候，作完了我的《王静安先生遗书》的笔记的工作，倒也可以算是一个很好的纪念。朋友！我告诉你，在北大的沙滩似的环境里，好的饭馆子是开不长久的。我们那时候最贵族化的一家饭馆子叫做海泉居，其位置也开设得最适中，在东斋宿舍和图书馆之间。那儿最拿手的一碗菜好像是炒腰花，要卖到四毛多钱。然而它的营业，最为不振，当我还没有在北大毕业的时候，它早已正式“毕业”了。在它毕业以前，饭馆主人曾去请胡适之先生写了一副白话的对联挂在海泉居的二楼上，那对联相当对仗工整，辞句清雅，倒是颇为脍炙人口的，——虽然未必能够替海泉居向每一个顾客拉拢两次以上的生意。联云：

学术文章，举世咸推北大老；
羹调烹饪，沙滩都道海泉成。

（《宇宙风乙刊》34 期，1940 年 12 月）

不是万花筒

在北京大学念书是极端的自由的，其自由的程度，又在于每一个人都可以极端的发展，并不受什么高年级和低年级的限制。在中国，有许多的大学，特别是教会创立的学校，往往是高年级的学生，享受了较多的权利，譬如，宿舍的房间的优劣，运动场游泳池的场所和时间的选择，出入女生宿舍的特权等。北大可不甚讲究这些。要是说高年级的学生比较的得到一般人的尊敬，那常常并不是因为他是高年级，而是因为他的特殊的天才。天才的智慧的发火是用不着等到大学三四年级的，一年级也尽管够用了。现在且略从它的上课谈起。

我在本文的前几段里，都曾屡次的提起北大上课情形的漫无规律。在这里我似乎可以仔细的描写一下。第一，就是教员多半是不点名。我并不说所有的教员都不点名，因为我比较熟悉的仅是这座大学的一部分——文学院，而文学院的教员也有点名的。然而点名跟不点名，其中间的分别实在很难有明显的表现或特征。点名的先生不过把点名簿上面的名字唱过，学生按照着自己的名字也唱一个喏——“到！”——最后教员把到场的学生做一个记号，不到场的另外做一个记号，如此而已。教员并不把缺席的名字报告注册组，注册组也并没有一位专门制绘出席缺席的统计表格的人，更不会画一张江苏省出席的学生占百分之五七三或七四的图画。这样的统计绘画员其实北大注册组就是聘请几十位也不是没有钱的，然而他们竟一位也不聘。注册组更不会出一张堂堂皇皇的大布告，说下面的一百二十八个学生本周内缺席四小时，应该记小过一次。

所以，在北大的上课生活的第二个特点，就是，课也不一定要上的。我记得，我在北大一年级念英文的时候，有一天，教员正教着一课是美国的幽默作家 Stephen Leacock 著的 Oxford as I see it，里面有一段话：“英国牛津大学的讲书虽然每天都有，然而却是很陈腐的，你去听听也好，不听也没有什么。”我们都觉得我们的大学的生活也和他所说的相仿佛。倘若不愿上课，在图书馆里开开矿也好，在宿舍里睡睡觉，到中山公园的柏树底下溜溜〈遛遛〉弯儿，到天安门外的石栏杆旁去看晚霞，也没有人拦阻。在课堂里应着卯，同时看课外的任何性质任何体裁的书籍，也随便。

认真听起课来，有的时候——虽然并非是常常——也总有几段精彩的意思可以获得。譬如，在余嘉锡先生的目录学的课上，寥寥的坐着十几个“好道”的学生，——我记得那年冬天这一课上课的时候，恰巧熊佛西到北大演讲，大部分的人都去听“定县平教会的实验戏剧”去了。——其中也许有两三个人已在模模糊糊的想入梦了，忽然余先生开口，说：“中国的印刷术许多人都以为是起于隋代，其实，一点证据都没有。明代陆深的《河汾燕闲录》引过隋文帝诏：‘废像遗经，悉令雕造。’一般人都上了他的当（胡应麟，赵瓯北，王渔洋都是），以为雕版始于隋了。其实，陆书所引的诏，原出于费长房的《历代三宝记》，严可均辑的《全隋文》就有它，《大正藏经》也有它。原文实作‘废像遗经，悉令雕撰’，雕的是佛像，并非是木板经文。有人说听得罗振玉告诉过他，敦煌发现了《陀罗尼经》，是隋代刻的，有开皇年号。我听了真是疑惑。为什么呢？因为在唐代初年——唐太宗的时候——还有一个人叫做唐临，他作的《冥报记》（此书流传在日本，《涵芬楼秘笈》和杨守敬《日本访书录》都有）里，谈到当时有一个人叫做严法华，平常喜欢《法华经》，到处募人钞写，可见还不知道刻板。宋敏求的《大唐诏令集》，也有一道玄宗开元时诏，说佛经不许私自钞写，一定要在大寺院里写。又在《文苑英华》这一部类书里，有几处也可以看到募人钞写经文的故事，可见当时也还不知刻板印书。……我把我的意见写了信寄给罗振玉，他回的信，什么辩驳也没有，反完全赞同了我的主张。可见得某人说的话，真是太不可靠了。”余先生这一段的讲述，我至今还能够很深刻的记得，因为，他说话的时候，条理既很清晰，而其意义又很有记忆的价值，并不像空洞无物的海派留声机器唱片。这样的演讲，大约是不能够说是陈腐的（rotten）。在鲁迅先生逝世的下一天，我恰巧有周启明先生的一课，起先，打算不到校去上课了，因为我们料想他未必会来校的。后来到校去，见他居然没有请假，仍是挟着一本《颜氏家训》缓缓的踱到课堂里来了（那一课是六朝散文）。上了一点钟的课，沉沉静静的，大家既不开口发问或表示悼慰，周先生也单是念着书本讲话。忽然，下课的铃声响了，启明先生挟起书，说：“对不起，下一点钟我不来了，我要到鲁迅的老太太那里去。”这个时候，看了他的脸色的肃穆，沉默，幽黯，真叫人觉得他悲痛的心境的忧伤，决不是笔墨或语言所能够形容出的了。他并没有哭，也没有流泪，可是眼圈有点红热，脸上青白的一层面色，好像化上了一块硬铅似的。这一点钟的时间，真是一分钟一秒钟的慢慢的捱过，没有一个上课的人不是望着他的脸，安静的听讲的。这个时候容易叫你想起魏晋之间的阮籍丧母的故事。启明先生讲的是颜之推的《兄弟》

篇，这可纪念的一课也是不 rotten 的。

我在《记北京大学的教授》一篇里已经写了一点上课的样子，这里再加上一点补充，读者们可以看得出来，北大的上课也不会有什么了不起的特别。虽然特别的课程有时候也有的，像外国语，除了普通的英，法，德，日文之外，我们还有意大利，希腊，苏俄和梵文等课程。我们有普通的中国戏曲史……，也有特别的一课——中英话剧实习。我们除了普通的声韵学语音学之外，还有仪器实验和调查等活的工作，除了普通的中国目录学校勘学之外，还有《三国志》，《世说新语》，《水经注》的实习校勘，还有剪贴整本大部的《太平御览》的做引得（index）的工作。哲学系的佛学的课程，是要到周叔伽先生的家里去上课的，那是一座非常精致的佛堂。选修这样的课程的人，同时也要会坐蒲团的功夫。提到蒲团，我又想起一件事情，从前北大还开过一课静坐学，请一位很著名的静坐家去担任教授。上课的时候，一间课室里满布蒲团，教员一个，学生们也一人一个，盘膝修行。虽然一时没有人成仙得道，然而，大家的道行据说总也不会亚于 Philip Curtiss 的《安迪居士外传》的主角。

老实说：这样的课程的开设，与其说是特别，无宁说是中庸的。我们中国人的思想，特别是由于儒家的思想影响后人最深，束缚后人最甚的缘故，中庸这两个字的原则既普遍且不知不觉的会嵌进我们每一个人的脑筋而不甚易消除。北大恐怕也是这样。我们在上面所谈到的课程，在我的脑筋里常觉得他是最好的，从客观的原因推想起来，大概就是它可以算是最中庸的缘故。你们不要以为北大的课程是好奇标异，你们不要觉得全世界的课程表都应跟你们在大学里念的那一张一样，只有寥寥的什么纲要，概论，大意那样的薄弱可怜。老实说，选修了一年的唐代文学概要（这样的课程在战前的上海，南京，汉口，广州等地都是很流行的），未必就真能够了解李太白或李义山的诗，也未必十分懂得词的起源。如果你又竟连《长庆集》和《云谣集杂曲子》都不知道，那你对于这门课程所知道的知识，真是缺陋得可怕了。纲要，概论等书，就是缺陋和可怕的代表。我在七年之前写过一本概要性质的中国文学史，去年被昆明的国立北平图书馆列在《精选中国书目》（英文本）里面的，可以算作最坏的中国文学史的代表。那里面也有十几万字，也有李太白，也有李义山，也有《长庆集》……然而，邵康节诗的排列也脱了页了，戏曲和小说几章缺漏不堪，而附录的中国文学年表更足够笑掉了专家的牙齿。我写那书的时候还没有进北京大学，否则，那样的书我决不会拿出来献丑的。在北方，单是中国文学史一门课程，就要念完四年才能完毕，从进校门到拿了那张红花大印的毕业证书为止。如果你又去进文科研究所，那么，中国文学史总会跟你怀胎生子的。学问总是一辈子的事情，除非你本来无心做学问，否则，费了十余年精力诚诚恳恳的单研究一两门专长，难道还值得大惊小怪不成？

北大的课程的富于中庸性，其原因就在它确是领导你进了比较合乎理想的，不偏不倚的真正的学问的大门。它的优点是真纯，正确和专门。它既不蹈中国其他的大学的肤浅缺漏的过失，也不趋向流行的美国教育的五花八门的课程的别致。我在这里这样的称赞北大，说它最能够保持学术和真理的中庸性，其理由也就在这儿。从世界教育的潮流的发展演进上去观察，北大的精神的伟大就在它既不像万花筒式的美国教育的胡闹，又不像中国其他的大学那样的幼稚可笑。如以失去中庸性缺点而论，像在美国哥伦比亚大学师范学院有着实验比较烹调法，茶室烹调，宴会礼节与食品保藏等学程，而芝加哥大学有家庭经济家事管理学系，关于衬衫的论文“收入多寡对于服装的各种需求——消费行为的研究”是可以给予博士学位，“结冰的摄影之研究”“烹蒸火腿管理之研究”“妇女服装函购法”“四种洗碟方法之时间身〈与〉动作之比较”等论文，也都可以获得硕士的学位的。

正是这样的缘故，北大一年之中注册的学生，和国内其他的大学不同的是，边疆诸省的同学固然很多，而外国负笈而来的留学生，德国，英国，美国，日本也都有不少。其中美国的学生最多，当然，总有几位洗碟子的本领是很不错的。

（《宇宙风乙刊》36期，1941年1月）

马神庙的塑像

在北京大学里念书的学生，好像是向来应该只有两种不同的典型的人似的：一种是喜欢做政治活动或社会活动的，另外一种是偏向于纯粹学术研究的。有的人也许两种的兴趣都有，但是无论如何都也至少会认定这两种中的一种是他或她的特殊的智力的发展的集中点的。自然，世界上也有的人是向来对于这两种兴趣都不发生兴趣的，他喜欢的是吃喝嫖赌，他从来不追求什么真理的充分明了或实践，他出入于纸醉金迷的娱乐场所，他任意挥霍父母成千整万的遗产或钱财，——这样的典型的"大学生"在中国也不知出了几千几万了，然而在北大的学生里面我却敢于负责的担保并没有一个这样的人。这样的人进不了北大。

从表面上观察起来，北大的教学并不严格。在北京大学是可以念过四年书，毕业而没有上过二十四点钟的课程的。课程，自然是要按着学校的章程在每个学期的开始的时候填写选课单的，然而选课单的填写，又极其自由，其自由的程度也许比你上菜馆子里面去点菜还要容易。比方说，你在北平东安市场的润明楼吃饭，点了一个笋丝炒肉，跑堂的也许会给你换上一盆玉兰片炒肉。或是，你要了二十个锅贴饺子，临时想退换十个，伙计也许会回话说是都下了锅啦。在北大，倘使你选了胡适之的一课汉代哲学史，忽然——即使在开了课一个多月之后——觉来汤锡予（用彤）的魏晋哲学史配你的胃口，想改选了过去，随便。忽然觉得哲学系根本不是人念的，痛恨《明儒学案》，排斥因明，不懂唯识论，你想转到法律系去，也随便。你在学校里念了两年，到注册处去随便说上一声：因为病了，想告一年半年的休学假，行。根本和注册处的职员们不照面，自己一个人在外面住上几个月，等到考试的时候到了，再回到学校里来应卯，也行。

选课的情形怎么样呢？第一步是，每一个学院都有它的一本印刷精美的选课说明书，上面详细的载着本学期各系所开的课程，内容和教授的名字。所有说明的文字，都是担任该科的教授自己执笔，而不是由注册组的职员书记们代劳的，所以绝对不会文不对题。譬如，在魏晋六朝的时候，本来骈文异常发达的，作者既多，辞藻又极典丽，然而北大偏偏的要出冷门，开一课六朝散文，专讲《颜氏家训》，《洛阳伽蓝记》，《杂譬喻经》等书，这个理由只有担任这课教授的周先生能够说得明白。又譬如，研究中国小说史的先导，虽以鲁迅先生在北大首先开这一门课程为最早的提倡，然而二十年来，学术的研究进步甚速，教材的改变甚大。鲁迅先生的《中国小说史讲义》，是从“史家对于小说之著录及论述”，“神话与传说”，“《汉书·艺文志》所载小说”等章开始的，一直叙述到清末的谴责小说，黑幕小说。而近年北大所开的中国小说史的课程，却可以用足足的一年时间专讲唐五代的俗讲。这个理由也只有担任这课的孙楷第先生能够说得明白。这本厚厚的说明书，每一个选课的学生都可以人手一编，并且，用不着交纳什么费用。我们当然可以想象得出，以北大这样陈腐风气的学校，加上经费缺乏，怎样能够常年的支持这种无益的“广告”的印刷费，而且情愿支持。但是，据我的愚昧的观察的结果，北大虽然堂堂皇皇的创办了四十多年，至今盖不起一座足够几千人聚集的金碧辉煌的礼堂，它的天花板是要圆顶式的。可是，倘若要做起什么真正有益于学生的智识的开扩或深入的事情来，北大绝不惜钱。

在旁的大学里面，选课这两个字不过是一个名，强迫却是实际的形容。在上海，“选课由系主任指导，并须经院长签字”，已经成为院长或系主任“提携”他的高足的不二法门。不用系主任亲自开口，在你拿着你的选课单到他的面前听候指导之前，倘若单上没有一门两门他所担任的功课，你自己大概也会觉得这件事情办得不大妥当。觉得这件事情办得最不妥当的自然还是“他”。你可以很清楚的望得见他的和气的笑容怎样的收敛起来，眉头怎样的向上一耸。

“……三七一八！噢，密司脱□，怎么，散文专集研究是必修的呀？”

“是的……不过它和基本英文 B 组的时间冲突了。”

“基本英文？……A 组是张院长亲自担任的呀，你为什么不选？ B 组是新的先生，专为本学期的插班生开的，你还是改掉它罢。英文选了

A 组，散文专集也……”

“是。但是，注册处布告似乎并没有说 B 组只限于新生才可以选呀？我想——”

“我知道得比他们清楚。”一面说着话，系主任的手头的钢笔已经把英文 B 组轻轻的画上了一条红色的横线。

“但是，A 组的上课时间也和大一的生物冲突。”

“你是什么系的学生？”

“国文。”

“国文系怎么要念起生物学来？”

“我是武汉大学转来的，注册处的人说，我的科学学分还差三个，不补足不能够呈报教育部。物理和化学都是四个学分，并且做的实验很难，生物是三个学分，所以我就写上了。”

“不行！散文专集是本系必修的功课，你一定要选的。”

这样的谈话（它的发生的地方大约在上海），真是既费周折，又会令人觉得乏味的。惟有一个从其他的大学转学到北大来的学生，才会领悟北京大学的选课，真是贯彻了真正的民主的精神的行为。虽然每一系的课程至少也有十余种，常常多至数十种，虽然也在说明书上规定了年级和选修必修等各项不同的划分，但是，每一个北大的学生都知道北大是从来没有什么课程可以严格的认为是要必修的。有一位系主任曾经很幽默的告诉系里的学生说：“这里所定的必修，只是教授们主张你们读了比较好的几种功课而已，究竟好不好，还是要你们瞧着办罢。”在事实上，只要这门课程有一个学生选了，教授就可以正式上课，用不着有什么顾忌或恐惧。在上海呢，有的大学是规定在聘书上面，每班选修的学生至少要有五个人，否则就并不开班的，因此教授们为了迎合学生的心理和巩固自己的饭碗和位置起见，常常不能够不用两种方法来抵制：第一，就是赶快想方法把自己的功课尽量改做“必修”；第二是，对于来上课的学生客客气气。第一种方法的结果是使学生们痛恨学校，为什么功课表上有这许多必修的东西，第二种方法的结果则是，使许多趾高气扬的学生们都瞧不起教授。这些无疑的都是违背民主精神的真正平等的原则的。

接连在选课以后的事情自然就是上课。上课是教授和学生们两方面互相合作所做成的一种学术研究的形式表现。在北大，有的时候可以是上课的人数超过点名簿上的人数几倍的，这里面包括了许多未选此课而来旁听的正式生，注册旁听的旁听生（这种旁听生的录取是经过考试的。但是照我过去所知道的，当时很多是由某某机关派来侦探学生各种活动或某某大使馆派来作某种调查的，学校当局在满腹苦衷和勉力支撑之下，也不得不收纳他们），以及外校慕名而来的学生或根本不是学生的“偷听生”。这里面当然有许多不是为学问而学问的人，然而也仍旧可以归并在我在上文所说过的活动分子那一类里面的。有的时候也可以是上课的学生数目奇少，而这课名义上的选修的人数却在两三百人以上的。像有几种规定必修的课程——如党义，体育之类，规定必修而且也已经注册选修的学生每学期总有五百多人，并且经过注册组排定因为人数太多又分为甲乙丙等几组的，而事实上每次上课的人常常不满十个，偶然也会有几次竟阒无一人。这种情形最初看到或听到的人也许会感觉奇怪的，时间久了，就也觉得这也是情理上的常情，没有什么稀奇。譬如说：我们在汉花园里的体育馆的建筑，其实非常像什么讲武堂的练拳场，里面是刀枪剑戟斧钺钩叉……十八样武器样样均全的。这些器械都插在木架上面或挂在墙壁上。在过去大约若干年，总有过一个时期，这些武器是常常被人用做操练的“称手的兵器”的，但是在我进学校的那一年，距离它们的光荣发展的时期好像已经很久了。每一件兵器上面都罩上了一层厚厚的灰尘，附近的壁角也结好了两个颇大的蜘蛛网，时常要断不断的随风摆动。这座体育馆的内外墙都是涂着灰灰的颜色，四面有着很多的窗，窗楞是铁柱做的，也都生了锈，玻璃破了不少。地面上是砌着四四方方的大砖，但是并不常常清洁，因为扫除的时候并不多。此外，什么可能让我记忆的东西也没有了。在这样的场所里，每星期要上两点钟的体育，如果不是想象力太过丰富的人，当然不免是要有一点儿觉得异样的。不过，请你不要误会，像这样的特殊的建筑，在北大决不止一所两所，而且综合的说起来，它们给予学生们的印象仍然是极为崇高的。这天然的是一种容易引起思古之幽情的地方。过去的光辉的记忆，历史的陈迹，往古来今的人物的变迁，似乎都可以从这些建筑的半埋在土里面的基石上面看得出来。有的地方甚至于可以有一块点缀景物的石碑，像体育馆的后面，像地质馆的前面，都有很巍高的大石碑在阳光的直射下矗立着，上面刻着篆文和隶书。不过，地质馆的建筑是最新的，完全依照最新的立体式的样子建筑，有四层高楼，里面也有热水汀的设备，也有柔软的地毡，也许可以说是全国唯一的一座地质馆。这座大楼刚在民国二十四年落成，所以，和它的屋前的那一座大石碑在情调上太不调和了。然而值得欣慰的是，地质系里还有一位最主要的教授葛利普老教授，他来北大已经在二十个年头以上了，因为他是患着风湿病，每次到校他的洋车是一直拉到地质馆那座古碑的面前才下车的。他的七十多岁的高龄，他的学术贡献，他的品格，他和中国人的融洽的感情，都足以和那一座古碑媲美，同时也让学生们渗染着一点儿“北大老”的骄傲。为什么体育课的上课的人那么样的少呢？是体育主任不行么？不是的。这是一位新从德国柏林大学回国的体育主任，在代表本校出席北平的体育会议里，时常占着很重要的地位。可是，他的最新的体育理论，却无论如何难得和那一座体育馆的前前后后的环境互相调和了。他显然的并不能够是一座古碑！我记得，在他的热心的主持之下，有一个雨雪霏霏的清晨，全校曾经开过一次提倡体育精神的体育大会。在节目里，有一个是全校大游行，绕运动场三匝，由蒋孟邻校长领导。每一个系的学生，在场里先站成一单排，排头举着本系的小旗子。这一次，国文系的九十多个学生居然大出风头。为什么呢？因为他们是约好了大家穿着蓝布袍黑马褂来参加的。

以上所说的，都是概括的记述北大的学风的几种特点，虽然也是粗枝大叶的，不足以见马神庙的塑像的全貌。本来，要想用几段简单的文字来说明一种抽象的“印象”，而又不愿意使它模模糊糊的太过分的脱了轨节，那即使你的观察是怎样的入微，也还是不能够不借重一下具体的事实来做譬喻。所以，在这里我又愿意把上课的情形多说上几句。

依照普通的课程表上面的规定，每天早晨八点到晚上八点在北大都是上课的时间，也都有人上课。上课的情形，一般而论，是跟听演讲仿佛的，除非照例没有鼓掌的声音这一点可以算是例外。教授们呢，像我在《记北京大学的教授》一文里面所写的，大约可以说是分做两种倾向：一种是动态的教授，多半姗姗来迟，晚那么五六分钟才进课堂确是常事。有的，是要到了上课的时候，才由学校的工友打电话到教授的家里去催请的。兹举出一件偶然的事情来做一个极端的例子：

工友吴君：（电话中）您是胡院长么？

胡适之：哦，哦，是的，你是哪一位？

工友：我们这儿是北京大学。现在已经是十点零八分钟了。你今儿这一课——

胡适之：是的，……我现在正在洗脸，昨晚上三点钟才睡的，编了一夜的《独立评论》，《丁文江先生纪念特辑》正赶着要出版呢！我现在就到北大来。

这一派的教授到了课室之后，立刻谈天气，论政治，评人物，高谈阔论，破口大骂，都是动态的教授的必需的条件。有的更带着几种参考的书籍，但是在课堂上并不翻阅，虽然不翻阅，却舍不得放在教员预备室里。书籍的携出携入，总是手挟着或捧着，从来不喜欢用皮包盛着的。因为高谈阔论，他们的退课常比规定的时间略早，否则，就是非常的迟。

反之，用皮包盛着参考书来上课的，虽然未必是静态的教授的足够的条件，也往往可以作为不是动态的教授的一种特征。他们来到课室之后，不管三七二十一，总是开口就讲正文，或者立刻用粉笔在黑板上写笔记。有的人可以接连着抄两点钟的笔记，即使学生们都摇头蹙额。有的人也可以在一点钟之内念完二十多页的讲义，那讲义上面的文字是他自己编的。像余嘉锡先生的中国目录学史，一开学的时候就连发了一百三十多页，完全用四号铅字排印。学生拿了这种之后，到宿舍附近的南纸店去装订，当天就可以用丝线订好，书头包着青绫的两只角，加上藏青色的封面，也不过出上七分钱的代价。从此，这一课可以永远用不着上了，一直等候学期终了的考试。没有事的时候，尽可以在宿舍里组织会社，写文投稿，交女朋友，摇旗呐喊，以至于蒙头大睡。如此在宿舍里蒙着头睡满了四年的觉的人，就有若干位已经成为中国的第一流的学者，政客，实业家，文学家，某项革命活动的领导者……以至于被人在后面曳线“唱做俱佳”的名角。

课室里面的空气通常是很沉静的，除了教授的谈话和粉笔在黑板上面摩擦外，没有什么杂声。大的课室，可以多到两百人挤在一起，小的课堂至多不逾三十人。上大课的趣味是没有小课来得深的，因为大课多半是些“基本”“概要”“通史”，而小课的内容像传记专题研究，校勘学及实习，梵文，希腊文学，诗学，自然来得精彩动人。可是，倘若你要问的是潘家洵教的那一班基本英文，罗常培的那一班语音学概要，钱穆教的那几班中国通史，我的不甚精彩的评语就应该全盘取消。因为我所说的话不过是举几个例，而天下的定例又是没有一条没有例外的，除了这一条自己。

（《宇宙风乙刊》39 期，1941 年 2 月）

自由之神

我在去年夏天八月离开上海以前，还曾经有过半个月的光景，在一家学校里，替二十多个文理学院的学生们，补习国文。这二十多个学生，都是自动的组织好了一班，然后托人找我去担任这每星期几点钟的临时课程的。我那时因为已决定不久结婚和离开上海到内地去，一切零碎的杂事急需料理的很多，虽然是在暑假期间，也非常的忙。我在教书的时期里，蓄意在大考的时候，没有不给及格的学生，虽然这样的办法在《教育心理杂志》里能够找到充足的理由很多，然而怕学生在暑期学校里面补读开班，仍不失为合乎人情的理由之一。可是，那一班自动组织的国文钟点，我仍旧是冒着暑热答应去上课的。因为我最喜欢那样的教书的环境，我也最愿意为那样的讲堂卖力。我觉得，真正良好的教育环境，是要能够打破传授观念，金钱，选课，出席缺席，Quiz，积分等人为的束缚的，甚至最好连空间和时间的束缚都打破掉才算合理。所谓合理，就是合乎人类真正的求知识的欲望的本能或性情。这些学生们都是自动来的，在平常，国文并不一定是他们必修的课程，他们既都不怕，也从来没有不及格。教员也是自动来的，因为我在应允来上课之前，坚决声明，除非完全义务，取消“束修”式或佣工式的一点钟几块钱的钟点费，我绝不肯来做先生。事实上，先生也不过是一个传统的名称罢了，我在课堂里的时候，每天切切实实的讲书，既不点名，也不考试，处处想取消通常课堂里的畸形的现象。通常的课堂里的上课，第一件事就是点名，那往往是教员们怕的，第二件事情就是考试，那又是学生们怕的。如此大家怕惧，结果上课的形式完全束缚在敷衍塞责或忧愁畏惧的情景之下，永远用不着梦想吸收一点儿自由学术的空气了。

我上了两个多星期的课，好像是开了一个临时的补习班。我教的东西都很浅，虽然说是教书的对象是学问颇高的大学生；我选的几篇文字，大约连初中的学生都有会背诵的。照理，这个大学据说是对于国文一科，十分注重的，他们平常在大学一年级念的规定是《经史百家杂钞》，二年级念的是《左传》。三四年级里的《古书读法举例》，《文选》，骈文，诗词，更不用多说了。其中有两项课程，就是我平日担任教的。现在，我完全取消了这些呆板的教材。我在开明书店里选了八篇活页文选，像《大铁椎传》，《桃花源记》，《论语》若干章，蔡元培《复林琴南书》等，完全是文言的。我先从《论语》讲起，特别提出注意的是它的活的语言的例子。“夫子之求之也，其诸异乎人之求之与！”为什么这样生动？“饭蔬食，饮水，曲肱而枕之，乐亦在其中矣”，为什么这样的恬静？“鼓瑟希，铿尔，舍瑟而作”，为什么这样的如闻其声，如见其人？从这些倒句，引证到古书完全是口语记载，古代语文纪录尽量用土话的结论，就不觉得突兀了。有人说《论语》太浅稚了，我劝他研究《论语》，《檀弓》，《孟子》的文法比较；有人说他《桃花源记》颠倒可以背诵了，我劝他看看南北朝的小说里面关于《桃花源记》相同的故事的记载，我劝他在暑假里标点《南、北史》，看看当时结寨避寇乱的情况，我又劝他看看清朝的《经世文编》，好知道这种新式的桃花源在最近的两百年里仍旧有很相像的痕迹可寻。这样，每篇文字在文法，意旨，时代背景，作者生平各方面都有过一番详细的讲解，两个星期讲了八篇文字，他们所获得的具体而有趣味的新东西，也许已经不止三十条了。最后的一课是在一个星期六的清晨，那天有几个学生没有来，因为他们知道我在那天结婚，料想我很忙，大约不会来上课了。我因为顾虑这是我最喜欢教的一班课，又是义务的，仍旧照常来，来了，就讲的是蔡先生的《复林琴南书》。这是五四文学运动时期的一篇很重要的文字，所以我等到在结束的时候才讲。这篇文字，一般人的看法都注重它的替白话文辩护的立场，这当然是很对的。我却一向还觉得它更有一个重要的立场，也是北大，一直到卢沟桥事变起差不多二十年来相承不移的一个立场，就是：大学是提倡极端的自由的最高尚的最高的机关。

在蔡先生的那一篇文章里，很明显的主张，大学既然是很高的研究学术的地方，就应该兼罗并蓄，容纳各种不同立场不同宗派不同主张学术，自由的讲授研究，自由的讨论辩护。这本来是世界各著名的大学共同承认的通则，可是在当时的各校，甚至全国的最高学府——北京大学——都还没有能够接受这个通则的实施，一直到蔡先生来接任和开始改革的时候为止。蔡先生的改革是有计划有步骤的，我们读他在若干年后自己写的几篇关于北京大学的回忆文字就可以知道。他并不完全推倒当时校内的旧式的教授们，而他所引进的新人物，像陈独秀，胡适，周树人（鲁迅）等，也并不是故意的独树一帜标新立异的“怪物”。他的办教育的最高的原则，就是爱自由，求真理的一种最伟大的力量的发挥。在他给林琴南的信里，他推崇和称赞林氏的话并不很少，而且说得非常的恳挚，可见他的富于同情心和宅心的忠厚，同时，他也用同样的诚恳的态度来向林琴南阐发他对于自由学术风气的重视，和赞同新文学运动的主张。他曾指出北京大学里面有倾向袁世凯称帝被列名于洪宪“六君子”之一的刘申叔（师培），其思想的陈腐和开倒车，不难想象，但是因为他所担任的教授的课程并非政治学而是古典文学，而且在自由讲学的风气之下，他又是当时的旧学者里面的杰出的人才，大学校里当然需要他的教授。他又指出北京大学里面有穿着黄马褂摇曳着小辫主张纳妾和裹小脚的辜汤生（鸿铭），但是因为他所担任教授的课程并非社会学而是英国文学，而且是世界著名的汉学家和思想家，大学校里当然也需要他的主讲。同样的，在当时北大的一般的新教授们创办的《新青年》杂志，学生们创办的《新潮》，提倡新文学运动，提倡和介绍各种不同的新思想，新主义，以至于五四运动变成了中国新文化的一般澎湃的主潮，影响及于二三十年后的文化推展和社会演变，也无不可归功于这种爱自由的精神的勃兴。

这种爱自由的精神，奠基虽在二十年前的五四运动，而其发展则是二十年一贯的传统的作风，没有一个时候不是积极的向前迈进，或大声疾呼，或攻击辩难，或刻意经营，或埋头苦干，都是朝着这个同样的目标和旨趣进行。这种传统的自由精神，影响在全国青年的思想和行动，实在不小，而其最明显和最重要的表现，又可以从北京大学本身的学生活动上面看出来。

在北大的一千五百多个学生里面，思想，主张，生活，语言，习惯，无疑的有着很显著的差异，因着这种差异的结果，他们平常对于学生的团体间的活动，也有各种不同的兴趣和态度。有的人在中学的时代已经是一个很好的组织家，如果他还不算是最好的；但是到了北大之后，用不着两年的时间，他已被训练成了最好的了。有某些人显然的可以称誉为天才的领导人物，在无论任何的场合，他可以领导发言，他可以组织群众，他可以变成大庭广众之间最使人注目的角色，但是，他不能够下一个独断的结论。除非他所下的结论可以说是为与他所同处的群众完全同意和支持帮助的，他的结论决不能当行出色，更不能为群众欢迎。在五四运动的时候，北大已经是中国的民主思想的摇篮，而其二十年来因袭继续的发展，加上新的思想和新的力量的澎湃，没有一种集体的运动或组织是可以由少数人的操纵成功的，即使它是由于少数人的推动。

在北大，最正常的组织是学生自治会，所谓正常，是指它在学校内被认为最合法而且得到学校的薄弱的补助费而言。譬如，北大的学生们除了黑白相间的简单颜色的校章之外，还有一块学生自治会的徽章，比校章略大一点，这是由校内的注册组代发的。这是我设认学生自治会是在校内被认为合法的第一点。第二点呢，就是在它开会的时候，常有学校的代表参加列席，而且列席的人物，又总是校长，院长这些人。不过这仅是它在表面上和形式上的征象而已，实际上它虽然合法，却并不是“官立”的。它的执行委员一类的职员，照例是由各年级各学系的代表里面互选出来的，而代表呢，又是各系各级的学生们投票选举的。这是它的比较的接近民主的一种现象。然而，像我在上面所提到的，北大是各种不同生活不同思想不同阶层的学生集合在一起的学府，它的各级系间的代表，也不见得能够代表某一级或某一系，至多，只能够代表某一群里的投票的人。所以，在全校的大会里面的执行委员里，往往有一部分是思想很偏激而且是很热烈的，另外一部分则是很保守和主张极权，另外，有一小部分的天然的斡旋分子，用亲切的和友谊的态度周转在他们之间。他们也许有的人已经有了某一方面的政治背景在他们后面做后盾或挡箭牌，或者他们已可以高高的顶着什么思想体系什么理论什么主义的高帽子，到处来找寻他们的志同道合的同志。即使并无事实上或组织上的背景的人，也不免有着他们的思想上的背景的差别，这种差别并非和他们的生活环境和个人的修养无关。大体上看起来，他们都可以说是新中国的优秀的分子，有勇气，有血性，真心爱国，情愿牺牲小我来替国家民族尽力的青年们，他们的智慧的发火和天才的暴露都是复兴中国的时候所切迫需要的，而一个学生大会或几个小组会议又往往是他们的舌剑唇枪的最好的竞赛的地方。他们有许多人的演说的声音，姿势和动作都可以说是有训练的，有的是像政治舞台上的重要角色一流，这当然和上海的电车或香港、九龙间的轮渡上面卖药糖的职业演说者无关。有的人在慷慨激昂的时候也不免于一番痛哭流涕，其态度即使可以使人惊异，而青年人的纯真的热烈的血气的爆发，一面高挥着拳头，汗珠滚滚的在额角上流着，配着那件又脏又破的青呢制服，叫你看了总不忍心说别人可笑。因为在这个时候，如果还有人嘲笑说某人在替某某主义宣传，或另外一个大约是领政府的津贴的，我疑心美国式的教育系的课程“实验的现代青年心理”正为此辈而设。

这里引起我想起民国二十五年十二月九日和十二月十六日的两次北平的学生示威运动的回忆。这是中国的青年运动史上面用大字记载的两次最重要的史实，其灿烂的光明的纪录，一直到现在止还没有人能够完成写好，因为这是摆在我们眼前一部活的历史，当时写它的人们并不是完全用墨写的，还渗染着不少的光明的鲜血和热泪，这种鲜红的血液并不是在一天两天之内流出，而是五年以来在数千万的青年的心头慢慢的渗透，慢慢的压挤出来的，使他们的健康的活泼的身体渐渐的变为营养不足，使他们一双双的亮闪的眼睛变成沉黯，使他们整齐的头发变成乱蓬，使他们心头的热火随时的燃烧在他们的灰白的脸颊上永远的仅留着两块唯一的绯红的颜色。在我们现在正在昼夜从事的对外大斗争之前，这是他们的第一次的富于反抗情绪和爱国情绪的大的宣传示威运动，配合着当时的冀察各地的紧张的局面，城市里面的奢靡安逸，和一般在各县乡村里无知无觉的良善的强韧的农民们。

北平永远是世界上最可爱的城市里的一个，它的可爱是有着世界性的，不论是任何中外的人士，在那里住得浅一点的，老是迷恋着它的蔚蓝色的晴天，文津街的金鳌玉蛛桥的美丽，中山公园的古柏，以及其他的各名胜和古迹的引人入胜。住得久一点的人呢，更不用说，连西直门大街的滚滚飞尘，宣武门外的窝头食摊，天桥的落子馆，都觉得是世界上最伟大的事情，最伟大的表现了。这个时候，在这里居住的人，习于晏安而恬静的生活，既有雅士佳人，又有巨商富贾，更有成群的游荡懒惰的人，一天到晚从大街转到小巷，从三座门溜到八道湾，嘴里刁〈叼〉着一根哈德门牌或老刀牌的烟卷，露着臂膊，提着鸟笼。偶然的天空里飞着几架来历明或不明的铁鸟，低低的掠过苍凉的古城的敌楼的时候——那城楼还是姚广孝的时候兴筑的——随风吹落下来几张红绿的传单来。连那样的富于试探性和诱惑性的“The rule of right and the soil of happiness”的宣传品都不能够引起一般市民的兴趣或注意的时候，喜欢转别人念头的人当然是可以任所欲为了。其实，这些手续简直可以说是多余的，因为北平认识字的民众老是那样的几位，那几位又总是想着大清国的黄带子红带子的留着胡子的老人，衔着长长的旱烟袋，隔着用黑线缚着铜脚的老花的眼镜瞧着一份《戏报》或《群强报》的。这几份报照例是不登时事新闻，不管它是“亲善”的压力还是血肉的反抗的纪录。其实这也用着振振有词的咀骂北平的穷苦的细民，事实上，当“一二·九”成功了一个新的历史上面的重要名辞的时候，它的第二天的清晨的北平任何一家报纸的教育版新闻，都早已挖去了六大格的空框，才由大多数的不识字的人，送到每个识字的人的手上的。

然而一二·九的学生运动是伟大的，更可以注意的是，这是一个热情的群众运动，没有英雄的个人。在宣武门大街外头，在南长街，在西长安街，在新华门，在西直门大街，在西单牌楼，在米市大街……几条长蛇似的阵势由几千几万个赤手空拳的学生们严密的紧拉着手，高呼出来的口号和手头沿途散发的传单并不被塞满路旁的群众们嘲笑或践踏，相反的有着若干老年或青年的人也感动的加入了学生们的队伍，甚至于警察，他们也并不是怎样甘心愿意的为虎作伥，甚至于全副武装戴着毛茸茸的皮帽背着大刀挟着匣子炮乘着机器脚踏车的保安队，因为他们也是中国人，并且比起一般高贵的当局们还要有良心，有血气，他们奉着上级的命令在金鱼胡同口架好了水龙来向学生的队伍射击，那千余学生的群众都是北大，中法，育英，贝满等校的男女青年们，他们和她们并不畏缩退让，在积雪盈地的大街上，穿着粗厚的棉袍勇敢的在白喷喷水淋淋的冰阵里向前争斗，当他们和她们把水龙的皮带猛烈的拔掉，大队仍向前冲进的时候，有几个保安队员也仰着头高喊：“好！好！”然后他们静悄悄的向路旁让开了。

至于国际间的友人们不断的同情；参加，义务捐输食品，更是可以感激，可以骄傲的了。大家的心里都有着这样的一个坚定的信心，正义总是站在我们这一边的，将来的更伟大的更整个的全国团结的对外全面的斗争，终结时候的胜利也总是我们的。

在这个伟大的学生运动里，北大的学生们当然也是占着很重要的地位的，但是却不是任何一位学生占了重要的地位。他们之间都是平等的民主的，没有什么超人的领袖，也没有什么胜利的英雄。因为他们在整个的团体的对内发展和对外的争斗的过程里，没有一个不是胜利的英雄，没有一个不精神奋发，没有一个不勇往直前，没有一个不遵守纪律，没有一个不拥护团结，所以，也就好像他们之间没有一个英雄了。他们之间只有领袖的人才，但是没有领袖，或者也可以说，没有不服从群众的意志的领袖。这种领袖的人才，不过是年纪较大，阅历较深的老大哥，不过是学问较深，见闻较博，认识较清的人而已，他们的意见往往能够接近大家的共同主张，他们所提出来的实施的步骤往往又是可能性最大的方法，因此也当然容易获得大家的同情。不过他们也常常有错误，常常会预料失败，并且，也不是不喜欢接受群众间严厉的批评的人。

只有这种人，这种干练而有特别的智慧，特别的热情的男女青年们，不管他们的思想是怎样的激进或逆流，是有资格在北京大学的学生会里面担任着平均的职务的。就是他们，领导了一二·九和一二·一六的学生运动，把这件中国历史上最重要的青年运动呈现在全世界的拥护自由，正义和光明的人们的眼前，并得到他们所应该获得的同情，赞助和反响。

这般无名的英雄的功绩是永远存在的。六个月后，民国二十六年七月七日的夜里，在北平城附近宛平县，那一座历史上著名的大建筑物，两旁雕砌着石狮的长桥旁，跟着恶魔的枭鸣之后，“自由之神”发动了她的神圣的指使：无数的木偶般的石狮也跟着发动了一声声的怒吼。

（《宇宙风乙刊》42 期，1941 年 4 月）

理想中的北京大学

从北京大学前身的诞生一直到它的现在，前后已经有四十多年了。一般的说起来，它可以很不客气的、很骄傲的自认为是全国唯一的最高学府。但是，事实上它是很谦虚的，它或和它有密切的关系人们，从来没有这样说过，也似乎并不愿意这样说。相反的，许多人（包括了和它的本身朝夕接触的学校当局，教授，职员，校工，学生以及在大学区域内依靠它为生的若干小商铺的老板，伙计和其他）都觉得它有许许多多的缺点。这种缺点的重要性，即使不至于超越过或完全相等，也不过仅亚于它的许多优点的重要性而已。我说这句话，是十分诚恳的，用着北京大学内最流行的虚怀若谷的态度说的，我宁可有一点儿夸张的指陈出北京大学许多的明显的缺点，而不肯讳疾忌医，说凡是北京大学的东西，事情，都是好的，足以取法的。其中最明显的证据是，我从来不会，也永远不会在口头或文字上宣传，凡是大学的学生浴室必须倒坍一次，压伤及伤重不治学生若干人，像民国廿 × 年北京大学一院的浴室惨剧所表现的结果一样。

北京大学的第一个缺点，很可能的也是它的最重要的缺点，无疑的是它的没有钱。像美国 Stephen Leacock 先生在他所写的《我所见的牛津大学》文中所指出的，钢铁大王，煤油大王的巨额捐款虽然觉得铜臭气重一点，但是在这个时代和环境里，它的裨益于牛津大学，实在是无可比拟的。（原文手头没有，大意如此。）这样的话在牛津固然需要接受，在北大尤其需要痛切的反省。因为，像我们很容易看得出的，在过去的四十多年里，北京大学所受到的物质上的补助真是太少了，同样的，它在物质环境上所给予它的学生和教授们的享受，也太少得可怜了。以它那样简陋的校舍，即使在过去曾经支撑了四十多年的危局，风雨飘摇，弦歌不辍，但是，倘若没有大量的继续不断的经济上的供给，使它可以进行改进和复兴，它的摇摇欲坠的危楼将不再能够支持更多的十年。我记得，在卢沟桥事变的前一年，北方的局势已经是很混沌了。不知道怎么样，忽然流行了一种“谣言”，说：“当局将要被迫制止在城内兴筑任何在两层以上的大楼。”原因是，北平的地面广敞，住家和商店绝少楼房，有之也多半不过两层即止。这时，某银行在东城王府井大街计划建筑一支行，设计了的图样是三层高楼，且已动工，结果据说是受到“劝告”，改建两层，以免犯了窥觇东交民巷内某兵营的虚实嫌疑。由于这个缘故，在北大校内也是议论纷纷，因为我们一院的红楼是三层建筑的，谣传不久有人要来拆卸去一层。当然人心惶惶，不可终日。某次上课的时候，也谈及这个问题，某老教授忽喟然叹曰：“我们这个房子，早已过了工务局的保险的年限了，一两个人走着楼板上都觉得吱吱的响，拆了，也好。”

红楼如此，其他皆然。东斋西斋的宿舍，都是一排一排的板壁数楹。木板的硬床，粗重而肮脏，臭虫之多，自不待言。窗牖全用白纸糊的，顶棚（承尘，一名天花板）也是，并且黄一块黑一块的，潮霉满目，上面常有鼠嬉，入夜如奏奇乐。一桌一椅，也和它们的环境衬配。西斋的最西的一排房子，是沿着古旧的皇城城墙的，因此就以城墙的墙做宿舍的墙，不料皇城年久失修，某次倒坍一次，宿舍的墙顿失半壁江山。有一次我在上海的工部局公共图书馆里看书，偶然翻到一本一千八百多年出版的《世界各大学概况》（英文的），看到远东的大学只有两个，就是我国前清的京师大学堂（Peking Imperial University）和日本的东京帝大。翻看到京师大学堂的宿舍外景，好像很熟悉，仔细一看，丝毫不错，原来就是马神庙的西斋。可见这房子的建筑时代，至少已有三十多年的光景。无论当时怎样的雕梁画栋，三十年来，新陈代谢，人犹如此，何况木石，现在也自然而然的蜘蛛尘结，古趣盎然了。这样的古香古色的房子，加意的保存它两三座，学生们常去逛逛，当然不无启发性灵，触动幽情的功用。一天到晚的住在里面，与虫鼠杂处，即使是常看古典书籍，也总会有一天找到“知命之士不立于危岩之下”的警句的。

北京大学的著名，固由于精神，而理想中的建设，则要看重物质。一弛一张，才合中庸。以历史言，北京大学每年的经常费用，照例是有着很刻板的预算规定的，加以民国十七年以前，军阀割据，内战多年，什么事情都不能走上常轨。当时北京仅是个名义上的首都，教育界的穷困艰厄更是在其他各界之上。北大既穷且老，何能例外？比较正常一点的学校内部的建设，大约还是从民国十七、八年间开始的，而二十年九月又为严重的国难的发端。到了二十六年夏，举国烽火，学校南迁，最初在南京傅厚冈设立办事处，后来又在长沙韭菜园和圣经学校借得新址，与清华、南开两大学合并，成立长沙临时大学。不久，因着湘省的危急，三校师生又千里迢迢三月裹粮的徒步跋涉到云南，联合组成今日的国立西南联大。最近，北京大学的文科研究所又在昆明龙泉镇恢复工作。至于在北平的旧的校舍情形呢，四年以还，变更极大，不忍卒言。将来规复还校的时候，恐怕我们在满目苍凉的校园前，都要觉得不但人物已非，而且城郭也并不依旧了。在现在这个时候，一切和北大有关系的或接触过而念念不忘它的长处的人，心里面总要有一番“拨尽炉灰成起废”，“历劫犹堪独往来”的期望或感触罢。从前释迦牟尼在证道的时候不忍在一株菩提树下坐过三次，是怕情念难舍，不能割离。人生如作茧，但也情不自已，将来北京大学复兴工作，将成为一种承前启后的新兴的局面，当然不止是少数的人所朝夕企求或妄冀的也。

（《宇宙风乙刊》50 期，1941 年 9 月）

⊙ 朱海涛

北大与北大人

蒋梦麟先生

予生也晚，没能赶上蔡先生，于是从蒋校长说起。

孟邻先生对北大的贡献是人人都知道的，但北大同学却实在很少见到他。因为北大既从不举行纪念周，更没有开学或毕业礼，他又不兼课，如果你再不是学生会的活跃分子，于是，有什么机会见到他呢？不过，事实上也没有见他的必要。他的汽车却是大众熟悉的，一部深蓝色的轿车，挂着七十八号的牌子（很巧，胡适之先生的车牌是八十七号。这是北大教职员中仅有的三位汽车阶级中的两位）停在二院门口，于是大家知道校长来办公了。

我首次见到他，却并不在校内，他很瘦，但精神极好，面上充满了秀气，那副眼镜和不高大的身材更显出是位学者，但那双锋利的眼神，却立刻使人觉到他并不仅是位普通的书生，鬓边微灰的头发和一口蓝青浙江官话记录着他奋斗的痕迹。说话声音不大，但非常清楚，有条理。而且从一次偶然的机缘上，我知道他是非常细心的。二十四年夏，熊秉三先生和新夫人毛彦文女士在香山请客，有他也有我，他将一只抽烟用的打火机叫我带在身旁，再三嘱咐我记得交给胡适之先生，结果到了山上，记起这回事的是他，不是我。

从十九年起，这北大校长的职位即使说不比蔡先生时代或陈大齐先生时代更困难，但仍旧是不好当的。九一八事变，长城之战，冀察问题，一连串的动荡，在这国防前线的文化城中，北大校长的一举一动都是十目所视，十手所指。而且向例，一切的学生运动，北大同学没有不站在前面跳的，并且跳得复杂。

据说日本特务机关曾将孟邻先生请了去，想挟他赴大连，被他义正词严的拒绝了，而北平教育文化界一切拥护中央反对分裂的宣言文告，领衔的却仍旧是他。二十四年冬，中央大学教授们打来的电报所称："危城讲学，大节凛然"，虽被胡适之先生笑为掉〈悼〉文，现在回想想却确实能说出当时北平的正气。孟邻先生就是这正气的代表者。

但是同时，同学们常常有难题给他做。那次委员长在南京召集全国大学生代表训话，命令全国大学都要派代表去。北大应派三个，而学生大会却偏议决了不派。学校没法，只得指定了三个人参加。后来让同学们知道了，将那充代表的行李书籍从东斋一起掷到马路上，连爱人像片都撒了一地。并且继续着罢课。于是孟邻先生出布告召集全体同学开会，在这会场上他沉痛地说："我是中华民族国立大学的校长，我不能不服从国家的命令！这三位同学是我要他们去的，一切的责任当然我负。……"又说："从前海上有一只船遭难了。船主镇静地指挥着让妇孺老弱们坐了救生船逃生，剩下的人和他自己无路可走，他却命船上的乐队奏着'近乎我主！'（Nearer My God to Thee）的赞美诗，随着这船慢慢地沉下去。现在如果我们所乘的这只船（中国）要沉了，那我们也应当如这位船主一样，在尽了自己的责任以后，站在岗位上从容就义。马上复课吧，先尽我们的责任！"可是同学们依然顽劣地拒绝了他诚恳的建议。

又有一次，全北平各校的学生抬了一口棺材来北大三院开会，这一次把他气坏了，但从此学生运动也入了尾声，真正的爱国青年将力量转入了抗战的实际行动。

三十二年元月二十七夜十一时于西安五岳庙

（《东方杂志》39卷12号，1943年8月）

胡适先生

就在蒋校长那次召集的学生大会上，我们见到适之先生的气度和他那种民主精神。当时他继孟邻先生之后上台训话，一开口，台下就起了哄。反对他的（多半是左倾学生），踏脚，嘶叫，用喧闹来盖他的演讲。拥护他的（多半是右派），用更高的声音来维持秩序，来压制反对者的喧哗。顿时会场上紧张起来，形成了对垒的两派，他的声浪也就在两派的叫嚣中起伏着，断断续续送入我们的耳鼓。这是篇苦口婆心的劝导，但反对他的那些年轻人却红着脸，直着脖子，几乎是跳起来地迎面大声喊道："汉奸！"他也大声，正直而仍不失其苦口婆心地答道："这屋子里没有汉奸！"终其演讲，这些年轻人一直在给他当面难堪，而他始终保持着热心诚恳，恺悌慈祥的声音态度。这天给我的印象极深，我看到了一个教育家的气度应当是多么大；我也看到了适之先生的"能容"。——他的"能容"，是我早已听说过的。

他有着宽阔的前额，这表现着宽阔的心胸。一副阔边眼镜，一副常笑的面容，使我们感到常是很愉快的。他似乎没有悲观或消极这两种情绪存在，即使在最可虑的时候。二十四年十一月二十号前后的某一晚上，我从他家搭他的汽车回校，他用严肃的语调告诉我："也许明天，五色旗就要挂出来，'华北国'就要宣布了！"这话闪电似的打击着我，我呆了，千万道的忧思袭上心来，感到："大祸终于来了！"车中的沉默更增加了我心上的压力。到了北池子北头，车停了，我下车来，他笑着说："不要着急！——你怎么没穿外套呢？在北平得穿一件外套，不然，很容易伤风的。"果然，车外寒风吹得我一噤，可是那语调的轻快，却将我心中的寒冷减少了。

他家那时在米粮库。米粮库不失为一个文化人区域，短短的一节胡同，一号住着陈垣，傅斯年，三号住着梁思成，林徽音〈因〉，四号住着适之先生。这是个很阔的大红门，里面一个很不小的栽满花木的院子，北头一座相当大的洋楼，这房屋的东家，大概过去很有点势力，所以平台的石栏和小径的瓦砌，都是从圆明园搬来的旧物。

在这楼房的西翼，连着一片一层的洋房，有很大的三间。那是适之先生的书房，里面满满的都是书，据我看到西安现在的几个公家图书馆藏书，没有一个及到这一半的。他的书桌放在向南的那房里，极大的一张，但上面纸张，书籍，文具，堆得像小山一样，直到他写东西的时候，只好将这些小山堆推开，当中挤出一方尺左右的空隙放纸。可是这乱山丛中自有它的条理，不论什么东西，在适之先生自己要找时，绝对一找就着。这书房的最大忌讳是有个多事的人去替他整理书桌。如果有人这样做了，那就适得其反，将条理系统都给破坏了。幸亏适之夫人是一位旧式女子，也不在乎这书桌的乱不乱。本来吗，这三间书房自成单位，将通大楼的门一关，这就是适之先生的世界了。

向例，他起得是不很早的，通常在七八点钟。吃了早点就去北大上课或办公，午饭常有人请。下午仍旧办公，或到校外办事。晚饭更少在家吃，而且通常应酬完回家总在十一点钟，这才到了他认真工作的时候。读书，写文章，就在这全家入睡，夜深人静时。在两点以前睡觉是很少有的。遇到《独立评论》要发稿时，那就更说不准了，也许四点睡，也许五点睡，甚至有时六点睡。这些我们都可以从他文章末尾所记的日期时刻看出来。不过他给《大公报》写的星期论文却是例外，因为要赶下午五点多钟那班车送天津，所以总是星期六下午闭门谢客写的。他写文章却不快（这到底还是学者的作风，下笔慎重得很），常常到了快开车时，看着表，叫小二（他的听差，一个壮小伙子）骑车飞赶送到前门邮局去，有时甚至用汽车送。所以，虽然他很好写评论政治的文章，但当有一时期《申报》请他去做主笔时，他终于拒绝了，因为他文章写不快，这是和新闻记者条件不相合的。

他有一个本子，叫做“每天一首诗”，一页一首，各朝各代的都有。每天他抄一首进去，是限定要背出来的。这大概是写中国文学史的预备功夫吧。他也记日记，有时记得很长，有时记得很短。书桌抽斗里有一大盒大大小小各样各色的图章，其中刻得最多的是：“只开风气不为师。”据说是提倡古文，办《甲寅》杂志的章士钊先生和他合摄了一张像，还题了一首白话诗赠他，大意是恭维他为白话文大师，并说自己写白话诗："算我老章投降了！"于是他答了一首七绝，其中一句就是："只开风气不为师。"

到了礼拜日的上午，是他公开接见客人的时候，在他那会客室里常坐满一二十人，各种各色的人都有，有未识一面的，有很熟的，有老学究，也有共产党青年。各种不同的问题提出来讨论，延长到三四个钟头。他自己称这个叫"做礼拜"。常常许多不知名的青年这样认识了他，他也藉此和天下英雄"以谈会友"。

适之先生在校中开的课是中国文学史和传记研究，传记研究是研究院课程，而且要缴几万字的论文，选修的较少。文学史则是一门极叫座的课。他讲《诗经》，讲诸子，讲《楚辞》，讲汉晋古诗，都用现代的话来说明，逸趣横生，常常弄到哄堂大笑。他对于老子的年代问题和钱宾四（穆）先生的意见不相合，有一次他愤然地说道："老子又不是我的老子，我哪会有什么成见呢？"不过他的态度仍是很客观的，当某一位同学告诉他钱先生的说法和他不同，究竟哪一个对时，他答道："在大学里，各位教授将各种学说介绍给大家，同学应当自己去选择，看哪一个合乎真理。"

在课堂上也常谈论时局问题，但都是言之有物的。将该说的说了，就马上开讲正课，决不像有些教员借谈时局而躲懒敷衍钟点。在那种动荡的时间和地方，加以他的地位，绝对不谈政治是不对的，所以他恳切地谈。在他堂上有日本派来的留学生听课，所以他的措词当然是不失体的。

二十二年长城战役后，他曾为三十五军（傅作义部）抗日阵亡将士写了一篇白话文的碑记和墓铭，这是有史以来第一篇白话墓志铭，由钱玄同先生写了，刻成碑，立在大青山的烈士公墓上。二十四年夏他受傅将军邀去绥远旅行，那时正是中日"亲善睦邻"的时候，这碑奉军委会北平分会之命封掉了。他们看着这被封的碑，"大家纳闷，都有些伤心！"（二十四年夏他曾作一文评述河北事件，以此为题）于是写了一首诗，说天有阴晴，时有否泰，最后两句是：

有朝祖国抬头日，来写青山第二碑！

终于在他的驻美大使任内，日本走上了自杀的攻美之路。祖国在抬头了，我们欢迎适之先生回来写第二块碑记！

三十二年二月九日晨一时零七分于西安五岳庙

（《东方杂志》39卷13号，1943年9月）

钱穆先生

宾四先生，也是北大最叫座教授之一。这并不需要什么事先的宣传，你只要去听一堂课就明白了，二院大礼堂，足有普通大课室的三倍，当他开讲中国通史时，向例是坐得满满的。课室的大，听众的多，和那一排高似一排的座位，衬得下面讲台上的宾四先生似乎更矮小些。但这小个儿，却支配着全堂的神志。他并不瘦，两颊颇丰满，而且带着红润。一副金属细边眼镜，和那种自然而然的和蔼，使人想到“温文”两个字，再配以那件常穿的灰布长衫，这风度无限的雍容潇洒。向例他上课总带着几本有关的书；走到讲桌旁，将书打开，身子半倚半伏在桌上，俯着头，对那满堂的学生一眼也不看，自顾自地用一只手翻书。翻，翻，翻，足翻到一分钟以上，这时全堂的学生都坐定了，聚精会神地等着他，他不翻书了，抬起头来滔滔不绝地开始讲下去。越讲越有趣味，听的人也越听越有趣味。对于一个问题每每反复申论，引经据典，使大家惊异于其渊博，更惊异于其记忆力之强，显而易见开讲时的翻书不过是他启触自己的一种习惯，而不是在上面寻什么材料。这种充实而光辉的讲授自然而然地长期吸引了人。奇怪的是他那口无锡官话不论从东西南北来的人都听得懂。

他常慨然于中国没有一部好通史。二十五史当然只是史料，而近年出版的几本通史他也不满意。他认为通史应当是作者读了无数书之后，融会贯通，钩玄扼要，用自己的文字写出来的。因此他对于某老先生的某书认为只是史钞而谈不到通史。他自己很有意思写一部理想的，但他也常说这并不容易。大概现在他一切的努力都是在作这大著作的准备吧？

他写过厚厚的《先秦诸子系年》，这表示他对于先秦的史哲下过深刻功夫。他写过有名的《〈刘〉向歆父子年谱》，也教过两汉史，这表示他对于中古史很有成就。他又写过《近三百年学术思想史》，这表示他对于近代史极为注意。在许多教授中，他年纪不算大，头发还全是黑的，而成就已经这样多而广，将来将整个中国史融会贯通，写一部为史学界放一异彩的新通史出来，是极有望的，那时对于中国和世界文化贡献之大将不可计量。

据说他早先当过小学教员，由自己的用功和努力而成为中学教师，又进而为大学讲师，而副教授，而教授，而名教授。这传说如果是真的，则给我们青年人的启示太大了。

就我个人说，我受过宾四先生一次教诲，而这教诲将终身不忘。当二十五年冬，我发现《汉书》记恒山王有五点错误，非常高兴，仔仔细细写了篇论文，很得意地呈给他看。过了两天，他拿来还我，问我看过王先谦《前汉书补注》没有？我文中所述前两点是这书所曾指出过的。说实话，这书我看过，但我之发现这两点也确实在看这书之前。当时少年好胜心重，就不肯注一笔说前人已有发明，以为人家不一定知道王先谦说过这事。一种掠美，侥幸，欺人自欺的心理充分表现，谁知一送到行家手里，马上指出来了，反倒连其他几点前人所确没有说过的也减了色。这次教训，和另一次在陈援庵先生处碰的钉子，使我刻骨铭心，誓不再存半分掠美的卑鄙心理，其实这是治学者的基本道德。我不能不感谢宾四、援庵两先生给我的启示。

抗战后在南岳附近公路上曾和宾四先生打了一个照面，后来知道他转任齐鲁大学国学研究所主任了，但因为他住在乡间，我五次去成都不曾遇到，真是遗憾，不过常在杂志和报章上见到他的文章，我知道他施教的范围更广大了。

（《东方杂志》40 卷 3 号，1944 年 2 月）

陈垣先生

在图书馆架子上放着一函书，精精致致的仿佛没有人动过。我这不安份〈分〉的人当然不会放过它，打开来，装订得极漂亮的五册。翻开，却不由得使我纳闷，满纸都是数目字，有阿拉伯字，有中国字，有黑的，也间着有红的，一格一格一行一行整整齐齐，排列得像才喊过“看齐”的集合队伍，顶上面一格却空了大半，只印着大字的年号，年数，西元等等，仿佛队伍前面站着一位大队长，两位大队副。我觉得好有趣味，研究了半天却始终没看懂，没奈何，只好捧回架去，心里想：这看不懂的天书，印得这么讲究干吗？

这年，说起来该是写论文年份了，自然不能不多翻点书。一翻书，就来了问题。譬如《明史》，打开《庄烈帝本纪》看不到三行：“八月熹宗疾大渐，召王入受遗命，丁巳即皇帝位。……”这丁巳是初几？十几？或竟是二十几？不知道！只好搁在心里纳闷，想：“学历史的又不是八字先生，哪里记得这么多丁巳？”

老师到底是有用处的，张西山先生教我们史学方法，这天谈到年月日问题，我睁大了眼睛看他变戏法，看怎么一来丁巳就变了初三！他一声不响的检出一部书来，乖乖！就是那本我研究半天看不懂的有字天书——《中西回史日历》。三言两语地一点拨，我全懂了，敢情是这么一回事。我觉得作这书的人真伟大，造福于学史者真像大海里给了个指南针。从此以后：“新会陈垣”四个字深深印到了我脑中，我还记得他的书斋号作“励耘书屋”，这是刻在这书的右下角的。

离济南前，西山师告诉我到北平后最好去拜见援庵先生：“不过他架子大，不容易见到。”

我却没有去请见，可是我对他的钦仰更加深了。我见到了他著作书目的一部分，一部部全是结结实实的惹不起。我只挑着买了两本小书，一本《史讳举例》，一本校勘《元典章》后归纳写成的校书错误举例（原名忘了）。同时将他所有在北大开的课全旁听了。

这是位不长不矮，胖胖的典型身材，方方大大的脸，高高阔阔的前额，一副黑边老花眼镜，平常是不大戴的，每次讲课时，总是临时从怀里掏出来戴上，而最引人注意的是那两撇浓浓的八字胡，这八字胡带来了无限威棱。经常的穿着件黑马褂，长袍。

他在课上将二十五史从头的一一介绍，把所有有关的事件告诉我们，而尤其注意前人的错误。在他眼里，前人的错误不知怎么这么多，就像他是一架显微镜，没有一点纤尘逃得过他的眼睛。不，他竟是一架特制的显微镜，专挑错误的。他归纳了一个时常提到的结论："著书要提笔三行不出错才行。"而在他的讲授中，我们发现三行不出错的著作竟然很少！

他的嘴相当利害，对于有错误的学者批评得一点也不留情。可是他实在已经是十分克制自己了。常对大家说："还是不说吧，免得又得罪了人。"他对于他的同乡，梁任公先生，就是不大满意的。任公晚年颇以治史自期，但他雄才大略则有余，写出来的东西，每每是自恃才气，凭着记忆写下去，粗疏是不免的，这在援庵先生看来，不免有点不合适。他也常讲批评人是求止于至善，不一定批评者就比被批评者强。他举《东塾读书记》的骂崔东壁，说："休因东塾讥东壁，便谓南强胜北强！"

援庵先生同时也非常幽默。当时学生运动闹得正凶，民族解放先锋队（共产党外围组织）极见长的一种本事是油印一种小型传单，字迹小得几乎像蝇头，散得到处都是。这天上他的课，讲桌上，椅子上，散了不少。他如常地踏着方步进来，如常地安祥〈详〉坐下，然后如常地慢腾腾地戴上那副老花眼镜，从从容容郑郑重重像披阅一件公事似的将那纸片捡起来，看了一眼，看不清，放下那纸，慢慢地说道："这一定是年轻人干的！"全课堂的学生本就聚精会神在注意他的动作和期待他读传单的反应，听了这话，哄堂大笑。

又有一次，在研讨赵翼的《廿二史札记》时，讲到第二篇序的作者"宝山李保泰"（第一篇序是嘉定钱大昕作的）。他说这应该是当时一位有地位的学者，但他多少年来注意考查这位李先生事迹，却除了这篇序外得不到半点材料。有一次，琉璃厂的书商，拿了张拓片到他那里请教他（他是北平著名的权威学者，当然不断地托书商搜罗典籍。而书商得到了一些不经见的图书，无从估定其价值，也不能不去他那里请求评定，可是如果经他一品评为珍品，那价钱可就要辣了）。他一眼就看到篇末仿佛凸出来似的有着“李保泰”三字，心中大喜，可是脸上却不动声色，淡淡地翻了翻，缓缓地说道：“不值什么！”那书商大失所望，拿回去又没用，求着他用贱价收了。他绘声绘影地说完这故事，大笑，得意得很。

他论到清代三部史学名著：钱大昕的《廿二史考异》，王鸣盛的《十七史商榷》和赵翼的《廿二史札记》，认为钱著最精，王著次之，而赵著最差。所以就将赵著作为研究的对象，专开一门课，逐字逐句地审查，寻找里面的错误。这一课虽以一书为中心，但牵涉的方面极多，尤其廿四史，翻了又翻，互相对证，有时发现不但赵瓯北错了，甚至连原书都错了，所以趣味浓厚得很。但他只注意客观的史实考订，而将所有主观的史论部分略了过去。也许是他本身在政治上受过刺激吧，每当讲到史书中“再受禅依样画葫芦”之类的地方，常常感慨系之地说：“所以政治没有意思啊！今天是这样说法，明天又是正相反的那样说法！”

不过这并不是他不注意国家兴废。当二十四年十一月二十日左右，北平的空气恶劣得很，“华北国”在酝酿之中，大家都烦闷而不安，朝阳门外日本兵打靶的枪声“突突突突”的直送入大红楼课室中来，我们要求他对时局作一个指示。他沉沉地说道：“一个国家是从多方面发展起来的；一个国家的地位，是从各方面的成就累积的。北平市商会主席到日本去观光，人家特别派了几位商业上的领袖人物来招待，倾谈之下，我们的商人什么都不明白，连谈话的资格都不够，像这样凭什么去和人竞争？凭什么能使人尊重？我们必须从各方面就着各人所干的，努力和人家比。我们的军人要比人家的军人好，我们的商人要比人家商人好，我们的学生要比人家的学生好。我们是干史学的，就当处心积虑，在史学上压倒人家。”在这上面，他的的确确做到了报国的地步了，在他所干的部门内，不但压倒了日本人，而且赢得日本学者的衷怀钦服。

北平陷后，我曾去看他，他说：“迟早还是得走！”一转眼已是五年半了，他为着职务（辅仁校长）的关系，始终留在北平维持这最后一所大学。我今夜诚心地遥祝他健康，永远保持着那超然的健斗！

（《东方杂志》40 卷 7 号，1944 年 4 月）

“北大老”

“北大老、师大穷，惟有清华可通融！”是北平每一位女学生所熟知的话。我初到北大时自负年轻，对这话颇不服气。

过了些日子有机会出城，走入了清华园，悲哀得很。到这里一比，自己果然老了！他们的学生就是年轻，而且许多许多青年得出奇，像是一群十五六岁的孩子。尽管是蓝布大褂，但干干净净的熨得笔挺，一张张红润的笑脸，在宽广无垠的碧草地上闪着，不容易见到北大常见的那种“老气横秋”或“自思自叹”的面孔。下课的十分钟，从园这头的工业馆，顺着对角线，赶到园那头的化学馆，地质馆去，即使是骑脚踏车也不敢走慢，于是来往如织的行人，很少有北大雍容大雅，满不在乎的“方步”。走进体育馆满屋子光着膀子的人滚做一堆，我明白这是“斗牛”，北大没有人做这种傻事。有时还看到一个光着脊梁，只穿一条短裤的人爬〈趴〉在晶滑的地板上，用鼻子向前拱一只小皮球，我不禁哑然笑了，怪不得，连我这做客的都顷刻感到年轻了十五岁！

老，并不一定在年龄上，空气可以叫你老。走进北大大红楼，一些穿着长衫，无所事事的工友在两旁垂手一站，马上使你想到京师大学堂时：“请大人立正”的威风，于是自己不觉将头微微一点，很够谱，可是立刻老了二十岁。有人说北大的工友多到每两位同学可以摊一名，这也许说得过分点，但一与三之比是有的。据说教育部派来视察的督学，曾建议裁工友，但成效似乎不多，我记得我住的乙巳楼楼下，那位老路（倒的的确确是位很好的老人）好像就成天只盘着我们三人的事。当然我们也并不会有多少事的。

初次到注册课，一屋子十多个人都是办注册的，偏偏管我那事的一位不在，于是只好站在柜台外静观办公桌上的职员先生们慢慢喝完了豆浆，吃完了烧饼果子，闲谈。好半天，那位先生来了，我说明是领入学证的，这一下坏了，入学证不知长了腿溜到哪里去休息了，翻箱倒卡的再也找不着，没法，只好再预备一个。这是很讲究的红色硬卡纸做的，小而俊。于是另外一位书记先生为着他那铁画银钩的书法得到了用武之地，一笔不苟地恭楷重新写起，半晌，写完，晾干，交给那位先生，这时就缺一个教务长的章子了，也是活该有事，咔嚓盖下去，偏偏盖倒了，我因为等得已久，建议“倒着就倒着吧，还不一样用？”那位先生却是守正不阿，坚持非重新再写一个不可。书记当然不会反对（他正闲得嫌没事做）。我的腿肚子虽有点不赞成，但也没法拒绝他的好意。又过了半点钟，写妥。注册先生举起了教务长章子，我有点胆颤。总算还好，这回盖得端端正正。于是我欢天喜地的捧了这第三张入学证出了注册课。真是“一粥一饭，当思来处不易！”

站在那里等的时候，不知怎样想起一幅春联：“天增岁月人增寿。”老了。

我更想起另一所学校里一位工友管着上上下下两座楼房，七八十学生的杂务。也想起另一处注册课，一个人将北大这一屋子的活全做了，而且做得没漏洞。

如里北大“老”，仅只老在这种地方，则可以休矣！幸得还并不如此。

当你下课回宿舍，迎面走来那头发花白的老门房，一言不发的从一堆信里检出一封来给你，没错，准是你的。也许你诧异你搬进来才不几天，这几百人中他怎会认识你？不相干，岂在乎你这一个！他脑中一本四十年雪亮的账，当初谭平山住的是哪间房，顾颉刚和毛子水是同屋……他可以如数家珍地告诉你。

摩娑〈挲〉着刻了“译学馆”三个大字的石碑，我们缅怀当年住在这里面的人，每月领四两学银的日子。在三院大礼堂前散步，我们追念着轰轰烈烈的五四运动时，多少青年人被拘禁在这里面。徘徊于三一八殉难同学纪念碑前，我们想起这国家的大难就有待于青年的献身。这一串古老的历史的累积，处处给后来者以无形的陶冶。我们埋头，从图书馆，实验室中去建立我们国家的新文化；我们苦斗，在学生运动中写上了“一二九”，“一二一六”的史诗。北大的历史愈古老，北大的精神更发扬！文化教育都不是一朝一夕能有成就的，北大地质馆里几十年收集编制的标本图表，物理化学实验室里精美的仪器，图书馆中一年比一年多的图书，没有一处不使我们感到“北大老”的可贵！

现在这一切好的坏的老北大全给敌人破坏了，我们要打回去，用年轻的勇气，重建起年轻的“老北大”来，去掉那一切腐旧衙门气，那么北大之“老”才是百分之百的值得骄傲了！

（《东方杂志》40卷11号，1944年6月）

沙　滩

在一个“天阶夜色凉如洗，卧看牵牛织女星”的晚上，一位朋友问我道：“下个月你将在哪里赏月呢？清华园？未名湖？还是沙滩？”这话问得非常有诗意。“沙滩”两个字，在神韵上一点也不次于清华园或未名湖，于是我就到了沙滩。

“沙滩”却并没有一粒沙。它只是介于汉花园，银闸，北池子，景山东街之间一个路口的街名，但它之在北平，是和马神庙同样，代表了它本身以外的崇高意义——北京大学。这地方看来虽不美，但正和北大一样，有着极深的“内美”（Inner Beauty）。更何况它的周围绕着很美的地区？在东面顺着北大的砖墙，出了汉花园东口，一道小河，两行绿柳，直引你到三院去，这就是五四时代大家艳称的：“写完于北河沿”。直到今天，当你课前课后，走在那荫道上，还可以平添三分清智。如果你高兴，更可以在大树下静看秋天悬下来的虫子，或观察一只结网的蜘蛛垂下丝来，在你面前摇晃。也许你吹口气将它荡了过去，又看它荡了过来，因此而忘掉了课。但你也正不必发愁，因为教授们既决不会来查你缺堂，而你也许就在这小虫儿的启示中完成了一篇新哲学或做了第二位伽利略

（Galileo）。

汉花园东口峙立着著名的一院大红楼，虽说个个人都为它的逾龄服役担忧，但每天仍有无数知名的学者和不知名的未来学者进去，出来，做着文化上承先启后的伟大工作。尤其每年夏天，足有三四千青年集中到这里，坐满了上上下下四层楼大大小小的课堂，来做一年一次的龙门竞跃，每到这时候，我们更为这大群人捏两把汗。可是大楼却有着蔡先生提倡的骆驼精神，始终是老当益壮。听说现在已做了日本兵营，地下室印讲义的印刷所变成了马厩和黑牢。我觉得现在是大楼粉身报国的时候到了。

沙滩往北走是东斋和松公府，这里藏着我们智慧的源泉。从二十四年以后，这里耸起了三座立体型的洋楼，中间那座图书馆，更是分外的窗明几净。每当我坐在这现代化的人阅览室中读古书时，总涌起了一种极端的愉快。我感谢自蒋校长以次的各位先生赐给我这种幸福，这是过去在北大的老大哥们所梦寐祈求而不得的。

松公府往西拐的一条街通到二院，西斋和五斋。二院是我们的科学家们的活动中心，别人除了上大班课是不常去的。但这古式的清代四公主府，却给人以幽静的好感。红柱的大礼堂前砖砌的庭院异常平洁，当中一个小荷池，四面几张长坐椅，左右亭亭对立着两棵罗汉松，“花气袭人知昼暖”，课余小息于此也不亚神仙。转到堂后，又是一番景象，静寂寂的院子，悄悄的不见人影，花池里几棵怒放的玉兰花招来成群蜂蝶，点缀了寂寞中唯一的热闹，我最爱饭后一个人踱到这院里来，席地坐在阴凉的花下拆读刚才收到的情书。花香，清冷，悠远的沉思，浑然自忘。

再往后面去最后是一座破旧得不能上去的高楼。孤零零的一个院子，人迹罕至。有时一阵风过，吹得人一身寒噤，仿佛带着三分鬼气。

沙滩往西就是北平最美最平的那条北池子北口。隔着满开着荷花，宽宽的护城河，耸立着玲珑剔透的紫禁城角楼，朱红的隔扇，黄碧的琉璃，在绿树丛中时露出一窗一角。平平的柏油路，覆着两旁交叉成盖的洋槐浓荫，延伸着向南，朱门大宅分列道旁。向西望去，护城河的荷花顺着紫禁城根直开入望不清的金黄红碧丛中，那是神武门的石桥，牌坊，那是景山前的朝房，宫殿。我尤爱在烟雨迷蒙中在这里徘徊，我亲眼看到了古人所描写的："云里帝城双凤阙，雨中烟树万人家。"

北大人是在这种环境中陶冶出来的。

（《东方杂志》40卷14号，1944年7月）

"拉丁区"与"偷听生"

沙滩附近号称为"中国之拉丁区"，这一带有着许多许多的小公寓，里面住着一些不知名的学人。这些人也许是北大的学生，也许不是。这些小公寓通常是一个不太大的四合院，院中种上点鸡冠花或者牵牛花之类，甚至有时有口金鱼缸，但多半是并不十分幽美的。东西南北一间间的隔得自成单位，里面一副铺板，一张窄窄的小书桌，两把凳子，洗脸架，运气好也许还有个小书架。地上铺着大小不一的砖，墙上深一块淡一块，裱糊着发了黄或者竟是发黝黑的白纸，衬着那单薄、残废、褪色的木器，在十六支灯光下倒也十分调和。公寓的钟通常比学校的快半点，这样，老板娘夜间好早点关电门。

在这里面的物质设备，尽量保存着京师大学堂的原状：不干净的毛房，雨季从墙里面往外渗的霉气，每天早晨你得拉开嗓门洪亮地喊"茶房！打水！"但是有着成百成千的人从几百几千里路外来到北平，住到这十九世纪的公寓里，恋恋地住了一年，两年，甚至三年，四年，直到逼不得已，才恋恋不舍地离开。甚至到了西北，还有一位不是北大的朋友，三番两次地向我赞叹中老胡同（著名的三老胡同就是沙滩附近布满了公寓的东老，中老，西老三条小胡同）的公寓生活。他说他第一次到北京，冬天的半夜里出了车站，坐着辆洋车在漆黑中摸索到一位朋友住的公寓里，轻轻地推开门，小小的房，小小的煤炉已经冷冷的只剩下了一点烬火，万籁俱寂，一支短短的洋烛，伴着那位朋友伏案疾书。这一幅图画给了他一个永世不磨的印象。

就这样，多少的无名学者在这里苦学，埋头！

因为这是一个最理想的学习区域，公寓的房钱，好一点的四五块钱够了，坏一点的一两块就成，茶水、电灯、用人，一切在内。吃饭，除附近的便宜小饭馆外还有最便宜者，几分钱就可以吃饱一顿。读书则窗明几净的北大图书馆，不论你是不是北大学生，绝对将你当做北大学生似的欢迎你进去。如果你高兴蹓跶蹓跶，顺便检阅一下崇祯殉国的煤山，宣统出宫的神武门，供玉佛的团城，和“积翠”“堆云”的金鳌玉蝀桥，你可以大模大样走进那钉着九九八十一个金黄钉子的朱红大门，踱过那雕龙舞爪的玉石华表，以一位主人翁的姿态进入金碧辉煌的北平图书馆。我想老杜如走到这里来，他一定也张开嘴笑了。这是民主国家的寒士，强过“盛唐”的拾遗之处。

而最痛快的是求师。北大的学术之门是开给任何一个愿意进来的人的。在这一点上，我觉得全国只有北大无忝于“国立”两个字。只要你愿意，你可以去听任何一位先生的课，决不会有人来查问你是不是北大的学生，更不会市侩似的来向你要几块钱一个学分的旁听费，最妙的是所有北大的教授都有着同样博大的风度，决不小家气的盘查你的来历，以防拆他的台。因此你不但可以听，而且听完了，可以追上去向教授质疑问难，甚至长篇大论地提出论文来请他指正，他一定很实在的带回去，很虚心地看一遍（也许还不止一遍），到第二堂带来还你，告诉你他的意见。甚至因此赏识你，到处为你揄扬。这种学生是北大极欢迎的。虽然给了个不大好听的名称：“偷听生”。

就这样，形成了“拉丁区”最可贵的区风——浓厚而不计功利的学术风气。

自然，有一部分“偷听生”是以此为一阶段，藉此准备考试或升学。但也尽有毫无别意为学问而求学问，一年又一年偷听下去的。并且所产生的英雄并不少。听说沈从文就是此中人物。而常在《独立评论》上发表极精彩的文章，为胡适之先生所激赏的申寿生，也是“拉丁区”的一位年轻佳客。

这班不速之客和北大的学生平分天下。许多在班上常见的面孔，在北大的浴室和球场里也常见到。熟到使我们在别处遇着时，义不容辞地自动愿为他们证明学籍，偏偏他们婉谢了：“我只在北大旁听了两年。”同时，又有许多真正的北大生，却成年的看不到他们上班，直到学年考试时才来应一应卯。好在这时偷听生都不参加的，正好腾出位子来（正像平时他们腾出位子来一样），使教室里坐得如常舒畅。

学术是天下的公物，“胜地自来无定主，大抵山属爱山人！”我希望北大精神能风行全国！

（《东方杂志》40 卷 15 号，1944 年 8 月）

“凶”“松”“空”三部曲

“偷听生”是好学的。相形之下，正式的北大生反不来上课，岂不是太自暴自弃了吗？从而有人编出了一套说词：“北大三部曲：投考时是‘凶’，入校后是‘松’，毕业肚中‘空’。”此中得失，不妨细细道来。

每年夏季，天下英雄，会于燕市。这些才出高中的青年们目标类皆集于北大与清华。因此两校有着最优先的机会选拔最优秀的学生。通常报考的人，在北平一处即在三千以上。但录取的名额一总不过三百多人。两者比例的悬殊至少是十与一。换句话说，每一个考北大的学生，都得压倒二千七百以上的竞争者，才能进入门墙。当你走近大红楼，看着无数无数的年轻人从四面八方涌来，蓝布大褂，西装，学生服，墨盒，自来水笔，三角板，圆规，漂亮的，不漂亮的，城里人，乡巴佬，黑压压的将大红楼围住，在心灵上你就不由的〈得〉受了威胁。当你依照准考证的号数，也许是三千五百八十一吧，找你的座位时，好容易才寻着了，门口：“第五十七试场”的白纸条，也自然而然地引起你的惴惴。这时毫无他念，一心一意只有许愿：“如果让我考取，我一定不再像从前那样马马虎虎，我要特别用功，十分守规矩！”偏偏题目有时却故意古古怪怪的为难。

所以“凶”字是有相当根据的。

待到榜发，竟然高中，自然欢天喜地。盼到注册那天，一老早就去二院等着；报到，缴费，选课，一切手续办妥，最后记起去买了那个愁眉苦脸的北大证章，将他向帽子或大襟上挂起，眉花眼笑地走出大门，昂昂然成了“北大人”了。可是，从此也就很少人来管你。

你爱住在学校里，可以（只要你有办法弄到房子）；你爱住在家里，也可以；你爱和你的爱人同住在公寓里，更可以。你爱包饭，可以；你爱零吃，也可以；你爱吃一顿面，再吃一顿大米加包子，更可以。推而至于：你爱上课，可以；你不爱上课，也可以；你爱上你爱上的课而不爱上你不爱上的课，更是天经地义的准可以！总之，一切随意。

这样一来，你没主意了。试场里的心愿也许就飞到九霄云外。

指定给一年级住的三院，学校规定锁大门的时间，是午夜一点钟。正好中和，哈尔飞散戏回来赶得上。其实这还是说傻话，你就再晚点回来，还不一样开门？只要你过节时多赏门房两块钱就是。甚至你一夜不回来，又有哪个理会你？耽误了的二天上堂，只要你不选那蹩扭教授的课也就毫无问题。事实上我知道有位同学住在西山养了半年肺病，变得白白胖胖的回来参加考试，依然如期毕业。因为只要你选那好说话的老师，则“指定范围”之外，还可以正大光明地做“滕文公”。无论如何，能进北大的决不是低能儿，总不至于连抄的地方都找不着吧？六十分是易如拾芥的。

就这样，在五分钟步行可到的东安市场里，只要你愿意晃晃，就可以将四年晃过去。所以，“松”字也是有相当根据的。

但是，“空”字却毕竟得重予考量。真正“空”的人究竟还是少的。为什么呢？因为虽然我上面将“松”字的极端，不为亲者讳的坦白写了出来，但对于大多数人，北大之“松”却成为了一种预防疾病的抗毒素，甚至对于许多人更是一种发挥天才的好机会。

北大的教育精神是提倡自立，自主的。进得大学，年纪又那么大了，应该懂得了辨别是非。给你逛窑子的机会你不逛，那才是真经得起试探的人。给你抄书机会你不抄，那才是真有读书心得的人。将你搁在十字街头受那官僚封建腐烂的北平空气薰蒸而不染，那才是一个真能改造中国的人。关在“象牙之塔”里受尽保护的，也许出得塔门，一阵风就吹散了。但丢在社会的洪炉中七上八下锻炼过的北大生，却也许什么都可以不在乎。自己的行为自己负责，宿舍的大门是锁不住人的。而事实上，近年浓厚的学术空气使大家的志趣都倾向于学术的竞争，没有心，没有时间，也没有精神去注意声色狗马。到市场里听四年戏的时代到底过去了，而“松”的唯一结果却是天才的充分发展。

北大有一种特别规定，入学考试如果有一两门惊人的出色，则即使总平均不及格，仍旧可以取录的。入学的第一年就分系，不必读多少普通课程就可以选专科。所以显而易见是一种鼓励天才的教育。在这种奖励下，于是一般的人都在各就所好，专心发展。往往在他们的心目中，只有他注意的这门学问是重要的，其他全可从简。当他逃课的时候，其实就是全副精神研究学问的时候。我们常听说某某人英文考试年年不及格，以至于毕业都成问题，但在国内研究金文的，他已是权威学者之一。也听说过某某教授开讲中西交通史，第一堂就有位同学呈给他一部自著的中西交通史稿，使教授为之变色。这种人才是别的学校不易产生的，而北大所在皆是。

北大和清华是正相反的。清华门门功课都要不错，个个学生都在水平线上，你不行的非拉上来不可，你太好的也得扯你下来。北大则山高水低，听凭发展。每年的留学生考试，五花八门的十来样科目，北大向例考不过清华。但北大出的特殊人物，其多而且怪，也常是任何其他学校所赶不上的。

所以“空”字得予以保留。四十五年来的北大贡献可以证明这个字的不确。

（《东方杂志》40卷16号，1944年8月）

吃

吃，在人生中是一件天天接触，不可或缺的事，是一件极重大的问题，同时也是一件极愉快的享受，谈北大自不能不谈北大的吃。

北大的吃是自由的，方便的，价廉物美的，各得其所的，比较上说来，问题之解决是容易的，因此在享受上是愉快的。

北大的吃是绝对自由，爱怎么吃就怎么吃。这种自由在初享到的人实在有点不惯，尤其对于过惯了规律生活，集体生活的人看来，简直有点像在黑地里的人，蓦的〈地〉进入了照耀着五百支光的电灯前一样，有点眩。我自己是过了上十年教会学校严整生活的人，尤其在北大前，整整二年，是闻锣而食（那学校很保持着山东的犷野美，吃饭是以声闻数里的大锣为号召的），聚桌而餐。到了这里，没有了，什么也没有，锣声、钟声、号声、铃声、哨声全没有，来叫你吃饭的，唯一的是你肚子里的肠鸣。如果有时出于偶然的机缘，你没有注意到这肠鸣，则活该，你这一天可以想不起吃饭。我自己就有过一回，我相信北大的同学不少有这种经验的，为着赶点东西，从早上坐下，待到抬起头来，糟糕，已经三点多钟了。这在别的学校里是不大可能的。

对于吃饭的方式你可以随意选择。包饭可以便宜些，一月通常自六元至八元，但吃包饭的似乎却不多。为什么？因为他违反了北大的自然规律——自由。在实际上说，包饭确有他不便利处。譬如你住在三院，每天到一里路外的一院上课，或一里半外的二院去实验。你将饭包在三院，则上完课特为赶回吃一顿午饭非常别扭，如果包在二院西首的西斋，则你下午也许上了一堂课，就没有了，还能为这一顿饭老在西斋晃？更何况有时你还会到更远的北平图书馆去，赶回来的车钱就够你在外面吃一顿了。而对于包饭的人少回来吃一顿就是一次损失，这种损失加上去，也许还不如零吃便宜。因为在北大附近，零吃实在是太方便而价廉了。

沙滩一带，像公寓一样，林立着无数的小饭馆，卖面食，卖米饭的全有。走进任何一家去，花半个钟头工夫（一般为效率都非常高，很少叫你候到半点钟以上的），费几分钱到两毛钱，就可以吃饱你的肚子。两毛以上一顿是极贵族的吃法，大概是在沙滩第一流的馆子，福和居之类，吃到两菜一汤，而菜还是时鲜，才会如此。普通客饭一荤菜（如北大的特菜“章〈张〉先生豆腐”之类）一汤，花卷米饭管够，卖一毛五至一毛八，已经比今日八百元一月的饭强了，如果吃面食，更便宜。水饺四分钱十个，一毛二足够。馅饼十个八分钱，又多油，又多肉；而最经济是吃面，三碗面皮六分，小碗麻酱四厘，六分四吃得饱饱的了。如果，你不在乎自己“大学生”的虚面子，上汉花园那小食滩〈摊〉上和洋车夫并排坐在那矮长凳上啃大饼（的确有这种受经济压迫的苦学之士），自然更可以省钱。反之，如果你想来一次豪举，邀上一两个同学到市场上去吃东来顺，要上一桌子菜，大盘小碗甜的咸的都有，一次也不过八毛几。写到这里几乎使人想到“尧天舜日”。自然我们更看清楚些，就明白那只是“燕巢危幕”而已。

我们上面提到的福和居，是一家四川馆子，本来在景山东街路南，后来扩展到路北，占了三开间的铺面，菜做得确乎不错，虽是最贵的，但仍生意兴隆。普通典型一点的饭馆是二院斜对过东面的中山食堂，西斋斜对过的华盛居，东斋隔壁的海泉居，汉花园路南的某饭馆。海泉居后来虽然关门了，但他楼上壁间挂的那副署名“胡适之贺”（也不知哪位同学开的玩笑）的对联：“学问文章，举世皆推北大棒！调和烹饪，沙滩都说海泉‘成’！”确乎吸引了不少的顾客。

以卖面食为主的，东斋对过有两家。但我要特别提到的，一是北池子北头的一条龙，一是景山东街路南的悦来居，一条龙以拉面见长，吃起他那炸酱面来，一根根到口里咬着都有斤两。悦来居则以稳快价廉著。什么都有，家常、荷叶、馅饼、炒饼、炒面、烩饼、汤饼、片儿汤、豆沙包、肉包、花卷、米饭、炒菜……到这里稳可以有你爱吃的而且口味还都不坏。买卖是真好，只要你点得不太特别，很少叫你等得不耐烦。不过说来抱歉，当北平陷敌后我走出时，还欠了他们好几块钱的账。当时曾许下愿打回来时以百倍偿还。想不到现在物价竟然超过百倍了。

当然我们决不能遗漏西斋的食堂。这里的老板据说自光绪年间就包下来了，的确是价廉物美，比沙滩普通饭馆的便宜又胜三分。他这里的小盘小碟小馒头出品，馒头向例两个对粘在一起，也不知他怎样蒸的。菜少则四分一碟，八分一件的已是很好的纯荤菜了。因为碟小，所以可以多叫几样而仍可以吃光，不像别家大盘的单调，浪费。三院有他的分号，但不知为什么，总办不了西斋那么好。

我还应当提到另外一种吃法。当我们没有课，在宿舍里不愿意出来时，每每叫我们的老路出去拿一毛钱买十个包子或烙两张饼加葱花麻酱。这样吃分外的节省时间，还香了一屋子。

如果你常去北平图书馆，你一定也不会少在那桌子洗得发亮的食堂（真称得起模范食堂！）内享受那两毛钱一顿的两菜一汤，大蒸糕和米饭。

至于早点，则有上中下三种吃法。上等的在一院对过吃那五分钱一件的西点，喝西米粥或糖牛奶。中等的在东西斋对过面包铺喝“酱冲整”，吃豆沙，山楂面包。下等的在沙滩路口，风雪无阻，有一位和善的老头歇着一挑担子卖三大枚一碗的杏仁茶。这浓腻香甜的杏仁茶啊，配着那才炸出来的焦黄果子夹热烧饼，有六年没有吃到了！我想念，它点缀着北平，点缀着北大，使我们格外的想念那可爱的遥远的北方！

（《东方杂志》40卷20号，1944年10月）

住

北大的公寓生活向来是有名的，但自从二十四年秋新宿舍完成以后，除了有特殊原因者外，很少住公寓的了。所以新宿舍在北大住的方面是划时代的一块界碑。我幸而赶上了前一时代的尾巴，得领略老北大的滋味。

老北大的住是非常畸形的，不但宿舍分散和局促，并且有着极浓厚的“封建”，不，该说是“英雄割据”的色彩。每一间房子每一张床位，全是“兄终弟及”的，学校总务当局无力过问。如果你有熟人，而刚好他毕业要离开，那么即使你是才入校的小弟弟，一样有床位，而且也许是西斋最好的房。如果你没有熟人，则你凭着入学证向事务科跑一百遍也白费，没人理你的叉〈碴〉儿。事务负责人也丝毫没有感到这是他的责任。现象发展的极端，于是常常寄宿舍内住了一大堆校外人，而正牌学生却不能不住公寓。你没有见过“北大寄宿舍”内宿的校外人呢，那的的确确连个“寄”字都省了，从精神以至肉体，是百分之百的“宾至如归”，用句洋文说是“at home”。

可是正式北大生苦矣！不但平常添了一笔公寓费，连带着来的是公寓中的嚣乱，老板娘的脸色，查店人的麻烦，还有冬天的生火问题。北大宿舍中虽然自由，但到底有些事不会有。但在公寓里，万一隔壁房里打一夜麻将，你也只得陪他熬一夜。公寓么，爱住不住。到了冬天，学校宿舍里，一屋一个洋火炉，公家的煤，生得暖暖的。住公寓，则一切自备。我自己还赶上了这么一个狼狈季节，秋天到校，没有房子，住校外是天经地义。眼看着天一日冷似一日，该穿的衣服已经穿上了，学校的洋炉也生了，依理自己得准备炉子和煤了，事务科却告诉我一个好消息：下星期可以搬三院。这何必再费钱费事了呢，就冷它一个礼拜吧。熬到下礼拜，“不行，还得一礼拜”，再熬一礼拜，“还得一礼拜”！不知转了多少期，简直把我“陷于挂形”。到得后来几天，冷得实在没办法，穷则变，变则通，想到一个长期抵抗的对策。每天钻出热热呼呼的被窝洞就钻进温温暖暖的北平图书馆。在那里吃，在那里拉，直到晚九点它摇铃将我们几个零零落落的“寒”士赶出来。如果它能容许，我一定还在那里睡。可惜当初设计尚不周全，我只得咬紧牙根，冲寒冒冷地回到公寓，立刻钻进被窝。这生活维持到十一月底，冒着大雪迁入三院为止。

三院那时已经调整，除了少数储藏室外，整个划作一年级和研究生的宿舍。指定了乙巳楼（入门正对面那建筑，在网球场边上的）给研究生，其余工字楼等都归一年级住。工字楼本来是课堂，一间间大大的，住上七八人至十余人还很宽裕。每人一桌、一榻、一凳、半个书架。不过有一点很特别，屋子里常常纵横交错像演话剧似的挂了许多长长短短高高低低的白布幔，将屋子隔成一小块一小块的单位，这表示北大人一入校就染上了个别发展的气味了。

乙巳楼是上下南北共四间大屋子，各用木板隔出六小间来。每人一间，一个炉子，但板子只隔了一丈来高，上面仍是通的。“鸡犬之声相闻”，一言一动均在同学“鉴中”，所以大家就索性利用这伟大的空间，隔着好几间屋子，打起无线电话来了。不过糟糕的，这六间房经常总有好几位缺席。向例主人不在，他那屋子不生火，所以表面上一小房间一个大洋炉很不错，但待到“轻烟散入五侯家”之后，这屋子也仅仅维持不冻而已。

电灯用得非常痛快，从公寓老板的压迫下解放出来，像报复似的买了最亮的灯泡点。亮得怕伤眼睛，于是高高地吊起它来。这种心理现在想想实在奇怪。熄灯在每晚十二点钟，于是我们多半到十二点才睡。

厕所，却不敢恭维，虽不算太脏，悬空四尺的楼板将你和粪堆勉强隔离，但你到处看到绿头金头的大苍蝇，从胯下更看到成千成万的大大小小的白色软体动物在蠕动，还有大耗子一面尖着眼瞟你，一面吃屎。到冬天，则一阵阵寒风从下面直透上来，吹得你心寒，还带臭。盥洗室比较满意，在工字楼地下室，有冷热自来水，可以自己取用，不必像在西斋那样老爷味十足的喊：“茶保打水！”

到季节时，三院的网球上生意很好，但背后大操场上却很少见人打球。这是因为住三院的同学，真正的活动中心还是在大红楼和三院。操场旁那座礼堂却常给我们添许多麻烦。这是开会的地点，一到开会时，雄纠纠〈赳赳〉的纠察队拦住三院门，我们就无形软禁一天。更有时包围圈外再有大包围圈（北平市警察宪兵和二十九军的弟兄们），则我们或竟至于饿饭。那回纪念郭清的棺材就是推倒了操场的墙，才从孔德小学的大门突破包围抬到南池子口的。

正统典型的北大宿舍却不是三院，而是东西斋。东斋的院子不大，房舍较小，格式很简单，一排排或朝南，或朝北，都是一房间住两个人。位置在一院西墙外，大门也是向西开的。房间比较小，两个人住勉强的还算舒适。但常常仍是白被单中悬，隔成两个转不过身来的狭窄长间，但房主人却以此为快。据说有同屋四年，见面只点点头儿，一句话没说过的。西斋在二院旁，有极深的进道，两旁一排排的房子分作天、地、元、黄等字号。房间较大，在新宿舍未完成前，是最好的房子了，也是一间两个人。这里隔离的工具却是大书架子，里面充满了臭虫。厕所似乎也比三院的更不舒服些，我还记得那门背后古色古香的大尿桶。

从深深的进道一直进去，可以到食堂。食堂以北，人就不常去了，当然那里仍有好几排宿舍。这进道我也曾“探过险”，其尽头右手直延到二院北墙后，有一排寂寂静静的房子，左首有两间缺格扇，少门窗，尘满蛛封的屋子，当中孤零零放着张乒乓桌，也没见有人利用。空气凄清，森森然像到了《聊斋》上描述的地方，人家告诉我，就在这里葛天明先生的爱人上了吊。这是曾轰动一时的事件，其影响于我们这一代的是宿舍门口挂的那块“女宾止步”。但我们这一代毕竟是开创时代的“英雄”，我亲眼看到这牌子怎样被一大群同学摘下来掷上天空，待落地时又捡起来劈作两片。

女禁之重开是由新宿舍起的。

蒋校长为新宿舍费了不少心血。而这楼完成之后，北大宿舍乃压倒了燕大清华。这是四层楼立体式的钢骨水泥建筑，在一院空场的最北头，远远看来，像一座兵营，里面的格局也很特别，口字形缺了一面半，当中圈住一个空场，楼内自上而下纵切而隔成各不相通的八部分，每一部分有一座精致得很的楼梯，里面每层七八间形式各别，妙处不同的房，十分适合北大爱好个别发展的胃口。更妙的是一人一屋，偿了几十年来北大同学求隔离的宿愿。每间屋附着一小间放箱子挂衣服的暗室。热水汀，弹簧锁，配合而调和的特制家具，摩登舒适，使你完全忘了这是老北大。每一层有一间盥洗室，冷热水管，应有尽有；大小便抽水设备不必说，还分成了马桶和坑两式，于是“南北咸宜”。光线，空气，清洁，一切卫生的条件都具备了。

而够资格享受这福的是四年级。他们享的福还不仅在此呢。新宿舍没有总门，可说得是四通八达。大概那块“女宾止步”的小木牌也因为没有一夫当关的适当地方挂，所以从头就没有出现。因此四年级的同学得以在自己的房里招待女友。这大为其他同学所侧目。“见贤思齐”，于是东西斋三院的木牌，就在学校当局默许下被尸裂了。

至于五斋（在西斋二院夹峙保护下的女生宿舍）那块“男宾止步”的牌子是如何结果，我却不清楚，事实上后来里面不断的有男同学去，详情则不得而知了。

（《东方杂志》40卷21号，1944年11月）

课程与图书

从一个文学院学生之眼中看起来，最重要的两件事是课程和图书，就这两方面说，北大是很理想的学校。记得我第一次站在布告栏前，看看那公布的课程表时，我目迷五色的像一个乡下人进了城，更有点像老饕坐在餐桌旁，看到了一张最丰富精美的菜单，样样都想尝，可是肚子装不下这么多，点了这样又舍不得那样，单单史学系本身开的课就整整三十门，几乎每门都是著名的教授讲他最见长的功课。其他政治系所开张忠绂先生的中国外交史，经济系所开陶希圣先生的中国社会经济史，中国文学系所开胡适之先生的中国文学史，哲学系所开……都还在外，怎样办呢？

依照规定，我只要选两门六个学分就够了，结果我乱七八糟旁听了十几样。从一年级的必修课听起，直听到西洋史，皮名举先生高亢的湖南国音，可是仍旧不能不放弃了顾颉刚，傅孟真（斯年）等先生的课。当我向文学院院长室秘书卢迪曾先生请求下条子发这课的讲义时，他很不以为然地说，“听这许多课干什么”，果真，这许多课把我忙了个不亦乐乎。不到一个月，一门门的被迫放弃，结果精力只够应付在几门上，可是这几门课对我的教育是非常深刻的。

例如赵万里先生的中国史料目录学，虽然只是史学入门的课程，但他将几千年来中国历史史料的来源，内容，演变，分散情形，重现经过，可靠性等等原原本本，一五一十地介绍给这班青年史学家。也不知他怎么对于史料这样熟，真所谓“如数家珍”。就凭这一课就使人不能不羡慕北大史学生的幸福。

除了多之外，北大课程之另一特色，是专有许许多多奇奇怪怪的课，在别的学校绝不会开的，他这里有，例如梵文，例如佛学。常常北大用最重的待遇礼聘这种绝学的学者，一年只开一门课，每星期讲一两点钟，而这种课常常只有一个人听。

这在经济的算盘上讲，也许是不划算的，但是我们不要忘记北大是全国最高学府啊，这里再不养这种专家，则中国文化的某一方面也许就绝种了。

也正因此，所以北大格外欢迎“偷听生”。

北大学生的畸形发展和课程可未始没有关系。他们一入校就分了系，而所有的功课都是年课（year course），一开就是一年。本年开的，下年多半就不开了。史学生在四年中如果仅仅只将中西史基本课程从头选一遍都得赶着紧紧凑凑的选才不至于遗漏。连文学院别系的课都难去上了，哪里还有工夫像清华学生似的去学生物、物理。

至于图书馆和图书，北大是很如人意的。图书馆大楼二十四年秋方才落成启用，立体式凸字形的建筑。后面那尾巴是书库，前面朝南的两翼，包含着东西上下四间大阅览室，楼下西间是中文阅览室，东间是外国文阅览室，楼上西间是杂志阅览室，东间是特别阅览室，因为已经足够用了，特别阅览室通常总是锁上的。每间阅览室，四壁都粉刷得雪白，而其中间两面，开着白天花板下垂，直到齐腰的最新式铁格大玻璃窗，窗内张着厚厚的深色大窗幕。冬天时从南窗晒进一屋子的太阳，光明而温暖，夏天则厚厚的大窗帘可以将东西晒的炎阳挡了出去，而在室内留下清凉的福地。二十来张大阅览桌，整整齐齐的排列成两排，每张桌两旁整整齐齐放着八张很舒适有扶手的靠背椅。每个座位前有一盏漂亮摩登古铜支架的桌灯，电线藏在你看不见的地方。只要在那玲珑光滑的小纽〈钮〉上一旋，就可大放光明。靠北墙从这头到那头一字排开放着一式一样高低，宽窄厚薄的大书架，架上放着普通参考书。中文阅览室，架上是二十四史，九通，百子，各大家文集，等等一式的蓝布壳子，外面贴着一样大的白纸标签，满满站了一壁。外国文阅览室架上则是大英百科全书（好几种不同的版本），法文百科全书，日、俄、德、法、英各国的字典辞典，名人录，年鉴等。杂志阅览室则是最近到的新杂志。这些架上的书是听凭取阅的。每室入口的北手，有一个小柜台隔出来的角落，里面坐着图书管理员，也有些书架，若干地图，辞典放在架上。这些和中文阅览室南墙靠窗玻璃柜中所装的新书，是须要开条子将借书证抵押在管理员手里才能借的。

阅览室的门都开向当中的大厅，厅中北部一个大柜台，这是通向书库的总出纳处。较专门一点的书，得向这里用借书条递进书库里去取，北大图书目录片虽尚未编好，但也有一种特殊便利，你只要开出书名，著者，版本送进柜台，管理员自会替你去找，不必自己弯腰驼背地去翻目录片，北大藏书相当的丰富，我常为着一些问题，动员好些版本的正史。从检查便利的开明版二十五史起，到五洲同文本，汲古阁本，局本，殿本，百衲本，明南监本，以至于元版宋版，得心应手的取来，而每每因之查出许多世传的讹错是由于后来版本之误刊，这种快乐是很可珍贵的。

有一次陈受颐先生领我们进书库去看有关中西交通史的书，上上下下走了一遍，他时而拿起一本大而厚的洋书来，里面的字花花哨哨的我认不得；时而检出一本金碧辉煌文字像画图似的经典来，说是15世纪欧洲修道院的手抄本；时而拿起一堆小小六十四开的本子，说这是在巴黎冷摊上访来的，全世界只剩下了几部；时而拿起平平凡凡的一薄本，说这是全东亚（包括日本）唯一的一册。我只有张大了嘴惊叹，敢情北大还有这么许多宝贝。

走过善本书部，一眼看到架上卧着的一部“第一奇书”，我不禁微微的笑了。介绍北大自然不应当忘记了它。

这还是那年冬天，图书馆里生着暖暖的水汀，在阅览室里看见一年级几个平时乱蹦乱跳的小弟弟们，忽然都一动不动地捧着本大大的线装书在用功，两只眼直盯在上面移动，微微的有点晕旸，脸上红红的，像是在吃着一种醉人的甜果。叫了他们一声，抬起头来笑了笑，又低下头去，有点懒得多说话，也懒得动。“什么迷人的东西？”劈手抢过来，原来是第一奇书，还有图呢。我另捡起一本站在旁边看，慢慢地就着他旁边坐了下去，这一坐就坐了一个多钟头。还好，就凭着这一次偶然的巧遇，我见识了北大这著名的校宝，到北大来而不看一看它，是有一点对不起自己的。

其余的宝物还多得很，现在大概全部被敌人掠夺了。我们不要忘记在第二次马关条约时，清算这一笔要账。

（《东方杂志》40 卷 23 号，1944 年 12 月）

⊙ 谢兴尧[1]

红楼一角

前　言

近十年来，中仅两经马神庙，俯瞻红楼，仰视河柳（北河沿），再睹大学夹道之幽邃，四公主府之堂皇，静穆无言，河山依旧，虽不能说即兴荆棘禾黍之悲，而世变屡更，要不无故国沧桑之感。去岁曾撰《沙滩马神庙》一文（《天地》第四期），谓异日有暇，当另述“老北大”轶闻往事，以见红楼一角，实有关中国之政治与文化。一年以来，因为生活所苦，绕室彷徨——不是巡礼，屡欲为文，而肠胃枯竭，“心弦跳动”，不得已又复搁笔。近忽闻马宅讣闻（四月卅日），惊闻幼渔（裕藻）先生于卅四年四月廿一日竟归道山，乃又握“春秋之笔”而长叹曰：噫！岁月不居，“人往风微”，及今不书，后世何依？虽然余亦深知“俺乃甚等样人”，竟敢继素王之志，敢秉笔之劳，吾何辞焉。老圣人云：贤者识大，不贤识小，凡所纪述，未能盲从，庄重诙谐，皆属善意，知我罪我，其在斯乎。列位请坐，俺这就要响锣开书了哩。

① 初次发表时署名“尧公”。

三 马

我最初看见报上刊的马宅讣文，虽然有幼渔二字，想：“天下同名共姓之人，也是有之”，还不敢相信。因马先生的体格素健，不显衰老，性亦宽厚，应享高年。后见有马珏、马琰之名，始决定无误。马珏女士，为民国十八九年间“北大校花”，在北京地面，着实出过一阵风头，稍为老不点的青年，大约还能记忆；“如花似玉，硕人颀颀”，敢情是：“谁人不知，那个不晓”。还是“道情”里的词儿编得好：“天也空来地也空，人生渺渺在其中。”我就害怕看“天荒地老图”那路玩意儿。

幼渔先生之在北大，真是当朝一品，位列三台。北大国文系之闻名世界，马氏之功实不可没。民十以后，外人谓北大当政者，有“三沈三马”之称，后又有“朱马”之名，实际说来，确够得上是北大的中心人物。三沈者，本科教授沈尹默，沈兼士，预科教授沈士远，本哥儿三〈仨〉也。尹默教汉魏六朝诗文，并以书法名世，惟外间流传甚少。国立北平图书馆馆刊及所印各书，大都由（沈）氏书签。[只]东华门大街有一古玩字画铺招牌，为其法书，脱尽帖意，而规矩苍劲之至。友人谌亚达乃其东床，曾许余代求扇面，以病眼久未交卷。近视极深，尝御墨镜。沈氏于十六年后，曾任河北省教育厅长，及国立女子大学院长，与女秘书褚小姐人争传其曾演罗曼史，人又谓褚乃沈之干闺女焉。小姐者，北大教育系学生，身材不高不矮，而风韵绝佳，虽非豆蔻年华，而曲线美毕露，尤其在夏日炎炎似火烧时，常着黑纱旗袍，人遂以“墨牡丹”为其称号，亦女生中之佼佼也。惟弗知沈、褚关系后来如何；只闻事变后沈在上海，眼疾愈甚，不仅近视，与瞎子盖差不许多矣。

三　沈

兼士则与北大之关系独深，可谓相与终始，虽然兼差，但未则仕，人称之曰：沈三先生。为人宽和开明，无论教职生，对之多表示敬意，尤好扬人之善，奖掖后起，在北大老教授中，可谓最得人心者。仪表大方，衣服修整，有时穿西服，小兜儿之花手绢，常撒"越陈越香"，然并非野心，只不过偷闲学少年，好玩而已。亦戴墨镜，惟其深度，不逮乃兄。教文字学，亦究甲骨金石。其论著多发表于《国学季刊》。曾任北大国学门研究所主任，研究所之规制，皆其手创，不仅北大之功臣，亦蔡系之健将，因蔡老先生兼容并包之人材主义，只（沈）氏能实行之。及蒋（梦麟）胡（适之）主校，门户之见渐深，新学少年骤进，（沈）氏乃兼任故宫博物院文献馆长，及辅仁大学文学院长，于北大关系遂出主入宾，渐至不闻不问，后来教授亦成名誉，数十年之北大"陈人"，只存这么一点关系矣。后来晤（沈）氏，辄多牢骚，亦足见其志不行，中心良苦。所谓三沈三马之时代，乃由蔡至陈（大齐），以十六年革命作一鸿沟。事变后未见，闻不久即赴内地，余以为三沈中以"三先生"最为出色，思想常新，诚老青年。俺之"初出茅庐第一功"，即先生所推荐，今日屡过"九爷府"，犹不胜其感慨也。

沈士远这位先生，我对他的印象很模糊，连他"是个高子，矮子，瘦子，落落落，还是个胖子？"现在都记不大清楚，是不是在预科里，曾听过他的课，亦说不上来，脑筋之坏，实在可以。只记得他叫"沈天下"，啥叫沈天下呢？因为预科里的国文功课，最重要的有两门，一是"国故概要"，一是"文论集要"。这两种都选得很好，都算北大有名的杰作。概要共六册，由周秦诸子讲到汉学考据，又由汉经宋理，直讲到清代朴学，虽然均是些旧文章，而中国思想，学术的源流，完全包括在内。后来有书局把它翻印出来，似乎叫"中国学术史"，又名"国故论衡"。当时不觉得怎样，现在看起来，不免有点高深，不只学员读不了，先生也未见得能够完全明白。既然是诸子百家，三教九流，所以一打头便是老庄孟荀的文字，这里面当然是孟子最容易明白，说的都是大白话，老子荀子是有平易有艰深，也可以查查注子，翻翻《辞源》（那时还没有《辞海》《辞通》，《辞源》还不贵，教老者还买得起）。惟有庄子，他是寓言十九，一会儿讲道，一会儿谈玄，大半可以意会，未便言宣，读起来固然费脑筋，言起来亦多费唇舌。而头一个题目便是《天下篇》，沈先生之享大名，即得力于此。因为他从开学起，直至散馆，由秋徂冬，还没把庄子的天下打下来，今天天下，明天天下，天天天下，弄得大家一听天下还没完没结，便昏昏沉沉，想曲肱坐寐而见周公。因此便有人送他一个大号——“沈天下”。这不是玩笑，而是表示是“天下专家”，天下都是他的，沈先生亦可以自豪矣。他在学术上虽然并不怎么样，始终在预科里打转没有混起来（当时预科教员比起本科来，在资格学问上总好像差一级似的。所以无论学生和教员，由预科入本科都叫升），然而在他方面，并不弱于老三等。北伐以后，他便学优而仕，荣转浙江省府委员兼教育厅长，后来又似乎做过考试院秘书长，北大天下，遂尔丧失，自此亦不知由何人承乏，坐此宝座矣。（文论集要乃选古今来论文章体裁与作法者，多半都是《文心雕龙》，《文史通义》所讲的那套玩意儿。说书的人，似乎是郑奠。时有人撰人名联，以郑奠对阮元。）

北大的三马，与甘肃的五马，都是社会上赫赫的重要人物，虽然是文武殊途，而权柄在握，又殊途同归。三马者，幼渔，叔平，隅卿也。（应该是马叙伦）前二马之名尤大，亦亲哥儿们，后一马则粹然学者，以究小说杂曲著名于时，收藏亦富。幼渔名裕藻，与弟叔平，及沈兼士均太炎弟子，所谓“吾师太炎”者也。任北大国文系主任最久，称得起北大陈人，教小学音韵，喜弄戴学。故戴东原之在北大显灵，不幸被马胡二位解剖，幼渔尝撰《戴东原之音韵》，适之则谈《戴东原之哲学》，闹腾许久，东原终不如曹雪芹之走红运，可见古人亦有“走字”与“不走字”之分也。幼渔为人，宽宏大量，老穿着朴素的长袍和黑皮鞋，虽然显得有点“骆驼”，而学者本色，非常调和。北大国学系之负盛名，他实在是手〈首〉创的开国元勋，公主府（马神庙）银安殿（北大评议会）上那二十四把金交椅，他总算是首坐〈座〉。然而主任也不是好当的，在以前一到开学，他坐着包车，一面网罗新人才，同时还联络旧朋友，就凭这份虚心，就值得称赞，所以凡是有点能耐的主儿，或不肯下人的气节之士，都可到这儿来露一露。哪像现在的大主任老爷，往办公桌旁藤椅上一坐，“来呀来呀”的，让教老者“一列励行”地去递手本，挨次传见。单闻这股官气，便把干吗点的人冲到九霄云外；并且还常听见说：“国文儿史地先生有的是。”你想这种话就是不怎么样的人，听着也是难受，未免太瞧不起人不是？所以幼渔先生，至少还是老辈典型，还带点尊师重道的意味。后来调和新旧，尤费苦心，新的胡博士那一班子人马，老在旁边挑眼，旧人如晦闻先生（黄节）不言不语，只有公铎（林损）好发高论，到处给主任闯祸，并且因为作讽刺诗得罪校长（公铎曾以全诗示余，惜未抄录，好像有“莫教文君泣前鱼”句。时蒋氏正取消苍髯，“陶醉”于燕尔新婚也），幼渔虽尽了最大的调护之力，而结果是公铎留“讨胡函”而去职，老博士亦亲自出马，由本帅兼代前部先行——文学院长兼国文系主任。幼渔对老朋友这点义气，总算说得出去，这大概足二十年左右的事，所谓三马同槽，已“孤独一枝”矣（叔平）。

朱马并称

中间还有“朱马”并称的故事，这完全与北大的校风有关。因为自从蔡元培长校以来，便实行民主主义，绝对公开。校政方面，有由重要教授组织的“评议会”决定一切。学生方面，则有学生会，可以向学校当局建议。譬如说：有位先生，学校方面不愿意请他，而学生慕其虚名，非请他不可，若两方都坚持，则总有一方让步，校方大半以敷衍拖延为手段。自民十六革军北伐，学界风潮尤为澎湃，新留学回来的，谁都懂得政治手腕，于是设法煽动学生中的有力分子，以群众为后盾，向学校说话，名为请求，实即要挟。这中间凡信仰、同乡、亲戚，各种关系都有，只要讣闻上所列的那些谊，都用得上，又以主义与党谊的作用，最为激烈，为什么都讲究抓住大众思想和心理呢？我还记得，似乎有位研究农村经济的新人物，也曾在北大教过书，这时忽又想回北大做教授，学校当局大概是恐怕他戴的红帽子，将来惹起麻烦。没想到这位先生便以学生为斗争工具，来个“霸王硬上弓”，说朱希祖（史学系主任）、马裕藻二人把持校政，不肯聘请新人。中间也曾贴标语，闹风潮，末了这位先生还是进来。不过风言风语的总说朱马是思想陈旧，老朽昏庸，这正是当时的新鲜词儿，同时便是载在党章的不赦罪名。后来大胡子（朱）之离开北大，或与此不无关系，一个大时代下，这种现象，本来毫无足异也。

由三马说到“朱马”，这算是评书里的“倒插笔”，还是书归正传，接解下回。叔平名衡，乃三马中最有心胸的一个，做事也比较做得大，所以三沈三马，都是梭形，两头细而中间憨，也可说是中发。他住在小哑吧〈巴〉胡同，小个儿留着苍苍的浅平头，说话慢吞吞的，老穿西服，十足的东洋派。配上那张酱油色的面孔，上宽下削，你就想和他亲近，也亲近不来，冷若冰霜的神气，与兼士的热情，苦雨的和煦，都大大的相反。有人曾发明，说没有见过胡博士着西装，马先生穿中服，据俺六七年的经验，这条定律，确未打破。但君不见北大的文科，不就住的是又大又破的洋楼，理科反是守旧的王府，自古以来就走的这个风水，后人要想改变，即是逆天行事。数学家冯汉叔的大烟锅，也是北大的特色，正是这个道理。不过我看见词家许之衡和尚头穿西服，走路一拐一拐的同“棉花足”一样，倒是有点滑稽，不大顺眼。话说得远了，还是谈马四罢。他教的是金石学，会刻印章，并擅书法，现在“景山门”三个大字，及北平图书馆的立匾，相传都是他写的。他的性情，是谨严精刻的一路，所以在北大，无论新旧，差不多没人敢惹他，他也不爱管闲事，一举一动，都在筋节上，干看他没奈何。鲁迅翁曾称自己是“两三点钟的小讲师”。意思是两三点钟的讲师，没有发言权，然而叔平便是两三点钟赫赫然的大教授，可见事在人为，并不一定。再说以前北大两点钟的教授有的是，也不算希奇。本来在外国，教授的钟点越少，越显得是专门，而不懂眼的人看来，总觉太寒尘〈碜〉不万能，有点不够资格。听说后来凡是教授，都规定八小时，简直不是卖知识，而是卖力气了。他也曾兼过史学系主任，图书馆馆长，是不是受了两三点钟的影响，我不知道。后来率性由里面兼到外头，做了故宫博物院古物馆长，与沈三先生都是一字并肩王。等易培基盗宝案发生，一溜烟颠儿了，他便坐升故宫院长，遂一跃而为北京文化界三巨头（北大校长，北平图书馆长，故宫博物院长）之一。好，这一下子飞黄腾达，坐着流线型汽车满街跑不算，并坐飞机在南北天空足幌〈晃〉悠，俨然名角要人矣。人只要一走子午，真是同做梦一样，你坐在坑上不用动，自然就有许多事来找你，而且“非你不可”。你瞧，不早不晚，好好的大英老皇也凑份子在这时梗〈嗝〉儿屁了，新王登基，教主加冕，天下万国，都到伦敦开赛宝大会。中国是古老大国，要别的没有，宝贝有的是，而故宫又是历代帝王聚集下来的，可说是天下之宝皆归焉。单是那座十三层的黄金宝塔，每层的坠了，不是夜明珠，便是避火球，还有钻石，都是鸡蛋大的，你就说有多少克拉？不用说番邦洋鬼子没开过眼，就是玉皇大帝宝座上，也没有这些东西。所以这一次中国的脸漏〈露〉足了，同时故宫和马院长的风头也出够了，就是押宝去赛会的人，也满脸威风。后来他们还把赛会时印的照片与说明书送俺一份，（现在古玩铺还有卖的）据说一张门票，便得卖几个金蹦〈镚〉子儿，鬼子还直嚷便宜。为什么都知道洋鬼子识宝呢，那时故宫门票才售五毛钱，老太太们还嫌太贵，现在，你花多少钱也看不着，不是悔之晚矣。又有古物南迁，因当时（二十二年）北京日在风雨飘摇之中，人民还有两条腿可跑，宝贝不能不翼而飞，没有脚不会走，马先生便是押运古物的大员，虽然辛苦一点，而因此颇得政府信任。听说现在还在贵阳，享与（古）物同庥之福。

马后有马

至于其他一马，则颇有疑问，有人说是马廉字隅卿者，这大概是与上二马有难兄难弟关系，以便比之于《水浒传》的阮氏三雄。不过他与北大的关系极浅，与孔德的关系倒深。依我看既称三马当政，则“此马来头必大”，非寻常可比，似应属之马叙伦，叙伦字夷初，北大教授，讲诸子哲学，又长于诗文之国学家也。中等身材，留着两撇牛角胡子，貌似老儒，而思想激烈，每逢会议，必慷慨激昂，每请愿游行，必手执号筒，前队冲锋。与李石曾，顾孟余等，均能抓住群众，且具极浓厚之民党色采〈彩〉者。与太炎为友，又与吴稚晖、李石曾为同道，盖学生运动中之老英雄。北伐后任教次甚久，遂未北来，虽学而未阀，要系学者中之政客，故在北大前期，极有势力。与上二人相联，可称文科之“拐子马”。若舍夷初而取隅卿，殊不伦不类，未免有续貂之讥焉。

又有马寅初，虽名教授而在经济系，后任立法委员，似不在三马之列。将来谈法科时，再来说他。

哲学对台

老北大（民十至十五）之文学院，国文学系之驰名世界无论矣。即哲学方面之名教授，亦很有几位，当时如胡适博士之“中国哲学史”，梁漱溟教授之“印度哲学”，马叙伦次长之“老庄哲学”，蜀人张颐之研究黑狗儿，陈大齐先生之讲“伦理学”等。这几位都称得起是有两把家伙的主儿，并且都出有《大学丛书》，世称杰著。其他讲授哲学的哲人还很多，因为他的著作不很出名，也就只好委曲点打入二三流，不在话下，咱的眼光虽然似乎势利一些，然而为叙述方便起见，也就无可如何。

《大学丛书》里最有名而销数最大的，当然得数胡先生的《中国哲学史大纲》和梁先生的《东西文化及其哲学》，这两本书究竟销了多少，若确实统计起来，恐怕也是一个很有趣味的事情。而其原因，又有“打哲学对台”的传说。可惜我只听见老同学们说得津津有味，没有亲眼得见。本来以留学美国的洋博士而教中国哲学史，以布鞋布袜实行墨家精神的土学者，而高谈东西文化，西洋文明，根本就有点滑稽。不过两位都够得上是思想家，真能“溟究胡讨”一气。不只说得天花乱坠，头头是道，也真讲得出个所以然，所以两位先生都能叫座。据说在同时同地的楼上楼下，胡梁二位便打起哲学对台，胡博士讥梁先生说他连电影院都没进去过，怎么可以讲东西文化，印度哲学？岂不同“持管”“扪烛”的笑话故事一样。梁先生则说胡博士根本不懂啥叫哲学，正犯着老圣人“学而不思则罔，思而不学则殆”的毛病。惟大家都佩服他们学问精湛，各有专长，这可以说是北大的极盛时代。

梁先生是广西桂林人，原名焕鼎，号漱溟，后以字行，其父名济字巨川，为清室遗臣，殁谥贞端，刊有《梁先生遗书六种》行世。漱溟深目平顶，朴质无文，讲演时则滔滔不绝。尝闻其居西山时，日食粗粝，人多异之，实一思想家而兼笃行者。民十五后，即往山东邹平，作模范农村之实验，并附设学院，与晏阳初等之在河北定县建新村者相似，似又由文化思想理论上之探讨，转入社会经济之实行，自此以后，即脱离北大，著述不多见矣。先生盖欲以一身而兼墨子许行（农家）之行事，可谓卓越人矣。

（《子曰丛刊》第 2 辑，1948 年 6 月）

⊙ 周作人[①]

红楼内外

读了荛公的《红楼一角》，觉得很有兴趣，因为所记的事有些也是我所亲自见闻的。我于民六到了北大，那正是文学革命与新文化运动的前夜，我出了课堂，却又进了办公室，当一名小小的职员，与学生教员一直保持着接触，所以这以后的许多事情，如五四、六三事件，八校教员索薪，以至三一八事件，我都在旁看着听着，如今事隔二十多年，虽然大半有点忘记了，但约略记得的也还不少。这回因了《红楼一角》的文章，引起了我的记忆，另〈零〉碎的记了下来，聊以当豆棚瓜架下的消暑资料吧。

从卯字号说起

这里话得从卯字号说起，或者更在以前一点也说不定。民七以前，北大红楼正在建筑中，文理科都在马神庙的四公主府，而且那个迤东的大红门也还没有，只从后来所谓西斋的门出入。进门以后，往东一带若干间的平房，不知什么缘故普通叫做卯字号，民六时作为文科教

① 初次发表时署名“王寿遐”。

员的预备室，一个人一间，许多名人每日都在这里聚集，如胡适博士，刘半农，钱玄同，朱希祖以及《红楼一角》中所说沈马诸公，——但其时实在还只有尹默与马裕藻而已，沈兼士在香山养病，马衡大概在上海，未曾进北大哩。卯字号的最有名的逸事便是这里有过两个老兔子和三个小兔子。这件事说明了极是简单，因为文科有陈独秀与朱希祖是己卯年生的，又有三人则是辛卯年生，即是胡适之、刘半农、刘文典，在民六才只二十七岁，过了三十多年之后再提起来，陈朱刘（半农）已早归了道山，就是当时翩翩年少的胡君也已成了五十八岁的老博士了。

这五位卯年生的名人之中，在北大资格最老的要算朱希祖，他还是民初（是民国二年吧）进校的，别人都在蔡孑民先生长校之后，陈独秀大概还在民五冬天，其他则在民六了。朱先生是章太炎先生的弟子，在北大主讲中国文学史，但是他的海盐话很不好懂，在江浙学生还不妨事，有些北方人听到毕业也还是不明白。有一个同学说，他听讲文学史到了周朝，教师反复地说孔子是厌世思想的，心理〈里〉很是奇怪，又看黑板上所写引用孔子的话，都是积极的，一点看不出厌世的痕迹，尤其觉得纳闷。如是过了好久，不知因了什么机会，忽然省悟所谓厌世思想，实在乃是说的现世思想，因为朱先生读“现”字不照国语发音如献，仍用方音读作艳，与厌字音很相近似了。但是北方学生很是老实，虽然听不懂他的说话，却很安分，不曾表示反对，那些出来和他为难的反而是南方尤其是浙江的学生，这也是一件很有趣的事。在同班中有一位姓敷的——这自然不是真姓，我们姑且以中国旧字母代之，他捣乱得顶利害，可是外面一点都看不出，大家还觉得他是用功安分的好学生。在他毕业了几年之后，才自己告诉我说，遇见讲义上有什么漏洞可指的时候，他并不开口，只写一小纸条搓团，丢给别的学生，让他起来说话，于是每星期几乎总有人对先生质问指摘。这已经闹得教员很窘了，末了不知怎么又有什么匿名信出现，做很恶毒的人身攻击，也不清楚这是什么人的主动。学校方面终于弄得不能不问，把一位向来出头反对的姓心的学生，在将要毕业的前几时除了名，而姓敷的仁兄安然毕业，成了文学士。这姓敷的是区区的同乡，而姓心的则是朱老夫子自己的同乡，都是浙江人，可以说是颇有意思的一段因缘。

林琴南的“蠡叟丛谈”

后来还有一回类似的事，在五四之前，大约是民七吧，文学革命运动渐渐的起劲，校内外都发生了相当的反应，校外的反对派代表是林琴南，他在《新申报》《公言报》上时常发表文章，肆行攻击，顶有名的是《新申报》上的“蠡叟丛谈”，本是假《聊斋》之流，没有什么价值，其中有一篇名叫“荆生”的寓言，是专门攻击陈独秀、胡适、钱玄同的，三人均有化名，钱玄同的金心异曾见于鲁迅的书札中，胡博士的狄莫——盖用《论语》无适也无莫也的典故，便不见有人提起，陈独秀则似名田恒，想起来也有点不大确实了。法科学生张缪子喜欢谈京戏，常在《公言报》的报屁股上写些戏评杂文，有一时还曾经同《新青年》的同人讨论过旧戏，虽然双方意见极端相反，却也还没有发生什么冲突。后来林琴南的攻势愈加来得猛烈了，大有凭藉了段祺瑞一派的势力来干涉北大的形势，（那篇《荆生》里便很有明显的表示，这时候虽未动手，但在五四以后，陈独秀终于被迫辞了文科学长而去了。）张缪子也有在内策应之嫌疑，于是学校方面下了断然的处置，将他除名，也在毕业之前，与心君后先晖〈辉〉映，更没有第三人可与媲美，因为在蔡校长治下的北大是向来不大开除学生的。现在想起来，这两件似乎都是疑狱，那匿名文件是否心君所为恐怕并无充分证据，张君的内应也不见得真是那么严重，大概透露校内消息，给林琴南做点情报，也许有的，或者不值得那么看重，但是那时北大受着旧势力的袭击，在风雨飘摇之中，急谋自卫，不得不取这种处分，也是不足怪的事吧。

古今中外蔡校长瓜皮小帽辜鸿铭

蔡校长办学是主张兼容并包的，所以当时有些人给他一个四字的批语，叫作古今中外。这四个字虽然似乎散漫，但很足以表示他独有的自由思想的精神，在他以外没有人赶得上，就是现今美国叔叔十分恭维的胡校长，也恐怕还要差一个点儿吧。他所请的各教授中，第一个有特色的，大概中外一致的要推辜鸿铭了，他是闽南人，他的母亲本是西洋人吧，所以生得一副深眼睛高鼻子的洋人相，头上一撮黄头毛，却编作一条小辫子，冬天穿枣红宁绸的大袖方马褂，上戴瓜皮小帽，不要说在民国十年前后的北京，就是在前清时代，马路上遇见这样一位小城市里的华装教士似的人物，大家也不免要张大了眼睛看得出神的吧。尤其妙的是他那包车的车夫，不知是从哪里乡下去找了来的，也是一个背拖大辫的汉子，正同课堂上的主人一样，他在红楼的大门外坐在车兜上等着，也不失为车夫队中一个特出的人物。辜鸿铭早年留学苏格兰，归国后有一时也是西装革履，显出是高等华人，可是后来却变成那一副怪相，嘴里也满口春秋大义，成了十足的保皇党了。他在北大教的是拉丁文等功课，不能发挥他的正统思想，可是他总随时随地想要找机会发泄。例如有一次北大开文科教授会，讨论功课，各人纷纷发言，蔡校长也站起来想要说话，辜鸿铭一眼看见首先大声说道，现在请大家听校长的吩咐！这是他原来的语气，他的精神也就充分表现在里边了。

关于端先生

又有一次是五四运动时，六三以后，大概是民八的六月五日左右吧。北大教授在红楼第二层临街的一间教室里开临时会议，除应付事件外有一件是挽留蔡校长。各人照例说了好些话，反正对于挽留是没有异议的，问题只怎么办，打电报呢，还是派代表南下。辜鸿铭也走上讲台，赞成挽留校长，却有他自己的特别理由。他说道，校长是我们学校的皇帝，所以非得挽留不可。《新青年》的反帝反封建的朋友们有好些都在座，但是因为他是赞成挽留蔡校长的，所以也没有人再来和他抬杠。可是后面的一个人出来说话，却无意中闹了一个大乱子，也是一件很好笑的事。这位理科教授姓端，是江苏人，本来能讲普通话，可是他一上讲台去，说了一大串叫人听了难懂，而且又非常难受的话。那时天气本是炎热，时在下午，又在高楼上一间房里，聚集了许多人，大家已经很是烦躁的了，这端先生的话虽是个个字可以听得清，可是几乎没有两个字以上连得起来的，只听他单调地断续地说道，我们、今天、今天、我们、北大、今天、北大、我们，如是者略约有两三分钟，不，或者简直只有半分钟也说不定，但是人们仿佛觉得已是很长久，在热闷的空气中，听了这单调的断续的单语，有如在头顶上滴着屋漏水，实在令人不容易忍受。大家正在焦躁，不知怎么办才好的时候，忽然教室的门开了一点，有人把刘半农叫了出去。不久就听得刘君在门外顿足大声骂道，“混账”！里边的人都愕然出惊，端先生以为是在骂他，也便匆匆地下了讲台，退回原位去了。这样，会议就中途停顿，等到刘半农回来报告，才知道是怎么的一回事，这所骂的当然并不是端先生，却是法科学长王某，他的名字忘记了，仿佛其中有一个祖字。六三那一天，北京的中小学生都列队出来讲演，援助五四被捕的学生，北京政府便派军警把这些中小学生一队队的捉了来，都监禁在北大法科校舍内。各方面纷纷援助，赠送食物，北大方面略尽地主之谊，预备茶水食料之类，也就法科支用了若干款项。这数目记不清了，大约也不大会多，或者是一二百元吧，北大教授会决定请学校核消此款，归入正式开支之内。可是法科学长不允许，于是事务员跑来找刘半农，因为他是教授会的干事负责人，刘君听了不禁发起火来，破口大喝一声，后来大概法科方面也得了着落，而在当时解决了端先生的纠纷，其功劳实在也是很大的。因为假如没有他这一来，会场里会得要发生很严重的结果。看那时情形，端先生暂时并无自动停止的意思，而这样的讲下去，听的人又忍受不了，立刻就得会有挺〈铤〉而走险的可能。刘文典也在场，据他日后对人说，其时倘若没有刘半农的那一喝，他就要奔上讲台去，先打一个耳光，随后再叩头谢罪，因为他再也忍受不下去了。

《新青年》与《国故》

北大文科教员中，有《新青年》《国故》新旧两派对立，这原是事实，但是对立着而并未正式开过火。《国故》以旧派学生为主体，办的也不很出色，教员中只有黄季刚在课堂内外对学生骂骂而已，向不执笔，刘申叔写些文章，也只谈旧学，却未骂人。《新青年》上写文章的都是教员，积极的取攻势，猛厉无比，刘半农复王敬轩书最为痛快，至于王敬轩原是社内“某君”的化名，后来也成为公开秘密了。随感录与通信也是一种匕首似的战斗文章，以钱玄同的为多，因为他的意见多以通信随感发表，不写正式文章，直到《语丝》时代这才以“废话”的题目写些小文，但实在也还是杂感的性质。随感录中又有一件逸事，不知道哪一期上登有一则，署名“二十八画生”，这是后来非常有名的人物，姓名暂不便发表，只是三个字总算起来是二十八笔，所以他用了这别号，至于内容则已忘记，大概很是平常，总之不是谈社会主义的。（这逸事恐怕知道的人不大多，我也还是在二十年前，偶然遇见疑古先生，听他谈起才知道的，他记得这一类的新掌故真多，可惜故去了，没有笔录一部分下来。）《新青年》本来名叫《青年杂志》，是极平凡的一种学生读物，归陈独秀编辑后始改名，经胡博士从美国投稿帮忙，成为文学革命的先锋。民七时又由北大教员几个人每月捐出一点钱来，创办了《每周评论》，在五四时很发挥了些力量，但是不久给政府禁止了，只出了三十六期，其时陈独秀因为在市场发传单，早已拘禁在警厅，这周刊虽然由胡博士代任编辑，亦已成了强弩之末，停刊也觉得没有什么可惜了。胡博士向来写文章的态度很是严肃，不主张用别号，也不说游戏话或激烈一点的话。但是在他代编的时期，他也用过好几个别号，如 QV 即 Quo Vddis 的缩写，意示你往何处去，为胡适二字的意译，又如天风，则不知道是什么用意。陈独秀的笔名是只眼，李守常的似是一个明字。独秀被捕后，《每周评论》随感录栏上有一则云，出研究室进监狱，出监狱进研究室，是学者的任务，这也是胡博士的手笔。这种文句在他平时著作中绝不容易找得出，所以不失为逸闻的好资料，上十四字确是原文如此，下一句有点儿模糊了。学生中间所办的新刊物则有《新潮》，是响应《新青年》的文学革命运动而起来的，由国文系傅某英文系罗某主持其事。傅本是黄季刚派的重要学生，这时来了一个两直角的转变，陈独秀当时便很有点怀疑，是不是那方面的第五纵队呢，那时候北大内有反朱案，余波未了，外有林派的反动势力，形势未可乐观，这种疑虑实在也不是无理由的。这中间的事只是得诸传闻，大概由于胡博士的保驾，学校对于傅罗的计划加以赞可，为之垫款印刷发行，前后一共出了三卷。上文所说的事情大抵至五四那一年为止，其时北大文科已经移在汉花园的新建宿舍内，就是世间所说的红楼，马神庙的校舍作为理科，校长办公处也在里边，卯字号也早已不存在，那一部分地方似乎改做了校医室，有一个时候又做过女生寄宿舍，与我们所讲的故事便没有什么关系了。

红楼中的名人

北大红楼中有不少的名人，许多逸事都有纪录的价值，如马裕藻、许之衡、林损、刘半农、钱玄同诸人都已去世，又事隔二三十年，现在谈谈似乎也不妨事了。但是他们都是我的前辈，随便谈讲他们的故事，虽然并不一定牵涉个人的私德，而且讲话的人也无故意毁谤的意思，总之逸事都不免有点滑稽味，那就含有小小不敬之意，不是后学所应当的，所以不能不从谨慎，只好选择无甚关系的事情纪述几则下来，真是所谓管中窥豹，略见一斑，一斑虽少，却总是豹的文采，或者也还值得一窥吧。

有一位明先生，（也不是真姓，以旧式反切字母代之。）是文科的老教授之一，为人很和蔼，有学问，只是有一种特殊的脾气，那便是所谓誉妻癖。本来在知识阶级中间这是很平常的事，居家相敬如宾，出外说到太太，总说自己不如，或是学问好，或是治家有方，有些人听了也不大以为然，但这毕竟与季常之癖稍有不同，所以并无什么可笑之处，至多是有点幽默味罢了。明先生有一时候曾在女师大兼课，上课时不知怎的说及那个问题，关于“内人”讲了些话，到了下星期的上课时间，有两个女学生提出请求道：“这一班还请老师给我们讲讲内人的事吧！”这很使得明先生有点为难，大概是嗨嗨一笑，翻开讲义夹来，模糊过去了吧。这班学生里很出些人物，便是对明先生开那玩笑的人也都是后来有名的，但是这些只好从略，此时不便发表了。

连类的想到了晓先生的故事。晓先生是专教词曲的教员，专门学问自然不错，可是打扮有点特别，模样是个老学究，却穿了一套西服，推光和尚头，脑门上留下手掌大的一片头发，状如桃子，长约四五分，不知是何取义。他在北大还好，可是到女子文理学院去兼课的时候，就可以想得到不免要受点窘了。其实那里的学生倒也并不怎么特别窘他，只是从上课的情形上可以看出他的一点窘状来而已。我有一个同学，在那里教国文，有一回叫学生作文，写教室里的印象，其中一篇写得颇妙，即是讲晓先生的，虽然不曾说出姓名来。她说有一位教师进来，身穿西服，光头，前面留着一个桃子，走上讲台，深深地一鞠躬，随后翻开书来讲。学生们有编织东西的，有看小说写信的，有三三两两低声说话的。起初说话的声音很低，可是逐渐响起来，教师的话有点不大听得出了，于是教师用力提高声音，于嗡嗡声的上面又零零落落地听到讲义里的词句，但这也只是暂时的，因为学生的说话相应地也加响，又将教师的声音沉没到里边去了。这样一直到了下课的钟声响了，晓先生乃又深深的一躬，踱下了讲台，这事才告一段落。鲁迅的小说里有一篇《高老夫子》，说高尔础老夫子往女学校去上历史课，向讲台下一望，看见满屋子蓬蓬的头发，和许多鼻孔与眼睛，使他大发生其恐慌，《袁了凡纲鉴》本来没有预备充分，因此更着了忙，匆匆地逃了出去。这位慕高尔基而改名的老夫子尚且不免如此慌张，别人自然也是一样，但是晓先生却还忍耐得住，所以教得下去，不过窘也总是难免的了。

不客气的林公铎

和上边两位先生相反的有一个林公铎，单名一个损字。他对人的态度是相当强韧（不是硬）的，其不客气的地方也实在可以佩服。有一回我跑到国文系去找主任说话，可是主任还没来，只好在那里暂等，有一位姓甘的毕业生早已等着，此外则只有林先生，他是来上课的。甘君等久了觉得无聊，便去同林先生搭讪说话，桌上适有一个北大三十几周年纪念册，拿起来说道，林先生看过这册子么，里边的文章怎么样？林先生微微摇头道，不通，不通。这已经够了，可是甘君还不肯甘休，翻开册内自己的一篇文章，指着说，林先生看我这篇怎样？林先生从容地答道，亦不通，亦不通。（当时的确说“亦”不是说“也”的。）甘君名大文，本在中国大学读书，因听了胡博士的讲演，转到北大哲学系来，能作几万言的洋洋大文，曾在孙伏园的《晨报副刊》上登载《陶渊明与托尔斯泰》一文，接续登了有两三个月之久，读者看了又头痛又佩服。甘君的应酬交际工夫十二分的绵密，许多教授都惶恐退避，可是他遇着了林公铎，也就一败涂地了。

论甘君的学力，教教书总是可以的，但他过于自信，其态度也颇强韧，所以终于失败。疑古先生曾经介绍他到师大去教“大一国文”，他的选本第一篇是韩愈的《进学解》，第二篇以下至于第末都是他自己的大作，学期末了学生便去要求主任把他撤换了。后来我到沙滩的一家公寓里去访报人刘少少，看见对门住着一位名叫乌英的秃顶怪老人，说是美国也到过，终日呜呜地念他自作的诗词，因为是台州口音，也听不懂是什么词句，只据刘少少说，见过他一首新词，却都是苏东坡的话，中间只有五个字不一样。俗语说，文章是自己的好，这也是人情之常，但如甘、乌者则是极端的例，可以说是世间少有的了。

林公铎嗜酒，平常遇见总是脸红红的，讲学问写文章都不免有爱使气的地方。我在红楼常见着他，曾问他在北大外还有兼课么，答说在中国大学有两小时。什么课呢，说是唐诗。我又好奇追问道，林先生讲哪些人的诗呢？他的答复很出意外，他说是讲陶渊明。大家知道陶渊明与唐朝之间还整个的隔着一个（姑且说一个吧）南北朝，可是他就是那样的讲的。他算是北大老教授中旧派之一人，在民国二十年顷北大改组时和许之衡一起被学校所辞退了。北大旧例，聘请教员头一年规定任期一年，算是试教，假如两方面都没有问题，第二学年便送来一个正式聘书，只简单的说聘为教授，并无年限及薪水数目，因为这聘任是无限期的，假如不因特别事故有一方面预先声明解约，这便永久有效。十八年以后始改为每年送聘书，如至本学年末不曾收到，那便算是解了聘，在学校方面生怕照从前的办法，有不合理的教授拿着无限期聘书，学校要解约时硬不肯走，所以改用了这个方法。其实也不尽然，这原是在人不在办法，和平的人就是拿着无限期聘书，也会不则一声的走了，激烈的虽是期限已满，也还要争执，不肯罢休的。许之衡便是前者的例，林公铎则属于后者，他大写其抗议的文章，在《世界日报》上发表的致胡博士（其时为文学院长兼国文学系主任）的信中，有“遗我一矢”之语，但是胡博士并不回答，所以这事也就不久平息了。

钱玄同与刘半农

说起逸事来，当以钱玄同、刘半农二人为最多，但琐屑而近于笑话的也多不宜于纪录，现在且挑选两件事，都是关于鞋子的来一说吧。疑古先生的逸事是马九先生所常讲的，疑古也听着微笑，大概并非假作，不过多一点文饰当然也是有的。马九先生是马氏兄弟中最小的一个，专门研究明代小说，很有工夫，少时写有《劳久笔记》，讲小说戏曲的考据书中常有征引，云著者不详，其实这原只是老九二字的变化罢了。据说疑古先生有一天，大约还在民十以前吧，从什么地方以廉价买得一双夹鞋，说是枣红宁绸的，这自然是说话人的夸张，恐怕也就是黑色哔叽之类而已。及至拿回来一看，却是左右两只脚一样的，旧式鞋子本来都是如此，而这乃是原分左右，是认脚穿的，但如今却是两只一样，即是说两只鞋都是左脚，或者都是右脚的。我们推想这鞋不是从什么有招牌的店铺里买来的，所以疑古先生无法去退换，觉得很窘。这并不因了块把钞票的损失，那是小事，窘的是没法子处分这两只一样的鞋子。假如扔在垃圾堆废纸篓里，也会有人发见，而且看了要发笑，不免传扬开去。情急计生，等到晚间，他拿起鞋子的纸包，出门雇了洋车走到市场，下车时故意将鞋包留在车上，心想溜走，不料这车夫是个规矩老实人，一眼看见了便即把他叫住，说先生你忘了东西了。疑古先生于是不得不哭丧着脸回转去，向车夫道了谢，仍将那鞋子带了回来。到了第二天清早，想出了更好的办法，他走到中央公园，花了五分钱门票，一径往公共厕所去，恰巧没有人，便赶紧将鞋包放将角落里，小偷似的（这是马九先生原来的口气）心惊胆战地踅了出来，一溜烟地从后门走出公园，奔回宿舍去了。至于刘半农的事情，说来极其简单，并无这些曲折。在民国六七年顷，还只有二十七八岁，当然很是时髦的，平时衣着怎样大家当时看过也忘记了，只有一回，他打扮得有点特别，手里拿着一根长只二尺的短棍，脚上着了一双时式新鞋。材料不知道是什么东西，总是一种绸类吧，颜色很奇怪，仿佛是俗称霞色的有似出炉银而更浓厚，上边又有鱼鳞似的花纹模样。熟朋友嘲笑他，说他穿鱼皮鞋子，这事就成为故实，刘半农的“鱼皮鞋子”说起来大家多知道，不过这已经是三十年前的故事，刘博士于二十三年去世，这些事情以后也就少有人知道了。刘半农于那一年夏天往内蒙古一带调查语音，在蒙古包内被虱子咬了几口，竟得了回归热，回北平来医治。这回归热大概七天发一转，比“四日两头”的疟疾还要来得凶恶，其螺旋形的病菌却是同梅毒的是一类的，所以如用了六零六或九一四之类注射就可以治好。但是刘半农的病却有点耽误了，即使病治好了，而血细胞太被破坏，心脏出了危险，也已不能挽救了。刘半农殁于廿三年七月，年四十八。钱玄同则于廿八年一月去世，年五十三岁，原因是脑溢血，旧称中风，今则一般称为脑冲〈出〉血，却是新旧医学上所没有的名字。钱、刘都很有风趣，又各具绝学，在北大中是很不易得的教授，他们的早死实在是学问上的一个大损失，我想同意的人一定也很不少，不单只是认识的人觉得如此吧。

戏曲与印度哲学

大学国文学系里有戏曲的功课，始于北大，大概也是民六吧，当时文化界听了还议论纷然，记得上海的《时事新报》有过嘲骂的话，这还是在研究系参加新文化运动之前，所以也是不足为怪的。最初的教员是吴梅，号瞿安，他回南京之后始推荐许之衡继任。吴瞿安很喜饮酒，不记得是那一年，我在红楼上看见他，问他近来酒兴如何，他说因为有病，听医生劝告，不喝酒了，可是晚上不喝便睡不着，所以还喝一点。我问喝多少呢，他笑嘻嘻道，不过就是一斤。这话说得很有点幽默，可是他的意见与思想却是很正统的，虽然所教的功课是戏曲。后来见到卢冀野所编《清都散客二种》，有吴瞿安的跋语，硬拉六一居士做陪客说赵梦白的有些散曲小令是人家伪托的，其实这真是赵忠毅公有魄力有情性的所在，也是集子里极有意思的几篇作品。哲学系里也有一门新功课，即是印度哲学史，讲的是婆罗门及外道六师的哲学，大约也颇为正统派佛教徒所不满，教师是许丹，字季上，所编讲义很古雅可诵。蔡校长最初想请万慧法师来教，他是谢无量的兄弟，出家为僧，在印度留学，但是他回信谢绝了，不愿意回来，所以改请了许季上。许君教了一两年，也坚决地辞职了，理由是依照佛法不能以道法卖钱，他是佛教密宗的信徒，所以我们怀疑他所说的理由只是一半，还有一半恐怕也是不愿意讲外道的学问的缘故吧。后任的教师是梁漱溟，他讲印度哲学不记得多久，但也随即变向，由佛教转入儒教，有名的著书《东西文化及其哲学》即是在北大讲学的一部分结果。梁君现尚健在，不宜随便评论他，这里所说只以校事为限，总之印度哲学在北大的运气不大好，不能得到专家予以介绍发挥，近来吴晓铃、金克木诸君听说从印度回来，不知对于此事有无兴趣，或者能介绍印度哲学文学进来，总之是颇有希望的事吧。

水先生张竞生博士

北大教员中有一个人，我们总不宜忽略不提的，那便是张竞生博士。他在社会上批评现在不管是如何，总之在北大讲“美的生活”的时候，他的态度是诚实的，所主张的话也多合理，虽然不免有好些浪漫的地方。他的《性史》第一集，在出版以前曾经同我谈及，印成后送给我一册，这是原版初印的真本，以后在上海续出的各集真假如何，不曾研究，也没有见到，所以无从说起，大概更是每下愈况了。《性史》第一集不能说写得好，只是当初本意原是不坏的，英国人的《性心理研究》七册中，常常附有调查来的各人性史，男女都有，长短详略不同，却都是诚实的报告，也是一种很有价值的研究资料，张君自己谈的原意即是想照样的来一下，所以我说这本不坏。不过写的人太不高明了，这里边有没有张君的大作我不知道，总之如看过《性心理研究》上的记录的人总不应当那么乱写，特别是小江平那么的描写，平白地把性史的名字糟塌〈蹋〉了，实在是可惜的事。张君自己的文章，到了上海以后也就随之而下落，所广告的《第三种水》不知真出版了没有，单就他所说的话看来，就够荒唐无稽了，只要查考英蔼理斯，以及奥大利勃劳厄耳，荷兰凡特威耳台诸人的书，并无所谓《第三种水》那么样的东西，这真可以算是张君独自的发明，却未免有卖野人头的嫌疑，一时满天下（说得夸大一点，实在只是说全国而已）读者上了他的当，被他暗笑为阿木林，可以说是很大的一个恶作剧。它的影响至今还普遍存在，《子曰》上讲西北的文章里说起，还使得姓水的“水先生”很受其窘，真是池鱼之殃，张君原来也是预料不到的吧。人们对于性生活感到好奇，也是人情之常，要想知道，不难从正当书籍上去觅取，多少年前有北新出版的一本朗医生的书，说得好，书名及译者姓名都已忘却，现在事隔二十余年，也不知道绝版了没有。

末了本来还有一段，是关于李守常之死及其后，但是稿子已经够长了，已经可以缴卷，所以就此止住了。

五四与三一八[①]

当做《红楼内外》的续稿，我们这里再来讲另外一件更为严肃的事，这就是关于北大教授中几个人的死。说起发源于北大的新文化运动，即是中国知识阶级的斗争史来，实在是很可悲的。这有如一座小山，北面的山坡很短，一下子就到了山顶，这算甲点，从甲点至乙点是小小一片平地，南边乙点以下则是下山的路，大约很长也很陡，底下是什么地方还没有人知道。假如是五十岁的人，从二十岁时即民国七八年起，留心看下来，到了现时来总结一下，一定都有同感，觉得这其间的知识阶级运动的兴衰史的书页是很暗淡的——自然，这是中国现代全面史的一页，其暗淡或者不足为奇，不过这总是可悲的一件事。如前文所述我于民初就在北大，所见所闻很是不少，但说来似乎矛盾，因此也就记得很少了，就所记忆的说来，我觉得五四与三一八这两件是顶重大的事，就是刚才所说的那甲点与乙点。五四的意义是很容易明白的。如说远因，自东汉南宋的太学生，以及明末的东林，清末的公车上书等，都有关系，但在民国实在酝酿并不久，积蓄也并不深，却是一飞冲天，达到了学生运动的顶点，其成功的迅速是可惊异的。可是好景不长，转瞬过了七年，就到了下坡的乙点，民国十五年三月十八日在执政府门前死的那些男女学生和工人市民，都当了牺牲品，纪念这大转变的开始。我真觉得奇怪，为什么世间对于三一八的事件后来总是那么冷淡或是健忘，这事虽然出在北京一隅，但其意义却是极其重大的，因为正如五四是代表了知识阶级对于北京政府进攻的成功，三一八乃是代表北京政府对于知识阶级以及人民的反攻的开始。而这反攻却比当初进攻更为猛烈，持久，它的影响说起来真是更仆难尽。我这里并不要谈过去三十年的事情，只因要说北大几个教授之死，不得不附带地说明几句，因为他们正是死于三一八以后政府的反攻中间，以政治关系而被害的。在三一八那年之前，学生当〈与〉教授在社会上似乎保有一种权威和地位，虽然政府讨厌他们，

① 以下原刊出时总题《红楼内外之二》。

但不敢轻易动手，只有民八陈独秀因为在市场发传单，被警厅捉去关了几个月，民七教员索薪代表马叙伦、沈士远等在总统府门外被军警打伤，结果北京政府也抵赖，硬说是自己碰伤，和解了事。及至三一八那时，执政府卫队公然对了学生群众开排枪，这情形就不问〈同〉了，对知识阶级的恐怖时代可以说就此开始了。到了第二年里，北大的教授就有两个人遭了毒手，这即是李守常与高仁山。

图书馆长李守常

李守常原任北大图书馆长，在他的属下出过几个名人，助理有张申府（崧年），书记里有以办副刊成名的孙伏园（福源）以及“二十八画生”。他在校本来也兼教功课，可是在北伐的前几时，他隐藏了起来专在做国民党的地下工作了，虽然在三一八那天，还有人看见他也在执政府的人群中间。民国十六年四月六日，张作霖已经做了大元帅，与东交民巷的公使团联络，突然派军警查抄俄国大使馆捉去党务人员十九名，[不]不久便把主要的五个人处了绞刑，李君之外只记得有路友于、张挹兰二人。张系北大女生，她担任国民党部的妇女部长，本系女师大的某君（姓名从略）所担任，后来离开北京，乃由她继任，没有多久便殉了难。她的兄弟也是北大出身，曾译有英国吉卜林的小说，我也是认识的，我听说她遇难之后老母非常哀伤，我每看见张君，常觉得难过，想安慰一两句话，可是想不出话来，觉得还不如不说好，所以始终不曾提及一个字，虽然在那一年内遇见的次数并不少。这事件的内情如何，我们局外人不能详知，可以知道的部分当时新闻上多已报道过，不用重说，也实在记不清楚了。现在所要讲的只是附属一点小事情，知道的人却并不多，所以够得上说真是逸事，虽然我原来也是听来的。告诉我这故事的人是我亲戚长辈，他的话是靠得住的，至少像我觉得自己的话的可靠一样，他本来叫方鹤来，但在北大一小部同人中通称他为方六，所以这里便这样的写了。

从四月六日说起

这事就是从四月六日说起。当天是星期日，北大有几教授约好了往海甸去玩一天，同去的有明君，审君，方六，一共五六人吧，其中也有金心异，或者还有刘半农。审君有一位哥哥，我们姑称之为审甲，在燕京大学教书，大家就跑到那里去，吃过中饭后，谈到傍晚方散，赶回城里来。李君的大儿子，假设名为羽英，恰巧与这班教员的儿子们都是中学同学，所以他们也约会了去玩，当晚他一个人不曾进城，便寄宿在审甲的家里。到了第二天早晨，大家打开报纸来看时，大吃一惊，原来李君一行人正于那个星期日被捕了。审君赶紧打电话给他哥哥，叫他暂留羽英住在燕大，以避追捕。北京官方查问家属，只找到李君的赵夫人，羽英的妹子辰英等二人，小兄弟才几岁而已，都与党事没有什么关系。这样的过了几天，审君觉得羽英留在海甸也不是好办法，因为燕大的南门外就是侦缉分队，未免多危险，于是打电话给方六，叫他到燕大去上课的时候顺便带他进城来，留在方家暂住，那里比较的偏僻安稳点。方君就这样地办了，叫他住在里院东边的屋内，那间屋空着，在那时节曾经前后住过好些避难的人。方君将这事由电话告知了审君，彼此刚放了心的时候，想不到次日就会得遇见极棘手的困难问题的。据方君告诉我，他往燕大上课去的那天大概是星期五，那么应当是四月十一吧，但是假如这不是星期五而是星期二，则须得顺延四天下去，这的确的日子有点不容易说定，总之是在那一天的次日，见到报纸，一眼就瞥见李君几个人的相片，原来他们都已于前一天里执行死刑了。方君这时候的狼狈是可以想象得来的。叫不叫羽英知道，怎么能够叫他不知道？这是不可能的，那么要告诉他又怎么说？他急忙打电话给审君，审君立即同了明君赶了来。审君在朋友中最有智谋，刘半农曾戏他为鬼谷子的，他想了一想，便说这事非告诉他不可，让我来同他说吧。羽英正在里院同小孩们闲玩，被叫到书房里来之后，审君郑重其事地开始说话，说你老太爷投身革命运动，为中国人民谋福利，其为主义而牺牲自己，原是预先觉悟的事，这次被反动政府所捕，本是凶多吉少，现今如此情形，你也不必过于悲伤，还是努力前进，继承遗志云云。羽英听着，从头至末一声不响，颜色也并不变，末了只嗯嗯的答应了几声，拿起桌上的报纸来，把记事和照相仔细看了，很镇静地退了出去，仍到后院同小朋友们去玩去了。鬼谷子的说话当初很费了一番安排，可是在他面前却失了效果，也觉得是出于意外的事。据方君说，在北大所见师生中，这样沉毅的人不曾多见，连他在内只可说见过两个罢了。过了两三个月，审君设法送羽英东京去留学，用他姨夫的姓名为杨，考进在高等师范读书，但是到了民国二十年，九一八事件发生，他也跟了几个旧中学同学一起归国，以后不曾再遇见他，虽然他的小兄弟喜英直至民国三十一二年顷我还是见到他的。李君故后，停棺地安门外西皇城根嘉兴寺，至民国二十二三年左右，汪精卫寄赠一千元去为安葬之费，另外又捐集了若干，遂下葬于西山万安公墓，后来赵夫人去世，也合葬在那里。遗文散见于各杂志报章，后由其族侄为之搜集，编为四卷，历兵火盗贼之劫，未曾毁失，将来或有出版的希望亦未可知云。

高仁山其人

关于高仁山的事，我知道得不多。最初在北大出版的刊物上，大概是《史学季刊》吧，看到有一篇介绍美国人房龙所著《人类的故事》的文章，觉得很有意思，署名高宝寿，这是我知道他的第一次。后来我在孔德中学教国文，高君以北大教育系教授的资格，来担任中学的指导工作，于开会时见过几次，也记不得是那〈哪〉一年的事情了。三一八之后，北大教授星散，多数南行，只剩若干肯冒点险的留在北京，高君也是其一，听说也是在做党务地下工作。大概也是在李君遇难的那一年，他终于被张作霖的部下所逮捕，关了不少日子，有一时传说有什么人疏通的关系，可以没有什么事。忽然有一天，内人往东城买东西去，回家时慌张地说道，高仁山先生不行了！据说她在路上看见有一队军警簇拥着一辆大车往南去，知道是送往天桥去的。及至看大车上面却见高仁山一人端然坐着。记得那时内人说，高君戴着一顶皮帽子，那么这当是民国十六年的冬天或十七年的春天吧。大概这时候北伐军节节胜利，张大帅的形势日非，所以老羞成怒，便又把高君杀害，聊以出他一口心头的闷气，也未可知。除了袁世凯末期之外，这样的杀戮知识阶级特别是教员，就是在北京政府近十年间（民五至十五）也是没有的，自从三一八动了手之后，学生既然整批的被枪击，教员也陆续地捉去杀害，孙传芳在上海也大开其刀，这事在南方人士自然都还清楚记得，所以我说三一八的意义很大，古人云，履霜坚冰至，三一八正是冬初的严霜，而李、高二君则成了以后众多牺牲之先驱。此所以值得纪念，初不仅为他们个人的关系也。

黄晦闻与孟心史之死

末了我们再来讲两个人，他们并不是为政治而牺牲，但是尽心于教育，也是可以令人佩服的。照年月不照年岁来讲，其一是北大中国文学系教授黄晦闻。前清光绪年间，上海出版《国粹学报》，黄节的名字同邓实（秋枚）、刘师培（申叔）、马叙伦（夷初）等常常出现，跟了黄黎洲、吕晚村的路线，以复古来讲革命，灌输民族思想，在知识阶级间很有些势力。及至民国成立之后，虽然他是革命老同志，在国民党中不乏有力的朋友，可是他只做了一回广东教育厅长，以后就回到北大来教他的书，不复再出。北伐成功以来，所谓吃五四饭的飞黄腾达起来，都做了新官僚，黄君是老辈却那样地退隐下来，岂不正是落伍之尤，但是黄君是自有见地的。他平常愤世疾〈嫉〉俗，觉得现时很像明季，为人写字常钤一印章，文曰“如此江山”，又于民国廿三年秋季在北大讲顾亭林诗，感念往昔，常对诸生慨然言之。次年一月廿四日病卒，所注亭林诗终未完成。所作诗集曰“蒹葭楼诗”，曾见有仿宋铅印本，番禺汪氏为之出资印行者，今不知市上有之否。

其二是史学系的孟心史。孟君在北大教书多年，兼任研究所工作，著书甚多，但是我所最记得最喜欢读的，还是民国五六年顷所出的《心史丛刊》，共有三集，搜集零碎材料，贯串成为一篇，对于史事既多所发明，亦殊有趣味。其记清代科场案，多有感慨语，如云：“凡汲引人材，从古无以刀锯斧钺随其后者。至清代乃兴科场大案，草菅人命，无非重加其罔民之力束缚而驰骤之。”又云：“汉人陷溺于科举至深且酷，不惜借满人屠戮同胞，以泄多数侥幸未遂之人年年被摈之愤，此所谓天下英雄入我彀中者也。”孟君耄年宿学，而其意见明达，前后不变，往往出后辈贤达之上，可谓难得矣。廿六年华北沦陷，孟君仍留北平，至冬卧病入协和医院，十一月中我曾去访问他一次，给我看日记中有好些感愤的诗，至次年一月十四日乃归道山，年七十二。三月十三日开追悼会于外城法源寺，到者可二十人，大抵皆是北大同人，别无仪式，只默默行礼而已。我曾撰了一副挽联，文曰，野记偏多言外意，新诗应有井中函，因字数太少不好写，又找不到人代写，亦不果用。这里所说黄、孟二君，比起上边李、高二君来显得质朴无华，似乎要差一筹了，其实也不尽然，这只是情形不同罢了，其坚守岗位而死，这一点却是没有多大差别的。中国新文化与学术之没有成绩与进步，其原因固然很多，但是从事于此的太不专心亦是其一。做官去的人不必说了，有些人就是不求富贵也求安乐，向着生活比较舒服处去，向着靠近家乡处去，向着少危险处去，这虽不能说是怎么不好，但是这样的移动下去，就影响到事业不能专一，这并不是一件什么微小的毛病。这样看起来，像黄、孟二君的事，虽然看去似乎平常，却实在也是很有重大的意义的。如要吹毛求疵的来说，则为了教育与学校去牺牲自己的幸福，纵说是难能可贵，也只是为了知识阶级换句话说就是士大夫阶级的利益，于民众并无多大好处，所以亦无足取，话虽说得苛刻，细想起来也或不无理由，那么应当后悔的人正是不少，即如我辈亦当知所警惕吧。

（三十七年十一月）

（《子曰丛刊》第4、5辑，1948年10月、12月）

⊙ 周作人

卯字号的名人

二[1]

这里第二位的名人乃是陈独秀。他是蔡孑民长校以后所聘的文科学长，大约当初也认识吧，但是他进北大去，据说是由沈君默（当时他不叫尹默，后来因为有人名沈默君，所以他把口字去了，改作尹默，老朋友叫他却仍然是君默，他也不得不答应）的推荐，其时他还没有什么急进的主张，不过是一个新的名士而已，看早期的《青年杂志》当可明了。及至杂志改称《新青年》，大概在民六这一年里，逐渐有新的发展，胡适之在美国，刘半农在上海，校内则有钱玄同，起而响应，由文体改革进而为对于旧思想之攻击，便造成所谓文学革命运动。到了学年开始，胡适之、刘半农都来北大任教，于是《新青年》的阵容愈加完整，而且这与北大也就发生不可分的关系了。但是月刊的效力，还觉得是缓慢，何况《新青年》又并不能按时每月出版，所以大家商量再来办一个周刊之类的东西，可以更为灵活方便一点。这事仍由《新青年》同人主持，在民七（一九一八）的冬天筹备起来，在日记上找到这一点记录："十一月

[1] 第一节所述朱希祖事，已见《红楼内外》中《从卯字号说起》一节，故略去。

廿七日，晴。上午往校，下午至学长室议创刊《每周评论》，十二月十四日出版，每月助刊资三元。”那时与会的人记不得了，主要的是陈独秀、李守常、胡适之等人。结果是十四日来不及出，延至廿一日方才出第一号，也是印刷得很不整齐。

当初我做了一篇《人的文学》，送给《每周评论》，得独秀复信云：“大著《人的文学》做得极好，唯此种材料以载月刊为宜，拟登入《新青年》，先生以为如何？周刊已批准，定于本月二十一日出版，印刷所之要求，下星期三即须交稿，唯纪事文可在星期五交稿。文艺时评一栏，望先生有一实物批评之文。豫才先生处，亦求先生转达。十四日。”我接到此信，改写《平民的文学》与《论黑幕》二文，先后在第四、五两期上发表。随后接连地遇见“五四”和“六三”两次风潮，《每周评论》着实发挥了实力，其间以陈独秀、守常之力为多。但是北洋的反动派，却总是对于独秀眈眈虎视，欲得而甘心，六月十二日独秀在东安市场散放传单，遂被警厅逮捕，拘押了起来。日记上说：

“六月十四日，同李辛白、王抚等五六人至警厅，以北大代表名义访问仲甫，不得见。”

“九月十七日，知仲甫昨出狱。”

“十八日下午，至箭竿胡同访仲甫，一切尚好，唯因粗食，故胃肠受病。”在这以前，北京御用报纸经常攻击仲甫，以彼不谨细行，常作狭斜〈邪〉之游，故报上记载时加渲染，说某日因争风抓伤某妓下部，欲以激起舆论，因北大那时有进德会不嫖不赌不娶妾之禁约也。至此遂以违警见捕，本来学校方面也可以不加理睬。但其时蔡校长已经出走，校内评议会多半是“正人君子”之流，所以任凭陈氏之辞职，于是拔去了眼中钉，反动派乃大庆胜利了。独秀被捕后，《每周评论》由李守常、胡适之主持，二人本来是薰莸异器，合作是不可能的，但事实上没有别的办法。日记上说：

“六月廿三日，晴。下午七时至六味斋，适之招饮，同席十二人，共议《每周评论》善后事，十时散。”来客不大记得了，商议的结果，大约也只是维持现状，由守常、适之共任编辑，生气虎虎的《每周评论》，已经成了强弩之末，有几期里大幅的登载学术讲演，此外胡适之的有名的“少谈主义多谈问题”的议论，恐怕也是在这上边发表的。但是反动派还不甘心，在过了一个多月之后，《每周评论》终于在八月三十日被停刊了，总共出了卅六期。《新青年》的事情，以后仍归独秀去办，日记上记有这一节话：

“十月五日，晴。下午二时至适之寓所，议《新青年》事，自七卷始，由仲甫一人编辑，六时散，适之赠所著《实验主义》一册。”在这以前，大约是第五六卷吧，曾议决由几个人轮流担任编辑，记得有独秀、适之、守常、半农、玄同和陶孟和这六个人，此外有没有沈尹默，那就记不得了。我特别记得是陶孟和主编的这一回，我送去一篇译稿，是日本江马修的小说，题目是《小的一个人》，无论怎么总是译不好，陶君给我添了一个字，改作《小小的一个人》，这个我至今不能忘记，真可以说是“一字师”了。关于《新青年》的编辑会议，我一直没有参加过，《每周评论》的也是如此，因为我们只是客员，平常写点稿子，只是遇着兴废的重要关头，才会被邀列席罢了。

三

上边说陈仲甫的事，有一半是关系胡适之的；现在要讲刘半农，这也与胡适之有关，因为他之成为法国博士，乃是胡适之所促成的。我们普通称胡适之为胡博士，也叫刘半农为刘博士，但是很有区别，刘的博士是被动的，多半含有同情和怜悯的性质。胡的博士却是能动的，纯粹是出于嘲讽的了。刘半农当初在上海卖文为活，写《礼拜六》派的文章。但是响应了《新青年》的号召，成为文学革命的战士，确有不可及的地方。来到北大以后，我往预科宿舍去访问他，承他出示所作《灵霞馆笔记》的资料，原是些极为普通的东西，但经过他的安排组织，却成为很可诵读的散文，当时就很佩服他的聪明才力。可是英美派的绅士很看他不起，明嘲暗讽，使他不安于位，遂想往外国留学，民九乃以公费赴法国。留学六年，始终获得博士学位，而这学位乃是国家授予的，与别国的由私立大学所授的不同，他屡自称国家博士，虽然有点可笑，但这是很可原谅的。他最初参加《新青年》，出力奋斗，顶重要的是和钱玄同合“唱双簧”，由玄同扮作旧派文人，化名王敬轩，写信抗议，半农主持答复，痛加反击，这些都做得有些幼稚，在当时胡〈却〉是很有振聋发聩的作用的。他不曾与闻《每周评论》，在“五四”时，胡〈却〉主持高等学校教职合〈员〉会事务，后来归国加入《语丝》，作文十分勇健，最能吓破绅士派的苦胆。后来主〈去〉绥远作学术考察，生了回归热，这本来可以医好，为中医所误，于一九三四年去世。在追悼会的时候，我总结他的好处共有两点，其一是他的真，他不装假，肯说话，不投机，不怕骂，一方面却是天真烂漫，对什么人都无恶意。其二是他的杂学，他的专门是语音学，但他的兴趣很广博，文学美术他都喜欢，作诗，写字，照相，搜书，谈文法，谈音乐，有人或者嫌他杂，我觉得这正是好处，方面广，理解多，于处世和治学都有用。当时并做了一副挽联送去，其文曰：

十七年尔汝旧交，追忆还从卯字号。

廿余日驰驱大漠，归来竟作丁令威。

在第二年的夏天，下葬于北京西郊，刘夫人命作墓志刻石，我遂破天荒第一次正式做起文章来，写成《故国立北京大学教授刘君墓志》一篇，其文如下：

君姓刘，名复，号半农，江苏江阴县人，生于清光绪十七年辛卯四月二十日，以中华民国二十三年七月十四卒于北平，年四十四。夫人朱惠，生子女三人，育厚，育伦，育敦。

君少时曾奔走革命，已而卖文为活，民国六年被聘为国立北京大学预科教授，九年，教育部派赴欧洲留学，凡六年；十四年应巴黎大学考试，受法国国家文学博士学位，返北京大学，任中国文学系教授，兼研究所国学门导师。二十年为文学院研究教授，兼研究院文史部主任。二十三年六月至绥远调查方音，染回归热，返北平，遂卒。二十四年五月葬于北平西郊香山之玉皇顶。

君状貌英特，头大，眼有芒角，生气勃勃，至中年不少衰。性果毅，耐劳苦，专治语音学，多所发明。又爱好文学美术，以余力照相，写字，作诗文，皆精妙。与人交游，和易可亲，善谈谐，老友或与戏谑以为笑，及今思之，如君之人已不可再得。呜呼，古人伤逝之意，其在兹乎。

将葬，夫人命友人绍兴周作人撰墓志，如皋魏建功书石，鄞马衡篆盖。作人，建功，衡于谊不能辞，故谨志而书之。

第五个卯字号的名人乃是刘文典，但是这里余白已经不多，只好来少为讲几句，虽然他的事情说来很多。他是安徽合肥县人，乃是段祺瑞的小同乡，为刘申叔的弟子，擅长那一套学问，所著有《淮南子集解》（《淮南鸿烈集解》），有名于时。其状貌甚为滑稽，口多微词，凡词连段祺瑞的时候，辄曰："我们的老中堂……"，以下便是极不雅驯的话语，牵连到"太夫人"等人的身上去。刘号曰叔雅，常自用文字学上变例改为"狸豆乌"，友人则戏称之为"刘格拉玛"，用代称号。因为昔曾吸食鸦片烟，故面目黧黑，亦不讳言，又性喜猪肉，尝见钱玄同在餐馆索素食，便来辩说其不当，庄谐杂出，玄同匆遽避去。后来北大避难迁至昆明，于是相识友人遂进以尊号，曰二云居士，谓云土与云腿，皆所素嗜也。平日很替中医辩护，谓世上混账人太多，他们"一线死机"唯以有若辈在耳，其持论奇辟，大抵类此。

（《知堂回想录》，香港三育图书有限公司，1980年11月版）

⊙ 周作人

三沈二马

三　沈[1]

平常讲起北大的人物，总说有三沈二马，这是与事实有点不很符合的。事实上北大里后来是有三个姓沈的和两个姓马的人，但在我们所说的“五四”前后却不能那么说，因为那时只有一位姓沈的即是沈尹默，一位姓马的即是马幼渔，别的几位都还没有进北大哩。还有些人硬去拉哲学系的马夷初来充数，殊不知这位“马先生”——这是因为他发明一种“马先生汤”，所以在北京饭馆里一时颇有名——乃是杭县人，不能拉他和鄞县的人做是一家，这尤其是可笑了。沈尹默与马幼渔很早就进了北大，还在蔡孑民长北大之前，所以资格较老，势力也比较的大。实际上两个人有些不同，马君年纪要大几岁，人却很是老实，容易发脾气，沈君则更沉着，有思虑，因此虽凡事退后，实在却很起带头作用。朋友们送他一个徽号叫“鬼谷子”，他也便欣然承受。钱玄同尝在背地批评，说这混名起得不妙，鬼谷子是阴谋大家，现在这样的说，这岂不是自己去找骂么？但就是不这样说，人家也总是觉得北大的中国文学系里是浙江

① 此则与下一则题目乃编者所拟，原分题为《三沈二马（上）》与《三沈二马（下）》，第三则《二马之余》原独立成篇。

人专权；因为沈是吴兴人，马是宁波人，所以有“某籍某系”的谣言，虽是“查无实据”，却也是“事出有因”；但是这经过闲话大家陈源的运用，移转过来说绍兴人，可以说是不虞之誉了。我们绍兴人在“正人君子”看来，虽然都是绍兴师爷一流人，性好舞文弄墨，但是在国文系里，我们是实在毫不足轻重的。他们这样的说，未必是不知道事实，但是为的“挑剔风潮”，别有作用，却也可以说弄巧成拙，留下了这一个大话柄了吧。

如今闲话休题〈提〉，且说那另外的两位沈君，一个是沈兼士，沈尹默的老弟，他的确是已经在北大里了，因为民六那一年，我接受北大国史编纂处的聘书为纂译员，共有两个人，一个便是沈兼士，不过他那时候不在城里，是在香山养病。他生的是肺病，可不是肺结核，乃是由于一种名叫二口虫的微生物，在吃什么生菜的时候进到肚里，侵犯肺脏，发生吐血；这是他在东京留学时所得的病，那时还没有痊愈。他也曾从章太炎问学，他的专门是科学一面，在“物理学校”上课，但是兴味却是国学的“小学”一方面；以后他专搞文字学的形声，特别是“右文问题”，便是凡从某声的文字也含有这声字的意义。他在西山养病时，又和基督教的辅仁学社的陈援庵相识，陈研究元史，当时著《（开封）一赐乐业考》《（元）也里可温考》等，很有些新气象；逐渐二人互相提携，成为国学研究的名流。沈兼士任为北大研究所国学门主任，陈援庵则由导师，转升燕京大学的研究所主任，再进而为辅仁大学校长，更转而为师范大学校长，至于今日。沈兼士随后亦脱离北大，跟陈校长任辅仁大学的文学院长，终于因同乡朱家骅的关系，给国民党做教育的特务工作，胜利以后匆遽死去。陈援庵同胡适之也是好朋友，但胡适之在解放的前夕乘飞机仓皇逃到上海，陈援庵却在北京安坐不动；当时王古鲁在上海，特地去访胡博士，劝他回北京至少也不要离开上海，可是胡适之却不能接受这个好意的劝告。由此看来，沈兼士和胡适之都不能及陈援庵的眼光远大，他的享有高龄与荣誉，可见不是偶然的事了。

另外一个是沈大先生沈士远，他的名气都没有两个兄弟的大，人却顶是直爽，有北方人的气概；他们虽然本籍吴兴，可是都是在陕西长大的。钱玄同尝形容他说，譬如有几个朋友聚在一起谈天，渐渐的由正经事谈到不很雅驯的事，这是凡在聚谈的时候常有的现象，他却在这时特别表示一种紧张的神色，仿佛在声明道，现在我们要开始说笑话了！这似乎形容的很是得神。他最初在北大预科教国文，讲解的十分仔细，讲义中有一篇《庄子》的《天下篇》，据说这篇文章一直要讲上一学期，这才完了，因此学生们送他一个别号便是“沈天下”。随后转任为北大的庶务主任，到后来便往燕京大学去当国文教授，时间大约在民国十五年（一九二六）吧，因为第二年的四月，李守常被捕的那天，大家都到他海甸家里去玩；守常的大儿子也同了同学们去，那天就住在他家里；及至次晨这才知道昨日发生的事情，便由尹默打电话告知他的老兄，叫暂留守常的儿子住在城外。因此可以知道他转往燕大的时期，这以后他就脱离了北大，解放后他来北京在故宫博物院任职，但是不久也就故去了。至今三位沈君之中，只有尹默还是健在；但他也已早就离开北大，在民国十八年北伐成功之后，他陆续担任河北省教育厅长、北平大学校长、女子文理学院院长，后到上海任中法教育职务，他擅长书法，是旧日朋友中很难得的一位艺术家。

二　马

现在要来写马家列传了。在北大的虽然只有两位马先生，但是他家兄弟一共有九个，不过后来留存的只是五人，我都见到过，而且也都相当的熟识。马大先生不在了，但留下一个儿子，时常在九先生那里见着。二先生即是北大的马幼渔，名裕藻，本来他们各有一套标准的名号，很是整齐，大约还是他们老太爷给定下来的，即四先生名衡，字叔平，五先生名鉴，字季明，七先生名准，本字绳甫，后来曾一度出家，因改号太玄，九先生名廉，字隅卿，照例二先生也应该是个单名，字为仲什么；但是他都改换掉了，大约也在考取“百名师范”，往日本留学去的时候吧。不晓得他的师范是哪一门，但他在北大所教的乃是章太炎先生所传授的文字学的音韵部分，和钱玄同的情形正是一样。他进北大很早，大概在蔡孑民长校之前，以后便一直在里边，与北大共始终。民国廿六年（一九三七），学校迁往长沙，随后又至昆明，他没有跟了去，学校方面承认几个教员有困难的不能离开北京，名为北大留校教授，凡有四人，即马幼渔、孟心史、冯汉叔和我，由学校每月给予留京津贴五十元，但在解放以前他与冯孟两位却已去世了。

马幼渔性甚和易，对人很是谦恭，虽是熟识朋友，也总是称某某先生，这似乎是马氏弟兄的一种风气，因为他们都是如此的。与旧友谈天颇喜诙谐，唯自己不善剧谈，只是傍听微笑而已。但有时迹近戏弄的也不赞成。有一次刘半农才到北京不久，也同老朋友一样和他开玩笑，在写信给他的时候，信面上写作“鄞县马厩”，主人见了怫然不悦，这其实要怪刘博士的过于轻率的。他又容易激怒，在评议会的会场上遇见不合理的议论，特别是后来“正人君子”的一派，他便要大声叱咤，一点不留面子，与平常的态度截然不同。但是他碰见了女学生，那就要大倒其楣，他平时的那种客气和不客气的态度都没有用处。现在来讲这种轶事，似乎对于故人有点不敬的意思。本来在知识阶级中间这是很寻常的事，居家相敬如宾，出外说到太太时，总是说自己不如，或是学问好，或是治家有方；有些人听了也不大以为然，但那毕竟与季常之惧稍有不同，所以并无什么可笑之处，至多是有点幽默味罢了。他有一个时候曾在女师大或者还是女高师兼课，上课的时候不知怎的说及那个问题，关于“内人”讲了些话，到了下星期的上课时间，有两个女学生提出请求道：

“这一班还请老师给我们讲讲内人的事吧。”这很使得他有点为难，大概只是嗨嗨一笑，翻开讲义夹来，模糊过去了吧。这班学生里很出些人物，即如那捣乱的学生就是那有名的黄瑞筠，当时在场的她的同学后来出嫁之后讲给她的“先生”听，所以虽然是间接得来，但是这故事的真实性是十分可靠的。说到这里，联想所及不禁笔又要岔了开去，来记刘半农的一件轶事了。这些如教古旧的道学家看来，就是“谈人闺阃”，是很缺德的事，其实讲这故事其目的乃是来表彰他，所以乃是当做一件盛德事来讲的。当初刘半农从上海来北京，虽然有志革新，但有些古代传来的“才子佳人”的思想还是存在，时常在谈话中间要透露出来，仿佛有羡慕“红袖添香”的口气，我便同了玄同加以讽刺，将他的号改为龚孝拱的“半伦”，因为龚孝拱不承认五伦，只余下一妾，所以自认只有半个“伦”了。半农禁不起朋友们的攻击，逐渐放弃了这种旧感情和思想，后来出洋留学，受了西欧尊重女性的教训，更是显著的有了转变了。归国后参加《语丝》的工作，及张作霖入关，《语丝》被禁，我们两人暂避在一个日本武人的家里，半农有《记砚兄之称》一小文，记其事云：

余与知堂老人每以砚兄相称，不知者或以为儿时同窗友也。其实余二人相识，余已二十七，岂明已三十三。时余穿鱼皮鞋，犹存上海少年滑头气，岂明则蓄浓髯，戴大绒帽，披马夫式大衣，俨然一俄国英雄也。越十年，红胡入关主政，北新封，《语丝》停，李丹忱捕，余与岂明同避菜厂胡同一友人家。小厢三楹，中为膳食所，左为寝室，席地而卧，右为书室，室仅一桌，桌仅一砚。寝、食相对枯坐而外，低头共砚写文而已。居停主人不许多友来视，能来者余妻岂明妻而外，仅有徐耀辰兄传递外间消息，日或三四至也。时为民国十六年，以十月二十四日去，越〈逾〉一星期归，今日思之，亦如梦中矣。

我所说的便是躲在菜厂胡同的事，有一天半农夫人来访，其时适值余妻亦在，因避居右室，及临去乃见其潜至门后，亲吻而别，此盖是在法国学得的礼节，维持至今者也。此事适为余妻窥见，相与叹息刘博士之盛德，不敢笑也。刘胡二博士虽是品质不一样，但是在不忘故剑这一点上，却是足以令人钦佩的，胡适之尚健在，若是刘半农则已盖棺论定的了。

二马之余

上边讲马幼渔的事，不觉过于冗长，所以其他的马先生只能写在另外的一章了。马四先生名叫马衡，他大约是民国八九年才进北大的吧，教的是金石学一门，始终是个讲师，于校务不发生什么关系；说的人也只是品凑“二马”的人数，拉来充数的罢了。他的夫人乃是宁波巨商叶澄衷堂家里的小姐，却十分看不起大学教授的地位，曾对别人说：

“现在好久没有回娘家去了，因为不好意思，家里问起叔平干些什么，要是在银行什么地方，那也还说得过去，但是一个大学的破教授，教我怎么说呢？”可是在那些破教授中间，马叔平却是十分阔气的；他平常总是西服，出入有一辆自用的小汽车，胡博士买到福特旧式的“高轩”，恐怕还要在他之后呢。他待人一样的有礼貌，但好谈笑，和钱玄同很说得来；有一次玄同与我转托黎劭西去找白石刻印，因为黎齐有特别关系，刻印可以便宜，只要一块半钱一个字，叔平听见了这个消息，便特地坐汽车到孔德学校宿舍里去找玄同，郑重的对他说：“你有钱尽管有可花的地方，为什么要去送给齐白石？”他自己也会刻印，但似乎是仿汉的一派，在北京的印人，经他许可的只有王福庵和寿石工，他给我刻过一方名印，仿古人“庚公之斯”的例，印文云“周公之作”，这与陈师曾刻的省去“人”字的“周作”正是好一对了。他又喜欢喝酒，玄同前去谈天留着吃饭的时候，常劝客人同喝，玄同本来也会喝酒，只因血压高怕敢多吃，所以曾经写过一张《酒誓》，留在我这里，因为他写了同文的两张，一张是给我的，却不知道是什么缘故，都寄到这里来了。原来系用九行行七字的急就顾自制的红格纸所写，其文曰：

我从中华民国二十二年七月二日起，当天发誓，绝对戒酒，即对于马凡将、周苦雨二氏，亦不敷衍矣。恐后无凭，立此存照。钱龟竞十。

下盖朱文方印曰龟竞，十字甚粗笨，则是花押也。给我的一纸文字相同，唯周苦雨的名字排在前面而已。看了这写给“凡将斋”的《酒誓》，也可以想见主人是个有风趣的人了。他于赏鉴古物也很有工夫，有一年正月逛厂甸，我和玄同、叔平大家适值会在一起，又见黎子鹤、张凤举一同走来，子鹤拿出新得来的“酱油青田”的印章，十分得意的给他看，他将石头拿得很远的一看，（因为有点眼花了。）不客气的说道：

“西贝，西贝！”意思是说“假”的。玄同后来时常学他的做法，这也是可以表现他的一种性格。自从一九二四年宣统出宫，故宫博物院逐渐成立以后，马叔平遂有了他适当的工作，后来正式做了院长，直到解放之后这才故去了。

此外还有几位马先生，虽然只有一位与北大有关系，也顺便都记在这里。马五先生即是马鉴、季明，他一向在燕京大学任教，我在那里和他共事好几年，也是很熟的朋友，后来转到香港大学，到近年才归道山。马七先生马准，法号太玄，也是一个很可谈话有风趣的人，在有些地方大学教书，只是因为曾有嗜好，所以不大能够得意，在他的兄弟处时常遇见，颇为谂熟。末了一个是马九先生隅卿，他曾在鲁迅之后任中国小说史的功课，至民国二十四年（一九三五）二月十九日在北京大学第一院课堂上因脑出血去世。隅卿的专门研究是明清的小说戏曲，此外又搜集四明的明末文献，这件事是受了清末的民族革命运动的影响，大抵现今的老年人都有过这种经验，不过表现略有不同，如七先生写到清乾隆必称曰弘历，亦是其一。因为这些小说戏曲从来是不登大雅之堂的，所以隅卿自称曰不登大雅文库，隅卿殁后，听说这文库以万元售给北大图书馆了。后来得到一部二十回本的《平妖传》，又称平妖堂主人，尝复刻书中插画为笺纸，大如册页，分得一匣，珍惜不敢用。又别有一种画笺，系《金瓶梅》中插图，似刻成未印，今不可得矣。居南方时得话本二册，题曰《雨窗集》《欹枕集》，审定为清平山堂同型之本，旧藏天一阁者也。因影印行世，请沈兼士书额云雨窗欹枕室，友人或称之为雨窗先生。隅卿用功甚勤，所为札记甚多，平素过于谦逊不肯发表，尝考冯梦龙事迹著作甚详备，又抄集遗文成一卷，屡劝其付印亦未允。二月十八日是阴历上元，他那时还出去看街上的灯，一直兴致很好，不意到了第二天，便尔溘然了。我送去了一副挽联，只有十四个字：

月夜看灯才一梦，
雨窗欹枕更何人。

中年以后丧朋友是很可悲的事，有如古书，少一部就少一部，此意惜难得恰好的达出，挽联亦只能写得像一副挽联就算了。当时写一篇纪念文，是这样的结末的。

（《知堂回想录》，香港三育图书有限公司，1980 年 11 月版）

◎ 张中行

红楼点滴

一

民国年间，北京大学有三个院：一院是文学院，即有名的红楼，在紫禁城神武门（北门）以东汉花园（沙滩的东部）。二院是理学院，在景山之东马神庙（后改名景山东街）路北，这是北京大学的老居址，京师大学堂所在地。三院是法学院（后期移一院），在一院之南北河沿路西。红楼是名副其实的红色，四层的砖木结构，坐北向南一个横长条。民国初年建造时候，是想用作宿舍的，建成之后用作文科教室。文科，而且是教室，于是许多与文有关的知名人士就不能不到这里来进进出出。其中最为大家所称道的当然是蔡元培校长，其余如刘师培、陈独秀、辜鸿铭、胡适等，就几乎数不清了。人多，活动多，值得说说的自然就随着多起来。为了把乱丝理出个头绪，要分类。其中的一类是课堂的随随便便。

一般人谈起北京大学就想到蔡元培校长，谈起蔡元培校长就想到他开创的风气——兼容并包和学术自由。这风气表现在各个方面，或者说无孔不入，这孔自然不能不包括课堂。课堂，由宗周的国子学到清末的三味书屋，规矩都是严格的。北京大学的课堂却不然，虽然规定并不这样说，事实上总是可以随随便便。这说得鲜明一些是：不应该来上课的却可以每课必到，应该来上课的却可以经常不到。

先说不应该上课而上课的情况。这出于几方面的因缘和合。北京大学不乏名教授，所讲虽然未必都是发前人之所未发，却是名声在外。这是一方面。有些年轻人在沙滩一带流浪，没有上学而同样愿意求学；还有些人，上了学而学校是不入流的，也愿意买硬席票而坐软席车，于是都踊跃地来旁听。这也是一个方面。还有一个方面是北京大学课堂的惯例：来者不拒，去者不追。且说我刚入学的时候，首先感到奇怪的是同学间的隔膜。同坐一堂，摩肩碰肘，却很少交谈，甚至相视而笑的情况也很少。这由心理方面说恐怕是，都自以为有一套，因而目中无人。但这就给旁听者创造了大方便，因为都漠不相关，所以非本班的人进来入座，就不会有人看，更不会有人盘查。常有这样的情况，一个学期，上课常常在一起，比如说十几个人，其中哪些是选课的，哪些是旁听的，不知道；哪些是本校的，哪些不是，也不知道。这模模胡胡，有时必须水落石出，就会近于笑谈。比如刘半农先生开“古声律学”的课，每次上课有十几个人，到期考才知道选课的只有我一个人。还有一次，听说是法文课，上课的每次有五六个人，到期考却没有一个人参加。教师当然很恼火，问管注册的，原来是只一个人选，后来退了，管注册的人忘记注销，所以便宜了旁听的。

再说应该上课而不上课的情况。据我所知，上课时间不上课，去逛大街或看电影的，像是很少。不上有种种原因或种种想法。比如有的课不值得听，如“党义”；有的课，上课所讲与讲义所写无大差别，可以不重复；有的课，内容不深，自己所知已经不少；等等。这类不上课的人，上课时间多半在图书馆，目的是过屠门而大嚼。因为这样，所以常常不上课的人，也许是成绩比较好的；在教授一面，也就会有反常的反应，对于常上课的是亲近，对于不常上课的是敬畏。不常上课，有旷课的处罚问题，学校规定，旷课一半以上不能参加期考，不考不能得学分，学分不够不能毕业。怎么办？办法是求管点名（进课堂看坐位号，空位画一次缺课）的盛先生擦去几次。学生不上课，钻图书馆，这情况是大家都知道的，所以盛先生总是慨然应允。

这种课堂的随随便便，在校外曾引来不很客气的评论，比如，北京大学是把后门的门槛锯下来，加在前门的门槛上，就是一种。这评论的意思是，进门很难；但只要能进去，混混就可以毕业，因为后门没有门槛阻挡了。其实，至少就我亲身所体验，是进门以后，并没有很多混混过去的自由，因为有无形又不成文的大法管辖着，这就是学术空气。说是空气，无声无臭，却很厉害。比如说，许多学问有大成就的人都是蓝布长衫，学生，即使很有钱，也不敢西服革履，因为一对照，更惭愧。其他学问大事就更不用说了。

时间不很长，我离开这个随随便便的环境。又不久，国土被侵占，学校迁往西南，同清华、南开合伙过日子去了。一晃过了十年光景，学校返回旧居，一切支离破碎。我有时想到红楼的昔日，旧的风气还会有一些吗？记得是 1947 年或 1948 年，老友曹君来串门，说梁思成在北大讲中国建筑史，每次放映幻灯片，很有意思，他听了几次。下次是最后一次，讲杂建筑，应该去听听。到时候，我们去了。讲的是花园、桥、塔等等，记得幻灯片里有苏州木渎镇的某花园，小巧曲折，很美。两小时，讲完了，梁先生说："课讲完了，为了应酬公事，还得考一考吧？诸位说说怎么考好？"听课的有近二十人，没有一个人答话。梁先生又说："反正是应酬公事，怎么样都可以，说说吧。"还是没有人答话。梁先生像是恍然大悟，于是说："那就先看看有几位是选课的吧。请选课的举手。"没有一个人举手。梁先生笑了，说："原来诸位都是旁听的，谢谢诸位捧场。"说着，向讲台下作一个大揖。听讲的人报之以微笑，而散。我走出来，想到北京大学未改旧家风，心里觉得安慰。

二

点滴一谈的是红楼散漫的一面。还有严正的一面，也应该谈谈。不记得是哪位先生了，上课鼓励学生要有求真精神，引古希腊亚里士多德改变业师柏拉图学说的故事，有人责问他不该这样做，他说："吾爱吾师，吾更爱真理。”红楼里就是提倡这种精神，也就真充满这种空气。这类故事很不少，说几件还记得的。

先说一件非亲历的。我到北京大学是30年代初，其时古文家刘师培和今文家崔适已经下世十年左右。听老字号的人说，他们二位的校内住所恰好对门，自然要朝夕相见，每次见面都是恭敬客气，互称某先生，同时伴以一鞠躬；可是上课之后就完全变了样，总要攻击对方荒谬，毫不留情。崔有著作，《史记探原》和《春秋复始》都有北京大学讲义本，刘著作更多，早逝之后刊为《刘申叔先生遗书》，可见都是忠于自己的所信，当仁不让的。

30年代初，还是疑古考古风很盛的时候；同是考，又有从旧和革新之别。胡适写了《中国哲学史大纲》上卷，在学校讲中国哲学史，自然也是上卷。顺便说个笑话，胡还写过《白话文学史》，也是只有上卷，所以有人戏称之为“上卷博士”。言归正传，钱宾四（穆）其时已经写完《先秦诸子系年考辨》，并准备印《老子辨》。两个人都不能不处理《老子》。这个问题很复杂，提要言之，书的《老子》，人的“老子”，究竟是什么时代的？胡从旧，二“老”就年高了，高到春秋晚年，略早于孔子；钱破旧，二“老”成为年轻人，晚到战国，略早于韩非。胡书早出，自然按兵不动，于是钱起兵而攻之，胡不举白旗，钱很气愤，一次相遇于教授会（现在名教研室或教员休息室），钱说：“胡先生，《老子》年代晚，证据确凿，你不要再坚持了。”胡答：“钱先生，你举的证据还不能使我心服；如果能使我心服，我连我的老子也不要了。”这次激烈的争执以一笑结束。

争执也有不这样轻松的。也是反胡，戈矛不是来自革新的一面，而是来自更守旧的一面。那是林公铎（损），人有些才气，读书不少，长于记诵，二十几岁就到北京大学国文系任教授。一个熟于子曰诗云而不识abcd的人，不赞成白话是可以理解的。他不像林琴南，公开写信反对；但又不能唾面自干，于是把满腹怨气发泄在课堂上。一次，忘记是讲什么课了，他照例是喝完半瓶葡萄酒，红着面孔走上讲台。张口第一句就责骂胡适怎样不通，因为读不懂古文，所以主张用新式标点。列举标点的荒唐，其中之一是在人名左侧打一个杠子（案即专名号），“这成什么话！”接着说，有一次他看到胡适写的什么，里面写到他，旁边有个杠子，把他气坏了；往下看，有胡适自己的名字，旁边也有个杠子，他的气才消了些。讲台下大笑。他像是满足了，这场缺席判决就这样结束。

教师之间如此。教师学生之间也是如此，举两件为例。一次是青年教师俞平伯讲古诗，蔡邕所作《饮马长城窟行》，其中有“枯桑知天风，海水知天寒”两句，俞说：“知就是不知。”一个同学站起来说：“俞先生，你这样讲有根据吗？”俞说：“古书这种反训不少。”接着拿起粉笔，在黑板上写出六七种。提问的同学说：“对。”坐下。另一次是胡适之讲课，提到某一种小说，他说：“可惜向来没有人说过作者是谁。”一个同学张君，后来成为史学家的，站起来说，有人说过，见什么丛书里的什么书。胡很惊讶，也很高兴，以后上课，逢人便说：“北大真不愧为大。”

这种站起来提问或反驳的举动，有时还会有不礼貌的。如有那么一次，是关于佛学某问题的讨论会，胡适发言比较长，正在讲得津津有味的时候，一个姓韩的同学气冲冲地站起来说：“胡先生，你不要讲了，你说的都是外行话。”胡说：“我这方面确是很不行。不过，叫我讲完了可以吗？”在场的人都说，当然要讲完。因为这是红楼的传统，坚持己见，也容许别人坚持己见。根究起来，韩君的主张是外道，所以被否决。

这种坚持己见的风气，有时也会引来小麻烦。据说是对于讲课中涉及的某学术问题，某教授和某同学意见相反。这只要能够相互容忍也就罢了；偏偏是互不相让，争论起来无尽无休。这样延续到学期终了，不知教授是有意为难还是选取重点，考题就正好出了这一个。这位同学自然要言己之所信。教授阅卷，自然认为错误，于是评为不及格。照规定，不及格，下学期开学之后要补考，考卷上照例盖一长条印章，上写：注意，六十七分及格。因为照规定，补考分数要打九折，记入学分册，评六十七分，九折得六十分多一点，勉强及格。且说这次补考，也许为了表示决不让步吧，教授出题，仍是原样。那位同学也不让步，答卷也仍是原样。评分，写六十，打折扣，自然不及格。还要补考，仍旧是双方都不让步，评分又是六十。但这一次算及了格，问为什么，说是规定只说补考打九折，没有说再补考还要打九折，所以不打折扣。这位教授违背了红楼精神，于是以失败告终。

三

点滴一谈散漫，二谈严正；还可以再加一种，谈容忍。我是在中等学校念了六年走入北京大学的，深知充任中学教师之不易。没有相当的学识不成；有，口才差，讲不好也不成；还要有差不多的仪表，因为学生不只听，还要看。学生好比是剧场的看客，既有不买票的自由，又有喊倒好的权利。戴着这种旧眼镜走入红楼，真是面目一新，这里是只要学有专长，其他一切都可以凑合。自然，学生还有不买票的自由；不过只要买了票，进场入座，不管演者有什么奇怪的唱念做，学生都不会喊倒好，因为红楼的风气是我干我的，你干你的，各不相扰。举几件还记得的小事为证。

一件，是英文组，我常去旁听。一个外国胖太太，总不少于五十多岁吧，课讲得不坏，发音清朗而语言流利。她讲一会总要让学生温习一下，这一段空闲，她坐下，由小皮包里拿出小镜子、粉和胭脂，对着镜子细细涂抹。这是很不合中国习惯的，因为是“老”师，而且在课堂。我第一次看见，简直有点愕然；及至看看别人，都若无其事，也就恢复平静了。

另一件，是顾颉刚先生，那时候他是燕京大学教授，在北京大学兼课，讲《禹贡》之类。顾先生专攻历史，学问渊博，是疑古队伍中的健将；善于写文章，下笔万言，凡是翻过《古史辨》的人都知道。可是天道吝啬，与其角者缺其齿，口才偏偏很差。讲课，他总是意多而言语跟不上，吃吃一会，就急得拿起粉笔在黑板上疾书。写得速度快而字清楚，可是无论如何，较之口若悬河总是很差了。我有时想，要是在中学，也许有被驱逐的危险吧？而在红楼，大家就处之泰然。

又一件，是明清史专家孟心史（森）先生。我知道他，起初是因为他是一桩公案的判决者。这是有关《红楼梦》本事的。很多人都知道，研究《红楼梦》，早期有“索隐”派，如王梦阮，说《红楼梦》是影射清世祖顺治和董鄂妃的，而董鄂妃就是秦淮名妓嫁给冒辟疆的董小宛。这样一比附，贾宝玉就成为顺治的替身，林黛玉就成为董小宛的替身，真是说来活灵活现，像煞有介事。孟先生不声不响，写了《董小宛考》，证明董小宛生于明朝天启四年，比顺治大十四岁，董小宛死时年二十八，顺治还是十四岁的孩子。结果判决：不可能。我是怀着看看这位精干厉害人物的心情才去听他的课的。及至上课，才知道，从外貌看他是既不精干，又不厉害。身材不高，永远穿一件旧棉布长衫，面部沉闷，毫无表情。专说他的讲课，也是出奇的沉闷。有讲义，学生人手一编。上课钟响后，他走上讲台，手里拿着一本讲义，拇指插在讲义中间。从来不向讲台下看，也许因为看也看不见。应该从哪里念起，是早已准备好，有拇指作记号的，于是翻开就照本慢读。我曾检验过，耳听目视，果然一字不差。下课钟响了，把讲义合上，拇指仍然插在中间，转身走出，还是不向讲台下看。下一课仍旧如此，真够得上是坚定不移了。

又一件，是讲目录学的伦哲如（明）先生。他知识丰富，不但历代经籍艺文情况熟，而且，据说见闻广，许多善本书他都见过。可是有些事却胡里胡涂。譬如上下课有钟声，他向来不清楚，或者听而不闻，要有人提醒才能照办。关于课程内容的数量，讲授时间的长短，他也不清楚，学生有时问到，他照例答：“不知道。”

又一件，是林公铎（损，原写攻渎）先生。他年岁很轻就到北京大学中国语言文学系任教授，我推想就是因此而骄傲，常常借酒力说怪话。据说他长于记诵，许多古籍能背；诗写得很好，可惜没见过。至于学识究竟如何，我所知甚少，不敢妄言。只知道他著过一种书，名《政理古微》，薄薄一本，我见过，印象不深，以“人云亦云”为标准衡之，恐怕不很高明，因为很少人提到。但他自视很高，喜欢立异，有时异到等于胡说。譬如有一次，有人问他：“林先生这学期开什么课？”他答：“唐诗。”又问：“准备讲哪些人？”他答：“陶渊明。”他上课，常常是发牢骚，说题外话。譬如讲诗，一学期不见得能讲几首；就是几首，有时也喜欢随口乱说，以表示与众不同。同学田君告诉我，他听林公铎讲杜甫《赠卫八处士》，结尾云，卫八处士不够朋友，用黄米饭炒韭菜招待杜甫，杜公当然不满，所以诗中说，“明日隔山岳，世事两茫茫”，意思是此后你走你的路，我走我的路。也许就是因为常常讲得太怪，所以到胡适兼任系主任，动手整顿的时候，林公铎解聘了。他不服，写了责问的公开信，其中用了杨修“鸡肋”的典故，说“教授鸡肋”。我当时觉得，这个典故用得并不妥，因为鸡肋的一面是弃之可惜，林先生本意是想表示被解聘无所谓的。

最后说说钱玄同先生。钱先生是学术界大名人，原名夏，据说因为庶出受歧视，想扔掉本姓，署名“疑古玄同”。早年在日本，也是章太炎的弟子。与鲁迅先生是同门之友，来往很密，并劝鲁迅先生改钞古碑为写点文章，就是《呐喊·自序》称为“金心异”的（案此名本为林琴南所惠赐）。他通文字音韵及国学各门。最难得的是在老学究的队伍里而下笔则诙谐讽刺，或说嬉笑怒骂。他是师范大学教授，在北京大学兼课，讲“中国音韵沿革”。钱先生有口才，头脑清晰，讲书条理清楚，滔滔不绝。我听了他一年课，照规定要考两次。上一学期终了考，他来了，发下考卷考题以后，打开书包，坐在讲桌后写他自己的什么。考题四道，旁边一个同学告诉我，好歹答三道题就交吧，反正没人看。我照样做了，到下课，果然见钱先生拿着考卷走进教务室，并立刻空着手出来。后来知道，钱先生是向来不判考卷的，学校为此刻一个木戳，上写“及格”二字，收到考卷，盖上木戳，照封面姓名记入学分册，而已。这个办法，据说钱先生曾向外推广，那是在燕京大学兼课，考卷不看，交与学校。学校退回，钱先生仍是不看，也退回。于是学校要依法制裁，说如不判考卷，将扣发薪金云云。钱先生作复，并附钞票一包，云：薪金全数奉还，判卷恕不能从命。这次争执如何了结，因为没有听到下回分解，不敢妄说。总之可证，红楼的容忍风气虽然根深蒂固，想越雷池一步还是不容易的。

四

点滴一、二、三说的都是红楼之内。这回要说之外，即红楼后面的一片空旷地，当时用作操场，后来称为民主广场的。场地很大，却几乎毫无设置，记得除了冬季在北部，上搭席棚、下开冰场之外，长年都是空空的。学校有篮球场和网球场，在北河沿第三院，打球要到那里去。红楼后面的广场，唯一的用处是上军事训练课。

同“党义”一样，军事训练是必修课，由入学起，上一年还是两年，记不清了，总之是不修或修而不及格就不能毕业。说来奇怪，这也是名实相反的好例证，凡是必修的，在学生心目中都是“不必”修的。必修之下有普修，如大一国文、大一外语等，都是一年级时候学一年。对于普修课，学生的看法大致是，学学也好，不学也没什么了不得，因为都是入门的，或说下里巴人的。再下是大量的形形色色的选修课，是爬往“专”的路上的阶梯，因而最为学生所看重，其实也最为教师和学校甚至社会所看重。

同是必修课，不受重视的原因不尽同。例如党义，除了学生视为浅易之外，主要原因是宣扬“书同文，车同轨”，与北京大学的容许甚至鼓励乱说乱道的精神格格不入。且说这位教党义的先生，记得姓王，看似无能，却十分聪明。他对付学生的办法完全是黄老之术，所谓无为而治。上课，据说经常只有一个人，是同乡关系（？），不好不捧场。到考试，学生蜂拥而至，坐满课堂，评分是凡有答卷的都及格。军事训练不受学生重视，原因之一是学生来此的本意是学文，不是学武；之二是，在北京大学，外貌自由散漫已经成为风气，而军事训练却要求严格奋发。

教军事训练课必须解决这个矛盾。却不能用黄老之术，因为一个人上操场，不能列队；又这是在红楼之外，十目所视，十手所指。担任这门课的是白雄远，在学校的职位是课业处军事训练组主任，也许军阶是校级吧，我们称之为教官。他很有办法，竟把上面说的这种矛盾解决得水乳交融。他身材相当魁梧，腰杆挺直，两眼明朗有神，穿上军服，腰系皮带，足登皮靴，用文言滥调，真可说是精神奕奕了。他对付学生的办法是以心理学为基础的社交术。他记性好，二三百受训的学生，他几乎都认识。对待学生，他是两仪合为太极。一仪是在课外，遇见学生称某先生，表示非常尊重，如果点头之外还继以谈话，就说学生学的是真学问，前途无量，他学的这一行简直不足道。另一仪是在课内，那就真是像煞有介事，立正，看齐，报数，像是一丝不苟。这两仪合为太极，可以用他自己的话来描述。有一次，也许有少数学生表现得不够理想吧，他像是深有感慨地说："诸位是研究学问的，军训当然没意思。可是国家设这门课，让我来教。我不能不教，诸位不能不上。我们心里都明白，用不着较真儿。譬如说，旁边有人看着，我喊立正，诸位打起精神，站正了，排齐了，我喊报数，诸位大声报，一,二,三,四，人家看着很好，我也光彩，不就得了吗。如果没有人看着，诸位只要能来，怎么样都可以，反正能应酬过去就成了。"

他这个两仪合为太极的办法很有成效，据我记得，我们那一班（班排之班），大概十个人吧，上课总是都到。其中有后来成为名人的何其芳，我的印象，是全班中最为吊儿郎当的，身子站不稳，枪拿不正。可是白教官身先士卒，向来没申斥过哪一个人。课程平平静静地进行，中间还打过一次靶，到北郊，实弹射击。机关枪五发，步枪五发，自然打中的不多，可是都算及了格。

不知道从哪里刮来一阵风，说必须整顿，加强。于是来个新教官，据说是上校级，南京派来的。上课，态度大变，是要严格要求，绝对服从。开门第一炮，果然对待士卒的样子，指使，摆布，申斥。这是变太极为敲扑，结果自然是群情愤激。开始是敢怒而不敢言。不久就布阵反击，武器有钢铁和橡胶两种。钢铁是正颜厉色地论辩，那位先生不学无术，虚张声势，这样一戳就泄了气。橡胶是无声抵抗，譬如喊立正，就是立不正；但又立着，你不能奈我何。据说，这位先生气得没办法，曾找学校支援，学校对学生一贯是行所无事，当然不管。于是，大概只有两三个月吧，这位先生黔驴技穷，辞职回南了。他失败，从世故方面说是违背了"入其国，先问其俗"的古训，从大道理方面说是违背了红楼精神。

白雄远教官，人也许没有什么可传的；如果说还有可传，那就是他能够顺从红楼精神。因为有这个优点，所以那位先生回南之后，他官复原职，受到同学们的热烈欢迎。我的记忆，同学对他一直很好，觉得他可亲近。也许就是因此，有一次，学校举行某范围的智力测验，其中一题是“拥重兵而非军阀者是什么人”，有个同学就借他的大名之助，不但得了高分，还获得全校传为美谈的荣誉。

五

点滴四已经走了题，扯到红楼的外面。俗话说，“一不做，二不休”，既然已经跑出来，索性再谈些不都发生在红楼之内的事。这想谈的是有关入学的种种，北京大学有自己的一套办法，现在看来也许很简陋，但有特点，或者可以聊备掌故吧。

先说第一次的入学，由投考报名起，是有松有紧。所谓紧是指报名资格，一定要是中等学校毕业，有证书作证明。所谓松是只填考某院（文、理、法）而不填考某系，更不细到系之下还要定专业。这松之后自然会随来一种自由：可以选某一院的任何系，如考取文学院，既可以选读历史，也可以选读日语。自由与计画〈划〉是不容易协调的，于是各系的学生数就难免出现偏多偏少的现象。例如一九三六年暑期毕业的一期，史学系多到三十六个人，其中有后来成为史学家的张政烺；生物学系少到三个人，其中有后来成为美籍华人的生物学家牛满江。多，开班，少，也开班，这用的是姜太公的办法，愿者上钩。

再说命题，用的是迅雷不及掩耳的办法。譬如说，考国文是明天早八点，今天中午由校、系首脑密商，决定请某某两三位教授命题。接着立刻派汽车依次去接。形式近于逮捕，到门，进去，见到某教授，说明来意，受请者必须拿起衣物，不与任何人交谈，立刻上车。到红楼以后，形式近于监禁，要一直走入地下层的某一室，在室内商酌出题。楼外一周有校警包围，任何人不准接近楼窗。这样，工作，饮食，大小便，休息，睡眠，都在地下，入夜某时以前，题要交卷。印讲义的工厂原就在地下，工人也是不许走出地下层，接到题稿，排版，出题人校对无误，印成若干份，加封待用。到早晨八时略前，题纸由地下层取出，送到试场分发；出题人解禁，派汽车送回家。这个办法像是很有优点，因为没有听说过有漏题的事。

看考卷判分，密封，看字不知人，对错有标准，自然用不着什么新奇花样。只是有一种不好办，就是国文卷的作文，仁者见仁，智者见智，且不说准确，连公平也不容易做到。赵懯之（荫棠）先生有一次告诉我，30年代某一年招考，看国文考卷有他，阅卷将开始，胡适提议，大家的评分标准要协调一下。办法是随便拿出一份考卷，每人把其中的作文看一遍，然后把评分写在纸条上，最后把所有纸条的评分平均一下，算作标准。试一份，评分相差很多，高的七八十，少的四五十，平均，得六十多，即以此为标准，分头阅卷。其实，我想，就是这样协调一下也还是难于公平准确，惯于宽的下不了许多，惯于严的上不了许多，考卷鹿死谁手，只好碰运气。

几门考卷评分都完，以后就又铁面无私了：几个数相加，取其和。然后是由多到少排个队，比如由四百分起，到二百分止。本年取多少人是定好了的，比如二百八十人，那就从排头往下数，数到二百八十，算录取，二百八十一以下不要。排队，录取，写榜，多在第二院（理学院）西路大学办公处那个圆顶大屋里进行，因为木已成舟，也就不再保密，是有人唱名有人写。消息灵通、性急并愿意早报喜信的人可以在屋外听，如果恰巧听到心上人的名字，就可以在出榜的前一天告诉那个及第的人。榜总是贴在第二院的大门外，因为哪一天贴不定，所以没有万头攒动的情况。

与现在分别通知的办法相比，贴榜的老办法有缺点，是投考的人必须走到榜前才能知道是否录取。我就是没有及时走到榜前吃了不少苦头的。考北京大学的人一般是住在沙滩一带的公寓里，我因为有个亲戚在朝阳学院上学，由他代找住处，住在靠近东直门的海运仓，离沙滩有六七里路。考北京大学完毕，自然不知道能不能录取，于是继续温课，准备再考师范大学。也巧，这一年夏天特别热，晚上在灯下解方程式，蚊子咬，汗流浃背。就这样，有一天，公寓的伙计送来个明信片，说放在窗台上几天了，没人拿，问问是不是我的。接过一看，是同学赵君看榜后写的祝贺语，再看日期，已经是一个星期以前的事了。

录取以后，第一次入学，办手续，交学费十元，不能通融。推想这是因为还在大门以外。手续办完，走入大门，情况就不同了，从第二学期起，可以请求缓交。照规定，要上书校长，说明理由，请求批准。情况是照例批准，所以资格老些的学生，总是请求而不写理由，于是所上之书就成为非常简练的三行：第一行是“校长”，第二行是“请求缓交学费”，最重要的是第三行，必须写清楚，是“某系某年级某某某”，因为管注册的人只看这一行，不清楚就不能注册入学。

北京大学还有一种规定，不知道成文不成文，是某系修完，可以转入同院的另一系，再学四年，不必经过入学考试。有个同学王君就是这样学了八年。为什么要这样呢？我没有问他。也许由于舍不得红楼的环境和空气？说心里话，舍不得的自然不只他一个，不过自食其力的社会空气力量很大，绝大多数人也就只好卷起铺盖，走上另一条路了。

（《负暄琐话》，黑龙江人民出版社，1986 年 9 月版）

⊙ 柳存仁

记北京大学的图书馆[①]

北大的图书馆是值得令人留恋的地方，就是说值得令人心醉，也不能算是过分。本来，任何一所大学都有它的图书馆的，虽然那些图书馆的真实的情形，不但是在内质上，就是在形式上，也有绝大的异点或差别，其不同的程度有时候简直不容易叫人相信，虽然我不想说是不能叫人相信。

在战事爆发之前——注意，在战前——我曾经有过一次很好的机会，参观了几个相当著名的大学的图书馆。一个是南京的中央大学的图书馆，我所得到的印象是馆内的阅书的学生很多，但是，不在阅读课内的功课或温书的学生太少了。这就是说，大部分的学生都在低着头研求着当天或第二天的指定课程，准备应付教员的 Quiz 或 Test，肯自己在一旁静悄悄的为学问而学问的人，究竟很少。这样的情形，北平西郊的清华大学图书馆里的用功的学生们，也未能免。在清华，进图书馆看书是有一个专门的名辞叫做“开矿”的，开矿的目的，大半是想得到教授的好分数，在校内是有许多人以得到各项功课的金齿耙“E”或银麻花“S”为荣的。我在这里只举这两个好一点的例子，应该可以概括其余的情形。因为，倘若说起一些在其他的几个大学的图书馆里面更常见到的现象，那么，

---

① 初刊时，尚冠以总题《北大的人与物》。

也有借它来做男女学生的谈恋爱的幽静场合，也有用它做为解闷休息的清凉境界，甚至于在图书馆里开开什么江苏省同乡会，借那长长的书桌来摆起藉以联欢的茶点，喷起一圈圈的烟雾来，这也是题内应有，并没有什么希奇。

如果有的学校的学生们走进图书馆是为了吃茶点的，则北大的学生们走进北大的图书馆是为了吃他们的精神上的食粮，并不能够说是过甚其辞。

北大的学生们并不是天生的超人，但是他们大约不甚重视教授们指定的功课。原因是教授们自己也不重视，有的教授甚至于平素并没有什么功课指定。譬如像沈兼士先生，在他教中国文字学的时候，一年到尾仅讲完那七十多页的讲义式的薄薄的课本。在他的重复了近百次的语句里面，《景紫堂丛书》，《一切经音义》，《灵鹣阁丛书》……这些名字总是耳熟能详的。如果图书馆里没有这些种书籍，也就算了，但是图书馆里不但是有，而且可以随便的借，并且可以几十本一次的借出，并没有一丝一毫的留难。在这种情形之下，不愿意去拿来翻翻的总是少数。那么，喜欢去图书馆看书或借书的人既多，图书馆的重要性也就增加，同时，教授们既然都有循循善诱的吸引学生的力量，当然不必特别画出某书第五十三至八十二页，另一书五十四至八十三页作为 Assignments 了。

北大图书馆的建筑，是在松公府的旧址。这里，我们最好是把它的新旧两部分画分开来说明。旧馆址就是胡清的松公府本身，前后占有三个大的庭院，雕梁画栋，古柏参天，非常富有中国式的艺术美的气息。自然，这样旧式的建筑物，因为学校的经济拮据和喜欢保持传统的老谱起见，已经变成很陈旧很腐朽的屋宇了，虽然每天照例的有几百个年轻的男女在那里川流不息的进出。这座大府的第二进和第三进的屋子，近年有一部分装修成为很富丽堂皇的宴会厅，在平常是不大应用的。另外一部分的屋里则堆积满了整箱整柜的北大文科研究所的未经整理的藏书，实际上都和图书馆是分开的。和图书馆有关系的仅是第一进的几间，可以说完全是阅报室和它的附属的部分。同时我也可以说，这旧图书馆的整个部分，就是全部的阅报室。在我从前写的《北大和北大人》的第一篇——《记北京大学的教授》文内，记得有过一张北京大学新图书馆的插图（《宇宙风乙刊》第廿七期），在新图书馆的旁边，有一座较旧的屋宇的一角，那就是旧图书馆的一部分的轮廓。我至今仍然清清楚楚的记忆着，那阅报室的梁木上面尚未剥落的陈旧而古老的深红色的髹漆，四面交织着碧青色的云彩和玄黄色的织锦的图案，真是一看之下就可以感觉到一阵的幽古的美丽的气息，深深的埋藏在几重的灰尘和朽黯的底下。那交叉形的细纹的窗棱上面也垂挂着几重尘丝和并没有完全织成的蛛网，在它的下面是黑压压的挤满了一屋的充满着热烈的求知欲和爱知天下事的读报的青年们，大家挤在一块儿看《大公报》上面王芸生写的《寄北方青年》的社论。

在冬天屋里仅有一个小火炉，炉内的碎煤常常仅是闪烁着微弱的青蓝光的火苗，可以看得出它的温度决不能抵御那外面的零度以下的气候的寒冷。有时候飕飕的大风可以把这间屋子的木门吹开，并且把里面的零乱的报纸吹个满地。但是，读报的人却都有着一颗诚挚而又热烈的爱国的心，这种热烈的心情使整个的屋子里充满着欢欣而活泼的朝气，在阅报室里面所读到的报纸，除了北平当天的各大报——《世界日报》，《北平晨报》，《华北日报》，《益世报》，法文的《政闻报》，英文的 Peiping Chronicle，和小型版的《实报》而外，还有天津的《大公报》，《益世报》，《庸报》，《华北明星日报》等，都可当天看到，此外像上海，南京，汉口各大城市的报纸，也不过隔几天就可以寄来。在当时，北大的师生们曾经合办过一个《读书周刊》（天津《益世报》）一个文史周刊（南京《中央日报》），都不是在北平出版的。甚至于像边疆各地的报纸，如迪化的《新疆日报》等，也都按期收到陈列，看的人也很多。在大阅报室的东侧，有一排偏殿式的厢房，则是存贮多少年来的旧报纸的地方。各地各种的合订本的报纸，都分别年月的装订起来，随时可以查阅，毫不困难。管理的人员虽然仅有一个，却非常熟谙迅速。事实上这一个人并不是从美国的国会图书馆或武昌文华大学的图书馆专修学校毕业的，看上去好像有点儿不够资格，但实际上他的技术训练却早已超过任何常人之上。他担任他的职务已经在二十年以上，二十多年积累的经验使他的管理方法和整理步骤都能够丝毫不紊乱的迅速办妥，没有一位教授或学生不感觉到满意。他甚至于可以认识借书人的姓名职务和面貌，只要他看见过这个人一次。因此，他可以几大册的合订本的旧报纸借给一个空手的学生，用不着一看或问询他有无借书证。他不是职业的图书馆员，他在校内的正式的名称只是一个工友，而且他每月所得的薪金，也和其他的看门扫地擦黑板锁课堂的工友们并无分别。他和职业的图书馆员的唯一的不同，就是他一天到晚喜欢翻看旧报的内容，谈论十年来的国内外的各方面的变迁。职业的图书馆员则仅知道说“查不着”“借出了”“正在催还”，并且重复着他的说话的次数而已。

以上所说是旧图书馆的大概，而新图书馆就在旧馆之西，是三层大楼的极新式的建筑，这才是图书馆的本身。这一座新图书馆在民国廿四年秋才落成，那年的双十节还举行过一次开幕典礼，但是两年之后，随着卢沟桥畔的神圣的抗战的炮火，北大由北平而迁至湘南，昆明，叙永，这座巍然独峙的图书馆，则至今沉沦在北平市内含垢纳辱，真是像宋人词里所说的“弦歌地，亦膻腥”了。

新图书馆可以分做前后两部，前部是三层大楼，楼下是中西文参考书阅览室，共两大间，二楼是中西文杂志阅览室和指定参考书阅览室，也是两间，三楼是几间办公室编目室等。

每一间阅览室的面积都是很大的，大约像其他学校的礼堂饭堂那样。三面都是极高的长窗，配着深绿布做的窗帘，简洁而且悦目。壁间满列着几大排的书橱，里面都是分门别类的新出版的参考书籍，时常更换陈列。在新书购到编目陈列之后，两个星期之内仅能在馆借阅，以供众览；两星期后就可以随便借出。善本的书籍和精藏的方志等书，另有善本藏书目或方志藏书目备检，也是随时可以借阅。譬如说，一般的《中国文学史》上面多仅有一两段的关于《金瓶梅》的叙述，大部分是抄袭鲁迅的《中国小说史略》的，多很简括，而北京大学的学生却可以随便的在图书馆里借阅兰陵笑笑生的《金瓶梅词话》，并且把它和坊间各本详细比较，钞成“补遗”。

每一间阅览室至少有十张极长极大的书桌，每桌可宽坐至少八人，而座椅的舒适，又为全校任何他处的椅子所不及。室内在夏天虽无冷气，自然生风，冬季则有热水汀暖气，和室外的温度相差奚止数倍。靠在图书馆的座椅上，一眼望去，一排一排的书架，灿烂夺目，加以室内阅书的同学很多，却大家都静悄悄的，别有一番读书乐的印象。《天下郡国利病书》，《太平御览》，廿五史，《碑传集》等都是唾手可得，俯拾即是的东西，用不着费心，常常可以很容易的放在面前。如果不是怕书里的蠹虫咬手的人，随便翻翻总是不成问题的。

（香港《大风》88 期，1941 年 4 月）

⊙ 张中行

北大图书馆

文章标题不宜过长，所以只好把本该写在前面的“我上学时期的”几个字略去；“北大”也用了简称，全称是要写为“国立北京大学”的。这时期的图书馆在松公府，是新由红楼地下室迁入的。这至少是再迁，因为据旧同学录“沿革”部分所记，清光绪二十八年（公元1902年，即建校之后四年）设置藏书楼，地点是在“学校后院”（推想就是应保存而于70年代拆掉的所谓“公主楼”）。为了校外人看到这里不致茫然，这里要翻翻旧账。所谓学校，是指光绪二十四年（公元1898年）创立的京师大学堂，经过许多波折，最后才成为“北京大学”的。且说创立时的校址，原是清乾隆皇帝的四女儿和硕和嘉公主（下嫁傅恒之子福隆安）的府第，在景山之东马神庙（借庙名为街名）西部路北。民国五年（公元1916年）在其东沙滩汉花园建红楼，后用作文科教室，称第一院（文学院），原马神庙（改名景山东街，不久前改为沙滩后街）校址降为第二院（理学院）。专说第一院的扩张情况。红楼邻街，坐北向南，为四层砖木建筑。其背后有属于松公府的空地，再北偏西是松公府。先是1918年，学校租空地作操场；到1931年，一劳永逸，连府也买过来。府有几进房屋，相当好，稍加修整就把图书馆和研究所国学门迁进去，馆在前，所在后。馆，藏书不少，所，藏古物不少，至今还是北京大学的一部分珍贵家当。我1931年暑后上学，松公府时期的图书馆刚启用，1935年暑后离开学校，新图书馆已经建成（在府门西南），馆即将升迁，所以说句笑话，我是与松公府时期的图书馆共始共终。又所以，谈闲话就不该漏掉它。

当然，谈它，还有更重要的原因，是那时我还年轻，很胡涂加多幻想，盲人骑瞎马，而它，像一束微弱的光，有时照照这里，有时照照那里，就说是模模胡胡吧，总使我仿佛看到一些路。这样说，提到图书馆，我是应该永远怀有感激之情了。也不尽然，因为它给我的是一些“知”，而知，根据西方的最上经典，来于伊甸园中间那棵树上的果子，受了蛇的引诱才吃，得的果报必是“终身劳苦”。但木已成舟，也就难于找到解救的办法，因为生而为人，能力总是有限的，比如说，坐在那里，面对众人，说些自己绝不相信的“天子圣哲”之类的话，练练，不难；至于静夜闭门，独坐斗室，奉劝自己相信鞭打就是施恩，那就大难。大难，想做也做不到，只好不做。话扯远了，其实我只是想说说，四年出入图书馆，我确是有所得，虽然这所得，用哲学的秤衡量，未必合理，用世风的秤衡量，未必合算。

该言归正传了。且说那时候，北大有些学生，主要是学文史的，是上学而未必照章上课。不上，到哪里去？据我所知，遛大街，以看电影为消遣的很少；多数是，铁架上的钟（在红楼后门之外稍偏西）声响过之后，腋夹书包，出红楼后门，西北行，不远就走入图书馆。我呢，记得照章应上的课，平均一天三小时，减去应上而理应听的，不应上而愿意听听的，剩余的时间还不少，就也夹着书包走进图书馆。经常走进的房子只有第一、二两进。第一进是卡片兼出纳室，不大，用处用不着说；第二进是阅览室，很大，用处也用不着说。两个室都有值得说说的，因为都有现在年轻人想也想不到的特点。

先说卡片兼出纳室。工作人员不多，我记得的，也是常有交往的，只是站在前面的一位半老的人。记得姓李，五十多岁，身材中等偏高，体格中等偏瘦，最明显的特点是头顶的前半光秃秃的。这位老人，据说是工友出身，因为年代多了，熟悉馆内藏书的情况，就升迁，管咨询兼出纳。为人严谨而和善，真有现在所谓百问不烦的美德。特别值得说说的还不是这美德，而是有惊人的记忆力。我出入图书馆四年，现在回想，像是没有查过卡片，想到什么书，就去找这位老人，说想借，总是不久就送来。一两年之后，杂览难免东冲西撞，钻各种牛角尖，想看的书，有些很生僻，也壮着胆去问他。他经常是拍两下秃额头，略沉吟一下，说，馆里有，在什么什么丛书里，然后问借不借。我说借，也是不久就送来。还有少数几次，他拍过额头，沉吟一下之后，说馆里没有，要借，可以从北京图书馆代借，然后问我："借吗？"我说借，大概过三四天就送来。我们常进图书馆的人都深深佩服他的记忆力，说他是活书目。四年很快过去，为了挣饭吃，我离开北京，也就离开这位老人。人总是不能长聚的，宜于以旷达的态度处之；遗憾的是，其后，学校南渡之前，我曾多次走过浅灰色三层兼两层楼房的新图书馆，却没有进去看他。应做的事而没有做，现在后悔也无济于事了。

再说第二进的阅览室。布置没有什么新奇，长方形比书桌大很多的木板大案，不远一个，摆满全室；案两面各有几把椅子，是供阅览者坐的。往图书馆，进室，坐在哪里，任随君便，只要那里还没有人坐。但是既已坐下，就会产生捷足先登的独占权。所谓独占，不同于现在的半天一天，而是长时期。这长时期，来于借书还书的自由主义。具体说，自由包括两个方面：一方面是借书多少，数量不限；另一方面是借的时间，长短不限。此外还可以加上一种小自由，比如我们一些几乎天天来的看客，坐位有定，借书，大多是送货上门。这样，借的书，有的短期看不完，有的常常要翻翻，就不是勤借勤还，而是堆在面前，以逸待劳。现在还记得，我的位子在室的东北角，面前的书，经常堆成小山岭，以致对面那位的活动情况，看什么书，是否记笔记，一点也不知道。前面说过，图书馆藏书不少，我，颇有现在一些旅游家的心情，到北京，不只著名的燕京八景要看看，就是小胡同，只要有感兴趣的什么人住过，也想走进去，摸摸残砖断瓦。于是而借这个借那个，翻这个翻那个。就这样，许多书，大块头的，零种的，像游鱼一样，从我的面前游过去。由自己方面说，是跳到古籍的大海里，尽情地扑腾了一阵子。结果呢，如果也可以算作有所得，这所得，至少就上学的四年说，完全是也奉行自由主义的北大图书馆之赐。这里需要加点说明，是我并不提倡这方面的自由主义也向外扩张，向下流传，原因是，彼一时也，此一时也，图书馆的任务，方便读者的一面当然要重视，但还有另一面，是看守，防止损坏丢失，这后者如果一放松，那就不堪设想了。

说到向下流传，我不由得想到现在的北大图书馆。真够得上发扬光大了。迁到原燕京大学，新建了既高大又豪华的楼房。书，吞并了燕京大学收藏的，加新购，据说就数量说，已升到全国第二位，仅次于北京图书馆。善本，甚至孤本，也不少。这新图书馆，我也利用过，是几年以前，因为考证有些旧人旧事，须查善本。照章，带着介绍信，还求副馆长版本专家郭君打了招呼，才拿到善本室的阅览证。善本室的工作人员也和善，但照章，要先查卡片，写好书名和编号，坐等。找到，要先交工作证和阅览证，作为抵押，然后领书。看完，还要立即归还。对于防止善本的损坏丢失，手续再增加，我也谅解；只是借到的书，有的盖有旧北京大学的印记，我看看，想想，感到那样多的书，那样长的过往，都离我太远了，不禁为之惘然。

（《负暄续话》，黑龙江人民出版社，1990 年 7 月版）

⊙ 邓广铭

我与北大图书馆的关系

我是在 1930 年的秋冬之际到北平来的。那时各大学的招考新生的日期早已过去，然而我在山东第一师范读书时的同班好友李广田却正在读北京大学预科的二年级。我就完全依靠着他，在沙滩的中老胡同租了一间民房居住，一日三餐都和他在一起。他去上英文、历史和古文名著选读等课时，我也都随同他一起去上课，凡没有课程的时间，我也跟他一同到红楼二层的图书馆阅览室里去借阅一些英文书籍。根据我的记忆，好像主要是借阅一些俄罗斯诸作家的短篇或长篇小说的英译本。原因是：一要尽量提高自己的英语水平以便投考大学，二则在那时总感觉读俄文的原著不如读英文译本容易一些。我没有借书证，李广田向其他同学借了一份供我使用。总之是，当我还没有取得北大学籍的时候，我已经开始对北大图书馆充分加以利用了。

1931 年夏，我报考北大落榜，遂考入辅仁大学的英文系，从这时到 1932 年夏我又考入北大的史学系为止，与北大图书馆告别了整整一年。

我进入北大史学系读书时，北京大学已经购买了旧称松公府的一所大宅院，并已把图书馆从红楼搬迁到那里。松公府的主房是前后两进的四合院落，其两旁还都有跨院。图书馆把主房的后院作为书库，前院则分别作为报刊、中文书籍、外文书籍等阅览室。我当时虽仍与李广田同住在“东斋”的同一排宿舍中，却因为他读的是英文系，我读的是史学系，所以，不论在上课时，或在课外的业务活动，我与他在一起的时间就比较少了。

我住在北大东斋宿舍，到松公府的各个阅览室去读书都很近，距北海西岸的北平图书馆也不太远，步行大约 20 分钟可达。该馆当时落成未久，建筑和内部设备，用当时的标准衡量，都可以说是最现代化的。各种大本的参考书和工具书，都作为开架书，在楼上阅览室正中心以专柜陈列着，任阅览者随时取用。借书条交到出纳台后，很快就能把书送到借阅者桌案上。室内冬暖夏凉。这种种，都远非北大的各个阅览室之所能比。因此，我在北大史学系的一二年级时，课外时间，特别是星期日，总喜欢到北平图书馆去读书，有时为了做作业或写文稿，也跑到那里。

用松公府的院落作为图书馆，只是北大校方的一种暂行办法，但我在当时却无从知道此事，只嫌这样的图书馆、阅览室未免过于简陋，因而，当我还在一年级时，便写了一信给蒋梦麟校长，向他建议：应当尽快向教育部申请专款，建一座类似或稍小于北平图书馆的新馆，如果教育部不肯拨款，向国内富豪与海外华侨募捐也未为不可。其实，到我进入二年级时，已经看到，在松公府的主院西侧，修建新馆的工程已经开始，到我进入四年级时新馆便已落成了。从此以后，我便又经常地跑到北大的新图书馆去，而较少去北平图书馆了。

北大新馆的最前面是两层楼房，楼上楼下都是东西相对的两个大阅览室。楼下西端是中文图书大阅览室，它的南壁和西壁都是大玻璃窗，北壁因无玻璃窗，便把一些最主要的丛书和类书例如《四部丛刊》《图书集成》等摆在那里，一律作为开架书，任读者各取所需。从书库中借出的书，在借阅者阅读未毕时，可以搁置在他所占用的阅览桌案上，许多天都不必一再办理借还手续。午饭和晚饭时间，也都有值班的图书馆管理人员。阅览室并不闭门，因而也从无在中午或下午下班时高声驱赶读者的事件。所以方便之至。对一个像我这样初入学术研究领域的人来说，只须〈需〉在此阅览室巡视一次，至少也可增加许多图书目录方面的知识。这又是北大新馆为北平图书馆所不及之处。但这个阅览室夏天的西晒时间较长，有一分光便带一分热，使阅览者每每感到有难以承受的热烈，这却又是它远逊于北平图书馆之处。

我在读四年级时，曾与另两位同班同学为天津《益世报》编辑了一个《读书周刊》，由当时的图书馆长毛子水先生（新馆建成后馆长改为严文郁先生）担任主编，我们三人则轮流作执行编辑。每期的编辑工作，不论审阅稿件或核对引文，基本上也都是在北大图书馆的这间阅览室进行的。

进入四年级时，我选习了当时的文学院长胡适先生所开设的“传记文学习作”的课程。我选定南宋的爱国主义思想家陈亮作为研究课题，并决定写一本《陈龙川传》作为我的毕业论文。在撰作这篇传记的过程当中，我对于南宋期内浙东地区一些学者的著作广泛地加以翻读，这当然必须经常到图书馆里去搜讨才行。为了翻阅当代人有关陈亮和浙东学派中人如吕祖谦、薛季宣、唐仲友等等学人的论著，更必须到图书馆的报刊〈章〉杂志阅览室里去查看。为了要查找某一种孤本或善本（现已记不起是什么书），我还去向张允亮先生（他是袁世凯的女婿，是版本目录专家，当时在北大图书馆任职，主管善本书）请教过。北大图书馆的藏书既极丰富，一些年老的工作人员也富有版本目录的知识，因而，走进了北大的新图书馆，随时都使我感觉到得心应手、左右逢源的效应，受益是非常大的。

更值得提及的一事是：吴廷燮编撰的《北宋经抚年表》和《南宋制抚年表》刚刚出书，我就及时地在北大图书馆的书目卡片柜中发现了它，并立即借出翻检。我发现，这两种年表虽是并不太厚的线装四册工具书，却是吴氏向有关宋代的史籍、方志、文集、杂记等等书册精心搜讨的成果，真正是取精用宏的备见功力之作。我并不认识吴廷燮其人，但我却由衷地钦佩他从事学术工作的这种精神和态度而决心加以师法。我的一位业师曾对史学工作者提出一个口号说：“上穷碧落下黄泉，动手动脚找材料。”我认为吴廷燮所作的几种年表（除上篇两书外，还有《唐方镇年表》等），真正体现了这一原则。我在此后写作文稿时，特别是当我编写《辛稼轩年谱》和疏证《稼轩词》的本事、写作年月和互相唱酬、交往的友朋事历时，全都是暗自以吴氏的几种《年表》作为榜样的。这使我一生受用的一种积极效应，是否应归功于北京大学的图书馆呢？我总以为是应当的。

我在北大史学系毕业之后，留在北大文科研究所作助教，具体的工作是整理购自缪荃孙艺风堂的历代的拓片，但每天下午则帮助钱穆先生整理校点他为讲授中国通史的大课所钩稽的一些资料，亦即他后来编写《国史大纲》所用的那些资料。这时，在北大图书馆内，为文学院长、法学院长和文法两院各系的系主任都设有专用的阅览室，而实际上这完全是一种形式主义的做法，院长和系主任们真去利用之者并不多。文学院长胡适先生家中藏书甚多，当然更不去使用分配与他的那一间专用阅览室。忘记是在一种什么场合，我鼓足勇气去问胡先生，他在图书馆的那间阅览室可否借与我用，他毫不迟疑地答应了，而且立即打电话给图书馆的负责人，要他把那间阅览室的钥匙交给我。在此以后，我只有每个上午到文科研究所去整理拓片，下午和晚上，则全都呆在那间阅览室里。校点钱穆先生讲授中国通史资料的工作似乎比较轻松，并不占用每天的整个下午，因而这间阅览室便也成了我自己的读书室、写作室、《读书周刊》的编辑室（创刊时的同学三人，只有我一人留在北大，所以《读书周刊》也由我独任执行编辑），“藏焉修焉，息焉游焉”，全唯此室是用，它使我真正体会到从事学术研究的乐趣。只有在寒假和春假（当时春假为一周）期内，因我家住西城，距北平图书馆较近，改往该馆去阅读。

卢沟桥事变之后不久，北平沦陷于日寇手中，北京大学南迁。当时因南迁后的落脚点很难确定，便决定正副教授以下的教员暂留北方待命。在日寇已经接管了沙滩一带的北大校舍和图书馆之后，我当然也不再到北大松公府的新图书馆去读书，而又专到北平图书馆去了（因为北平图书馆的主要经费来源是美国退还的庚子赔款，所以，直到太平洋战争爆发之日为止，日寇并未把它接管）。我在那里完成了《辛稼轩年谱》和《稼轩词编年笺注》的初稿，到1939年夏，我便奉调到昆明的北大文科研究所去了。

抗日战争胜利后，我于1946年初夏飞回北平，在北京大学历史系任教。那时候古旧书业极不景气，古旧书价贬值，我便乘机围绕我的专业，尽量购置一些图书，建立我自己的小书库。从此便不再经常到图书馆去，只是偶尔地去查阅一些在小书库中所不具备的文献资料了。

1992年3月5日写于北京大学之朗润园

（《文明的沃土》，北京大学出版社，1992年12月版）

⊙ 任继愈

松公府旧北大图书馆杂忆

抗日战争以前的北京大学，规模不像今天的北大这样大，当时每年招新生约300人上下，在校学生总共一千多人。清华大学人数和北大差不多。当时的国立大学中，北大和清华都算规模较大的了。

“五四”时期，北大图书馆设在沙滩红楼的第一层，毛泽东同志曾在图书馆工作过。李大钊同志领导下的盛况，我没有赶上。1934年我考入北大，图书馆设在沙滩松公府的一个四合院内，是一所旧府第庭院。院内古槐参天，每到夏季，浓荫匝地，蝉声悠长，寂若空谷，静若古刹。进入馆内，颇有“苔痕上阶绿，草色入帘青”的感觉。可是到了冬季就不好过了。北平冬季漫长，馆内阅览室方砖铺地，阴冷潮湿，凉气直往上冒。尽管全副冬季装备，坐久了仍觉得腿脚僵冷，手指也不听使唤。一年之中有半年不好使用，我对这个旧图书馆的印象好坏各半。

旧的图书馆馆长是毛准教授，他字子水，出身安徽读书家庭，精文史之学。他留学德国时专攻科学史及数学，回国后在历史系开“科学方法论”课程，选课的不限于历史系学生。他讲课时，引用数学公式太多，加上口才不佳，选课者寥寥数人，因为他为人厚道，判分比较宽松，各系的高年级同学临毕业时，有人为了凑足132个学分（文科毕业生的最低学分限度是132个学分），选修这门课的每年也能维持三五个人。毛子水先生平日穿一件旧长衫，衣着不整，名士派头，对图书馆的事不大过问。他是文史专家，精于古籍鉴定，北大图书馆收藏的善本古籍不少是他任期内买进的。新馆建成，聘严文郁先生为馆长，办馆方针仍保持旧传统。

旧北大图书馆也有一套规章制度，借书有数量和期限的规定。学生一般能遵守，教授中有人遵守，也有人不遵守。有人向毛子水先生建议，今后借书应加以限制，怕有遗失。他说，图书馆遗失不是由于借阅，办了借阅手续，不会遗失，借出越多，遗失越少。在这种无为而治的作风下，教授借书也有一两年不还的。

30年代，清华大学有一年招生考试，国文题目中有对对子一项。试题中有“孙行者”，考生答卷有对“祖冲之”的，有对“胡适之”的。这种办法引起了教育界的关注，有人赞成，有人反对。一次在胡适家里，有人提出用“毛子水”这个人名对一个地名，在座的提出不少佳对，胡适的对句为“野人山”。“毛子水”对“野人山”，妙趣横生。事隔多年，其他对句早被遗忘，这一对子还被许多人记住。

日本投降后，北大从昆明迁回北平旧址。馆长仍是毛子水。全国解放前夕，南京政府派飞机接北平各大学的教授们离北平去南方。北大的教授绝大多数留下迎接解放。不愿去南方过逃亡生活。最后一次飞机到达南京时，胡适作为北大校长到机场迎接北大教授，只接到毛子水一个人。事后听说，毛子水与国民党军统头子戴笠小学时是很要好的朋友，他怕解放后他和戴笠的关系讲不清楚，匆忙飞走了。

大学二、三年级期间，旧北大的新图书馆落成，地点仍在沙滩松公府，靠近北大西大门。新建的图书馆，采用钢门窗结构，宽敞明亮，一扫旧馆沉闷幽暗的气氛，这个建筑在当时是最先进的。以中文阅览室为例，常用书、工具书如《四部丛刊》《四部备要》《二十四史》《册府元龟》《说郛》《通典》《通志》《文献通考》《玉海》等书，沿墙排列了一周，随手查阅，十分方便。同学带来的书，从书库借来的书，都可以摊在阅览桌上。中午出去吃饭，摊开的书可以不收拾，回来接着看。需要剪剪贴贴的，还可以把剪刀浆〈糨〉糊放在手边。历史系有一位陶元珍，经常把《张太岳集》放在中文阅览室，旁边摆着剪刀和浆〈糨〉糊，他后来成了研究张居正的专家。

当时北大校门任人出入，教室任人听课，图书馆阅览室也任人阅读。不管是不是北大的成员，都可以走进来，坐下就看书，无人干涉。写北大校史的人，都提到北大沙滩有不少在北大的旁听生（办过旁听手续的）和偷听生（未办旁听手续的），如丁玲就是偷听生中的一位，传为佳话。其实当年旧北大的图书馆还有“旁阅生”和“偷阅生”（临时铸造的新词，自知不妥，并无贬义）。这一条渠道也曾给一部分社会自学青年提供了读书的方便。这些自由出入图书馆的读者，除了不能从书库借书外，实际享有查阅中西文开架书刊文献的一切方便，与北大正式生没有两样。说来也奇怪，在这种极端开放，几乎无人干预的情况下，没有听说图书丢失事件，只有一次在盥洗间抓获过一个摘取电灯泡的小偷，这与偷书无关，另当别论。

沙滩松公府旧北大图书馆还规定，学生凭借书证可以进书库看书，国外各大学多有这样的规定，我在学校读书时，也深受其益。因为到书库里面，亲手翻一翻，看一看，与查阅书目卡片得来的印象大不相同。根据卡片找书，有按图索骥的方便，有目的性，节约时间。但是，从事研究的人有时无意中翻书，会有想不到的发现，得到新的启发，这种启发是查目录卡片无法替代的。

（《文明的沃土》，北京大学出版社，1992年12月版）

⊙ 严薇青

北大忆旧

一

1934 年北大有一次内部调整，即解除了马裕藻先生的中文系主任职务，改由文学院院长胡适兼任。

马裕藻先生，字幼渔，和黄季刚、钱玄同等都是章太炎先生的弟子，并和钱玄同等一齐制定了注音字母。他是声韵学专家，在中文系即讲授“中国声韵学概要”；但是他写的讲议〈义〉，文字既不通俗，而又过于简单；讲课时又不能深入浅出，很不适合初学声韵学学生的要求；特别是有一次学生向他请教国际音标，他说他不懂。不知道是否由于这些原因，北大当局决定从 1934 年暑假后由胡适来兼任中文系主任。原来马先生讲授的“中国声韵学概要”也改由魏建功担任。不过马是出名的好先生，虽然解除了系主任职务，仍然续聘为中文系教授。

在这次调整中，中文系还有两位老教授被解聘：一位是林公铎（损），另一位是许之衡。当时在国民党统治之下，高等学校的进步教授被迫解聘是常事，而解聘老教授却是非常罕见的。北大当局为了照顾他们两位下学年的工作，暑假前即找人透信请他们早作准备。许没作任何表示，林却非常恼火。当郑石君（奠）先生向他转达了学校的决定之后，林即在沙滩北大一院红楼的布告栏里贴出不再到校的启事。

林老是浙江瑞安人，和清代穷经著书的孙诒让同乡。林曾自费印行《政论概要》一书，这是他经国济民的政论文集。其著作体例和文字的艰涩，如“某某篇第一”、“某某篇第二”，完全是先秦诸子的格式和笔调。当时他正开“先秦散文选”和“李义山诗”两门课，学生当即推选代表到林宅挽留。这种挽留当然是不起作用的，因为林是被解聘去职的，学校不收回成命，林自己是无法留任的。后来中文系同学请林到北海静心斋合影留念。林先生非常得意，穿着长袍马褂，高高兴兴地参加了。听说1934年暑假后他应聘到南京中央大学任教。

林、许二教授之被解聘，虽说罕见，恐怕也并非偶然。据闻许是由于私生活问题，但不知详情，只好置而不论；林之被解聘，可能是和他在课堂上公开辱骂蒋梦麟、胡适和傅斯年有关。这三人中，对校长蒋梦麟只是附带及之，主要是骂胡和傅；但他骂的并非学术上的问题，只不过是一些生活细节。如林自己所说：有一次教授聚餐，他向胡适敬酒，胡谢绝不喝，并出示手上的戒指，说这是胡夫人让他戒酒的信物。林当即说：“胡夫人让你戒酒，你就不敢喝，如果令堂让你戒酒，你又该怎样呢？”弄得胡适十分狼狈。如对傅斯年，“我当面告诉他，‘你考北大的入学试卷，还是我看的呢！’”等等。他对胡、傅何以如此深恶痛绝，我认为很可能还是“五四”以来新旧文化之争的延续，也就是说，林仍然坚持他反对文学革命和白话文的顽固立场。因为林在讲课时，经常以文言代口语，开口仍是之、乎、者、也；特别是第一次上课时，对学生说：“考试时你们必须用文言文答卷，白话文我一概不看！”他是否对胡、傅发动文学革命，先后创办《新青年》《新潮》而心怀愤懑、余恨未消呢，可惜当年没有问到他。

这次调整估计可能也和傅斯年有关：因为一，他是被林公铎辱骂的对象之一；二，暑假后傅即来北大中文系兼课（当时傅任中央研究院历史语言研究所所长），讲授中国文学史了。

二

1935年秋，马隅卿（廉）先生来北大中文系兼课。听说他是当时北平故宫博物院院长马衡的九弟，在北平孔德学校工作，专治中国小说，曾影印明人洪楩编刊的话本小说《雨窗集》和《欹枕集》并合刊为《雨窗欹枕集》行世。

马先生在北大开"中国小说史问题"选修课，每周二小时。据他的安排：第一学期讲中国古代短篇小说；第二学期讲长篇小说。因此，他开始从《永乐大典》中魏征《梦斩泾河龙》和变文《唐太宗入冥记》讲起，以及"三言"、"二拍"等其他拟话本小说。按计划，第二学期开学应讲中国古代长篇小说。但是，就在寒假开学后，农历正月十六日下午上第一堂课时，发生了意料不到的事故。

那天下午教室里的暖气比较热，马先生进了教室就赶忙把靠讲台的窗子打开。等他走上讲台准备讲课的时候，忽然身子向后仰。坐在讲台下面第一排的学生田英魁（参加革命后改名田野，曾任《解放军画报》主编）马上跳上讲台把他抱住，而后大家一齐把马先生安坐在椅子上。这时马先生口中不断吐出吃的东西，陷入昏迷状态。当时学生一方面打电话请校医，一方面打电话通知家属。经校医听诊后，立即送往协和医院。因抢救不及，当晚在医院逝世。

马先生身材高大，估计可能因血压过高导致脑溢血；但令人不解的是，据伴送到医院并参加照料的田英魁同学讲：马先生逝世前后，身体逐渐缩小，远不是生前高大的身躯了。

郑振铎先生在《西谛书话·中国版画史序》中说："隅卿授课北大，一日仆于案上而死。"所谓"仆于案上"，显然是听人辗转传说，据以入文，并非事实。

三

1934 学年开学后，国民党教育部下令规定“军事训练”为大学生（女生除外）必修课，并给北大派来三名教官：为首的是一个陕西人李某（已记不起名字），中等身材，瘦瘦的，“面白无须”，不知是否黄埔军校毕业。另外二人中，一个叫龙潜，矮矮的，好像是四川人，对学生挺客气；另一个由于对他印象淡薄，记不清有什么特征和姓名了。

因为军训课是文、理、法三个学院同一个年级的公共必修课，上课时间不好安排，所以注册科就排在早晨八点各系上业务课之前。当时学生对国民党统治下安排的军训课根本不感兴趣；而且大家一向自由散漫：晚上宿舍里电灯彻夜不熄，你可以通宵不睡；第二天早晨没课，也可以整个上午高卧不起；所以绝大部分学生对之抱有对立情绪。有一天早晨上军训时，不知是谁，也不知是为了迟到，还是在队列中说话，那位教官李某过去就当胸打了他一拳。北大在京师大学堂时代，一般校工都称学生为“老爷”，30 年代的北大学生虽然已经不再是“老爷”，但还是被尊称为“先生”。现在“先生”居然被打，这还了得！当天中午沙滩东斋和马神庙西斋两处宿舍墙上贴满反对军训教官、号召大家罢上军训课的布告（那时还不叫“大字报”），群起响应，愈演愈烈，马上见诸行动，实行罢上军训课。那位李姓教官只得通过学校安排在沙滩红楼二层合堂教室召集学生讲话。那天下午去的学生不多，而教官李某却骑马来到红楼，把马拴在大门内树上，而后挥动马鞭进了教室，把学生训斥了一番。这次“训话”更激起学生的极大愤慨，红、黄色的布告当天又一次贴满宿舍，痛斥李某的荒谬发言，并摆出种种质询。记得布告中有云：“视学生如牛马，等教室于牧场”，进一步号召大家继续罢上军训课。最后那三位教官只好悄悄告退，另谋高就。

后来北大聘请北平市军训总监、挂有少将衔的白雄远来任军训主任，由他派来三位教官，为首的是一位姓尹的特胖教官，胖到给学生作跪倒示范动作时几乎爬不起来。另外两位一姓贾，一姓魏。这三人听说都是连级干部，而且都是北京人，深知学生的脾性。大家客客气气，嘻嘻哈哈，从此相安无事。

当时北大文、理、法三个学院的学生彼此多半互不认识，甚至连姓名也不知道。通过军训点名，大家互相知道了名姓，有的还认识了各自的面孔，虽然并不一定交谈。但是其中有些有趣的名字，诸如牛满江、买树槐、生贝堂、古妙等等，令人终生难忘！

这次罢军训课，一般认为是学生自发的行动。因为罢课中间，低一年级的哲学系学生范希天，据说就是后来的范长江，曾经问到参加罢课的同学，为什么没有和他联系。当时的范希天不知是否就是范长江，可能他和地下党有联系，所以才提出上述的问题。

四

30年代初，当时北大中文系主任马裕藻先生的两个女儿：马珏和马琰分别在北大政治系、法律系学习。马珏长身玉立，体态轻盈，虽是南籍（马是浙江鄞县人），却兼有北方的女性美，特别是风度大方，光彩照人，较之妹妹马琰和全校各系为数不多的女生可以说是鹤立鸡群。北大不像有的教会学校公开选举“校花”，但实际上全校男同学都把她看做是北大的校花，备受大家的“爱戴”。以后又有另一位女同学周某容貌与风度也很突出，同样受到一部分男同学的“拥护”，并很想为她摘取马珏的校花桂冠。经过一段时间的酝酿，终于有一天，不知是谁在教室的黑板上用粉笔大书“倒马拥周”四个大字，一直没有擦掉。

可巧那天正是马裕藻先生上课，他一进教室就看到黑板上的四个大字，他误会是中文系学生要“倒”他的系主任职务，“拥”护周作人来任系主任。于是他放下讲义，一面看着黑板上的四个大字，一面盛赞周作人的道德、学识，表示自己也非常钦佩。听课的学生相视而笑，知道他对“倒马拥周”四个字发生误解，但也不好解释，特别是马珏是他的女儿，更不便进一步说明，只好由坐在前面的同学走上讲台把四个大字擦掉，马先生才把课上下去。课后可能有人对马作了说明，以后马先生再也没提此事。

其实当时周作人担任北大外文系日文组主任，而且他与鲁迅和马的私交很好，根本不可能来中文系取而代之。马珏后来因为结婚，没等毕业就离开学校，但那位周姓女同学始终也没成为北大的校花。由于马裕藻先生的关系，鲁迅对马珏也很好，自己出了书，经常寄给她，详见《鲁迅日记》。

五

30年代北京大学由蒋梦麟任校长，中文系副教授郑天挺先生任秘书长。有一年，沙滩红楼后面的学生浴室因年久失修，突然倒塌，当场砸死理学院一位邹姓同学。学生本来对蒋梦麟就有很多意见，这时发生塌房死人的惨剧，犹如火上浇油。当时群情激愤，各宿舍纷纷贴出“打倒蒋梦麟”和严厉谴责学校当局的标语和布告。学校除了置备衣服、棺木收敛邹姓同学的尸体，并订期在北河沿北大三院礼堂举行追悼会。台上有同学们写的一幅挽联，上联是：“每月七万五千（按指学校经费），所作何事？”大家的愤慨心情可以想见。追悼会上原定蒋梦麟到会致悼词或讲话，不料到时蒋没到会，而由郑天挺先生上台说明原因：“蒋校长因为有位外国朋友要见面，不能来参加追悼会了……”话刚说完，就被全场同学高声喊“通！”“通！”把郑轰下台去。也许他是来代表蒋梦麟致词的，但是没等他把话说完就被赶走。事后有些同学说：郑先生是个书呆子，蒋梦麟没来，可替他另找借口，说什么“外国朋友”真是自讨没趣！

郑天挺先生抗战时期曾任西大〈南〉联大总务长；解放后到南开大学历史系任教，并在天津组织过明清史国际学术讨论会，有山东聊城的傅乐淑女士从美国来参加。去年看到《光明日报》对郑生前拟定的清史大纲及后来由他儿子和学生根据大纲写成的《清史》出版，评价很高，更使人觉得郑先生是个学者，而不宜于干什么秘书长。

六

30 年代北京大学的军训，除去每周两次清晨出操以外，还有一个晚上课堂讲课。这也是因为白天各系上业务课不好安排，只好安排在晚饭后七点至九点两个课时。课堂在沙滩红楼，讲《步兵操典》，由北大军训组主任白雄远亲自上课。白大概是旧时保定军官学校毕业，资格很老，岁数虽然五十左右，却挂有少将衔，还是当时北平市学生军训总监。他手段圆滑，很会拉拢和敷衍学生。他第一次上课就首先宣布：“只要大家按时上课，到学期考试就是一百分；如果试卷答得好，就是一百二十分！”话音一落，学生哄堂大笑。他却仍旧板紧面孔，继续宣布：“那个二十分嘛，给你们留到下个学期！”学生又一次哄堂。

到了学期考试，白把试题写到黑板上。这时就有学生请他解释题意，他根据题目答案的要求原原本本地“解释”起来。学生一面听，一面往试卷上写；有的学生写得慢，就喊：“请您讲慢一点！”就这样，大家高高兴兴地交了卷。

白雄远对北大学生虽然马马虎虎，但对另一个学校的军事教官却发过一次脾气。那是他在沙滩北大红楼后面广场上检阅北平全市大学学生军训的时候。他身着黄呢子军装，腰佩短剑，脚登马靴，站在临时搭的检阅台上。各大学受检阅的学生分别由各校军事教官带队入场，而后由北大尹姓特胖教官向全场发布口令，进行检阅。那时没有扩音器，但是胖教官声音洪亮，贯彻全场，赢得大家的赞叹和敬佩。

白雄远在检阅中看到有一个大学的学生都没打裹腿，而且带队教官也没打。等检阅完了，白简要地讲了几句话，就把那个大学的教官叫到检阅台前，问他为什么学生不打裹腿。教官回答之后，他又问：“你为什么不打裹腿？”那个教官说因为学生都没打，所以他也没打。白当场严厉训斥：“你是学生么？你不是军人么？军人出操能不打裹腿么？”那个教官只好规规矩矩以立正的姿势站在检阅台前接受训斥。这时白雄远声色俱厉，和在北大课堂上简直判若两人。

七

前在《北大忆旧（一）》中提到1934年林损和许之衡两教授被解聘的事，另外还有关于他们两位的几件琐事，补记如下：

林损先生嗜酒如命，每次上课总是喝得脸红红的。学生到他家去，由工友沏茶招待，他即声明："你们喝茶，我以酒作陪。"当然他喝的是绍兴酒，而不是北方的白干。

林老自负特甚，有时给人以妄自尊大的感觉。有一次学生问他："现在写文章最好的人是谁？"他的回答是："第一，没有；第二，就是我了！"

据周作人回忆，有一年他问林在外校兼课没有。林说是在中国大学兼了两小时的"唐诗"。周又问他讲的是谁的诗。他说是陶渊明。为什么开唐诗课却讲陶诗呢？据周作人分析，当时沈尹默在北大讲陶诗，林不服气，认为只有他才配讲陶诗，所以他在中国大学也讲陶诗，要和沈尹默一争高下，即使中大请他开的是唐诗课，他也在所不顾了。

林老被胡适解聘之后，他还在当时北平的《世界日报》上对胡提出质问。开头两句，据张昆河同志回忆，是"蕞尔胡适，汝本礼贼"（礼，或是礼教之意），中间大肆攻击；最后并向胡适提出挑战，我记得那两句是："盍张尔弓，遗我一矢！"由于胡适没有应战，报社记者还特意到胡的家中采访，胡则笑而不答，大概是付之一笑了。但最近看到《文史笔记丛刊》中浙江文史馆编写的《两浙轶事》，其中也有写林被解聘后在《世界日报》对胡适抗议的记述，文中说："有'遗我一矢'之句，意思是保留我对你进攻的武器。"当是作者没有见到林文的上句，因而致误。

许之衡，字守白，他是由吴瞿安（梅）教授介绍进北大的。因吴是江苏吴县人，不习惯北方生活，特荐许自代，而他应聘去南京中央大学任教。吴与许都是研究元曲的，而且他俩都能讲曲、唱曲和作曲，所以有"南吴北许"之称。许为人谦和，据说刚到北大教课时，见到教员休息室里的同事，都要挨人鞠躬；如果有人没看见，他还要重新鞠躬。当时身穿西服，绝非后来身着长袍、土气十足的样子。正因为他为人谦和，所以被解聘之后，一声不响，并不像林损先生那样在报纸上对胡适公开抗议。后来还托刘半农先生代向北大当局提出：不聘他作教授，作兼课讲师也可。刘很表同情，当即向胡适转达了许的要求。胡适的答复是：到时如有合适的功课，当然可以请他担任。刘半农认为胡是打官腔，没有诚意。以后胡适果然置诸脑后，没有再为许之衡安排任何课程。

八

刘文典，字叔雅，安徽合肥人。30 年代任清华大学中文系教授，当时在北大兼了两门课：汉魏六朝文和校勘学。他以所注《淮南鸿烈集解》蜚声学术界。

他和林公铎先生有共同的特点：林老嗜酒如命，几乎整天杯不释手；而刘则因过去有鸦片烟嗜好，戒烟之后，则手不离香烟。上课时到教室门口才把烟掐灭；下课后，出教室门即把香烟点起。尤其巧合的是：有一年林老一学期只讲了一篇《易经·系辞》，而刘一篇《海赋》也整整讲了一个学期。但他从不骂人，不过有时也发脾气。

由于校勘学是选修课，而选修的学生又不多，于是改在教员休息室上课（如余上沅先生的戏剧理论课，只有一个学生选，干脆就到余家中上课）。当时教员休息室里有一部分类书可备教师查阅，大概也是到那里上校勘学的一个原因。因为是第一次上课，可能中文系没有按照他的要求做好课前准备工作，以至〈致〉使刘老发了脾气，并大发牢骚：“这个课我教不了！我没法教！”学生第一次上他的课，摸不清他的脾气，没人敢说话，想不到教员休息室的工友却解了围。他一面把沏好的热茶送到刘老面前，一面用纯粹的北京话说：“那哪儿成！像您这样有学问的先生，北京大学有几位？您不教，谁教啊！”工友一副毕恭毕敬的样子竟然使得刘老转怒为笑，他一边笑着吸烟，一边高兴地摇头，不再发脾气了。

正因为刘老这种性格，据说以前他在安徽大学（一说在芜湖）见到蒋介石，既没有称蒋为“蒋总司令”，也没称他“蒋委员长”，而直呼“蒋介石”，使蒋大为不满，找人传话“申饬”。刘仍直呼其名，并不改口，蒋遂下令逮捕；而刘毫不在乎，并说：“士可杀不可辱！”后经蔡元培等名流向蒋说情，刘老才恢复自由。这种“威武不能屈”的高尚品德，进一步提高了刘老的知名度。

1932 年清华大学中文系主任朱自清先生休假出国（回国后写成《欧游杂记》出版），由刘老代理系主任。当年暑假清华大学招生时（当时各大学自己招生，自定考期，自己命题），语文试题，除作文题《梦游清华园记》外，并出“对子”“孙行者”，要求考生对。这是当时大学入学考试题目中的创举，因而引起轰动。一般学生大都以“胡适之”对“孙行者”，比较出色的是对“祖冲之”或“王引之”。因为以“祖”“王”对“孙”（旧时称“祖父”一曰“王父”），从意义上说，显然比以“胡”对“孙”更为妥帖。

这次清华试题中出的“对子”，不少人以为是刘先生的意思，去年九月间看到《文史知识》第九期所载牟小东《牟润孙的史学师承》，才知道是由于清华研究院导师陈寅恪先生的建议并出于陈先生之手。

九

胡适以文学院长兼任中文系主任之后，在中文系开了中国文学史《宋元明清部分》课。他首先从文学评论角度介绍了王若虚的《滹南遗老集》。在讲到《红楼梦》作者曹雪芹时，给学生介绍了曹寅写给康熙皇帝的奏折（见北京故宫博物院《文献丛刊》），讲课内容确有特点。

他上课不发讲义，自己也没有讲稿。每次上课都是抱一大摞书，讲到需要引书的地方，就打开书向学生宣读其中有关的章节。学生只能一边听讲，一边作笔记。即使这样，沙滩红楼有两个教室大的合堂教室还是人满为患，有的是本系的，有的是外边来旁听的。因此，不少学生事前拿书去占“座”。

他到北大一院上课，总是坐他自己用的汽车。当时已开始盛行流线型的小轿车，但他坐的仍是一辆老式黑色轿车，比街上常见的车子，车身高而长。几个山东同学私下戏称之为“四平头”。所谓“四平头”是旧时山东对“行棺”，亦即装运尸体到外地去的一种棺材的代称。它四面都是厚平板，特别是两边垂直，不向外凸，看起来窄而长，但是轻便，利于远行。当然，这种“戏称”谑而近虐，只是在几个人的小圈子里说说，从未向外扩散。

胡适住在北京地安门里米粮库四号，据说只要他在家，不论什么人走访，他无不接待。有一次他还主动约请文科应届毕业学生到他家去。他住的是一所树木葱茏的小院，大门虽是小小的铁栅栏门，里面却是几个单间组成的西式平房。客厅里布置得非常简朴，还是老式的桌、椅、茶几，没有什么豪华的陈设。他特别领学生参观他的书房，也就是他治学的工作室。那是客厅的东套间，在向南的窗子下面摆了一张长桌，桌子上铺着白桌布，中间放着毛笔、墨盒等文具，两旁都是成摞的线装书，有的书套已经打开，有的书卷放着，有的翻扣在桌子上，看来还没用完。桌子前面是一把藤椅。书桌只占了房间的一半，另外一半空荡荡的没有什么东西。地上没有什么地毯，多少还有点潮湿。这些都和他的“博士”身份很不相称。

他对学生很客气，但除一般寒暄之外，谈话不多，特别是大家都不谈毕业后的工作问题，大概在当时“毕业即失业”的情况下，大家心照不宣，于是也就避而不谈了。

据说胡适不长于做行政工作，但是他在北大却担任了不少行政职务：先是任文学院长，以后兼任中文系主任；刘半农先生逝世后，他又接替刘任北大研究院文科研究所主任。1934 年暑假他毅然解除了马裕藻先生的中文系主任职务，并解聘了两位老教授，由他自己兼系主任，以后请闻一多先生等人来中文系兼课，看来工作上还是有一定魄力的。

十

刘半农先生名复，他从上海来到北大，最初在预科教书，时间大概在1916年。他在上海时曾在鸳鸯蝴蝶派杂志《礼拜六》等刊物上写过《卖花女侠》《髯使复仇记》《催租夫》等等（见日本《清末小说》年刊1992年第15期：毛策《包天笑文学活动侧影：编辑生涯述略》）；名字也先是"伴侬""半侬"，以后才改为"半农"。到北京后也还有些从上海带来的才子佳人思想，鲁迅就曾善意地指出过（见《且介亭杂文》）。《人间世》第16期发表的刘半农先生遗作《双凤凰砖斋小品五十四》中，自己也说他27岁到北京和周作人相识时："时余穿鱼皮鞋，犹存上海少年滑头气。"

他到北大以后，除教课外，积极为《新青年》撰稿，特别是大家熟知的，由钱玄同先生化名"王敬轩"投函《新青年》反对白话文，而后由刘根据来信痛加驳斥。这时他已成为"五四"新文化运动的闯将。虽然如此，但在学术方面有些人认为他没有正式学历，造诣不深，以致受到欧美派教师的冷嘲热讽，因而使刘发愤争取到国外深造。以后果然考取留法公费生，到巴黎专攻语音学，终于取得博士学位。刘半农先生的博士学位是法国国家授予的，学位考试非常严格。所以1925年回到北京以后，他自称是"国家博士"，一方面表示他的博士学位不是一般由所在学校授予的，另一方面多少也有点向过去瞧不起他的人发泄愤慨的意思。

他回到北大立即受到胡适等人的重用：1925年在刘的指导下，中文系成立了语音试验室，并由他领导工作；1932年成立了北大校志编纂处，请刘任主纂；同年北大研究院成立，又以刘任文史部主任，使他得以发挥专长，作出应有的贡献。

刘半农先生在他的语音专业之外，出版过《扬鞭集》等新诗集；有自己理论体系的《中国文法通论》；制定了"她"字和"它"字；还和商鸿逵采访了赛金花，后来由商执笔写成《赛金花本事》；并撰写了歌曲《听雨》《教我如何不想她》的歌词；另有一次，他应邀给中文系学生讲演，介绍他从地摊上买到一本道士念经开头时吟唱的类似梵呗或引子的声调纪录，上面用种种曲线表示声调的抑扬顿挫，等等。所有以上这些活动，都说明他兴趣和成就的突出和广泛。

刘先生坦率、真诚，有正义感：李大钊先生牺牲后，他撰写了墓碑碑文，痛斥反动军阀的罪行，听说林公铎被学校解聘，他深感同情，同时又以林多年来恃才傲物，上课以谩骂为事，在学术上不求上进，认为是咎由自取；当许之衡知道自己被解聘之后，请刘向学校转达他愿屈就兼课讲师，刘当即向胡适进言，而对胡的随口敷衍，表示不满。鲁迅先生对刘后期写打油诗和讽刺青年学生写错别字，非常反感；但认为刘为人"忠厚"，"心口并不相应，或是暗暗地给你一刀，他是决不会的"。这都充分说明刘先生的为人。

刘先生于1934年7月利用暑假之便和白涤洲到绥远、内蒙古一举〈带〉调查方言，被虱子传染上"回归热"，高烧不退。回到北京后找中医治疗。由于误诊去世，年仅四十三岁。

1991年是刘半农先生100周年诞辰，文化部、中国作协、音协、中国社科院语言研究所等联合举办他和他的两个弟弟刘天华、刘北茂"刘氏三杰"的纪念活动；《新文学史料》特地发表了他残存的部分日记；刘氏故乡江苏淮阴市也成立了"刘氏兄弟纪念馆"，都是为了纪念这位五四时代新文化运动的先驱者。

十一

大约1935年春天，北京报纸上有一条震动全市的社会新闻，即北京大学西斋学生宿舍（第二宿舍）乒乓球室吊死了一个校外的女青年！

事后，大家才知道那个女青年是住在西斋宿舍的政治系学生G某[①]的女友。

---

① 即葛天民。

北大第二学生宿舍俗称西斋，在现在北京景山东胡同（当时叫景山东街，俗名马神庙）西头路北，隔着第五学生（女生）宿舍即是清朝乾隆皇帝的驸马福康安的故宅八公主府，亦即当时的校办和理学院上课的第二院。西斋建于1904年，门内是很长的甬路，东边是各宿舍绝无仅有的学生餐厅，西边从南向北全是平房宿舍：有的是北房；有的是背与背相对的南、北房。最北头有一道行墙，穿过行墙上的小门是厕所和三间高台阶的北房，那就是当时的乒乓球室。

因为当年的北大学生一般都是长袍大褂，老气横秋，打乒乓球的人不多，所以这个乒乓球室也极其简陋：屋中间只有一张球台，地上是潮湿的砖地，不仅没有顶棚，窗户和门上连纸也没有糊。

西斋宿舍规定两人合住一屋。如果同屋彼此不熟，中间自己就用白布幔子隔开；但个别也有一人独住的，那大概不外两种情况：一是其中一人家在北京市内，设下一个床铺作为来上课时落脚或休息的地方，他并不来住；再一种是由于经济状况不好，本人办理了注册手续后，即在本市或外地从事教学工作，等到学期末回来参加考试。他虽然占有一个床位，也不住人。G某住的宿舍大概只他一人，所以女朋友经常来宿舍。

吊死人的那天，据西斋门口校警和传达室的工友们讲，他们看见那个女青年从外面进来，身穿浅色旗袍，外罩开衿的驼色长毛衣，手里提了一个鞋盒子。因为她常来，大家都知道她是G某的女朋友，所以没加阻拦，认为她和往常一样到G某的宿舍去；没想到她并没有去找她的男朋友，而是一直到后面乒乓球室上吊。同时听说她上吊被发现之后，如果当时马上解救，也许可以死不了；但是大家怕承担责任，于是报告学校，找来校医，再通知法院，经过这些周折，人已经无法挽救了。

当时现场立即保护起来，不准人再进屋。大家远远望去，只见一个短发女青年脸朝里斜倚在没有糊纸的窗棂上，好像脚并没离地，如果不知道她是上吊，还以为她是倚窗小立呢。

据说以后法院几次传讯G某，因为不是公开审理，详情不得而知。最后G某被判处了几个月的徒刑，才算了结。

十二

北大中文系原设有文学、语言文字和金石考订三个专业。以后停开金石考订课，到30年代就只有文学和语言文字两个专业了。但专业并不分组，只是让学生在选课时根据个人的兴趣和要求，选修所喜爱和需要的课程，来确定自己的专攻方向。当时在语言文字专业教学方面，赵荫棠先生是骨干教师之一。

赵荫棠，字憩之，河南巩县人，在北大曾开过“中原音韵”、“等韵源流”等课；业余并在北平《晨报》副刊和上海文学研究会主编的《文学周报》等报刊上发表文章。以后很多年我没有听到过他的消息。1990年偶然在9月22日第37期《文艺报·副刊》上看到署名吴崇厚写的《谈谈赵荫棠》的文章，才知道他后来到西北师范大学中文系任教，一直到去世。

吴文指出赵在商务印书馆出版过《中原音韵研究》等专著；并在前北平《京报》《晨报》等副刊上发表文章，其中有两篇被收入鲁迅《集外集拾遗》作为附录；还写有短篇和长篇小说；特别是全国解放前夕，他拒绝去香港，坚持留在西北师大工作；后来还在报刊上发表与郭沫若、陈寅恪等人讨论有关学术问题的论文，但是对于这样一位专家、学者，中国现代文学史上未见记载，《中国大百科全书·语言文字卷》也没提到他，认为学术界和教育界对赵不够重视，使他遭受到“不公正的待遇”等等。

吴文对赵荫棠的介绍非常详细，但也有不足和失实之处：比如说他写过短篇和长篇小说，却未指明小说的书名和篇名，这就很难查考。如果他写过小说，特别是长篇，当时肯定会有强烈反应。如1935年赵家璧主编的《中国新文学大系·史料·索引》中《创作总目》部分所收的各家小说，不仅载明书（篇）名、作者、出版年月等，而且分别注明是长篇或中篇。也许赵先生的小说是在地方刊物上发表的，那就很难查对了。再如吴文认为抗战前周作人在北大中文系工作，因而和赵“过从甚密”，实则当时周在北大外文系任日文组主任（北大外文系当时设有英、法、俄和日文四个专业，分为四个组），他不仅没在中文系任职，而且也没有在中文系兼过课。他们“过从甚密”，大概是另有原因。正因为他们关系密切，所以抗战开始，北平沦陷之后，周作人先任北大文学院长，以后“荣升”伪“教育总署督办”，赵留在北大继续任教自然是顺理成章的事。赵之所以到西北师大，很可能是抗战胜利后傅斯年接收北大时被解聘而离开北京的。至于《中国大百科全书·语言文字卷》里没有提到他，也许是因一时疏忽而致遗漏，我想不会是有意拒收的。

十三

我最早见到闻一多先生是1930年在青岛大学。当时青岛大学校长是“五四”时期知名作家、山东蓬莱县人杨振声；闻是文学院长并在英文系讲授英国诗。他头发留得很长，梳到耳后，经常身着长袍，脚穿缎鞋，拿着手杖，颇有诗人的潇洒风度。1931年他到原北平清华大学任教，但不教外国文学，而是到中文系教课了。在他到清华之前，他的诗集《红烛》《死水》已经先后出版。学生震于他的诗人声望，在他开始讲“王维及其同派诗人”课时，有的站在窗外听他讲课。至于他到北大兼课，大概是从1932年暑假后开始的。

他在北大先后开过《诗经》《楚辞》课。他讲课不受旧日《诗经》传、笺、注、疏及《楚辞》补注、集注等限制，而是从甲骨、金文等古文字和声类通转入手，并参酌《尔雅》《方言》等书，旁征博引，例、证兼备，很有说服力。因此，不时订正旧说，别有新义（绝大部分解释，后来收入《闻一多全集·古典新义》）。在衣著方面，也改为一般学者装束，不留长发，不拿手杖，那时也还没留胡子；不再是在青岛时的诗人风度，而是衣著俭朴，道貌岸然的学者风范了。

大家听了闻先生讲课，对他过去一直从事诗歌创作，卓有成就，而现在转攻古典文学，竟然也有如此惊人的造诣，钦佩之余，深感诧异。后经北大中文系教授罗庸先生谈起，才知道闻先生几年来刻苦钻研训诂、声韵之学，废寝忘食，以致形成严重的胃病，可见他具有深厚的治学功力并不是偶然的了。

抗战期间他在西南联大，痛恨国民党反动政府贪污腐败，压制民主，因而积极参与并支持学生参加反对国民党独裁和争取民主的斗争。抗战胜利后又积极反对蒋介石一意孤行，发动内战，口诛笔伐，不遗余力，成为英勇的民主战士。不幸于1946年继李公朴之后，在昆明被国民党特务暗杀！毛主席曾说："闻一多拍案而起，横眉怒对国民党的手枪，宁可倒下去，不愿屈服。"给以高度的评价。

十四

提到顾随（羡季），有的同志可能有印象，因为全国解放后，他在天津河北大学任教，70年代才去世（顾随于1960年去世，此处应为作者笔误——编注）。据说顾先生是北大英文系毕业，但后来却在北大中文系教词史、词曲史等课；而且也能填词，曾出版词集《苦水词》。不知为什么，他特别欣赏当时著名京剧武生演员杨小楼，讲课中经常以杨的表演为例，总是"小楼"如何如何。有一次又大讲"小楼"，有位同学拿起讲义和笔记愤然离开座位，打开教室门，砰的一声甩在身后，扬长而去。当时使顾非常尴尬。不过以后讲"小楼"的次数显著减少；而那位同学好像再也没去听课。

顾是河北省清河县人，因久居北京，北京话讲得很好，学生听课毫无语言上的障碍。板书也流利潇洒，刚劲有力，为此我曾请他写字。他写了一幅自己填写的《浣溪沙》，后面并有题记：

> 春假已尽二日，殊无聊赖。作书已三幅，无称意者，此幅更是强弩之末也。

可见字是春假中写的，下面又添写一行：

薇青学兄索作书。即以此付之。

除他个人名章外，又盖了一方押角的“苦水词”白文印章。后来我装裱起来和郭绍虞先生给我写的条幅一直挂在我学校的宿舍里。顾随先生和山东有着深厚的关系：他毕业后曾来济南在省立女中教国文课（当时女中校址还在城里运署街路北，早已划入今济南一中）。虽然已是“五四”以后，那时济南各中学还是给学生讲古文；他却讲语体文，并以自己写的新诗和散文做教材，使学生大开眼界！1938年暑假后我在燕京大学国文系办公室碰到他去上课，虽然几年不见，但他容颜未改。我先作自我介绍，然后表示问候。他听说我是从济南去的，非常高兴，接着告诉我：他的家乡清河县和山东临清交界，他的妹妹就嫁到临清，并问我是否认识他妹夫的哥哥张晓岚先生，我说不认识，他似乎有点遗憾。后来我回济南到正谊中学教书，才见到同在正谊教书的张晓岚老师，那已经是三年以后的事了。

此外，顾先生的令弟顾六吉解放后也来济南一中教书，经人介绍，得以相识。他的相貌和顾先生非常相似，只是身材较矮，谈吐很有风趣。听说“文革”中因受折磨以致精神失常，不久去世。张晓岚先生年龄较大，现在不知是否健在。

十五

1935年下半年北大新建图书馆建成开馆后，一楼负责出纳图书的职员中出现了一位新来的青年员工。他身材不高，身穿长袍，瘦瘦的脸上戴着一副眼镜，不管对谁总是面带微笑，非常客气。最初大家都不知道他是谁，后来才知道他就是初露头角的诗人金克木。虽然知道了他的姓名，但对他如何来北大图书馆工作，大家都说不清楚。后来离开学校，也就不再打听了。

不料半个世纪以后，80年代初偶然和以诗人身份参加北平左联的余修同志谈起，想不到他不仅认识金克木，而且对金30年代到北大图书馆工作的经过非常清楚。当时余修同志在北平中国大学中文系读书，是进步教授吴检斋（承仕）先生的学生。我们不常见面，所以不知道他和金克木有来往。据后来余修同志见告：1935年北大外文系法文组法籍教授邵可侣（F. Reclus）先生开法文阅读课，每次布置作业，总有一份完成得很好、非常正确和详尽的作业答卷交上来，但从来没有写过名字。开始他没有注意，认为可能是外文系其他组来旁听的学生做的作业。以后经常看到有这样一份非常完美的作业，他就想知道这个学生是谁。有一次他特意改变过去发还作业的办法：不再在下课时顺手把看过的作业交给坐在教室前排的学生，让他转发给其他同学；而是下课前自己亲手发到每个同学手里。等最后发到那份没写名字的作业时，从教室后排座位上走过来一个瘦瘦的青年人。邵问到他是外文系哪个组的学生，他怯生生地、而且十分歉然地说他不是外文系的学生，也不是北大的学生，而是校外来旁听的。邵听说后愕然，问他的名字。他说他叫金克木。邵深受感动，立即把自己的住址写给他，约他下午到寓所详谈。

当天下午金克木如约前往。经过详谈，邵知道他是一个自学青年，没有工作，只是向各报刊投稿写诗拿点微薄的稿费维持生活。为了自学法国文学，所以来北大旁听法文课。邵可侣先生非常同情金的处境，也深为他的苦学所感动。遂〈随〉即叮嘱他安心继续听课，并拿出几十元钱给金作为生活补助，请金每周来一两次帮他处理一些文字工作。之后不久邵可侣先生写信给北大文学院长胡适，介绍金的苦学经过，请胡考虑给金安排一个固定工作。胡适见信后约见了金克木，经过详细了解了金的情况，遂即安排金到北大新建的图书馆工作。

今年夏天又经在西南联大毕业的齐鲁书社特约编辑刘方同志告知：抗战开始后，北大南迁，金克木没能随学校一齐行动，先后在湖南的中学和湖南大学任英文和法文教师。于1941年去印度，1946年回国。他在印度除佛教徒外，和其他宗教派别及各界人士广泛接触，深入了解印度的风土人情。回国后任武汉大学哲学系教授；1949年任北大东方语文学系教授。除早期的诗集外，以后出版了《天竺旧事》《梵语文学史》，译文《古代印度文艺理论论文选》《印度古诗选》等。

金克木先生的经历很像陈梦家：陈也是30年代的知名诗人，后来却改攻古文字和考古学，成为甲骨文和考古学专家。

金克木先生现在还发表文章，年龄大概也已超过八十岁了。

十六

过去我在一篇《忆旧》里写过周作人并不曾在中文系兼课。最近看到张中行先生的《负暄琐话》，其中有《苦雨斋一二》一题，写周在北大教日文课之余，曾到中文系兼过六朝散文课；又提到周晚期“翻脸”用明信片印“破门声明”寄给熟人，不再承认沈启无是他的弟子。张中行名璿，经查北大毕业同学录，他是北大校友，早我一年，著有《负暄琐话》《续话》，并曾主编《佛学月刊》，所说当有根据。这说明我以前说周作人不曾在中文系兼课很不周严。同时看到张文又引起几点回忆。

在我就读北大时，周作人确实没在中文系兼课。正因为他没有兼课，系主任马裕藻先生特请他给学生作过一次讲演。这是我第一次见到周作人。他讲的题目和内容，现在已经不记得，只记得他走上讲台后似乎有点手足无措。最后站在那里把两手分插到棉袍的两个衣兜里才慢慢讲下去。这和俞平伯先生讲演时截然不同。俞虽然身材不高，但头部较大，声音洪亮，在讲台上走来走去。当时周给人的印象是温文尔雅，道貌岸然，十足的书生气；和后来出任敌伪教育总署督办后，在天津《庸报》上刊登的全副日本戎装照片简直判如两人。

他当时虽没在中文系兼课，但有一次，大概是1934年暑假后开学时，选课介绍上却订有周作人讲授明清散文，每周二课时。等到上课时，拿着一个薄薄的布包跨上讲台的却是一个年轻人沈启无，讲的是周作人选的《近代散文抄》，即明代公安、竟陵派的小品文。学生对于这种“掉包”换人的做法非常反感，所以第二次上课时就有大半学生没再来。沈启无大概早有思想准备，不动声色，处之泰然，一直敷衍下去。

至于后来周作人寄发明信片，不再承认沈是他的弟子，大家早有所闻；但究竟为了什么，“声明”上是怎样写的，却毫无所知。张文虽然提到，似乎也不了解详情，因而也没有进一步说明。记得前几年《新文学史料》上有人撰文说是因为沈启无取周作人而代之，到日本去出席什么文学会议，不知是否属实，据闻抗战胜利后，沈启无去武汉编报纸副刊；解放后曾任北京师范学院中文系主任，不知现在是否健在。他和周作人关系决裂的原因和经过，不知今后能否有人作些说明。

张文还提到周作人讲六朝散文课时，很推崇颜之推的《颜氏家训》。不知道当时周是从文学语言角度，还是从思想内容提出的。《颜氏家训》开头第一篇《序致》中就有“止凡人之斗阋，则尧舜之道不如寡妻之诲谕”的话，想不到后来周作人用到自己身上，他拒不接受老朋友钱玄同、马裕藻、胡适等人的一再忠告，听从日本老婆的话，丧失民族立场，出任伪职，为国人所不齿，不正是不遵循“尧舜之道”而听信“寡妻之诲谕”么？恐怕这是他当年推崇《颜氏家训》时所意想不到的。特别是《教子》篇中说齐朝有一士大夫要教儿子学鲜卑语和弹琵琶去“伏事公卿”以博取宠爱。颜氏认为“若由此业自致卿相，亦不愿汝曹为之”！不知周对此作何感想？

十七

北大校友张中行先生在所著《负暄琐话》中写到《沙滩的吃》，曾着重介绍了沙滩附近的回民饭馆德胜斋，说它以卖烧饼夹炖牛肉出名；特别是写了跑堂的（服务员）小于死了父亲，在街上看到熟识的北大学生就跪地磕头，每人只好送他一元赙仪等等。当年我从北河沿三斋搬到沙滩东斋以后，不久也成了德胜斋吃饭的常客。我不是回民，而且从来不吃牛羊肉，经常吃的只是炒鸡子、炒白菜之类的素菜和面条等；但是为了它那里干净，吃饭的人不多（那时已不卖烧饼夹炖牛肉），不用久等，更无须像西斋对过华顺居那样站着挨号等座位，所以我选定了这家回教馆。跑堂的还是小于，看来他父丧已经“服阕”，脱了孝，腰里系了一条大红布腰带，对客人仍然非常热情，精神头十足。最使我注意的是管账的先生是个太监，每饭出入，总得从他的账桌前经过。平时没有看到他和一般人有什么不同，只是有一次不知为什么他和掌灶的争吵起来，他坐在账桌后面，嘶哑的嗓子大声叫着，上身不住地左右扭动。我立即想到京剧《法门寺》里的大太监刘瑾对贾桂发脾气的时候，也正是这样扭动着上身。可见扮演刘瑾的演员这个“身段”也是有生活基础的。

有时来这里吃饭的还有李广田（洗岑），他在外文系，比我早一年，虽然认识，却从来不交谈。据张中行先生讲，这也是北大“校风”的一种表现，即同学间彼此虽然认识，但是你不跟我说话，我也绝不先给你说话。等到我毕业回山东到济南省立一中教书，他已早到校一年。在招生阅卷时，我们才握手欢叙。当时也不用别人介绍，彼此已心仪很久了。

因为我是这个饭馆的常客，而且从不赊欠饭钱，他们不用担心我到毕业时偷偷一走了之，赖账不还。特别是每年三节（端午、中秋和新年）给小于和别的伙计们一元小费，所以比较受欢迎。每年到旧历“腊八”日（旧历十二月初八日）中午吃饭时，小于照例送上一碗“腊八粥”，说是过节“孝敬”老主顾的，不收钱，如果愿意吃，还可以再来一碗！这种款待，虽然只是一碗糯米枣粥，却使异乡学子感到格外亲切。不知当地其他饭馆有无这种优惠办法。

（《济南日报》1992年8月15日—1996年1月18日）

⊙ 萧　劳

六十年前我在北大的几点回忆

蔡元培校长一事

1917 年我考入北京大学中国文学门（即文学系），正值蔡元培先生任校长，当时我的名字是萧禀原。蔡先生的办学宗旨是兼容并包，主导思想是提倡新学。他聘请了陈独秀先生担任文科学长（即文学院长），聘请了周树人、钱玄同等新派人物担任教授，因而使北大面貌为之一新。那时我是一个学生，和蔡先生接触不多，但有件小事使我深深领略到了蔡先生的教育家风度。那年北大招收一批旁听生，我原来就读的河南省立二中有位姓杜的同学要求旁听，我去北大教务处代为申请。教务处一位先生却说："座位满了，不能再收。"我说："座位没满，请你去教室看看。"教务处的先生不去。我气呼呼地去见蔡校长。校长室在红楼二楼上，也没有秘书阻挡，学生可以随便去找。我一进门，蔡先生看我怒气冲冲，便和蔼地说："你先坐下，休息五分钟，五分钟后你再讲话。"我坐了一会儿，便和蔡先生说了为杜姓同学申请旁听的事。我说："多收一个学生总比少收一个好。教室有座位，可是教务处的先生却说座位满了。请校长去教室看看是否有座位？"蔡先生听后，马上亲自打电话把教务处那位先生请来。我当着蔡校长的面对教务处的先生说："教室确实还有座位，不信你去看。”教务处的先生没有说话。蔡校长当即拿笔写了一个条子“准予杜 ×× 到中国文学门旁听”，交给教务处的先生。于是这位杜姓同学终于入学旁听了。

陈独秀学长二事

陈独秀先生那时任文科学长，不仅是提倡新思想、新文学的一位领导人物，而且对文科教学工作也认真负责，一丝不苟。有两件小事使我终生难忘。

我考入北大中国文学门后，上英文课，当时英文教学按试卷分数编成甲乙丙丁戊五班，我被编到乙班。教授是一位英国人，完全用英语讲课，一个中国字不说。我是在河南省立二中学的英文，虽然文法清楚，英文字认得也不少，但听力不行，对英国教授讲课一点也听不懂，便不去上课了。过了一个星期，陈独秀突然把我找到他的办公室，问我：“你为什么不去上英文课？”我说：“听不懂。”陈先生说：“我看了你的英文卷子，成绩很好，怎么会听不懂呢？”我说：“我在中学是跟中国老师学英文，只能写，不能说。现在英国老师用英语讲课，说得太快，我听不懂。”陈先生便说：“那你就退到丙班吧，还听中国老师讲课。”后来我就在丙班上课了。

中国文学门是由黄侃先生讲授古文。第一天上课就出了个《文心雕龙》上的题目，叫学生作文。我刚写了一百多字，黄先生看见了说：“好！”便拿到讲台上念了一遍。有一天下午上课，我精神有点疲倦，便用手捧头而坐。黄先生看见后勃然大怒，说：“我讲书，你困觉！”我说：“姿势不对，并非睡觉。”随即放下手，端正了姿势。但黄先生怒气未息，说：“不愿意听就下去嘛！”我一负气就出去了，接连两个星期没上黄先生的课。又是陈独秀学长把我找到他的办公室去了，问我为什么不上课。我陈述了以上情况。陈先生说：“你是学中国文学的，主课是黄先生讲，你不上课怎么学呢？”我说：“怕黄先生不许我上课。”陈先生说："好！我送你去。"便拉着我的手，把我送进教室，正好黄先生在讲课。陈先生看我坐在位子上，黄先生也没有说话，陈先生才离开教室。从此我就恢复上古文课了。

钱玄同先生一事

钱玄同先生那时讲授文字音韵学。他是北大有名的教授，很受同学尊敬。有一次，钱先生在课堂上讲到广东音韵，课后一位广东籍学生李锡予给他写了一封长信，对他所讲的广东音韵提出了不同意见。下一次上课时，钱先生上台后面带笑容，客气地问："哪一位是李锡予同学？"李锡予站起来回答说："我就是。"钱先生说："请坐！我见到你的信了。你对广东音韵的解释是正确的。我不是广东人，对广东音韵是一知半解。很感谢你纠正了我的纰漏。"接着，钱先生在课堂读了李锡予同学的信，还希望其他同学对讲课中纰漏之处提出意见。从这件小事，可见钱先生虚怀若谷的治学态度。

黄侃先生三事

黄侃先生当时在北大教授《文心雕龙》，他对古典文学有相当造诣。他是"国故派"的一位首领，常常身穿蓝缎子团花长袍，黑缎子马褂，头戴一顶黑绒瓜皮帽，腰间露出一条白绸带。有一次他过生日，几位中国文学门的学生登门拜寿，其中有位陈莲痕同学是我的好友。他们进门后行了三鞠躬礼。不料黄先生勃然大怒，说："我是太炎先生的学生。我给太炎先生拜寿都是磕头。你们却鞠躬？！"当时吓得这几位同学只好磕头。

黄先生最喜爱的一位学生叫郑奠，常常给黄侃先生拿皮包。后来郑奠毕业了也在北大任教。有一天，黄节先生（北大讲授诗词的教授）在家里请客吃饭，黄侃先生和郑奠二人都去了。黄侃先生看见郑奠穿着一件皮袍，大为不悦，说：“我还没有穿皮袍，你就穿皮袍了？”郑奠说：“我穿我的皮袍，你管不着我。”黄侃先生听了很生气，从此不理郑奠了。

黄侃先生的脾气古怪，他本来住在一位朋友家中，不知什么缘故和这位朋友闹翻了，搬走的时候，用毛笔蘸浓墨在房间的墙壁上写满了带鬼字旁的大字。众人看见满壁皆“鬼”，黄先生才得意而去。

罗家伦二事

罗家伦在“五四”运动中是个风云一时的人物。但他追逐名利权势，当时就为同学所不齿。我记得“五四”游行后的一天晚上，在法科礼堂的学生集会上，罗家伦大肆吹嘘自己，引起与会同学不满，说他“沽名钓誉”、“风头主义”。一位同学就走上去把他推下了讲台。罗家伦当时是北大学生会的负责人之一，却暗中到太平湖安福俱乐部参加段祺瑞的宴会。有些北大同学得知此事，画了一幅罗在宴会上拿着刀叉吃大菜（西餐）的像，加了注解，贴在北大西斋壁报栏上。同学们看了都很气愤。有位同学写了四句打油诗讽刺罗：“一身猪狗熊，两眼官势财；三字吹拍骗，四维礼义廉（意指无耻）。”这四句打油诗在北大广传一时。

罗家伦还给蔡元培校长写信，请求和蔡先生的女儿订婚。蔡先生复信一封，大意是：婚姻之事，男女自主，我无权包办。况小女未至婚龄，你之所求未免过分。这件事在北大传为笑谈。

一九八二年十一月二十五日　徐康 整理

（《文史资料选编》第 23 辑，北京出版社，1985 年 6 月版）

⊙ 谢兴尧

读书有味聊忘老

知识分子离不开图书杂志，是书刊的主人，书刊是知识分子的资本，帮助他建功立业，互为之用，相辅相成。日积月累，数量增多，经常翻阅，难免损坏，久而久之，线装书开线，平装书脱皮。每架之上，新旧杂陈，长短不齐，五尺之楼，别无长物，环顾周围，只是一大堆破烂，确乎是真正“寒斋”：如古“陋室”。有人给我上一尊号，称为“破烂王”，我居之不怩，并作了四句顺口溜：“图书已满架，破烂也称王，开卷即有益，何必事辉煌。”

所谓破烂，有一部分属历史文物，大部分属于研究的参考资料，每次搬家，常把一时用不着的图书杂志捆存起来，置于廊下。因为这些书刊本身都有一定价值，弃之可惜，留之麻烦，时间久了，没有精力和时间去整理，任风吹日晒，总觉得肉烂了在锅里。事物的机遇无常，说不定有一天还要找它，如去年为寻找旧存的《说文解字》，就好不费事。近来要求美化环境，打扫卫生，不能不把捆存的书刊加以清理淘汰，在破烂中见有旧讲义十数册，还是六十年前之物，见之如对故人，无限感触，都是在北京大学时期的课本，其中有陈寅恪讲的史地，胡适之讲的哲学，钱玄同讲的音韵，章太炎讲的《论语》等，这些旧讲义老课本，现在看来，虽不能视为文物，也足称是孤本，回忆当年各名家的讲习情况，亦有足述者。

我是1926年在沙滩红楼上学念书，1931年毕业，同时入“北京大学国学门研究所”进修。当时北大还是旧制，预科两年，本科四年，预科分为甲乙两班，简称预甲、预乙，预甲将来入理科，以数理化打基础，预乙将来入文科法科，以国学文学作根底。我读预乙，主要课程有二，一是采取诸子百家的学说编为《国学概论》，一是摘录《文心雕龙》《文史通义》等书，编为《文论集要》。其他还有诗选、词史等。选修科目有三理，即心理、伦理、论理，后来我入史学系。四年本科，学习文史哲方面的课程，随着教授的专长，进入专题研究的范畴，现在所存的几本旧讲义，均属于专题研究的性质。

陈寅恪先生讲的《西北史地》，是典型的专题研究，他论述古代西北民族的发展、迁徙、混同的经过，由地理环境的变迁形成风俗习惯。他特别讲到中国史书上的大夏及大月氏民族与中国的关系，在地理方面涉及到古印度、波斯、越南等地区。陈先生学通中西，他编写讲义的方法，除了引证中国古史外，旁及《西域记》、佛经诸书，对于当代中外学者的研究著述，亦予引证评论。于是，他把古今各方面的说法，加以综合，有同意的赞许，有不同意的批判，他的讲课比较专门精深，非一般初年级学生所能理解接受。

陈先生身体很弱，高度近视，秋风一起，便穿着厚重的大马褂，坐着讲书，有时反手在黑板上写几个字。开课时听讲的约三四十人，满满一小屋人，逐渐慢慢地消失，到最后只剩六七个人。其原因，一是他讲话声音很低，后面的人听不见。二是他说话似江西口音，有些人听不懂。三是他所讲的问题窄而深，如所讲大夏、大月氏及突厥、吐鲁番等，广征博引，听起来好像杂乱无章，实则是围绕一个主题，寻根究底，不细心耐心听，是不能理会的。他在清华大学，梁启超先生讲某一问题时，常对学生说你们去问陈先生，可见学者们对他的推重。

胡适之先生讲授中国哲学史，他编发的讲义题为《中国中古思想史的提要》，他这份讲义确实是提要，一共三十八页（当时讲义都可订成线装书），分十二讲。他定的中古时代，是从秦始皇到宋真宗，约计一千二百年。他认为中古时代的特色，是国家的统一，民族的同化，宗教的普遍。在时代上分为两大段，第一阶段是古代思想的混合与演变，第二阶段是佛教思想的侵入。全书十二讲中，前七讲设齐学、道家、儒家。齐学包括阴阳家、神仙家、道家黄老派，多取材于《淮南子》《吕氏春秋》及《礼记》《汉书》等，这是他的卓见。谈儒家经常要碰到今文学、古文学的问题，他说“汉朝所出的经传，只有先出后出的次第，并没有两个对立的学派”，并引王国维的说法，“秦用籀文，六国用古文，秦并天下统一文字，于是古文、籀文并废”。他认为此说可信。他在讲学中特别推崇王充，用一个讲章的篇幅介绍，这是胡先生的思想、观点和作学问的根源，王充《论衡》的思想核心，是“疾虚妄”。“论衡者，论之平也”，对于世俗流传书籍，都要“订其真伪，辨其虚实”，学问是证实后的知识。这正是胡先生实验哲学的根本。胡先生常说的大胆假设，小心求证，假设是主观的推测，求证是客观的验证，这是科学的。讲义从第八章起用五讲的篇幅专讲佛教和禅学，过去的学者们谈佛学的很多，真正看过佛经，懂得佛学的很少。胡先生因为讲哲学史，必然要涉及佛学，他曾撰著过《佛教的禅法》及《禅学古史考》等，讲义中采取了日本学者矢吹庆辉的论文及蒋维乔译的《中国佛教史》，引证了中外大量参考书籍才作出佛教在中国的演变。看得出来，胡先生编著的这份讲义，是费了大力气，下了大功夫完成的，是一本杰作。

有一年我在北大第三院（在北河沿骑河楼，靠近东华门）听胡先生作报告，两个钟头下来，他穿的羽纱大褂，背全湿透，比之现在有电扇空调等现代化设备，艰苦多了。

我毕业后，在国立北平大学文理学院教书，和胡先生做了近邻，他住后门米粮库四号，是一座两层小洋楼，我住二号，每星期天上午顺便到他家拜访请教，总是高朋满座，大都是各学校的教师和各机关的研究人员，客人们随便接谈，有学术上的争论，有文化界的传闻，纯粹是一所毫无顾忌的群言堂。当时的梁任公和胡先生都开门迎宾，贤者胸怀博大，愿意倾听别人的意见。

所存讲义中，有一本钱玄同先生的《文字学音篇》。这门功课不大容易学，不是深而是难。所谓训诂之学、语言文字音韵，在过去是热门，凡是搞诗词歌赋的人，先得懂音韵，现在恐怕将沦为绝学了。钱先生的讲义分五章，第一章讲纽与韵，讲双声叠韵。古称发音相同之字为“双声”，收音相同之字为“叠韵”。细究起来，古今字音不同，南北方言各异，后来统一为国音字典，较为简单明了。第二章广韵之纽韵，则是发音，有喉音、舌音、齿音、唇音等。发音又分清浊。第三章反切，即是拼音，如公字、古红切，邦字、博江切，乃古人解决乡音之用。在中古时代，有所谓“齐言”（即山东音）和“楚辞”（即湖南湖北音）之分，语言不通，则以反切文字解达之。第四章三代古音，讲阴声、阳声、入声，而入声最难。第五章注音字母，成为现代读书的工具，讲义从学理上说明。全书常引清人钱大昕及其老师章太炎、师兄黄侃（字季刚、太炎大弟子）的说法，在音韵学中，不失为一家之言，现在研究这门课的人，可能太少了。

钱先生精力充沛，声音宏〈洪〉亮，说话有点口吃，在讲台上他常说还……还……还（读如孩）有一个字。在教员休息室，其他先生下课后都有点疲倦，静静坐着，抽烟喝茶，他还有余热高谈阔论、声震四壁。他常穿一套学生服，数年之间，我没见他穿过长衫或西服。他离家住在孔德中学，有人说他很怪，独自一人逛公园，不和别人打招呼。

大约在1930年前后，北京大学等校迎请章太炎先生北来讲学，我在北大参加听讲，由北京大学出版组用毛边纸大字铅印的讲义，加以句读，讲题是《广论语骈枝》。时先生已六十多岁，每次出台穿着长袍马褂，由四五个人陪同，其中一人手持长城牌香烟一筒，但先生讲书时，从未抽烟。长方形的大教室，坐满听众，均系当时北京大专院校教师，先生年老，声音不大，坐在中排后排的即听不见，先生余杭乡音，即在前排亦听不懂，由魏建功当助教，任翻译。先生按《论语》二十篇次序讲述，详略不一，每次约讲一两小时。先生讲经，博大精新，总的精神概念，似与汉宋两代经学家对话商榷。在经书中许多方面因语言文字、制度礼仪、古今不同，不能理解的条款很多，经学家目的就在注释经义，正如韩愈在《师说》中说的“师者所以传道、授业、解惑也”。先生讲的《乡党篇》最为精辟，原文是“康子馈药，拜而受之，曰丘未达，不敢尝”。注谓“受馈之礼，必先尝而谢之，孔子未达其药之故，不敢先尝”。古今学者对这条多表质疑，因为古礼，凡朋友馈赠食物，必先尝后谢，药虽与食物不同，然而朋友送药，总是善意关怀，决不会是毒品，主人似不能说，我不明药性，不敢乱服，只好拜而受之。章先生解释达是打针，引《左传》晋侯故事为证，按《春秋左传》卷二六、成公十年，“公疾病，求医于秦，秦伯使医缓为之。医至，曰疾不可为也，在肓之上、膏之下，攻之不可，达之不及，药不至焉，不可为也”，章先生云“达者针也，凡病，有先施针然后可用药者，如《伤寒论》桂枝汤即其一例。孔子病未施针，故不敢尝药，针后自可尝，故仍拜受不辞”。这一下就解释通了。解经是注疏中一大难题，不能附会，不能曲解，必须说通，方能服人。讲义中有两处附太炎弟子钱玄同、吴承仕的案语补充，颇似春秋经传。

我有幸赶上听太炎先生讲学，是很难得的机会，这本讲义，散发不广，六十年前的学习课本，现在觉得更应该保存。

以上这些讲义内涵，现在看来或已过时，然而学术不能脱离时代，30年代的学术思想，一方面仍继承乾嘉朴学的遗绪，另一方面则受西洋科学的影响，在研究问题和治学观点上，提高到一个新的阶段，摆脱了旧的范围，引出了新的认识，逐渐形成了新风气。这几种讲义，正代表了当时的学派思潮，以科学方法、辨章学术、考镜源流，引起学术界极大重视，这是时代的进步带动了学术思想的发展。

我在北大时，住理科宿舍“西斋”，在马神庙西口内，离沙滩很近，每天到红楼听课，达六年之久，而今老矣，常过其地，不免伫立徘徊，默计沧桑，上课钟声犹宏〈洪〉亮萦耳，感岁月已逝，愧学业无成，抚摩旧册，缅怀前辈，往迹如烟，曷胜惆怅。1982年山西人民出版社编辑《中国现代社会科学家传略》属我撰写自传，传中附打油诗一首，抄录于此，聊作尾声。

一别红楼五十秋　狂狷少年已白头

学海深渊难探索　文物遗址拟追求

喜闻师友谈今古　未将黑白逐时流

夕阳残照虽云晚　隐居蜗庐再自修

一九九四年二月二十四日

（《堪隐斋随笔》，辽宁教育出版社，1995 年 10 月版）

⊙ 赵捷民

北大教授剪影

七七事变以前，国立北京大学早已是名闻中外的大学了。学校特点是名教授多，学生质量较高，经费较充足，图书、仪器也是很完备的。当时共有三个学院——文学院、理学院、法学院。文学院在北平汉花园；理学院在景山东街；法学院在北河沿。后来，文、法学院全集中在汉花园，即“国立北京大学第一院”。法学院改为一年级宿舍，有一个容千人以上的大礼堂，该处仍称“国立北京大学第三院”，理学院则称“国立北京大学第二院”。

我作为当时的一个学生，仅就记忆所及，说一下北大当时的几位教授。

孟森教授

孟森先生，明清史学家，清末在睦南关（当时称镇南关）当幕僚，练过兵。在初成立学堂时，编过小学历史教科书。民国四年出版的《辞源》，文史负责的编辑者即为孟森先生。后来他任南京中央大学历史学系教授，1931 年前后来到北大任教。

这时先生年近七十岁，仍热心教育及史学研究。在校讲“满洲开国史”、“明清史”，又兼研究所明清史研究导师。“满洲开国史”史料独特、丰富，实属独到的研究，该书出版后名《清朝前纪》。经二十余年，不断增补，改名为《明元清系通记》（“明元”是明代纪元，“清系”是清代世系，意即以明朝纪元叙清朝世系），为研究清以前历史之重要参考书。考证清初三大疑案，即“太后下嫁”、“顺治出家”、“雍正入统”，皆有独到见解。当时先生否定“顺治出家”说。抗日战争时，陈垣教授在北平西山佛寺见到《木陈法师北游记》，记载了“顺治出家”，可惜当年先生未见到。

先生为人端庄谦谨，沉默寡言，但讲话和蔼可亲。他在群众会议中很少讲话，却很注意听旁人发言。谦虚从善，但不苟同他人。先生衣装朴素，冬戴瓜皮帽，夏戴白帽盔，布衣、布鞋、白布袜，总是走路来，走路归，从未见他坐过车。上课时，用白手帕包一本讲义，不像旁的教授，上课时总是挟一大皮包。

抗日战争爆发，北大南迁。先生年已七十，和几位老教授留在北平。他爱国心切，订了英文报纸，边查字典边看报。希望看到较正确消息。后来积忧成病，1937 年冬逝世。

先生学识渊而博，对同学要求亦严。考试时，颇严格。如打下课钟，仍不交卷者，则不客气地批评。他上课从不迟到。但不大擅长讲课，往往照自编讲义念讲，又兼江苏土音较重，有的同学就不大注意听讲。这些同学以为他的讲义编得好，课后研究即可以了。为防止同学不到，他常要自己点名。他从未谈过反对白话文，但用文言答卷的同学往往得高分数，用白话答的得低分数，这也是先生一小缺点吧！

郑天挺教授

郑天挺先生，北大秘书长兼文、史两系教授，为人非常和气，没有官僚习气，而有学者作风。当时常有记者访问北大，询问一些教育问题。蒋梦麟校长不出面答复，都是由郑先生代为答复。郑先生出身北大中文系，又在研究所研究过历史。在史学系开“隋唐五代史”、“魏晋南北朝史”课；在中文系开“考据学”课。后来转而研究“明清史”，成为“明清史”专家。我当时学了先生的“魏晋南北朝史”。对此，他也有新的提法，例如说，“姜维虽是人才，诸葛亮也重视他，但蜀国人目他为西凉外国人，以致不被重用”。这个意见，我现在记忆犹新。因为秘书长事务忙碌，他总是匆匆而来，又匆匆而去。讲课时说话快，但学生们也能记下他讲的重点。

先生为人和气，从无疾言厉色。学生们一般同他处得好。我的毕业论文《柳宗元的政治主张》，即请他指导的。他曾给予较高分数。后来我在北京教书时，也常到先生办公室坐坐，看到他不断写复信，数页信笺，一挥而就，无一字再改。行文之熟而快，真不愧为“秘书长”。1937年，北平沦陷时，正值暑假，我们还有几百同学在学校未回家。同学们开会商议路费问题，一致决议推选代表找郑先生解决。理由是郑先生好说话，容易解决问题。果然很快解决了，每人发给银元五元，我们才得以在平津第一次通车时回家，再转向抗日根据地。

胡适教授

胡适教授，当时是文学院院长，马裕藻教授辞中文系主任后，他代系主任。为新月派的作家，在校开“中国文学史概要”及哲学系的“唐宋思想史”。这时他的思想落了伍，在北大学生中的名望已下降，不似“五四运动”前后的名望了。但听讲者仍不少，社会上还有“我的朋友胡适之”的说法，说明有些人仍以和胡适认识为荣。“唐宋思想史”由于太专门了，比较枯燥，听的人不过十多个。我曾学过这门课。他讲话流利，但内容空洞。现在的印象里只记得他说“禅宗里那个老头子”了。

1937年夏，北平大学二年级生要集中西苑受军训，临行前他召集我们讲话。那时我正是二年级。记得他说：“去吧！不要怕，锻炼好了，将来保护国家。”还记得他前一年冬，从美国参加哈佛大学五十周年纪念会回来，在三院大礼堂召集全体同学讲演。他曾说："美国大学成立五十年即很长了。我们中国的太学，也就是大学，在东汉就有了，比他们长得多。美国人也知道中国的有名的大学，即北大、清华、燕京，其他就不知道了。燕京虽是私立教会学校，但和美国关系密切，以致也在美国有名。"这是美国人的看法，也是他个人的看法。

他虽留学美国，却不穿西装。冬天湖绸棉袍，夏天夏布长衫，但皮鞋永远穿着。他不留分发，只留学士头，戴着一副眼镜。

他的专著《中国哲学史大纲》(上册)，很早即出版了，但一直没有下册出版。同学们盛传"那是他父亲的稿子，他拿来出版了。所以写不出下册来。"他父亲是个老知识分子，曾在台湾当过知府。

中文系一位讲师叫缪金源，面孔削〈消〉瘦，人很怪。据说他在北大哲学系读书时，同班只二人。到四年级时，那一学生认为中国前途无望，一天抱电杆触电而死。缪到毕业时，也不参加毕业考，自言不要毕业文凭。但胡适认为他学得不错，即留他在北大当了讲师，教大一国文。第一次上课他即介绍参考书说："第一，《胡适文存一集》，第二，《胡适文存二集》，第三，《胡适文存三集》，第四，《胡适文存四集》。"他讲课大体不差，只因如此介绍参考书，引起同学们的不满，于是派代表去见胡院长说："缪先生教的不行，思想太落后了，还留在五四时代。"胡听了大怒，手拍桌子说："什么是五四时代？你们懂什么？太狂妄了！缪先生是好老师，不能换！"把同学们顶了回去。

据说胡是很重视人才的，除提拔缪金源外，还提拔过不少人。钱穆教授原是江苏小学教师（钱后〈幼〉师毕业），后升中学教师，因发表论文，为胡适赏识，推荐他为燕大教授。数年后，改为北大史学系教授。赵印〈荫〉棠教授，原北大旁听生。但胡适发现他对音韵学有研究，即提拔他在北大当了讲师。

我们在西苑受军训时，副总队长是何基沣。当时他请了北大、清华的人讲演。记得有蒋梦麟、梅贻琦、冯友兰、胡适、潘光旦、樊际昌等。胡适讲的什么我记不得了，只记得他谈笑风生。下面有些同学评论他，说他的思想早落伍了。

钱穆教授

钱穆教授是个自学有成绩的人物，复旦大学教授钱基博的侄子，在北大教“中国上古史”、“秦汉史”、“近三百年学术史”。他的巨著是《先秦诸子系年》，影响颇大，售价也高。他减价卖给我们每人一份。他讲“上古史”主要是根据此书，考证是有成绩的。抗日战争时，我的书籍存北大，此书及书籍全遗失了。他还送每个选读“古代史”的学生一本自著《老子》，内容倒很新鲜。说老子无此人，什么“河上丈人”、“荷篠丈人”、“老莱子”等都是老子。但此说不大有人赞同。

胡适是提携他到北大的人，但他在讲课中随时联系批判胡的一些提法。常说：“这一点，胡先生又考证错了！”听说胡适对他还是尊重的。这种不以个人恩怨的学术批评精神，还是值得称道的。他同顾颉刚先生关系最好。抗日战争时，他在联大教完了“秦汉史”，就到成都齐鲁大学国学研究所去任教了。该所是顾先生主办的。

他上课和旁的教授不同，什么参考书也不介绍，只介绍一部《史记》，另即他自著的《先秦诸子系年》，要学生精读《史记》。是的，他就是自学《史记》而有成绩的。他常说司马迁在《史记》上许多地方弄错了，这是他精研《史记》的结果。

“西安事变”时，同学们在讲课前常请教授发表对时事的意见。钱说：“张学良、杨虎城的作法是不对的，扣住国家领袖是不应当的。”怪不得同学们都说“钱穆是唯心论者”。他不知道张、杨是爱国行动，张、杨近年的爱国表现，他完全无知。全国解放时，他离开了祖国大陆。

罗常培教授

罗常培教授字莘田，北京人，满族，原姓爱新觉罗，后用一“罗”字为姓。他出身北大中文系，为文字学家沈兼士教授的高足，同魏建功教授齐名，名望在全国更高一些。他对音韵学最有研究，对语言文字学也是有贡献的。

他为人直爽，学生们给起外号叫“长官”，因为他发现学生的缺点，即不客气地加以批评。中文系学生颇受他影响，一般对教师彬彬有礼，但对他的过份〈分〉批评也不满意，认为他好比旧时代的官，动辄申斥部下一样。他对一些毕业学生也热诚地帮助，常给予介绍工作。

抗日战争时，我从香港给罗先生朋友的学生带了东西，正式同他有交往。他称道我“乐于助人”，后来因给昆明《朝报》写“学人故事”，涉及陈寅恪先生当年招生出“对对子”题，曾来信指责我，不应批评“海内大师”。后来就和他疏远了。我知他能帮助学生，毕业时，又给了他一信，请他介绍工作。他介绍我去云南省立昆华女子师范学校任教师。该校因疏散已去昆阳，我想研究学问，欲留昆明，一是可随时向教授请教，二可有许多书读。他又找了王力教授，介绍了昆明天南中学，由助教杨佩铭兄通知我，又由杨借给我二十元钱。我在天南教了半年书，总因他脾气直率，说话有时令人难堪，此后未去见他。我曾同中文系一位女助教有过恋爱关系，也被他禁止了。

他同老舍在北京市立师范同学，又都是满族人，关系颇好。1936年秋，他曾介绍老舍到北大第二院礼堂讲演。记得题目是“怎样搞文艺”。老舍说：“搞文艺必须像烤白薯，要有热乎劲！”于是听众大笑不止。老舍是名作家，听的人挤满了二院礼堂。散会后，群众争请老舍签字，许多人挤不上去，我因个儿高，挤到前面，签了两个好看的大字“老舍”。

他是很重然诺的，中文系一个毕业同学叫王鸿图，被他介绍到云南省立曲靖中学教书。后该同学自己找到一个挣钱多的位置，即退了曲靖中学聘。他知道了大怒说：“这哪里是王鸿图，分明是王糊涂，叫他非去曲靖不可！”那个同学没有听他的，因毕业了，他也没办法。

一次，他在昆明中法大学讲演，题目已不记得了。讲话中批评了顾颉刚先生，说“顾颉刚先生研究古史，以为禹不是古代名人，而是一条虫子。当蒋委员长（蒋介石）问他，要找大禹生日为工程师节，他马上答复大禹生日是六月三日，于是六月三日成了工程师节。”于是听众大笑。当然顾先生果有此事，是不对的；罗先生在讲演中讽刺也过火了些。据说这时罗先生同傅斯年关系好。傅主持中央研究院，是国民党实力派，傅同顾水火不容。

在昆明时，同学王玉哲（后任南开大学历史系教授）兄写了一篇文章评论了傅斯年文章中的错误，罗先生看过，叫去王申斥说："傅先生是北大老师，你怎能随便批评？太不尊敬老师了！此文不可拿出去发表。"王即不敢发表这文章。

傅斯年在北大有名誉教授之位置，我没见他讲过课，只在一次胡适在三院大礼堂讲演时，他也曾讲了一次。大意是攻击冀察政务委员会委员长宋哲元，捧蒋介石。当时宋在北平主政，他讲了即离开北平，宋对他也只好宽容。

傅同胡适关系极近，罗先生也是胡的得意弟子，当然是关系好的。罗先生也曾跟鲁迅先生到厦门大学任教，鲁迅对他也有影响，但罗先生当时主张："尊师重道，为学术而学术。""中文系应研究古代文学，不要搞什么现代白话创作。"后来他虽也注意了现代文学，也写过《蜀道难》小册子出版，但影响不大。

顾颉刚教授

顾颉刚教授当时是燕京大学历史系主任，在北大史学系兼讲"春秋史"。我没有选读过他的课，该课不是必修科。当时大学习惯，在一校任教授，在他校兼课即称讲师。我在云南教书时，和他通过多次信。

我很早就知道顾先生，幼年读初中时，用的中学历史课本即是商务出版的"胡适、顾颉刚合编"的。初中一二年级用的是中华书局出版的课本，简单扼要，便于学习。胡、顾合编的课本分量重，内容也有些杂乱。可能是由于"疑古派"对古史过多怀疑之影响吧！

在北大红楼，我经常见到他。他中等身材，戴眼镜，穿宽大袍子。同学说"这就是顾先生"。顾先生除了以巨著《古史辨》出名外，还搞通俗文艺，主编过通俗刊物。在《文学》上也发表过《滦州皮影戏之起源》，颇有独到见解，一度曾被目为进步教授。因为胡适同鲁迅先生不洽，可能由于胡适关系，他同鲁迅先生也是颇有意见的。

傅斯年主持中央研究院，顾同“中法派”李石曾、李书华等合作而进入北平研究院，以致后来抗战时，昆明西南联合大学成立，顾先生不能进去（当时胡适已任驻美大使，不能替顾说话），只好在云大教了一段“中国上古史”，后来就去成都主持齐鲁大学国学研究所了。

顾先生对青年学生还是爱护、提拔的。据我所知对王玉哲研究我国古代史颇多帮助。我在云南省立昆华中学教书时，曾与他通信，讨论学术问题。他亲手写过一幅字画（杜甫诗）寄我，我挂了好久，后来遗失了。

鲁迅先生写的小说《理水》，即是讽刺顾先生的。这一点鲁迅先生批评的对，但有时也过份〈分〉了一些。

沈兼士教授

沈兼士教授，语言文字学老专家。他与沈尹默（诗人，名书法家）、沈士远，在北京学术界号称“三沈”。

沈讲课时，总是闭着眼讲，同陈寅恪先生讲法一样。到下课时，才睁开眼睛，走出教室。

他是一位爱国的老专家，痛恨特务、侦探进入学校监视学生和教师。有一次，中文系一年级学生上课时，他正在兴致勃勃地讲课，忽然有人进来，用点名册来点名。那人把礼帽放在附近桌子上，沈先生以为是特务，非常讨厌，马上把那人的帽子摔到地上，又大声说：“这是放帽子的地方？这是放东西的地方？”那人不好意思地拾起帽子戴上，然后面对大家说：“沈先生太过分了！我以前还听过他的课呢！”然后慢慢推门走了。原来那是注册科的职员来抽查上课学生人数。一般北大教师是不点学生名的，尤其是二年级以上就不大点名了。北大当局号召“自由研究”，不愿听本课的，也可以随便自己回去研究。对刚从中学来的一年级学生要严些，但也是抽查点名，不一定抽查哪一班，以致有此误会。

周作人教授

周作人教授，人们几乎都知道是鲁迅先生的二弟。他主要是外文系教授，开的课是“日本文学史”及“日文”等。这也说明他对日本文学是有研究的。

他当时是名教授，小品文写得实在不错。当时号称“京兆布衣（周作人）三大弟子”，也是散文，小品文名家：朱自清、俞平伯、废名（冯文炳）三教授。朱先生的《背影》名闻全国；俞是《红楼梦》专家；冯是《桃园》的作者。

他中等身材，穿着长袍，面孔似鲁迅先生但胖些，颇似建人同志。讲起话来，不大好懂，浙江口音很重。鲁迅先生逝世时，在北大第三院大礼堂开纪念会，到会的教授有周作人、梁实秋、曾昭抡。由外语系四年级学生朱仲龙主持。周作人介绍鲁迅的生平，马裕藻以鲁迅老友，讲了鲁迅轶事。学生参加者颇多。

梁实秋教授

梁实秋教授，北大外语系主任，同胡适院长关系近，同是“新月派”作家。他在北大开“莎士比亚”课，对西方文学有研究。他虽身为主任，但被多数学生所反对。学生们几次派代表找胡适要求撤换他。胡适非常愤怒，几次拍桌子申斥学生说：“你们懂什么？梁先生是英国文学专家，不能换！”当然，有胡适坐镇，是换不动的。

梁实秋夏天穿着白绸长衫，一双缎鞋，像个风流公子。他又参加了国社党，想在国民政府弄个官儿做。

鲁迅先生对梁实秋打的笔墨官司最多，《鲁迅全集》上，有不少批判梁实秋的文章。鲁迅先生的文章锋利，内容也正确，梁是甘拜下风的。

外语系主任以先是新月派浪漫诗人徐志摩，徐于1931年冬坠飞机而死后，继任的即梁教授，还是新月派，同胡适关系自然是相当好的了。

朱光潜教授

朱光潜教授在北大是较有威信的。他在中文系、外语系两系开课，在中文系开的是“美学”，有不少同学选修。

我同其他青年一样，早已知道朱光潜教授。他发表的《寄青年十二封信》是颇有影响的。中文、外语两系同学也很尊重他，知道他对青年们关心。

七七事变后，他去四川大学任教，北大复员后，才又回北大任教。

潘家洵教授

潘家洵教授，北大出身，在读四年级时，就译了《少奶奶的扇子》出版，是个颇用功而早成名的作家。他留学回来后，即在北大任教，也是外语系的名教授。

他中等身材，戴着眼镜，有教授风度。抗日战争时，我在贵阳见着了他。他那时是贵州大学文理学院院长，地位不算不高，但北大复员回北平时，他说：“不在贵州大学了，在北大名望是高的，在北大教书是跳龙门。”于是他又回了北大。

在贵阳时，我们少数北大同学组织同学会，由潘先生主编一个周刊，现在不记得叫什么名字了，出版了一年，潘先生回北平，即停刊了。主要写稿的都是同学，有诗人方敬，小说作者陈祖文，我在上面发表过《从重庆到贵阳》一篇游记。

我们这些撰稿的同学和潘先生在贵阳冠生园还聚过餐，当时很热闹。

叶公超教授

叶公超教授，出身清华，留英，为北大外语系教授，有名士派头，对学生很随便。有时学生在路上向他打招呼，他似乎像未看见；有时学生未见到他，他反而在路上大喊学生："密斯特！密斯特！"

他教课以读音正确有名。有学生问他有的字在《英华合解词汇》里查不着，怎么办？他说："那个《词汇》无用，烧了，要查《牛津大字典》。"

冯至教授

冯至教授，河北人，诗人，出身北大，留德，也是德国文学专家，为北大外文系教授。在北大用原名冯承植。

他对中国文学，尤其是诗人杜甫很有研究，名著是《杜甫传》。他同郭沫若先生观点不同，郭贬低杜甫，为许多读者不能接受。冯对杜甫评论公正，所作杜传是为广大读者欢迎的。他在北大任德文课，也讲歌德。

我未听过他的课，据说他为人严谨，有些杜甫风度。后来我工作时，也曾去信向他讨论过旧诗，蒙他回信，给予详细的指示。

汤用彤教授

汤用彤教授，哲学系的"佛教史"专家。他常着长衣大袖，有哲学家的风度。他对印度佛学是有独到研究的。

后来的哲学家任继愈，就是他的高足。任在北大上哲学系，在昆明又上过北大研究所，还是跟汤教授学佛学，汤任哲学系教授兼研究所导师。

胡适当北大校长时，汤升任文学院院长。

许德珩教授

许德珩教授是经济系的进步教授。“五四”运动时，是北大学生会主席。七七事变以前，北平三教授被捕，是轰动一时的大事。当时的三位进步教授就是：许德珩、侯外庐、马哲民。后来由北大校长蒋梦麟、文学院院长胡适等营救，国民党政府才把他们释放出来。

当时许经常到各大学作讲演，宣传抗日救国，很受群众欢迎。

赵迺抟教授

赵迺抟先生，经济史料专家，为人宽厚，常穿宽衣大袖衣装，从外表看来，看不出他是留美归国的专家。

我到昆明联大时，选修先生开的“社会主义史”，才同先生熟悉了。在北平北大时，同先生不熟，但已知先生大名了。先生考学生不多，一年顶多两次，给分较宽，我曾得过颇高分数。

先生对学生很和气，许多学生愿请教他。对女同学更客气些。据说是因为他的母亲对他最好。为了尊敬他母亲，所以对一切女性都特别尊重。

我在昆明南菁教书时，先生住同头村，我常见先生，见面客气地叫我到家里坐坐，很热烈地招待我，使我念念不忘。

燕树棠教授

燕树棠教授是法律系教授，早年即在北大教书，一口河北定县口音。他出身定县世家，他的父亲也是京师大学堂（北大前身）毕业的。

燕教授能讲，也常讲演，他当时思想是“拥蒋反宋（哲元）”的。曾批判过民族解放先锋队“拥宋反蒋抗日”的口号。当然是不妥的。

他讲过，“五四”以后，北大学生口号“为学术而学术”，只注意学问，不求做官。他说：“北洋军阀统治时期，北大教授发不下薪金，买不起肉，是以豆腐代肉的，虽然艰苦，也不想离开北大。”

周炳琳院长

周炳琳院长，五四时代的学生运动领袖，当时是北大法学院院长。他在经济系也有课，那时已不大同意学生运动了。有关学生活动的事如去找他，他往往不支持。例如红楼以“法学院交际室”最大，他却不肯借给学生活动。

1937 年 5 月 4 日，在师大操场开纪念五四运动会时，他也被不进步的学生请去了，等到两派学生打起来了，他就躲开了。后来，反动教授杨立奎、熊梦飞、陶希圣都做了攻击共产党的发言。

杨钟健教授

杨钟健教授是北大地质系名教授，五四运动时，参加进步组织，后来同裴文中教授、贾兰坡教授共同发现了“北京人”头盖骨化石，为名闻世界的大发现。

他是古生物学专家，同胡适私人关系亦好。北平解放时，他在陕西任教，还不断同胡适有学术通信，后来这些通信，曾在报刊上发表过。

他为裴文中在北大的老师，贾兰坡当时还是青年的练习生，后来在他帮助之下，都有了惊人的成就。

朱物华教授

朱物华教授任教北大物理系，是最有成就的物理学专家，朱自清先生的胞弟。样子也颇像朱自清先生，个儿不高，戴着眼镜，说话和蔼，走路也颇有精神。

后来是上海交大副校长，九三学社中委，现在在交大还在教着研究生。

当时在北大的名教授很多，本文只是举其代表，略加忆述。其他如俞平伯教授，是世界闻名的红学专家、散文名家；闻家驷教授是法文专家；冯祖荀教授是全国数学权威；李四光教授以前主持地质系；张景钺、崔之兰教授共同主持生物系；曾昭抡教授是化学系主任……恕不一一备举了。

（《文史资料选辑》第 108 辑，中国文史出版社，1986 年 12 月版）

外景素描

⊙ 张孟休

北京大学素描

一

一提起“老牌”大学，就很容易使人联想到北平这座古城里的北京大学来。的确，以北大的年龄而论，在国内大学中，可以说是首屈一指的老大哥。

北大原名京师大学堂，创办于清光绪二十四年（1898）。初办时的学生多为王公贵人的子弟，据北大校长蒋孟邻先生说，那时学生们的官阶常比教官高，上体操时的口令有趣得很，教官得恭恭敬敬地叫：“大人向左转！”或“老爷开步走！”

你可以想象得出，这座教育“老爷学生”的学府，是多么老态龙钟的一种状态吧。

是的，你一到北大，一抬头便可望见汉花园的一座老气横秋的大红楼，高耸在那长空一碧，万里无云的太虚中。它的庄严的仪容里，苍黯的颜面上，深印着它数十年来独立在那风沙霜雪中挣扎的痕迹。

红楼里每当那“當當”的宏〈洪〉亮的钟声响着的时候，那螺旋式的扶梯上，便万头钻〈攒〉动，拥挤着无数的青年学子，其间还有不少的教授们，鼻梁上搁着近视眼镜手腕里抱着大皮包，夹杂在里面挤来挤去。像这样的一幕热闹剧，已经在这里天天如是地重复演了几十年了。

这是北大第一院，文法两学院都在这里。

你从汉花园往北，跟随着那些腰间夹着几本书，一路高谈阔论的青年们转弯抹角，就到了马神庙的旧公主府，这是北大第二院，理学院便在这里。

你一进二院的大门，就可望见一带典雅的红墙，墙外有几株参天的垂柳，迎风飘荡。那柳枝拂墙，红绿掩映着，极饶佳趣。同时那红墙里透出来的刺鼻的 Chemical Smell，可以使你立刻发生一种异样的感觉。

穿过红墙内的甬道，便是一个小小的荷花池，池畔有巍然高耸的宫殿式的大讲堂。大讲堂前常出现的，是一个鹤发银须的老人，短小的身材，斯文的态度，和蔼可亲。他是一个今年已届七十高龄的工人，这位前朝遗老，在北大服务已快有三十年了。工人中还有比他的资格更老的。倘若你要访询北大的掌故，去找着他们，他们讲述起来便历历如数家珍，仿佛天宝宫人说盛朝遗事一般。

自“老爷学生”以至于“白头工人”，没有一处不饶有古色古香的风趣的，北大委实可以当得起一个“老”字。过去一般社会人士所传“北大老”一语，信非无稽之谈。

但是近几年来，北大却有点不服“老”的样子，它不但不“倚老卖老”，而且在各方面都在寻觅反〈返〉老还童的方法。两三年来，新建的图书馆，地质馆，以及新宿舍等相继落成，这几座崭新的高楼遥遥相望，已经使北大的外景，气象焕然一新。最近汉花园红楼外的一带粉墙粉刷得雪白，墙外的马路也修饰得很光洁整齐，使这座老气横秋的大红楼，好像一个人刚刮光了胡须一般，顿时显得年轻了许多了。

二

北大虽“老”，却曾为“新”文化运动的策源地，所以好尚自由的风气，在北大颇为盛行。所谓“自由研究”的精神，在北大确实充分地发扬光大过。陶希圣先生说，他从前到北大进法律系一年级，却成天在公寓里看《明儒学案》。陶先生也许可算是“自由研究”极盛时代中的典型人物。

这种“自由研究”的风气一开，愈演愈烈，后来渐渐引起社会人士的诟病，有的人甚至讽刺北大学生从不上课，说北大只是门限高，入学考试难，其余则一无可取。

北大入学考试时的严肃的神气，实在威风太足，无怪别人会说门限太高。考试时考场门口校警森严，如临大敌，大门上重重叠叠地贴上严密的封条，实令人觉得有“门限难翻”之感。每年二院门首放榜的时候，两三千名落孙山的考生，在那里的那种落魄丧气的，有的甚至低首泪垂的样子，愈显得“门限”真是难翻。

可是一混进来了，你就可以高枕无忧，“自由研究”，有人甚至这样嘲笑说，即使你在北大睡四年的觉，也可保管你平安无事地弄到一纸文凭。

这种讽刺虽未免太言过其实，却也不是毫无根据，因为“自由研究”的末流，有的就只讲“自由”，而并不去“研究”。在四五年前，学校当局也深以此种流弊为憾，于是改弦更张，严加整顿，一时严格点名，加紧考试，扣分扣考，雷厉风行，颇以严刑峻法相尚。这样一来，把平素像羲皇上人一般闲散自得的学生生活，骤然弄得非常紧张起来了。

后来学校当局似乎又觉得这样把传统的“自由研究”的精神，完全一笔抹杀，亦未免矫枉过正，于是补偏救弊，又发明了一种“折衷制度”。有次蒋校长召集新生茶话，宣布他的这种调和政策说：“今后对学生课业，将注意水平线的推进，采取一种‘折衷制度’，如第一年级取严格管理，第二年级稍使自由研究，第三年级更放宽一些，最后一年则‘放任的自由研究’。同学今后作业，第一步，一二年级注重工具知识，如各国文字等。第二步，二三年级注重基础知识，如中西文化史及其他必具的专门知识。最末方利用良好的工具及知识，对于所学‘自由研究’。”

这两三年来，北大正在积极地推行这种“折衷制度”，“自由研究”的流风余韵虽依然保留，可是成天在公寓里看《明儒学案》的时代已经成为过去了。

三

北大学生除了醉心“自由研究”而外，一向对于团体生活，政治活动是具有极浓厚的兴趣的。五四运动以来，历次的学生运动中，北大学生很少有不积极参加的，他们纵不在其中兴风作浪，至少也要随着推波助澜。便是在学校以内，“政治活动”也闹得非常热烈。从前每届学生会改选的时候，“活动分子”们都四出奔走，各显其纵横捭阖的手段，相竞为雄。一时沙滩，马神庙间，空气顿形活跃。东西两斋学生宿舍里谈话的资料，莫不以选举票数问题为中心。那种热烈的竞选运动，比之实际社会政治舞台上逐鹿的情形，可以毫无愧色。

“九一八”事变爆发，掀动了学生运动的怒潮，北大的学生会，却不幸在这次怒潮的动荡中解体了，而且有的学生相继琅〈锒〉铛入狱。从此北大学生的团体活动受一严重的打击，顿时陷入了一种消极的，苦闷的沉默状态之中。

这样沉默了许久，大家又感觉到团体生活的需要起来。于是首先由蒋校长出面倡导，第一次是蒋校长分组柬请各系师生茶会联欢，由校长夫妇亲自把盏招待，茶会中只有笑谈娱乐的节目。蒋校长自己表演的节目是讲笑话，后来连请了若干次的客，笑话都说光了，搜索枯肠，无以为应，自己几乎到闹出了笑话来。那时正是已故的刘半农先生赋“打油诗”很吃紧的时候，记得他曾当场赋有一首《咏瘦皮猴》的打油诗赠给蒋校长，诗句现在已记不全了，其中只有一句“蓝青官话听不懂”却还依稀记得。

经过这次的师生联欢以后，团体生活又渐渐活跃起来了。此后师生常常举行集体游园或野餐，感情日臻融洽。最近有一次教育学系师生开联欢会，把平素极庄严儒雅的系主任吴俊升先生的头上，戴上一顶鹅毛花冠，吴太太也戴上一顶很滑稽的红巾帽，随着学生们疯狂似的绕场游行了三匝。王静庵句有“一事能狂便少年”，其实北大师生间这类融洽无间的狂欢之举，何止一事？

近年教育学系，史学系等并施行“导师制”，师生间或相对品茗，或同席聚餐，教师都把平时的长面孔收藏了起来，衔着烟卷，同学生们随意畅谈。这种不拘形迹的谈话，比刻板似的上课有趣味得多。有一次樊逵羽先生领导一组学生作学术问题的讨论，大家兴高彩〈采〉烈地从晚上七点钟一直谈到了十二点，那种乐而忘倦的兴奋畅谈的情致，也只有用一个“狂”字去形容比较恰当一点吧。

现在北大的学生会又已正式恢复，正极力推行“新北大建设运动”，促进师生的团体生活。最近春假周内，全校师生曾在万牲园举行一次大规模的游园大会，并有种种游艺表演助兴，在那红杏满园的春风中，大家兴致勃勃，热闹非常。至于各系师生分组往四郊游览联欢者，更不可胜计。

此外北大各种剧社，歌咏团，研究会等团体，也是蓬蓬勃勃如雨后春笋一般。一切都印证出现在的团体生活的欣欣向荣的景气。

四

年来与团体生活的发达并进的，是北大学生的运动兴趣的提高。记得前年蒋校长有一次对新生谈话时说，“本校今后对体育将特加注意，外曾传有‘北大老，师大穷’的话，今后虽不希望夺得何种锦标及多出‘美人鱼’，总希望不致如‘学问得了，身体完了’的惨痛结果。”

此后在体育设施方面力求改进，不久即将体育列为一二年级学生的必修科，现在广大的运动场已经修筑完竣了。去年秋天曾举行过一次体育大检阅，参加的学生非常踊跃，大有“北大从此不老”的气概。

今年入春以来，运动场上的空气更是非常活跃，一到下午三四点钟的当儿，在那暖烘烘的日光下，在那和煦的春风中，但见一队队的男女青年们赤着臂，光着腿，流着汗；有的在球场里对垒，有的在跑道上冲锋，有的在练举重，有的在习打拳。他们东一队西一团地分散在广场中，汗衫短褂，形形色色，那种熙来攘往的情形，煞似杂技场上的风光。女运动员们一壁在运动，一壁还不住地乐，那银瓶泻水般的娇笑的声浪，充溢着运动场上所有的空间。而且在那大红楼内面，在新宿舍中，在新图书馆里，也可隐约地听得着这种欢笑声一阵阵地频频送来。这时平素最不喜运动的人，也不由得从窗口探出头来望望，似乎也对于运动多少发生了点儿兴趣了。

军事训练也是体育的一部分。北大军训有十五六年的历史了，一向由白雄远先生主持，其设备之完美，实不可多得，举凡轻重机关枪，迫击炮，平射炮，山炮，弹药箱，手熘〈榴〉弹，防毒面具，步枪刺刀等应有尽有，并辟有一沙盘战术室，中有丈余见方之沙盘，上置步，马，炮，工兵，辎重，战车，汽车及各种地物模型，作演习行军作战排列阵式之用。学生军除平时受训外，并到野外作种种演习。近年华北因外力影响，平津学校军训备受摧残，可是北大军训一仍旧贯，始终不懈，而且在国防教育声中，更积极地负起了它的严重的使命。

与运动场相映成趣的，是图书馆的热闹情形。自新图书馆落成以来，到图书馆里看书的人非常踊跃，每天到馆看书的平均有四百四十人之多（全校学生约一千人）。馆内藏书之丰富，在学府图书馆中素称巨擘，藏书共约三十万册。馆中并藏有美国国会图书馆（Library of Congress）赠卡片目录全份，共目片二百余万张，为东亚不可多得之珍藏，是“自由研究”的教员学生们参考时极便利的工具。北大藏书以古本线装书籍特多，其中文理法三院学生雅俗共赏的，也许要算是那部古本《金瓶梅词话》吧，新学生到校早晚总要去观光一下什么“潘金莲大闹葡萄架”的。这书北大有两部，附有木刻插图，绘影绘声，惟妙惟肖，读者终朝不绝，真是日无虚夕。我最近到图书馆去打听这部书的消息，才知书本早被读得破烂不堪，在一年前已经把它归入“概不出借”的禁书之列了。

常埋头在图书馆里的学生，除了研究或欣赏而外，还可以在其间求生财之道。有不少勤于译作的学生，一切学食等费用都是在图书馆中从他们的笔尖上一点一滴地挤下来的。有的不仅自给，而且可以盘家养口。图书馆中真有取之不竭的富源，发掘不尽的宝藏呀。

五

北大学生的一般生活很简朴，沙滩，马神庙间，最流行的是四季可改装的蓝布大褂，短装则以军训制服最通行。因为生活简朴，清寒的学生才有“自给”维持的可能。

在校成绩优良的学生，还有得学校助学金的希望。现在北大助学金的名额很多，今年得助学金者有八十三人，可见并不算难得。得全份助学金的人，一年得一百六十元，维持衣食等费是可以毫无问题的。即使得不到此项补助，学校学费甚轻，住宿在学校宿舍里可以一文钱不费，最低限度的生活，每月只要有几元钱的伙食费便可凑合维持下去。

北大附近的小饭馆星罗卒布，不下二三十处，四川馆，湖南馆，江苏馆，北方馆应有尽有，最便宜的一餐一角钱也可勉强果腹。所以刻苦一点的学生，只要自己笔下能写，或者在什么中学弄得几点钟书教，或者弄到一个家馆，他可以不靠家中供给，生活也不至于大起恐慌的。

闷来时，可以到运动场上去活动一下。或者到马路上去溜溜〈遛遛〉腿也不坏，北大附近不少柏油路，光洁平坦，绿荫夹道，颇足消烦解闷。再不然还可到附近的景山公园去逛山，那里北大学生有自由出入的特权，山前山后，林木森森，花繁草茂，或高岗眺望，或曲径盘桓，都很幽美宜人，真是清风明月不用半钱买。穷学生也颇有其自乐其乐的法门的。

学生们甘于清苦的自然不少，可是年轻的人，生活的方面广泛得很。你在那夕阳西下的晚饭后，或在那晴和的花朝月夕，到二院的荷花池畔，去看看那些成双成对地并肩私语的青年们，你可以见到学生生活的另一个方面。

此外，星期六或星期日的下午，在北大附近的东安市场里，丹桂商场的书摊上，有不少的北大学生在那书堆里翻来翻去，犹如发掘宝藏一般。有的学生却似毫无目的地在市场里的拥挤的人群中闲逛，那里有馥郁的花香，有腻人的脂粉味，可以把人熏迷得沉沉欲醉；那里有粉面油头，有玉臂桃腮，有珠光宝影，可以使人目迷五彩；还有婉转缠绵的大鼓书，有锣鼓喧天的京戏；有咖啡馆，有弹子房，有棋社……

秋天里，涮羊肉上市的时候，市场里东来顺的楼上，不消说挤满了一群一队的学生们，在那里饱餐着“涮锅子”。那又鲜美又甜嫩的羊肉，物美价廉，学生们差不多无人不倾心向往的。

北大附近的影戏院也不少，有真光，光陆，平安，飞仙……影迷派的学生，每当星期假日，都争先恐后地在那里钻动着。

秀绝人寰的北海公园，也与北大近在咫尺。那里有盈岸的秾桃和烟柳，有一望无际的碧海荷田，有四季长明的皓月，有巍峨高耸的琼岛，有雕栏玉砌的亭台楼榭，海上夏天可以游船，冬日可以溜冰。爱好自然景色的学生们，在那山之巅，水之涯，便常常有他们的踪迹。

北大被包围在这样的环境中，一面是幽美的山光水色，一面是金迷纸醉的繁华市场，所以学生们在明窗净几间研读之余，他们的幽美有趣的生活环境，也许不是其他都市里的学生所能望其项背的吧？

最可惜的是这样一片幽美绝世的乐土，这样一块青年学子的圣地，这样一个文化学术的渊薮，现在已经成为充满火药味的国防前线的一座危城了。

（《中学生》76 号，1937 年 6 月）

⊙ 陈世骧

北大外景速写

早晨。八点钟。

天空是银蓝色的。太阳照在红楼上，照在最接近天空的红楼上。光辉，映着朝霞，像一条古代防御胡儿的浩大边墙，退回来，兀立在古老的都城里。燕赵壮士的鲜血，凝紧了，黯淡了，变色了。文明民族的光荣，变成梦的回忆。世道不似从先，零砖碎瓦，看了都使人生愁，使人生惧。胡风卷起三千丈，古旧的京都暴露在风寒里。但是古旧巍大的红楼，特别暴露着，在惶恐中，在危惧里，挣扎着耸起身子。啸啸的风笛，飘来一群白鸽，娴雅，和平，优游；但不知为什么，令人有时感到这是一种恶作剧。谁想不起来，阳春将节，呜呜的，抹着鲜红的太阳的飞机，携着巨弹，凶恶，狠毒，恐怖，在楼顶上昂首翱翔？耸起堆来吧，未烬的劫灰！

太阳渐渐上来了。一张图画于是展开。过去曾是鲜明的，现在！……幸而还有个现在——依旧是一幅图画，一个存在的生命，一条浅浅的河水，上溯玉泉，远远地向南流去。夹岸有杨柳，倒影翻仰在河里。河水是浓绿的，影子是阴沉的。树顶摇着朝雾。树下沓来行人。亲爱的人们！走在一条路上，朝着一个方向走去了。长衣服，短衣服，黑的，蓝的。手里携着《资本论》，莎士比亚，小 oxford 字典，刑法，民法，经济政治学，书，笔记本……口里嘘着寒气。

“Good morning！”

“李，你早啊！”

“什么课？”

“……”

“太，阳，每天只在草场上……秋香……”

“什么？”“好吧。”

大家走进红楼前的铁门去。一个卖烧饼的老人微笑。干果摊上一个小贩，他每天都像新开张的。大清早晨，就吆喝一声，“柿子花生……”顺着洋灰桥，一条东西的马路，才下过一次雨，满途上又都是泥泞了。

九点钟的时候，有人骂，修道的该杀头。起晚了，匆匆上课堂，只有一路沉默。红楼西，一带白墙，正对着几个成衣铺，几家饭馆，白墙向北拐角处，露天有人剃头，真凉快！南北街。向西的一个大门。每逢礼拜，或纪念日，青白的国徽在门首飘扬，旗下立着并不检查行人的黑衣警，出入长服短服的人。门对面是便饭馆，整旧如新的皮鞋摊，翻做大衣的成衣铺，白送电脸的理发店。现在清早，饭馆门外的蒸笼渐渐腾起汽来了。菜勺旁的人，渐渐觉得油渍又要在脸上厚起来。理发的师傅看到光亮的铁推子，微笑到他的手腕上，那儿被一点轻轻的重量，将行压痛。成衣铺的裁缝，才纫起针来就打呵欠，唉，又是一天，怎么捱过！马记皮鞋摊上，有人踞足俯首，看铁锥和麻线，在手下穿梭。忽然停下手来，红楼下钟声又一次响了。仰望着天空，澄蓝，遥远。他沉思。想起“人都叫我马二，我的真名是马国材，为什么连自己都忘了呢？只在一杆锥，几团线上，埋没了我……”手不知不觉地，又继续穿梭了。顺着街口的白薯锅炉，向西转去，是旧日的驸马府，今日的理学院。并不很堂皇的宫殿，杂着新式的洋楼，泼刺的古铜钟，和红楼下的钟同时应和，击着时间的节拍，计算到相当时候，将把一部分人从高楼平房里，永远推出去。红门外，29 号的汽车停下了，下来一个人，谁不认得他？蒋校长，蒋梦麟。走进去了。

晌午，十二点。

吃饭的时候。饼锅菜勺一齐响起来。人们走进又走出，见面有话说了，“吃过没有？”那位掩口，笑而不答心自知，天天的饭食乏味，吃点葱，见人说话，不好张嘴。街上人渐渐多起来了，十二点的钟声摇出来，一簇一簇的长服短服，黑的，蓝的，杂的……每个人心里都被某一种事情占据着；有的是背算公式，有的眼前晃着abc的蛇形字，有人若有所得，默诵着几句名言；还有的心移而神游，梦想着他乡里的酡颜微笑，有的少数几个，看着摊肄〈肆〉铺店里的人们，遂生迟暮之感。

街上走来煤车后，黑脸的人，洋车前拖着菜色的汉子，懒散的，狂奔的，都过去了。尘沙扬起来，又徐徐的降落。铜铃摆来一群骆驼，从极远的河漠里来的，在沙滩上渡过，和谐。这些，常在青年的心里，留着不可磨灭，也不很真切的影子。

下午四点，红楼前后，有咚咚声震地。几个顶熟识，有绰号的人，在抛，在踢。看球场上，自己践的足印，都成了深深的坑陷了。清冷的，三两个包车夫作壁下观。夕阳照在红楼西。记忆，不安地，泛起模糊，浅红的波纹。

“一天又过了。”

“过去不算了……”

“明天？”

明天还是此时此地。地上没变化，时间也静止。晚霞，飞过景山顶，带来去他乡的渴望，或怅念胡沙外零乱的家乡，黄昏时，西南第一颗光灿的星，显示出希望和泪。

灯光。

夜……

（《北京大学卅五周年纪念刊》，北京大学1933年12月版）

⊙ 谢兴尧[1]

沙滩马神庙

——老北大回忆之一

最喜池塘柳藏鸦，一角红楼总被遮，

絮化浮萍萍化柳，切休孤负柳生花。

近两年来，不知道是年岁大了，还是意志特别薄弱，常常容易感慨现在，追忆过去，而不大憧憬将来。尤其对于往事，偶一感触，便不免引起悲哀的情绪。从前以为无病呻吟“伤时”，“感逝”之类的旧诗，现在也渐渐寄以同情。这无疑义是失去青年热力渐次走入颓唐老境的征象，也就是俗语所说的“老大徒伤悲”。在我个人生活史上，最值得想念的，便是在“北大”上学的一段，虽然说不上什么十载寒窗，但总在那里混了六七年，坐了几年冷板凳，如今想来，原来那就是真正的黄金时代。所以每逢有人索稿的时候，就想写一点“老北大”的事情，但中间有些关于人事，有些碍于时代，还有些是说了有伤忠厚。要想说清楚，写的技术也成问题，同时也找不着一个合适的题目。

前面这首诗，是去年（壬午）春间一个朋友写在手枕上送我的，我想将来倘若要写这路文章，“红楼一角”倒是一个优美的题目。不过得略

---

① 初次发表时署名“荛公”。

加解释：所谓红楼，便是北京大学第一院，普通称为“大红楼”或“大楼”。诗里的池塘，我想或即是一年四季没有一点水的北河沿。因为这没有水的两河沿岸，都是杨柳丝丝，当春夏之交，远远望去，确是一幅很好的图画。本来这位朋友是在“燕大”教书，后来因为国际关系，便同其他几位都被安置在这红楼上，他们差不多又都在“大楼”任过课，以前是自来自去惯了，而这次竟成了昆曲里的“奇双会三拉团圆”，“只见其入，不见其出。”于是居楼远眺，眼底暮鸦垂杨，池塘春草，真是万感交集矣。但这位朋友，他始终不肯向我解释这首诗的意旨，不过是我自作聪明的“杜注”而已。

在一般常把沙滩马神庙连在一起说，其意思即指北大而言。但沙滩在南，马神庙在北，是完全离开的两条街。又普通的印象，沙滩是代表第一院（文科）和“东斋”，马神庙则代表第二院（理科）和“西斋”。我不明白的，就是以前北大尚有第三院（法科）与其他的几个宿舍，何以都不大出名？并且一二两院其声名又远不如东西两斋的广大。或者这两斋住的人多，由车夫小贩宣扬起来的。不过沙滩红楼所在的地方是汉花园，马神庙的官名是景山东街。马神庙尚有破庙遗迹可寻（已经好些人不知道了），沙滩则破大马路一条，既无沙亦无滩。勉强的说，马路中间的沙土，倒可以没鞋（还不到膝），路旁的摊贩，也同庙会差不多。这两个地方的风格，至少差着一个世纪。即以代表马神庙的公主府，与代表沙滩的红楼来比较，也是觉得旧式建筑的府第，典雅深邃，显得堂皇；红楼虽高虽大，而四面不粘孤伶伶的，显着又干又瘦。楼顶的瓦（实在不是瓦而是片）有好些已经破碎，刷的红色也深浅不一律，刺入眼里就有点“冒穷气”似的。我以为以破洋楼来代表文科的精神文明，以旧王府来代表理科的整洁，这倒是很恰当的象征。

在前几年我每次到西城上课，总是坐着洋车经过沙滩，因为时常往来，也不觉得怎样。偶尔仰望红楼，看见一层层的玻璃窗，都关闭得严严的，朝阳的红光由玻璃上反射出来。一方面对住在上面的几位朋友替他们默祷祈福，一面对此高楼有江山如故之感。近两三年无论上课出门，都是沿着电车道走，很少机会到沙滩和后门一带，一晃就是好几年。有一次到黄化门去找朋友，路经沙滩马神庙，举目观望，不禁骇然。古人所谓三十年为一世，现在连三年也不到，常又言说沧海桑田，现在则眼瞧着就是沧桑。马神庙还好，只不过返老还童，脱去了破大褂，穿上些杂凑的洋服。沙滩真了不得，连地形都改变了，以前路南的有名饭馆，连房子也都搬了家，成了修理自行车的临时办事处。东斋门的两边树林，不知什么时候踏成平地，变为一片莽原，要不以红楼为记，真不知道这是什么所在？

但是变固然变，尽管树林变成平原，饭馆子连屋基都翻了身，而孑然独存的遗老，也不是没有。路南一家澡塘，在十多年前买卖就不好，中间“清理账目”了多少回，又复兴了好几次。现在虽然仍是：“金鸡未唱汤先热”，不管里面的冷暖如何，门口便显着冷清清的。无论如何，它总算没有关门大吉，俗话说的“痨病腔腔寿命长”，于此益足证明这条妈妈律毫无谬误。同它紧邻着的还有一家杂货铺，上面的金字招牌，我还记得是“东来益”三个大字，也无精打采的开着门摆在那里。从现在说，真可算是伯夷、叔齐，一对难兄难弟。但想当年东来益的字号，真是无人不知哪个不晓，尤其住在沙滩附近的。因为它的货物最全，吃的如花生糖果，用的如牙粉灯罩，诚如广告家的术语：“无一不全，无一不备”，它的确够得上一个“杂”字。当时我们下课一到东斋，有时叫听差去买些花生豆牛肉干来佐茶谈天，有时候更打点白干酒喝喝，而它那里的酒确实不错。现在不知道还是那样吗？其余的有一两家文具店牛奶铺，虽曾往还，或者早归淘汰，因为他们的门面小，走马之间也没有注意到。最可念的是东边“便宜居”饭馆，是四川人开的，那时包饭每月九元，每餐合一角五分，还可吃米粉肉炒肝尖等荤菜，虽然定规是一荤一素一汤，但实际上总是两荤一汤，至今思之，不禁神往，因为早已学孔子闻韶，三月不知肉味。就是上面所举的，当时所认为的起码菜，也好些时候不见面。这所饭馆，现在也没有了，也是连房子都一扫光，可说是无独有偶。饭馆的命运，何均如是之坏？亦可见学生们与饭铺关系之密切。那天我走那儿过，虽然不见房屋，但他招牌上的三个字，恍惚还在目前，又好像刚吃完挟着讲义出来似的。转瞬就是一二十年，光阴似箭，日月如梭，学生时代的快乐生活，恐怕是不容易再得了。

转弯过去即是马神庙，它是一条繁盛的街市，从表面上看，它的变化，似不如沙滩那样激剧，若从数量上说，面容的改易，尤较沙滩为多。从前东口有个小茶馆，早晨上头一堂走那里过，颇有乡村市镇的风味。最带刺激性的，中间添了几所小洋房，与以往的矮屋小门，显然异趣。比较可喜的，是路南的巡警阁子还没有拉窝，虽然是一块如豆腐干大的小小地盘，总称得起饱经忧患的几朝元老。因为在“张大元帅”时代，防范学生，跟随学生的是他，北伐以后，保护学生，听从学生的也是他。地方虽狭，倘无特别情事，就是将来，恐怕也只有他能够维持“天不变道亦不变”的风格。挨着他的油盐店和糖果铺，从前都是一等一的生意，现在都改造成大玻璃门的时代营业，这最与学校街的气息不大相投。再往西便是“景山书社”，在十余年前，它在文化，思想书籍的出版，确有不可没灭的功绩。与沙滩的“出版部”，都是北京大学学术上的代表机关。现在出版部已经用砖头石灰代替了门板，它呢，光焰虽息了，不知道它的门还开着没有？似乎没有送到眼前。对着它的大学夹道，望进去也觉得长漫漫的，凄清得很，真是“乌衣巷口夕阳斜”，不胜今昔之感。而印象最深的，是书社隔壁有家上鞋店，破屋半间，茅茨上墙，于矮檐前，搭着瓜架，夏天绿阴阴的，颇具豆棚瓜架的诗意。到现在还是那样朴素的存在着，没有平地起高楼，实在难得之至。不过在从前土墙外面，成天家放着几辆红胶皮带绷〈倍〉儿亮的洋车，搁在那儿，实是天造地设，有说不出的调协。这些车在白天都是只有车不见人，一到晚上，便把火石灯点着，原来专拉某号某先生逛八大胡同的。车夫们各有外号，不是“火车头”、就是“特别快”，还有“飞毛腿”、“小飞机”等，讲究在东斋会齐起身，到韩家潭，连上下车在内，不能过十五分钟。听说一晚代价仅五六毛钱，这虽是学生们的不好行为，但可见那时候民康物阜。不知道这些位地上英雄，现在都飞到那〈哪〉儿去了。

最令人注意而掀起旧梦的，当然是第二院和西斋，第二院向来是北大本部，她的面貌，还是那样堂皇肃穆。门前两根大红柱，仍然撑着府门头的架式，门内的一对大石狮子，也还是静默默的立在那里。门口似乎清静一点，不如往昔进进出出的热闹，这或者是心理作用。猛然间钻进眼睛的，是东边立着的那个邮筒，真算是久违的老朋友了。从它扁红的口，不知吞食了我多少信件，有是向很远的老家儿要钱的，有是与朋友谈天说地瞎聊的，有是用粉红色信纸写给女朋友，当时不免“心弦跳动”现在以为荒唐的。还有用大信封装着自己觉得不错的狗矢〈屎〉文章，拿去充实报屁股的。差不多每天都劳它的驾，一别十年，它还是那样健壮，胃口也同从前一样，并还保持着绿色的青春，不禁想下车去抚摩抚摩它的大圆脑袋和扁口。同时想起一段笑话：有一年的冬夜，天上布满浓云，似要下雪，一阵阵的寒风，刮得街灯闪烁无光。我正从东斋回来，看见一位穿西服的同学，弯着腰在那儿送信。等到伸起腰来，里面穿着本来卷起的旧棉袍后身，遂掉了下来。于是从前面看是穿的西装，从后面看，则是套着马褂的中服。这位同学自己当然不知道，还在踏着细步若有所思的慢慢走着。旁观的人，则不禁掩口指笑。这真是“相君之面，不过洋人，相君之背，妙不可言”。也可见在穷学生时代，想弄身西服，实大非易事。就是勉强穿上，也是东拼西凑，不能彻底维新改革。在那时候，穿西服的还是少数，大半都是广东佬。北方的同学，都是大布之衣、大帛之冠，仍然保存着燕赵遗风。因为一套哔叽的需十八元，加上皮鞋衬衫等，总得三十多块。俭省一点的，半年的费用，便都一起穿在身上了。

西斋，哦，这是我的娘家门，怎么这些人我都不认识了呢？门口还是那样不大整齐的名士派，对面的纸烟花生小杂货铺现还开着。我真不忍使劲往里瞧，我不是曾在里面住了整整六年吗？青年时代的一切，不都还寄存在这里吗？最初住在黄字号，与后来成为地质学家的黄君同一小屋，朋友们常常说笑话：“这都是黄字号的先生。不问能耐，就冲这个字号就不怎么样。”到本科后便落到天字号，这是西斋最难得的号舍，都是私相授受，学校方面一点也管不着。因为它是一个人一间，起居谈话，都很方便，尤其是喜欢谈情说爱的朋友，莫不以掏换得天字号为最大目的。我虽不讲恋爱，但由黄字号搬到这里，真是一步登天。所谓天字号的朋友，都是响叮当的，不仅是牌匾好，地方也较舒适。我常对朋友说：

"咱们现在是硃砂底子了，不说别的，就这字号，也同康熙官窑一样，一点也不含糊。同时年份上也说得出去。"因为都是高年级的老资格，才能够渐次的升到这里。只可惜夕阳无限好，住不上两三学期，便该脱去学生制服，"赶门在外"了。

"北大"之大，用不着夸张，即这西斋与第二院，便够得上是藏龙卧虎之地。第二院有个老听差，白胡须小矮个，据说在京师大学堂时代，他就是开校元勋。凡是北大的名人，没有一个他不知道的。尤其关于蔡元培老先生的轶事，他比谁都知道得多。可称是北大的活字典。这还不算，有人说他会"铁马甲"。什么叫铁马甲？就是他有两块铁瓦，绑在腿上，可以日行三千，夜走八百。即是社会上所常说的"地仙"，也就是《水浒传》里的神行太保戴宗。大家虽如此传说，不知道他试验过没有？比起上面所说的飞毛腿，特别快等，又有仙凡之别，又厉害得多了。在西斋的时候，老想去访问他一次，总也没有去作，真是一件最遗憾的事。无论如何，他总算在北大过了一辈子，不只是人瑞，简直可称是"校宝"。若照邮政局的章程，他这一笔养老退职金，就很可观矣。但不知道这位仙家，现在是否仍还健在，或者已经跷了辫子。

还有西斋的两位门官老爷，一胖一瘦，好像都姓王，都有麻子，也是一肚子的历史。据说自从盘古开天地有西斋以来，他们就当号房，所以凡是西斋出身的名流，他们都记得清清楚楚，我还记得他们述说住过西斋的人物，最早的是吴景濂（民国初年众议院议长），其次是刘哲（张大元帅时代教育总长），最后才是党国要人罗家伦、傅斯年等。他们又说到陈公博先生，是住东斋住西斋，我已记不大清楚。可惜每逢夏天，他们在门口围坐"说古"的时候，我没有把它笔记下来，否则留到现在，也是很好的学生外史的材料。每天早晨阅报室的几份报纸送来，他们总是在号房先睹，遇到有人事异动的消息，常看见他们指指点点念叨地说："这不是住某号的某先生么？"有时还附带的讲上某先生一段笑话或故事。我觉得就凭他们的记忆力，也就可以。但在我脑筋里的印象，一点没注意他们是现代历史家，只感觉得他们是斋子里面几百人的主宰，手执生杀之大权。每个人的喜怒哀乐，都系在他们肘下所挟的账簿内或口头上。夸大点说真同生死簿差不多。按寄宿舍每天送两次信，每次都有百十来件，由他们两位总收分发，平信只拿在手里，随便扔在门内或放在桌上。挂号信则情形严重了，依着号数，都夹在簿子里。最妙的是他们的表情，如没有你的（挂号）信，他必板起冷冰冰的面孔，就是碰见，无论你怎样与他行注目礼，他连睬也不睬。如有信的时候，他必笑眯眯的对你说："某先生挂号信，打戳子！"这无疑义是家款汇到，好像他先替我们高兴似的。这时我们愉快的心情，丝毫想不起家中筹款的艰难，与汇兑的不易，只觉得交信的人是最可感激的，不知应如何向他道谢才好。他们这种表情，不知是故意的，还是偶然的？最初我对他们不理睬的态度，非常生气，以为有没有信是另一问题，为什么要板起面孔？后来的经验，才知道他们那种作法，非常的对，实在大有经纬。因为有两次，他们也同样笑嘻嘻的对着我，末了说出"没有你的"。这种失望较看他们的铁冷面孔，其难受还要加若干倍。有如满腔热意，突然浇上一瓢凉水，又好像由他们口中，判决了罪刑。于是后来每逢他们挟着簿子进来，我便假装没有看见，专等他来叫我。在那时连年战争，交通阻塞，一年半载，接不到几封信，凡是外省同学，恐怕大多数都与我一样怀着盼望的心情。因为每信必挂号，挂号必定寄钱，这钱便是由他交给我们，焉能不对他表示敬意？还有不盼望挂号信，而期待情书的朋友，他们又生了翅膀变成美丽的爱神，这些同学，真似热锅上的蚂蚁，还没到送信时间，便老在号房门口打转、留连。有时由他们粗黑的大手，递上一封带花带颜色的信，同时并作一个会心的微笑。因为每个人的生活，无论规矩，浪漫，都在他们脑子里。当然哪，接待室朋友的性别，信封上颜色的荤素，电话中声音的粗细，没有一样能逃得出佛爷的手掌心。若以他们来作舍监或兼训育，我想那是再适宜没有。也如北京人尝说地面上的警察一样："只有他不管的，没有他不知道的。"实在一些也不错。说明白了这个道理，所以我说他们是执掌好几百人生杀之大权，无论从心理上，事实上，决不是过甚其辞。至少在我个人，是这样看法。

唉！西斋的故事太多了，说几天也说不完，写几本书也写不尽。我只觉得离开西斋，好像昨天的事，怎么一梦之间，彼此的感情，便这样疏远？我还以为无论里面的人和物，以至大树小草，无一不好，没有一样东西不可爱，不令人留连，这或许就是中国旧俗所说的乡土观念。但可惜不能再去住，即使有这种机会，而一般朋辈与夫环境空气，都已变易，也就没有多大意味了。正如《奇冤报》里张别古说的："老了老了，可就不能小了。若要小了，他就费了事了。"所以不是它的一切与前不同，实在是自己的环境，改变太大。孔老夫子所叹息的："逝者如斯夫"！吾知之矣。"后之视今，亦犹今之视昔。"我很想有机会把老北大的人物，一年一年的集在一块儿谈谈往事，倒是很有意思的事。

西斋的斜对门，也是西口内的头一家，是个饽饽铺，先前的买卖就西望长安，永远没有起色。出人意外的现在还在，可算是神通广大。按饽饽的三大原料面粉，香油，糖，现在一样都没有，我不知道他拿什么作呢？真是神秘得很！

北京是一座文化城，是中外共同承认的，而景山又是文化城的最高峰。她的西边有北平图书馆，南边是故宫博物院，东边则为北京大学。西斋正在景山脚下，一抬头便看见山上那几个亭子，和山色的苍茫。按之山灵毓秀的风鉴家言，西斋也应该是块宝地，是产生人才的龙脉。不过有时候地形一变，龙脉也就会走，尤其忌讳动土建筑等事。自己去把龙脉破坏，则不特不能使后人生发，反而会弄出不祥的事情。大家都读过明朝边大绶的《虎口余生记》或《塘报稿》，便知道流寇李自成之所以后来败死，完全因为他的老家被发掘，泄了宝气。使已经变成形的小白龙，差一只角而不能成为正果。这虽然不能相提并论，总觉得沙滩马神庙一带，还是少动土改造为是，万一不当心，因挖来挖去以至破了龙脉，走了气，那可不是闹着玩儿的。

民国癸未小雪写于北京

（《天地》4 期，1944 年 1 月）

◎ 钦　文

忆沙滩

“三子两，两子三！”

如今我每次经过以前北京大学的第一院，总要回想起这种叫卖柿子的声音来。无论当初我住在会馆里，和后来在銮舆卫夹道做工，从北池子走过来，到了柿子摊旁，总已有点饿，有点渴。花三、两个铜子，买柿子，大的两个或者小的三个，饥渴都解决，得以甜一甜。这不仅嘴巴里的味道，尤其是精神上得到安慰，吃了柿子就可以溜进教室去听讲。说是溜，因为我交不出学费，固然不是正式的学生，也没有旁听生的名义。为着生活，我不能计划一年半载地连续学习，只好有机会就溜进教室去，听了一课算一课。欣逢五四运动，学术公开，提倡工读。失业的小学教师，跟着潮流飘荡，我居然在大学校里选听起名教授的课来了。

路牌上面写着“汉花园”，可是大家都叫做沙滩。“沙滩大楼”这第一院的房屋现在叫做红楼了，的确，这在现在的北京，再也不能给人以“大”的感觉——高楼大厦太多了。可是当时，除非宫殿，这是北京最高大的房屋中的一所。第一院是文科，由李大钊先生主持的图书馆设在这里。为着调和实科和文科，实科添设文学概论课，文科添设科学方法论课，所以我也学习了些科学的方法。

大礼堂在景山东街的第二院，临时搭的大场所在靠河沿的第三院。我也常到那两处地方去听名人的演讲，常到第二院去听爱罗先珂讲的俄罗斯文学。记得李大钊先生有一次讲演，大意是说，许多同学都爱说“我们北大”，看重自己的学校是好的，可不要因此自高自大，要把北大的精神“大”开去才好。这次讲演是在第三院举行的。我去看用俄语演出的列夫·托尔斯泰的“黑暗的势力”，也是在第三院的。可是在我脑中的印象，总是以沙滩第一院为主的，对于第二院和第三院，好像只是沙滩扩大了范围。

虽然兼收工读的旁听生，也让像我的人溜进去听课，当时的北京大学，终究是全国的最高学府，各省的富家子弟所聚会。可是同学们，一般的都穿蓝布大褂；春夏、夏秋之间穿伸拨罗夫上衣白帆布裤漂漂亮亮的只有少数的几个。这是一种朴素的作风。我是连这种朴素都说不上的，从南方穿过去的竹布长衫，旧了，颜色也淡了；破了，自己缝几针，歪歪斜斜的。人是瘦得猴头鼻颈的样子。夹在一般的大学生中间，我总觉得自己是寒酸。可是我并不因此遭到同学们的白眼。沙滩有着许多小饭店，十几个铜子——半角来钱可以叫一个菜吃，好点的也不过一角钱左右。人家吃回锅肉，摊黄菜，我照例挑最便宜的老豆腐，炒白菜，伙计也同样好看好待招呼我。走到尚子公寓等处访问人，在整整齐齐的房间里，总也受到客气的招待。这更是五四运动中的一种好风气。

有一次，我们几个小朋友一道去听鲁迅先生的讲。下课以后鲁迅先生邀请我们吃点心，就在沙滩的一边。记得各人吃了一杯牛奶和几块面包。这事“鲁迅日记”上这样写着：“午后往北大讲。下午与维钧、品青、衣萍、钦文入一小茶店闲话。”

我在困惫中颠颠倒倒地离开家乡，东漂西泊地到了北京，在沙滩，可受到了无限的温暖。北京冬季，吹来的风是寒冷的，衣服不够的我在沙滩大楼，却只觉得是暖烘烘的。

“三子两，两子三！”如今我吃着柿子，往往联想到沙滩，耳旁隐约响着这声音。

（《文汇报》，1959年5月4日）

⊙ 邓云乡

老北大

1898年成立“京师大学堂”，是为北京大学前身，校址在景山东马神庙路北，这就是后来北京大学的理学院，又叫“一院”。此地原来是一座“公主府”，是乾隆的和嘉公主，乾隆第四个女儿。乾隆初年嫁给大学士一等忠勇公傅恒的儿子福隆安，府邸就赐在这里，府邸五间三开大红门，在文化古城时期[①]，和其它宫门、衙门一样，那块带花边框子的“大学堂”竖额一直挂着。地方虽不算小，但作为大学，那还是远远不够的。红楼建成后叫“二院”，南河沿译学馆旧址叫“三院”，较长一个时期，北京大学就是这三处校舍，同时还包括理学院西面的“西斋”，红楼西面的“东斋”两处学生宿舍，于今海内外的各届〈界〉人士中，当年在这两处斋舍中居住过的想来还大有人在吧。

理学院和红楼之间，距离并不远，跑来跑去都是几条短街，但地名却颇为复杂。红楼正前面，东西不过一百多公尺的一条正路，地名“汉花园”，汉花园是清代皇家内务府所掌管的皇家产业，是八百多平方丈的一块空地，光绪末年拨给大学堂，作为增建校舍用地。后来红楼、东斋、图书馆、办公处、灰楼新宿舍都建在这里。往西南斜过去，到北池子北口，短短一段，地名“沙滩”，由西墙外往北去，一直往北走，有一座喇

① 作者对文化古城的时限定于1928年6月至1937年7月。

嘛庙叫“嵩祝寺”，因而文学院新楼外面的地名叫“嵩祝寺夹道”，理学院前的东西街叫“马神庙”，马神庙东口正对二院西门，进去就是图书馆和总办公处。而就在这短短的几条小街上，本世纪前半期中，真不知有多少世界闻名的学人在此留下过足迹。

在20年代末，30年代初蒋梦麟氏任校长时，北大在沙滩二院又盖了不少房子。一进西门路北的那座图书馆就是30年代初建筑的，质量较高，进大门正面楼上下都是书库，借书台，后面连着藏书楼。东西两面楼上下分文科中文、文科外文、理科中文、理科外文四个大阅览室，阅览室中座位、桌子、台灯都是固定的，设备很好，像《大英百科全书》《韦氏大字典》《二十四史》、“丛书集成”等都是在两旁橱中自由取阅的。30年代末还在红楼后大操场北头盖了很考究的高年级和研究生的宿舍，都是每人一间，有壁橱，分六平方米、九平方米两种。是一所马蹄形的楼，共八个门，分“天、地、玄、黄、宇、宙、洪、荒”八个楼号。前四号男同学住，后四号女同学住。再有理学院的地质馆，也是在这个时期盖的。沦陷时期，文学院在嵩祝寺夹道又盖一所新楼，这座楼全部是为上课用的，设计较合理，有大小教室近三十间，还有阶梯教室，可作学术报告，各系开年会之用。老北大当年就是这点校舍，而且一直没有“大礼堂”，这是无法与“清华”相比的了。

在景致方面，北大校园内并无小桥流水，回廊曲榭可言。约略分之，马神庙理学院是府邸大门，完全是旧式的，但里面并非旧式的，都是清末建筑的半西式建筑，如方型〈形〉的教学楼、数学楼、长型〈形〉的理化实验室等，楼只二层，不高，校内给人的感觉是庭院式布局。前面有个大水池，也都起不了什么点景作用，只是楼四周有花木，春日丁香、海棠，着花十分烂漫耳。沙滩红楼及西面办公处，更无风景可言。布局是广场式建筑，红楼前没有什么花木风景，虽有长条院子，实际等于临街高楼。后面大操场。一百多米远处，才有新盖的宿舍楼，整个操场，真是形同“沙滩”，只有靠东墙边有几株歪脖子树，实无风景可言了。往西并无门，只是墙豁子过去，办公处大门外，有几株槐树，夏日稍有绿意。图书馆前，略有绿化，面积也很小，点缀而已。三院过去门临北河沿，虽然校内也无风景可言，但门口据说过去很不错。刘半农《北大河》中说："你若到北京城里，找到一点带有民间色彩，带有江南风趣的水，就只有三院前面的那条河……只隆冬河水结冰时，有点乌烟瘴气，其余春夏秋三季，河水永远满满的，亮晶晶的，反映着岸上的人物、草木、房屋……"可惜后来没有了。

（《文化古城旧事》，中华书局 1995 年 1 月版）

⊙ 邓云乡

红　楼

说起老“北大”，人们自然想起沙滩“红楼”，说起“红楼”，人们又自然想起沙滩“北大”。在北京，红楼几乎成了北大的代名词。其实老北大原本并不在“红楼”，而且也不只限于“红楼”，红楼是1918年才建成的，到现在也不过只有七十二岁。红楼是民国五年六月借比利时仪器公司款二十万元建造，原计划作预科宿舍。在红楼之前，人家都知道：“马神庙（即后来的景山东街）大学堂”，那就是1898年成立的京师大学堂的原址，后来的北大理学院，也是红楼建成之前的北京大学的本部，其它还有南河沿的清代“译学馆”旧址，习惯称作“三院”，长时期是北大法学院所在地。

红楼是一所砖木结构的五层楼建筑，所谓五层，是连地下室都算上。不过它的地下室特别高，而且只有一半在地下。再加上面四层，便是五层楼了。如看平面图，它是凹字形的。六十来年前，北京内城基本上没有什么西式楼房，因此红楼一建成，便成为庞然大物，有雄视一方之势了。这种局面，一直持续了三十来年，由于这三十多年的“雄视一方”，而且又在东西城的要道上，所以“红楼”便成为北京大学的代名词了。

红楼是蔡鹤卿老先生作校长时盖的，原来盖这所房子的目的，是作学生宿舍，所以一走进楼道仍可以看出当年的意图，即房门特别多，每间有一扇门，后来二楼、三楼改作教室，三间打通作一间教室，中间一扇门关起，前面一扇门进来就是讲台、黑板，后面一扇门出入学生，坐三四十个学生听课，宽宽大大正好。容庚、顾羡季、赵斐云等先生都在此讲过课，不过这已是红楼岁月的后期了。早期底层一直是图书馆，李守常先生作文科学长兼图书馆馆长时，就在这里。30 年代初西门里盖起图书馆新大楼才搬了过去。

“红楼”有一段很悲惨的伤心史，就是“七七”之后，作过六年日本宪兵队部，地下室全部成为牢房，是很残酷的。直到 1943 年才交还当时的伪北大。当时地下室楼道两头很粗大的木栅栏还未拆除，阴森森的，仿佛还能听到铁镣声。

伪北大时，楼下东面是院长及各系办公室，楼梯两边是教务、总务等办公室。胜利复员后红楼改作教职员宿舍，一些单身名教授，如冀贡泉、向达、游国恩几位先生，有个时期，都住在这里。

红楼前临马路，后对操场，楼前既少扶疏花木，楼后也无山石林泉。站在五楼上眺望，还可以看周围栉比鳞次的屋瓦，或远处紫禁城景山的凤阙龙楼，其它则再无风景可言了。而我最思念的是它冬日的温暖，这幢大楼锅炉房在中间地下室，冬天每天烧四吨煤，因而全楼暖气无一处不暖，上课时朝南教室更是暖烘烘的，坐在那里，筋骨舒软，昏昏欲睡，如教师讲的无聊，那睁着眼也可能酣然入梦了。下课钟一打，蓦地醒来，跑到楼下外面，冷风一吹，头脑清醒了，但红楼又高又长，坐北向南，正好挡住西北风，饱晒大太阳，因而负暄最宜，靠在地下室窗户边晒太阳，迷迷糊糊，又昏然了，上课钟又响了。

（《文化古城旧事》，中华书局，1995 年 1 月版）

⊙ 张中行

府院留痕

人生，在因果论者的眼里，一切都是必然的，因为小到某一时曾被女售货员奚落一句，某一时曾想做个飘飘然的梦，都是严酷的因果锁链中注定了的。但同样一件事，由旁观的“论”而转为主观的“感”，那就会成为“机遇”，不是注定。而说起机遇，是少一半可喜，多一半可怕，尤其想到差以毫厘，会谬以千里的时候。在这种地方，不管别人怎么样，我是甘居下游，尽一点人力，然后是听从天命，成也不吐气，败也不丧气。为什么忽然说起这些呢？是因为不久前，又有人对本篇标题所说昔日的府院有兴趣，找我作导游，而我，是由于多种机遇，自1931年起，到现在的1988年末，少断多续，出入于这个大院落的。年代多，大院落的变化很大，导游，指这指那，说是有黍离之感也许太重，总是不免于今昔之感吧。本篇就想以此为题材，说说这个大院落的今昔以及“之感”。

这个大院落，指坐落在北京景山之东一条街（旧名马神庙，民国后改景山东街，大革命后改沙滩后街）西部路北高墙之内那个大方块，住户可分为早、中、晚三期：早是清乾隆前期的公主府，中是清末起的“国子学”，先名京师大学堂，后名国立北京大学第二院（理学院），晚是50年代前期起的人民教育出版社（80年代分家，成为人教、高教两个出版社）。依时间顺序，由早的公主府说起。这位公主是乾隆皇帝的四女儿

（纯惠皇贵妃苏氏所生）和硕和嘉公主。她生于乾隆十年十二月（公元1745年或1746年），乾隆二十五年（公元1760年，依旧算法为十六岁）下嫁大学士一等忠勇公傅恒之子福隆安，乾隆三十二年（公元1767年，依旧算法为二十三岁）逝世。乾隆二十五年下嫁，推想府必是乾隆二十年左右修建的，也就可以推知，这个大院落，巨型砖的高围墙及其中的不少堂、室，最后的一排两层楼，都是乾隆早期的建筑。说“不少”，因为变为学校之后，曾有改建、增建的事。但是不很多。很多是到了70年代，人民教育出版社休克数年之后复苏，人多了，感到房子紧，于是也就维新，与老天争地，改平房为楼房。公主府的旧建筑跟不上形势，只好推位让国。这样，入大门中间一路，连带其左右，北京大学时的建筑，都被拆掉，前部改为工字形大楼，用作办公室和图书馆，后部改为两排五层楼房，用作宿舍；死里逃生的只有中间一处，原公主府的正堂，行某种礼仪时用，北京大学时期用作大讲堂的，改为食堂。西路后部几进大屋，原为公主居住之所，北京大学时期用作办公处，现在改为宿舍；前部原女生宿舍也拆了，改为两排三层楼房，也用作宿舍。东路后部的两座两层楼，北京大学增建的，靠北一座工字形的切去后半，其后还想都拆掉，据说忽而有了保护文物的什么文件，也死里逃生了；前部靠东墙改为锅炉房和浴室。总之，变化太大，现在走进大门，想领略一下府的旧迹，以至院的旧迹，不容易了。但是不管什么旧事物，想斩草除根也大难，远的，如周口店的北京猿人遗迹，近的，如大喊除尽的四旧，不是仍旧举目可见吗？

这大院落的可见旧迹，乱杂，零碎，由客观方面说不容易，只好改为由主观方面，着重说自己的观感。我住在北京西北郊，入城，是由西北往东南行，依路程之理，要由街的西口入。走进大院落之前也有可以说说的。一是路北第一个门，原北京大学的西斋，男生宿舍中面积大，牌号最老的，1904年所建，现在是门户依然，但已成为文化部的宿舍。再东行，也是路北，墙上还有个小门的痕迹，是原北京大学的女生宿舍，门口挂有“男宾止步”牌子的。再东行，原来的府门，北京大学第二院的大门，不见了，改为可以出入汽车的铁栅栏门。说起这个府门或院门，与我还有点特殊关系，是1931年夏投考这个学校，录取的榜是贴在这个门外的。东南角变化最大，1931年我入学时期，合二三人之抱的古槐还在，1933年（？）夏被特大的暴风雨连根拔掉，现在成为粮店，据说是讲了什么条件挤进来的。

入门，对面守在穿堂门外的两个石狮子，东、北、西三面的平房，都不见了，改为高楼，因而连眼也穿不过去了。绕到此楼之后，原来大讲堂前的荷池，靠西一半成为汽车房。原来立在池里的日晷，上部那个斜立上插铁针的圆石盘不知去向，下部那个大理石柱，四面刻有篆字的，曾见它躺在东路靠南那座楼的前面，后来也不见了。大讲堂内，上面的藻井还在，红色明柱也依然。西侧的耳房，许多名教授，讲课前在那里休息一会儿的，也还在，只是改为工人宿舍了。大讲堂后，原来东、北、西三面都有房，北房高大考究，北京大学时期用为宴会厅，当然都不见了。最可惜的是宴会厅后，坐北向南十间（？）两层的砖木建筑，俗称公主楼，也拆了。这样的楼，就是《红楼梦》第六回贾蓉借玻璃炕屏，凤姐教平儿拿楼门上钥匙去取的那一种，北京已经剩很少几处，只是因为它“老了（货真价实的乾隆早年建筑）不中用”，就轻易地判了死刑，并立即执行。

西路后半枝干犹存，只是由清爽变为杂乱。三进主房，最前一进是原北京大学校长室，蔡元培校长等曾在这里办公，大致还保留原样，现在成为宿舍。其前偏右有个圆形上有伞顶的房子，我上学时期是招考最后定取舍的地方，也还在，也成为宿舍。再往前，原来的女生宿舍，是不久前拆掉，改为前后两排三层楼房的。

东路简单，剩的遗迹却不少。两座楼，都是两层，靠南一座口字形，靠北一座工字形，推想都是改为京师大学堂后所建，到我上学时期，口字形楼是数学系，工字形楼是生物馆。先说口字形楼，与我关系不深，却时间早，因为投考报名，就是在它南面的廊下；其后，到大讲堂上普修课或听讲演，总要从它的右侧擦过。至于工字形楼，那就关系深了。不是上学时期，记得那时候只进去一两次，一次是看什么陈列，上楼直向东一室，迎面是周口店北京猿人头盖骨化石的模型。关系深是从50年代早期起，大概是1953年吧，是很热的时候，我随着出版社，由西城郑王府（中央教育部所在地）迁到此楼来工作，直到1969年夏末奉命往干校才离开。十几年，眼看字，手拿笔，心里不安宁，因为苦于不知道明天会怎么样。果然就不能再继续下去。万没想到，十年之后，旧府旧院大变之后，我又走入此门，过眼看字、手拿笔的生活。其时我住在郊区，往返费时间，需要在大院落内有个下榻之地。到1981年夏得到，在这工字形楼的楼下，入大门左拐再左拐，窗向南的一间。屋上下很高，还可以想象昔年作教室的情形。我没有孟老夫子四十不动心那样的修养，有时难免有些感慨，因为抚今思昔，恰好是半个世纪。在这间屋里一共住了七年，春风夏梦，可怀念的不少。但记得最清楚的还是面壁时的岑寂，见夕照，闻雁声，常有风动竹而以为故人来的怅惘。幸或不幸，总算都过去了。

在这个大院落里，我也经历过一些不快意的事。由浅入深地说说。其一是多次受命迎接外调，总得依时风，低头，静听威吓加大骂。其二，大概是60年代后半的中期吧，我也加入被专政的行列，字不看了，笔不拿了，废物利用，改为负责清扫公主楼前的院落。这工作比写稿改稿轻松得多，只是可惜，心为“斯文扫地”的旧观念所蔽，总有些不释然。其三是大革命的风刮得最猛的时候，一些所谓好人早请示、晚汇报，我们不少所谓坏人，由好人监督，早晚两次，齐集在大门之内，面北，向至高无上请罪。大概是借了认罪的光，我居然就活过来，而且，到1987年，也是在这大门之内，又居然得一纸编辑出版有贡献的荣誉证书。人生如戏，看开了也就罢了；但我仍不免于有今昔之感，算算，一晃，二十年又过去了。

（《负暄续话》，黑龙江人民出版社，1990年7月版）

⊙ 徐　讦

北大区里的小饭铺

北大是一个可以不交费用去偷听讲的学校，北大旁边的饭铺也是可以偷吃的。

在中午十二时半或下午六七时间，你可以看见一群群青年到饭馆里去，你要偷吃也可在那时候溜进去，叫好了菜饭，畅快地吃一个饱，于是你就同许多人出来罢！许多人到柜台去付账，你就先溜出门口好了。

但是偷听课是永远不会查你，而偷吃饭是只有一次的，下次去时，掌柜或者伙计会向你讨上一次的饭钱，他们有好的记性与眼光，你别以为他们傻。可是假如你偷吃了一顿许久不去，等有钱时候再去呢，那他们不但不会怪你上次饭钱欠了这么久，反而觉得你先生痛快，这么久前的饭钱还肯痛快的来还。

所以你可以偷吃，今天偷吃这里，明天偷吃那里；让我计算你听北大前后的饭铺：西斋里面有一爿，二院门前有三爿，从二院到一院，一路共有饭铺四爿，东斋门前有二爿，一院西首有一爿，一院对面也有二爿。你瞧，一共十三爿，你依次偷吃，可以支持你一星期。

但是没有一个北大穷学生是这样吃法的，他们并不要支持一星期，他们要支持四年呢。

有许多先拿出五块钱立一个折子，饭铺就算你是老主顾了，于是你等到吃满了就可一直吃下去，吃到十五块的时候，饭铺的掌柜在替你记新账时要陪〈赔〉着笑说：

“先生，借一点钱给我们吧。”你说：

“隔几天给你好了。”

于是折子到了二十元账面时，那终有一天，当你拿着折子记新账时，掌柜的又要说了：

“先生，借一点钱给我们吧，我们小本钱买卖。”你自然要表示歉意：

“但是我家款没有到呢。”

这样，不满二十一元，他又要催了，一次一次的催，笑容越来越少起来，一直到：

“那么到底什么时候可以还我们呢？主顾都像你这样，我们的饭铺还能开么？”自然你的笑容要越来越多：

“掌柜的，你瞧见报么？（这时候你带着报的可以拿出去。）我们家乡正在内战，有钱我能够不给你么？我也是明理人，你们的苦衷我有什么不晓得？”

干糠打不出油，掌柜也没有办法。他可以停止卖饭给你吃，但又怕你气，到有了钱时也不还，反而到别处去吃呢，所以他讨得凶不碍事，饭还可以吃下去；有时候你真的被他们讨昏了时，你一气会说：

“没有钱有什么办法，你讨也是白讨；等我有了钱自然会还你，老噜嗦有什么用。”这样以后，他们会平静几天。

等钱欠到三十块时，你可以借或者当五块钱给他。于是你又可安耽些时。如果你一直没有钱下去，你就只好换一个铺子了。

可是你知道三十多块钱吃掉了，一学期已经过去了，这样换几个铺子，你是已经毕业了呢。

其实一学期吃三十多块钱已经是中产学生，吃廿四块廿块的还有。

你要不要我告诉你吃些什么？北大旁边的菜有北大味儿，名目有时也有点特别的。

你听见过：“回锅肉片瘦加三样免辣子加豆付（腐）干大炒”的菜名吗？你一到那边每天可以听见，我告诉你，这是一只很好吃的菜，每天吃这样可要超出预算了。次一点的有“张先生豆付〈腐〉”，这也是一只妙菜，相传是同学张君常常叫饭馆这样做，于是就以此出名了。但是这类菜还是太贵，有时候你可以吃素炒白菜或者醋溜〈熘〉白菜。同样的菜在西斋去吃会更加便宜，因为西斋是在学校里面，捐钱是免了的，不用酱油而用酱也是取巧的办法，盘子稍小也是一个原因。西斋的菜以外还有它的馒头是可爱的。

在十来家铺子里，有几个是只卖米饭不卖馒头的，可是北方同学终要吃有馒头的铺子。二院右面一爿羊肉铺也有馒头；你去时叫一只素菜，“素炒锅炸”是很［有］妙的，它只要十二铜子儿一碟。但是吃面食这样吃法还是不顶便宜。你可以到饼铺里去做半斤饼，加四个铜子儿猪油，偶尔吃一餐也不难吃。有人自然会嫌它太干，又不愿喝白开水，那么你叫素烩火烧吧。这是带汤的。

包饭也有，大概在六七块左右，包饭的人过年时饭馆有一桌酒请你吃，可是你要拿出一块或二块的赏钱的。

东西既然卖得这样便宜，同学们又要欠账，那么铺子不都赔本了么？其实他们也有很贵的菜，有时你有几个朋友到那边去小吃，或者你有时想换一个新的口味，他就会突然来敲你一下，他们会在猪骨头上盖好了酱猪肉皮，当做红烧肘子卖给你，无论什么菜你不好都是可以换，但是你下了筷可就不能换了，你想，这种白老虎在这些偶尔吃到的菜上是容易看出来的么？

可是或许这也是他们的政策，因为你叫新奇菜名时，那就是有钱的主顾，或者是主顾在有钱的时候了，大大敲你一下不是不很要紧么？

因此，他们不但不会赔本，而且会赚很多的钱，他们会很坦白的告诉你，要是同学们都不欠钱他们早就发财了。

放假的时候一到，他们讨钱可要起劲了；他们会在公寓里同学间打听欠债人的下落，如果是去车站打算离平了，那么他会三四个人到车站兜你，扣住你的行李，可是你车票已经买好，你只好说：

“掌柜的，行李就存在你地方吧；好好保管着，下学期我要拿钱来赎的。”

可是兜不着的也很多，许多旧同学现在都做了厅长，县长，校长，或者是更大的官爵与更有名的学者了……，可是还是他们的债务人呢！不过最后我要特别申明的，据我所知，女学生这样欠饭钱是从来没有过，北大女生不常嫁北大男生不知可是为这个缘故。

一月十八日夜三时

（《人间世》21 期，1935 年 2 月）

⊙ 张中行

沙滩的住

这个标题不够明确。因为文题不宜于过长，只得暂时将就，到写的时候补救。我的意思是谈谈以北京大学为中心的青年学生，30年代前后在北京沙滩一带，生活的一个重要部分，住是什么情况。——就是这个长解题，也还需要再加说明。沙滩是北京大学第一院（即文学院）所在地，校舍是有名的红楼。红楼是多方面的中心。天文或者谈不上，可以由地理说起。泛泛说，形势是四通八达：东通东西牌楼，西通西四牌楼，南行不远是王府井大街、东安市场，北行不远是地安门、鼓楼。风景也好，西行几百步就是故宫、景山、三海。缩小到仅限于学校也是这样：西是第二院（理学院），南是第三院（法学院），学生宿舍大小七处，分布在南、西、北三面。按三才的顺序，地之后是“人”。这有两个方面值得说说。一是全国“文”界最有名的人，为数不少集中于此。二是大学程度的青年，有些是北京大学学生，很多不是，尤其到暑期，也集中于此。人多，都要住宿，办法如何呢？

先要泛泛说说全北京的。由住的时间方面看，有长期、临时二类。长期，可以长到几百年，这是，或都看作，土生土长，按旧规定籍贯可以写这里，如大兴（北京东城）翁方纲、宛平（北京西城）孙承泽等等就是。长期，还要包括时间不长而心情不想再动的，北京大学的许多教授属于此类。形势所需和心甘情愿老于此的，要买住宅或租民房。北京有不少富户，以多买房产、出租为生财之道，这类房名为民房。一所住房，多则上百间，少则十间八间，一家全租是住独院。贫困人家无力租全院，只租一部分，多则三五间，少则一两间，是住杂院。临时住，是外地来京办事的那些人，多则一两个月，少则三天两天，事完就走。这类人集中在前门（正阳门）外一带，所住之处名为店、旅馆、客栈等。

青年学生在沙滩一带生活，与全北京相比，住的情况是小同而大异。小同是少数可以租民房，但也不能归入长期一类，因为没有扎根的条件。大异是绝大多数处于长期和临时之间，住的既非民房，又非旅店。这又可以分为两类，一类是已经走入北京大学之门的，另一类是在门外的。

已经走入门的有个特权，是可以住学校宿舍，不花钱，还有工友伺候。宿舍有两类，以男女分。男生宿舍"量"多，计有东斋（在红楼西北角）、西斋（在第二院西墙外）、三斋（在第三院北）、四斋（在红楼北椅子胡同）、第三院宿舍（第三院内一座二层"口"字形楼）。女生宿舍"级"高，只两处，一在第二院西南角，另一在红楼北松公府夹道。量多不必解释，是床位多，共有大几百，只要学生愿意，向隅的很少。级高要解释一下，是女生访男生可以入宿舍，男生访女生绝不许入宿舍，只有校庆一天是例外。据说，到这一天，不只有人可访允许进去，无人可访也可以进去，各屋看看。但不知为什么，我一次也没去，因而不知道这集体闺房是什么样子，时乎时乎不再来，现在只能徒唤奈何了。

以下入正题，说不住学生宿舍的，这就可以不分北京大学门内门外的，一网打尽。少数有条件的可以租民房。所谓条件，严格说只有一个，是必须有女伴。这也要略加解释。在那个时代，虽然理论上男女早已平等，租房却必须男性出头，因为只有男性可以充当户主。租民房，介绍所遍地皆是，就是贴在街头电线杆上的半尺多高的红纸片。措辞千篇一律：第一行在右方，由上到下四个较大的字，是"吉房招租"，以后第二行起较小的字写，今有北（或东、西、南）房若干间，坐落在什么街什么胡同多少号，有什么什么设备（包括灯、水等）。家眷、铺保来问。所谓家眷，是必须有妻室，光棍男子汉不租。所谓铺保，是租房有租折，迁入前要找个商店盖章作保，不能交租由商店负责代偿。提起吉房招租，有两件欠文雅的或者可以算作轶事的事应该提一提。一件是有个时期，北京土著对东北人和天津人印象欠佳，于是招租贴的最后都加上一条，是“贵东北贵天津免问”。另一件是有个新由南方来的学生，对北京的情况似通非通，看到招租贴之后去租民房，一看满意，三句两句谈妥，最后房东慎重，加问一句：“您有家眷吗？”两地口音不同，南方人以为问的是“家具”，于是答：“家具不是你们供应吗？”房东大怒，势将动武，就这样，租约胡里胡涂地破裂了。

其实，供应家具的事并不假，但那是“公寓”，不是民房。公寓是适应不住宿舍或无宿舍可住的学生需要的一种住所，沙滩一带很不少。又可以分为两类：一类是明的，门口挂牌匾，如我住过的坐落在银闸的大丰公寓就是。另一类是暗的，数目更多，门口没有牌匾，可是规制同有牌匾的一样。所谓规制，由一个角度说是中间型，就是既不像旅店那样流动，又不像民房那样固定；由另一个角度说是方便型，即应有尽有而价钱不贵。这可以由住宿人那方面来描绘一下，比如一个南方学生初到北京，下车后来到沙滩一带，向人打听哪里有公寓。按照人家的指点，走进一家，问有房没有。十之九是有，于是带着你看，任意挑选。选定一间之后，公寓伙计帮你把行李搬到屋内。其中照例有床一张，书桌一个，椅子两把，书架一个，盆架一个。打开行李，安排妥当，公寓供开水，生活大部分可以解决，并且相当安适。房租以月为单位，比民房贵一些，比旅店便宜得多。吃饭一般是在附近小饭馆，也是费钱不多而保证能充饥。洗衣服也方便，有洗衣房的人定期来取来送，如果你懒而不很穷，就可以交付伙计，当作他的日课来办。

前面说，非北京大学的学生也集中于此，这“此”，说是公寓也未尝不可。人多了，难免藏龙卧虎，如胡也频、丁玲等就都在这里生活过。不是龙虎，也能体会公寓生活的优点。一是人情味远非旅店所能比，某处住得时间长了，可以和同院（包括公寓主人）同甘共苦，成为一家人。二更重要，是可以享受“良禽择木而栖”的绝对自由，比如上午住某处，忽然觉得此处不便而彼处更好，就可以在当日下午迁往彼处，因为房总是有空闲的。

随着时间的流逝，公寓逐渐减少以至于消亡，良禽择木而栖的自由也逐渐减少以至于消亡。但沙滩一带的格局却大部分保留着，所谓门巷依然。我有时步行经过，望望此处彼处，总是想到昔日，某屋内谁住过，曾有欢笑，某屋内谁住过，曾有泪痕。屋内是看不见了！门外的大槐树仍然繁茂，不知为什么，见到它就不由得暗诵《世说新语》中桓大司马（温）的话："木犹如此，人何以堪！"

（《负暄琐话》，黑龙江人民出版社，1986年9月版）

⊙ 张中行

沙滩的吃

沙滩的住，有特点，所以写了上一篇。吃，特点不多，不过谈住而不谈吃，像是挂对联只有上联，见到的人会不满意，所以不得不勉强凑个下联。

还是以在沙滩一带生活的学生为限。上一篇说学生有北京大学门内的和门外的两类。这两类在住的方面区别很大，因为门外的没有白住学校宿舍的权利。可是在吃的方面区别很小，因为学校（如西斋）虽然有可包饭的食堂（每日三餐，一人一月六七元），但饭不能白吃，又没有吃饭馆随便，所以门内的也有很多不吃包饭。这样，谈沙滩的吃，就可以不分内外，而集中说说分布在学校附近的饭馆。

饭馆都是级别不高的，原因很简单，学生的钱包，绝大多数不充裕，预备高级菜肴没人吃。饭馆数目不少，现在记得的，红楼大门对面两家，东斋附近两家，第二院附近两家，沙滩西端一家。其中有些字号还记得：东斋门坐东向西，对面稍北一家名叫林盛居，北侧也坐东向西一家名叫海泉居；第二院大门对面一家名叫华顺居，东行不远路北一家名叫德胜斋。德胜斋是回民饭馆，只卖牛羊肉菜肴。沙滩西端路南一家，比其他几家级别更低，北京通称为切面铺。切面铺特点有二：一种可名为优点，是货实价廉，比如吃饼吃面条，都是准斤准两；一般饭馆就不然，吃饼以张计，吃面条以碗计，相比之下就贵了。另一种可名为缺点，是花样太少，品味不高。

照顾切面铺，绝大多数是体力劳动者，北京通称为卖力气的，因为饭量大，要求量足，质差些可以将就。但我有时也愿意到那里去吃，主食要十两（十六两一斤）水面（加水和成）烙饼，菜肴要一碗肉片白菜豆腐，味道颇不坏，价钱比别处便宜，可以吃得饱饱的。可取之处还有吃之外的享受，是欣赏老北京下层人民的朴实、爽快和幽默。铺子里人手不多，大概是四个人吧，其中两个外貌有特点，拿炒勺的偏于瘦小，脸上有麻子，跑堂的年轻，个子高大，于是顾客都用特点称呼他们："大个儿，给个空碗。""麻子，炸酱多加一份肉。"大个儿和麻子坦然答应。反过来，他们也这样称呼顾客，顾客也是坦然答应。这在其他几家就不成，买卖双方之间总像有一层客气隔着。

德胜斋的拿手好戏是烧饼加炖牛肉，学生照顾它，多半吃这个。它给人留下清晰的印象不是饭菜，而是人，一个跑堂的，其时大概二十岁多一点，姓于，学生都叫他小于。他和气，勤快，却很世故。几乎能够叫出所有常去的学生的姓名，见面离很远就称呼某先生，点头鞠躬，满面笑容，没话想话。如果时间长些，还要尽恭维之能事，说不久毕业一定会升官发财，最低也是局长。世故的顶峰是一次大聚敛，说是死了父亲，足穿白鞋，腰系白带，见到熟学生就抢前一步，跪倒叩头。北京习惯，这是讨丧礼，有不成文的定价，大洋一元。那几天，北京大学学生，熟识的见面总是问一句："小于的钱你给了吗？"可见这次聚敛的范围是如何宽广了。

其他几家非回教的饭馆都有一种名菜，名叫"张先生豆腐"。顾名思义，是一位姓张的所创。据说这位姓张的也是北京大学学生，但究竟是哪一位，可惜不像马叙伦先生，著书说明，"马先生汤"是他何时何地所创。自己不说，他人想明究竟，自然只能用乾嘉学派的考证方法。菜名张先生豆腐，创始人姓张，没有问题。菜在沙滩一带风行，其他地区罕见，此张先生与北京大学有密切关系，十之九也不成问题。是教师呢？是学生呢？传说是学生；如果是教师，留名的可能性会大一些；可证多半是学生。菜里有竹笋等，北方人少此习惯，可证这位张先生是江南人。——没有考证癖的人，更关心的是好吃不好吃。我的印象是很好吃。价钱呢，一角六分一盘，在当时，如果一天吃一次，单是这一项，一个月就要近五元，就穷学生的身份说是太豪华了。

与德胜斋的小于相比，海泉居也有个出名的跑堂的，可惜忘了他的尊姓。这位与小于职位相同，可是志趣大异，借用张之洞“中学为体，西学为用”的妙论来说明，小于是中学为体，这位是西学为用。他向会英语的许多学生发问，“炒木樨肉”，英文怎么说，“等一等，就来”，英文怎么说，等等。于是，渐渐，他就满口不中不西的英文了。这已经足够引人发笑。但店里的什么人还以为不够，于是异想天开，请什么人写了一副对联，挂在饭桌旁的墙上，联语是“化电声光个个争夸北大棒，煎炸烹炒人人都说海泉成”，下面落款是“胡适题”。联语用白话，如果不看笔迹，说是出于（白话文学史）作者的手笔，也许没有人怀疑吧？

一晃半个世纪过去，当年的这些饭馆都无影无踪了。沧海变桑田，天道如此，不值得大惊小怪，可惜的是张先生豆腐也成为历史陈迹，想再吃一次的机会不再有了。

（《负暄琐话》，黑龙江人民出版社，1986 年 9 月版）

⊙ 邓云乡

名人菜

因写学校饭馆，说到胡适之先生为沙滩海泉成饭馆所写的白话对联，忽然想到以胡命名的菜，是看书偶然见到的。金受申著《老北京的生活》所载，有“胡适之鱼”一条记云：

> 王府井大街的安福楼，前身是承华园。当其鼎盛时，许多文人常去这里诗酒流连。哲学博士胡适之曾到这里大嚼，发明用鲤鱼肉（脔）切成丁，加一些三鲜细丁，稀汁清鱼成羹，名“胡适之鱼”。胡博士不饮酒，胡适之鱼自然也只能是下饭佳肴了。

按全文是沦陷时期所写，原刊娱乐刊物《立言画刊》专栏名《北京通》，近年才被重新编书出版，书名也是新题的。所说安福楼在王府井南面路西，早已没有了。所说“胡适之鱼”，大约是真的，只是很少听人说起。只是“胡博士不饮酒”一句，稍欠真实，应该说成“胡博士戒酒”才对。因为胡先生好酒量，年轻时在上海曾醉倒在海宁路，打了巡捕，进了捕房……后来才戒了酒，所谓“纵然从此不饮酒，未可全忘淡巴菰”，因而“不饮酒”应说成“戒酒”才是。

北京旧时——当然这个“旧”最少要在六十几年前——有不少与名人有关的菜，或者说是用名人姓名为特征的菜肴，如人们艳称的广和居的“潘鱼”、“曾鱼”、“吴鱼片”，这是上世纪末最著名的。枝巢老人（夏仁虎、字蔚如，光绪举人，台湾女作家林海音公公）著《旧京琐记》，有一段具体记载云：“士大夫好集于半截胡同之广和居，张文襄在京提倡最力。其著名者，为蒸山药，曰潘鱼者，出自潘炳年，曰曾鱼者，创自曾侯，曰吴鱼片，始自吴闰生”（苏州人，内阁侍读，自己会烹饪）。而“潘鱼”一品，其他人著作中，亦多有记载，只是其创始者，说法不一，最多的说法是创自潘祖荫，因为他官大，耳食者容易附和，枝巢老人所说较为可靠。

北京大学马神庙小馆悦来居，有一味菜叫“张先生豆腐”，与北大一位教授有关，可惜名字记不清了。而中山公园长美轩的“马先生汤”，这倒真是北大教授马叙伦氏所创，而且自己曾写入其笔记《石屋余渖》，先引《随园诗话》记蒋戟门观察手制豆腐，后即记其自制肴馔云：

> 余亦喜制馔品，余皆授归云以方，使如法治之，如蒸草鱼、蒸白菜之类，余唯试味而已。独三白汤必余手调，即诸选材，亦必与目。三白者：菜、笋、豆腐也。然此汤在杭州治最便，因四时有笋也。豆腐则杭州之天竺豆腐，上海之无锡豆腐，皆中材，若北平豆腐，虽选其隽，亦不佳也。此汤制汁之物无虑二十，且可因时物增减，惟雪里蕻为要品，若在北平，非向西单市场求上海来品不可也。然制成后，一切物味皆不可得，如大岁〈太羹〉玄酒，故非诚知味者不知佳处，曾以汁贻陈君朴，君朴煮白菜豆腐食之，谓味极佳，而其家人不赏也，如就一二品增其浓味，便对一般人胃口，称道不置，然非吾汤矣。往在北平，日歇中山公园之长美轩，以无美汤，试开若干材物，姑令如常烹调，而肆中竟号为“马先生汤”，十客九饮，其实绝非余手制之味也。

笔记写的很清楚，但究竟用什么材料，如何步骤去吊汤，还没有说明白。看来“马先生汤”，现在是没有人会作了。五四时代北京大学的教授林琴南先生，年轻时，家境不十分富裕，自己喜欢下厨烧菜，可惜没有一味菜或一部食谱留传下来，现在知道的人自然更少了。读清初大学者朱彝尊的《食宪鸿秘》，每样作法都写的那样简洁清楚，都可以按照去作，感到古人写书真是踏实，似乎比现代人强了。

（《水流云在琐语》，辽宁教育出版社，1995 年 10 月版）

⊙ 刘　复

“北大河”

惟中华民国十有八年十有二月，《北京大学三十一周年纪念刊》将出版，同学们要我做篇文章凑凑趣，可巧这几天我的文章正是闹着“挤兑”（平时答应人家的文章，现在不约而同的来催交卷），实在有些对付不过来。但事关北大，而又值三十一周年大庆，即使做不出文章，榨油也该榨出一些来才是，因此不假思索，随口答应了。

我想：这纪念刊上的文章，大概有两种做法。第一种是说好话。犹如人家办喜事，总得找的口齿伶俐的伴娘来，大吉大利的说上一大套，从“红绿双双”起，直说到“将来养个状元郎”为止。这一工我有点做不来。而且，地位也不配。必须是校长，教务长，总务长等来说，才能说的冠冕堂皇，雍容大雅。而区区则非其人也。第二种是说老话，犹如白发宫人，说开天遗事，从当初管学大臣戴着红顶花翎一摆一摇走进四公主府说起，说到今天二十六号汽车在景山东街啵啵啵；从当初同学中的宽袍大袖，摇头抖腿，抽长烟管的冬烘先生说起，说到今天同学中的油头粉脸，穿西装，拖长裤的“春烘先生”。（注曰：春烘者，春情内烘也）这一工，我又有点不敢做。因为我在学校里，虽然也可以窃附于老饭桶之列，但究竟不甚老：老于我者大有人在。不老而卖老，决不能说得“像煞有介事”；要是说错了给人挑眼，岂非大糟而特糟。

好话既不能说，老话又不敢说，故末真有点尴尬哉！

叫！有啦！说说三院面前的那条河罢！

我不知道这条河叫什么名字。就河沿说，三院面前叫做北河沿，对岸却叫做东河沿。东与北相对，不知是何种逻辑。到一过东安门桥，就不分此岸彼岸，都叫做南河沿；剩下的一个西河沿：却丢在远远远的前门外。这又不知是何种逻辑。

真要考定这条河的名字，亦许拿几本旧书翻翻，也可以翻得出。但考据这玩艺儿，最好让给胡适之、顾颉刚两先生“卖独份”，我们要“玩票”，总不免吃力不讨好。

亦许这条河从来就没有过名字，其唯一的名字就是秃头的“河”。犹如古代的黄河就叫做河。

我是个生长南方的人，所谓“网鱼漉鳖，在河之洲；咀嚼菱藕，捃拾鸡头；蛙羹蚌臛，以为膳羞〈馐〉；布袍芒履，倒骑水牛”，正是我小时候最有趣的生活，虽然在杨元慎看来，这是吴中“寒门之鬼”的生活。

在八九岁时，我父亲因为我喜欢“掮笔头”，买了两部小画谱，给我学习。我学了不久，居然就知道一小点加一大点，是个鸭，倒写“人”字是个雁；一重画之上交一轻撇是个船，把“且”字写歪了不写中心二笔是个帆船。我父亲看了很喜欢，时时找几个懂画的朋友到家里来赏鉴我的杰作！记得有一天，一位老伯向我说：“画山水，最重要的是要有水。有水无山，也可以凑成一幅。有山无水，无论怎样画，总是死板板的，令人透气不得。因为水是表显聪明和秀媚的。画中一有水，就可以使人神意悠远了。”他这话，就现在看来，也未必是画学中的金科玉律；但在当时，却飞也似的向我幼小的心窝眼儿里一钻，钻进去了再也不肯跑出来；因而养成了我的爱水的观念，直到“此刻现在”，还是根深蒂固。

民国六年，我初到北平，因为未带家眷，一个人打光棍，就借住在三院教员休息室后面的一间屋子里。初到时，真不把门口的那条小河放在眼里，因为在南方，这种的河算得了什么，不是遍地皆是么？到过了几个月，观念渐渐的改变了。因为走遍了北平城，竟找不出同样的一条河来。那时北海尚未开放，只能在走过金鳌玉蝀桥时，老远的望望。桥南隔绝中海的那道墙，是直到去年夏季才拆去的。围绕皇城的那条河，虽然也是河，却因附近的居民太多了，一边又有高高的皇城矗立着，看上去总不大入眼。归根结底说一句，你若要在北平城里，找到一点带有民间色彩的，带有江南风趣的水，就只有三院前面的那条河。什刹海虽然很好，可已在后门外面了。

自此以后，我对于这条河的感情一天好一天；不但对于河，便对于河岸上的一草一木，也都有特别的趣味。那时我同胡适之，正起劲做白话诗。在这一条河上，彼此都嗡过了好几首。虽然后来因为嗡得不好，全都将稿子揉去了，而当时摇头摆脑之酸态，固至今犹恍然在目也。

不料我正是宝贵着这条河，这条河却死不争气！十多年来，河面日见其窄，河身日见其高，水量日见其少，有水的部分日见其短。这并不是我空口撒谎。此间不乏十年以上的老人：一问便知端的。

在十年前，只隆冬河水结冰时，有点乌烟瘴气，其余春夏秋三季，河水永远是满满的，亮晶晶的，反映着岸上的人物草木房屋，觉得分外玲珑，分外明净。靠东安门桥的石岸，也不像今日的东歪西欹，只偷剩了三块半的石头。两岸的杨柳，别说是春天的青青的嫩芽，夏天的浓条密缕，便是秋天的憔悴的枯枝，也总饱含着诗意，能使我们感到课余之暇，在河岸上走上半点钟是很值得的。

现在呢，春天还你个没有水，河底正对着老天；秋天又还你个没有水，老天正对着河底！夏天有了一些水了，可是臭气冲天，做了附近一带的蚊蚋的大本营。

只是十多年的工夫，我就亲眼看着这条河起了这样的一个大变化。所以人生虽然是朝露，在北平地方，却也大可以略阅沧桑！

再过十多年，这条河一定可以没有，一定可以化为平地。到那时，现在在蒙藏院前面一带河底里练习掷手榴弹的兵士老爷们，一定可以移到我们三院面前来练习了！

诸公不信么？试看西河沿，当初是漕运的最终停泊点；据清朝中叶人所做的笔记，在当时还是樯桅林立的。现在呢，可已是涓滴不遗了！

基于以上的“瞎闹”（据师范大学高材先生们的教育理论，做教员的不“瞎闹”就是“瞎不闹”，其失维均，故区区亦乐得而瞎闹），谨以一片至诚，将下列建议提出于诸位同事及诸位同学之前：——

第一，那条河的最大部分（几乎可以说是全体），都在我们北大区域之内。（我们北大虽然没有划定区域，但南至东安门，北达三道桥，西迄景山，谁也不能不承认这是我们北大的势力范围矩——谓之为“矩”而不言“圈”者，因其形似矩也——而那条河，就是矩的外直边）我们不管它有无旧名，应即锡以嘉名曰：“北大河”。

第二，既称北大河，此河应即为北大所有。但所谓为北大所有，并不是我们要把它拿起来包在纸包里，藏在铁箱里，只是说：“我们对于此河，应当尽力保护；它虽然在校舍外面，应当看得同校舍里面的东西一样宝贵。”

譬如目今最重要的问题，是将河中积的土设法挑去，使它回复河的形状，别老是这么像害着第三期的肺病似的。这件事，一到明年开春解冻，就可以着手办理。至于钱，据何海秋先生说——今年上半年我同他谈过——也不过数百元就够；那么，老老实实由学校里掏腰包就是，不必向市政府去磕头，因为市政府连小一点的马路都认为支路不肯修，那有闲情逸趣来挑河？（但若经费过多，自当设法请驻平的军队来帮帮忙）此外，学校里可以专雇一两个，或拨一两个听差，常在河岸上走走。要是有谁家的小孩，走到河边拉开屁股拉屎，就向他说：“小弟弟，请你走远一步罢，这不是你府上的中厕啊！”或有谁家的老妈子，要把秽土向河里倒，就向她说：“老太太，可怜可怜我们的北大河罢！这大的北平城，那一处不可以倒秽土呢？劳驾啊，我给您请安！”诸如此类，神而明之，会而通之，是在哲者。

河岸上的树，现在虽然不少，但空缺处还很多。我的意思，最好此后每年每班毕业时，便在河旁种一株纪念树，树下竖石碑勒全班姓名。这样，每年虽然只种十多株，时间积久了，可就是洋洋大观了。假如到了北大开一百周年纪念会时，有一个学生指着某一株树说：“瞧，这还是我曾祖父毕业那年种的树呢，”他的朋友说：“对啊！那一株，不是我曾祖母老太太毕业的一年种的么？”诸位试闭目想想，这还值不得说声“懿欤休哉”么？

总而言之言而总之，我虽然不相信风水，我总觉得水之为物，用腐旧的话来说，可以启发灵思；用时髦的话来说，可以滋润心田。要是我们真能把现在的一条臭水沟，造成一条绿水涟漪，垂杨飘柳的北大河，它一定能于无形中使北大的文学，美术，及全校同人的精神修养上，得到不少的帮助。

我的话已说完，诸位赞成的请高举贵手；不赞成就拉倒，算我白费，大家安心在臭水沟旁过活！

最后我向编辑先生磕头打拱：请你务必把这篇文章登在紧靠后封面的末了一篇，因为在典丽堂皇的纪念刊中，这种油皮滑嘴的东西，必须打到末了，罚“老掮榜”，罚“坐红椅子”；若然有人误作“压大轴子”那是他自己的错，兄弟不负责任。

（《北京大学卅一周年纪念刊》，国立北京大学卅一周年纪念会宣传股，1929 年 12 月版）